京大の日本史

20ヵ年［第3版］

教学社編集部 編

教学社

はしがき

あえて今，京都大学という「難関」に挑む君に，敬意と激励を送りたい。

18歳人口は，1992年の団塊ジュニア世代が約205万人を記録して以降，減り続けている。それにもかかわらず，4年制大学進学率が上昇し続けたために，大学の新規開設や学部増設は続いた。その結果，今や数字のうえでは大学全入時代である。しかし，こうした社会状況のなかにあって，伝統校・名門校の受験は相変わらず狭き門のままである。それでも京都大学を選んだ君は，努力を惜しまず苦難に立ち向かうはずだ。

本書では，過去20年にわたる京大日本史の問題を総合的に分析し，解説と解答例を示している。旧教育課程分も現行課程で学習する者の視点で改めて検討した。

特に，合否の分かれ目になるだろう論述問題については，「論述のポイント」を設けて解答の要素を整理するなど，構成を工夫している。また，「京大日本史の研究」では，20年分の出題史料や論述テーマの内容・時期区分を一覧にするなど，出題形式ごとに傾向を分析し，その対策方法を示した。この一冊とともに，京大日本史と格闘してほしい。

ときに膨大な歴史用語が，読解困難な初見史料が，はたまた思考力が試される論述問題が，君を悩ますかもしれない。しかし，ひるまず過去問と向き合い，反復学習することで，その要求する知識・読解力・文章構成力が養成され得るものと信じている。そして，将来の日本を導くであろう君が，単なる受験の方便としてではなく，「温故知新」の精神をもって日本史を学び，未来を切り拓く力を獲得できることを願っている。

目　次

問題編──別冊

京大日本史の研究

1 出題の形式

▶概　要

例年大問4題で，試験時間は90分。大問ごとの内訳は下記の通り。

大問番号	〔1〕	〔2〕	〔3〕	〔4〕
内　容	史料問題	小問集合	総合問題	論述問題
問題数	約20問	約20問	約30問	2問
配　点	20点	20点	30点	30点

▶大問ごとの形式

〔1〕史料問題

3つの史料文A・B・Cが提示され，史料文中の空欄の語句記述と，下線部に関する語句記述・短文論述が出題される形式でほぼ一定している（ただし，2018年度は図版，2016年度は写真が用いられた）。年度によっては，文章正誤（2017・2014年度）や語句選択（2018・2016年度），配列問題（2022・2005年度）の出題もある。大問4題中，資・史料を用いて最も多様な観点・形式で出題される。

〔2〕小問集合

9～10種類の短いリード文に，20個の空欄を配置し，空欄に補充する語句記述法である。大問4題中，最も平板な形式である。

〔3〕総合問題

3つのリード文A・B・Cについて，空欄補充や下線部に関する設問が配置されている。記述法が中心だが，一部に短文論述も出題されている。また，2021年度には計算をもとに文章の正誤を判断する問題，2016年度には検地帳の記載例から年貢米を計算・記述する問題，2008年度には文学作品3つの配列問題が出題された。

〔4〕論述問題

論述すべきテーマのみが示される形式である（2問・各200字以内）。2012年度は指定語句を使用する形式での出題であった。

2 傾 向

▶〔1〕史料問題

(1)時代では

　原始（弥生時代）から現代まで幅広く出題されているが，史料問題を原則とするため，文字史料が存在しない旧石器・縄文時代は出題されず，戦後史の出題も少ない（2018・2017・2013・2003年度で出題）。したがって出題の中心は古代・中世・近世・近代であり，それぞれほぼ均等に出題されている。「A. 古代，B. 中世，C. 近世」や「A. 中世，B. 近世，C. 近代」のように，史料は古い順に出題され，基本的に同じ時代のものが重複したり，新しい時代のものが前に出題されることはない。

(2)分野別

　政治・外交・社会経済・文化の全分野から出題され，**政治史**ついで**外交史**の出題が多く，文化史はやや少ない。特に「古代の政治史」「近・現代の外交史」が頻出である。なお，中世・近世史は，政治・外交のほかに，社会経済からの出題も目立つ。また，源義仲が基盤とした2つの道の名称「東山道」「北陸道」（2018年度），山城国から山陰道に入った最初の国の国名「丹波」（2017年度），山城国の南に接している国名「大和」（2012年度）を答えさせる問題など，歴史地理的な出題もある。

(3)出典の特徴

　ⅰ. 高校教科書掲載の頻出史料，ⅱ. 市販の史料集掲載の有名史料，ⅲ. 初見史料のうち，ⅰは，2021年度B『御成敗式目』第3条「諸国守護人奉行の事」，2007年度C『御当家令条』から「寛永十六年鎖国令」，2004年度A『日本書紀』から「改新の詔」だけである。

　ⅱは，2021年度A『古事記』序文，2017年度B『建内記』から「嘉吉の土一揆」の記事，2010年度C『東洋経済新報』から「青島領有への批判」の記事，2009年度A『看聞御記』から「嘉吉の変」の記事，2009年度B『御触書天明集成』から「徒党・訴人の高札」，2009年度C「日独伊三国同盟」，2008年度B『山内首藤家文書』から「一族一揆起請文」，2005年度A『続日本紀』から「加墾禁止令」，2005年度C『幕末外国関係文書』から「日露和親条約」などである。

　ⅱについても，出版社によっては必ずしも掲載していない史料もあるし，『古事記』序文や「日露和親条約」のように，史料集の掲載部分は一部だけで，初見部分のほうが多いこともある。したがって，圧倒的にⅲの初見史料が多数を占める。

《出題史料》

年　度		史　料	時期区分	備　考
2022	A	延長四年二月十三日の民部省符	古代	初見史料
	B	宝暦三年七月の奉公人請状	近世	初見史料
	C	宣戦詔書	近代	初見史料
2021	A	古事記	古代	有名史料
	B	御成敗式目	中世	頻出史料
	C	国民之友	近代	初見史料
2020	A	日本三大実録	古代	初見史料
	B	神皇正統記	中世	初見史料
	C	日本改造法案大綱	近代	初見史料
2019	A	続日本紀	古代	初見史料
	B	慎機論	近世	初見史料
	C	山県有朋の書簡	近代	初見史料
2018	A	吾妻鏡	中世	初見史料
	B	百姓嚢	近世	初見史料
	C	終戦（敗戦）日記	現代	初見史料
2017	A	小右記	古代	初見史料
	B	建内記	中世	有名史料
	C	2015 年安倍談話	現代	初見史料
2016	A	銅鐸・漢委奴国王印・七支刀・長屋王家木簡（写真）	原始・古代	―
	B	天保の改革をめぐる史料	近世	初見史料
	C	壬午軍乱をめぐる史料	近代	初見史料
2015	A	扶桑略記	古代	初見史料
	B	山槐記	中世	初見史料
	C	戦後経営意見書	近代	初見史料
2014	A	愚管記	中世	初見史料
	B	鸚鵡返文武二道	近世	初見史料
	C	東京商船学校の設立	近代	初見史料
2013	A	日本三代実録	古代	初見史料
	B	播磨国太山寺文書	中世	初見史料
	C	佐藤・ニクソン共同声明	現代	初見史料
2012	A	類聚三代格	古代	初見史料
	B	日本	近世	初見史料
	C	原敬日記	近代	初見史料

2011	A	続日本紀	古代	初見史料
	B	建武以来追加	中世	初見史料
	C	大日本婦人会定款	近代	初見史料
2010	A	東寺百合文書	中世	初見史料
	B	京都御役所向大概覚書	近世	初見史料
	C	東洋経済新報	近代	有名史料
2009	A	看聞御記	中世	有名史料
	B	御触書天明集成	近世	有名史料
	C	日本外交年表竝主要文書	近代	有名史料
2008	A	続日本紀	古代	初見史料
	B	山内首藤家文書	中世	有名史料
	C	京都町触集成	近世	初見史料
2007	A	懐風藻	古代	初見史料
	B	九条家文書	中世	初見史料
	C	御当家令条	近世	頻出史料
2006	A	建武以来追加	中世	初見史料
	B	宇下人言	近世	初見史料
	C	内地雑居後之日本	近代	初見史料
2005	A	続日本紀	古代	有名史料
	B	百練抄	中世	初見史料
	C	幕末外国関係文書	近代	有名史料
2004	A	日本書紀	古代	頻出史料
	B	吾妻鏡	中世	初見史料
	C	幣原喜重郎の談話	近代	初見史料
2003	A	将門記	古代	初見史料
	B	正宝事録	近世	初見史料
	C	南原繁著作集	現代	初見史料

▶〔2〕小問集合

(1)時代では

　原始（旧石器時代）から戦後（1980年代）まで，大問4題中最もバランスよく幅広い時代が扱われている。それは，単年度ごとに〔1〕～〔4〕全体で時代配分のバランスをとるため，空欄補充という平板な形式の〔2〕に，史料問題などでは出題しづらい原始や戦後といった時代が配置されるためであろう。また，9～10種類の短いリード文は，古い時代のものから順に並んでおり，短文シャッフル型よりは解きやすい。

(2)**分野別**

　政治・外交・社会経済・文化の全分野から出題されているが，注目すべきは**文化史**で，大問 4 題中出題割合が最も多い。また，毎年出題されているのが**社会経済史**である。一方，ほかの大問で出題頻度の高い政治史・外交史は出題されない年度もある。つまり，大問 4 題全体での出題分野のバランスを考慮し，〔 2 〕では他の大問で扱えなかった文化史・社会経済史分野の問題が多く配置されているといえる。

▶〔 3 〕 総合問題
(1)**時代では**

　原始（縄文時代）から戦後（2000 年代）まで出題されているが，原始は 2009・2006 年度，戦後は 2022・2019・2011・2010・2008 年度に出題されたのみである。したがって出題の中心は，古代・中世・近世・近代である。

(2)**分野別**

　政治・外交・社会経済・文化の全分野から出題されているが，**政治史**，ついで**経済史**の出題が多い。特に「近世の政治史」は頻出である。3 つのリード文は，時代も分野も重ならないよう配慮され，かつ，ほかの大問との分野の重複も避けるようにされている。ただし，2003 年度は 30 個中 27 個が政治史に偏り，かつ，〔 3 〕A が「清和源氏と桓武平氏」のテーマ史であるのに対し，〔 1 〕A の史料が『将門記』であったため，めずらしく出題分野も重複した。

▶〔 4 〕 論述問題
(1)**時代では**

　原始（縄文時代）から戦後（1970 年代）まで出題されている。本書掲載の 20 ヵ年のうち，原始は 2012・2007 年度の 2 回，戦後史も 2014・2007 年度の 2 回しか出題されていない。比較的出題が多いのは，室町時代・江戸時代である。しかし，現行の高校教育課程では「近現代史を一層重視」する旨がうたわれており，今後は近現代史の出題にも注意が必要である。

(2)**分野別**

　幅広い分野から出題されているが，比較的，政治・社会経済からの出題が多く，「近世の農村・農政」や「近代の外交・経済」などに要注意である。

⑶ 論述問題の型

京大日本史論述には，３つの型がある。

ⅰ．事象の経過・変遷を問うタイプ
　例　2020 年度：明治・大正期の社会主義運動の展開
　　　2017 年度：田沼時代〜幕末期の幕府の仲間政策
　　　2015 年度：鎌倉〜安土桃山時代の銭貨の流通
　　　2012 年度：縄文〜古墳時代初期の墓制の変遷

ⅱ．時代や事象について多面的に説明させるタイプ
　例　2021 年度：徳川家綱の時代はどのような時代であったか
　　　2016 年度：第１次近衛文麿内閣の政策について
　　　2010 年度：足利義満の時代はどのような時代であったか

ⅲ．ある視点について２つの事象を対比・比較させるタイプ
　例　2018 年度：９世紀の文化と 10・11 世紀の文化の特色
　　　2007 年度：縄文時代と弥生時代の主要な生業の違い

これらのうち，出題の大部分がⅰであり，ついでⅱが多い。

《論述問題の出題内容》

年　度		テーマ	時期区分	分　野
2022	1	モンゴル襲来後〜足利義満政権期の日中関係	中世	総合
	2	19 世紀初頭〜天保年間の幕府の対外政策の展開	近世	外交
2021	1	徳川家綱の時代	近世	総合
	2	第一次世界大戦中〜太平洋戦争開戦の日米関係	近代	外交
2020	1	田沼時代の財政政策	近世	政治・社会経済
	2	明治・大正期の社会主義運動の展開	近代	政治・社会経済
2019	1	執権政治確立過程の北条時政・義時の役割	中世	政治
	2	石高制の成立過程と石高制に基づく大名統制・百姓支配	近世	政治・社会経済
2018	1	９世紀の文化と 10・11 世紀の文化の特色	古代	文化
	2	幕末期の薩摩藩の動向	近代	政治
2017	1	鎌倉時代の荘園支配の変遷	中世	政治・社会経済
	2	田沼時代〜幕末期の幕府の仲間政策	近世	政治・社会経済
2016	1	南北朝・室町時代の禅宗	中世	文化
	2	第１次近衛文麿内閣の政策	近代	政治・外交
2015	1	鎌倉〜安土桃山時代の銭貨の流通	中世	政治・社会経済
	2	1610 年代〜40 年代の幕府のキリシタン政策	近世	政治・外交・文化

2014	1	9～10世紀の財源確保や有力農民への課税方法の変遷	古代	政治・社会経済
	2	2つのニクソン・ショックの内容と日本の対応	現代	外交・社会経済
2013	1	18世紀半ば以降の幕府財政難の構造的要因と財源確保政策	近世	政治・社会経済
	2	明治時代の初等教育制度	近代	政治・文化
2012	1	縄文～古墳時代初期の墓制の変遷（指定語句使用）	原始・古代	文化
	2	平安時代末～鎌倉時代末の日中関係と日本が受けた影響	中世	外交
2011	1	平安時代の浄土教の発展・広まり	古代・中世	文化
	2	江戸時代初期に幕府が出した法度	近世	政治
2010	1	推古朝の政策とその特徴	古代	政治・外交
	2	足利義満の時代	中世	総合
2009	1	8～11世紀の国司制度の変遷	古代・中世	政治
	2	江戸幕府の蘭学政策とその影響	近世	政治・文化
2008	1	鎌倉幕府における将軍のあり方の変化とその意味	中世	政治
	2	明治維新から日清開戦までの日清関係	近代	外交
2007	1	縄文時代と弥生時代の主要な生業の違い	原始	社会経済
	2	日本国憲法の制定過程	現代	政治
2006	1	9世紀前半の政治と文化	古代	政治・文化
	2	元禄～天明年間の貨幣政策	近世	政治・社会経済
2005	1	室町・戦国時代の都市の発達	中世	社会経済
	2	日清戦争終結から日露開戦までの外交	近代	外交
2004	1	18世紀以降の幕府の農村・農民政策	近世	政治・社会経済
	2	収支面からみた近代貿易の推移	近代	外交・社会経済
2003	1	法典編纂の歴史からみる律令国家の成立から終焉	古代	政治
	2	日明貿易の開始から断絶までの過程	中世	外交・社会経済

3 難易度

▶〔1〕〜〔3〕の記述問題

　本書のなかで「難」「やや難」と判断した問題の比率は，決して高くはない。それは，「京都大学の学力検査の出題方針について」で，大学側が「教科書から得られる基礎的な知識を活用しながら」「総合的な理解力を問う問題」や「道筋を立てて説明する能力を問う問題」を出題していると公表しているものと合致するといえよう。実際に，「難」「やや難」も，大半は教科書に載っている事項からさまざまに工夫されて出題されているものである。

　なお，本書における「難」「やや難」の基準は，以下のとおりである。

　ⓐ　教科書に載っていない，または一部の教科書にしか記載されていない事項を問う出題。
　ⓑ　読解力を要する難解な史料を読み取らせる出題や，短文記述や計算などの応用力を試す出題。
　ⓒ　教科書に載ってはいるが，図版の説明・コラムなど見落としがちな事項や細かい事項を問う出題。
　ⓓ　教科書に頻出の基本事項だが，少し視点をひねった形や少ないヒントで問う，教養やカンが必要な出題。
　ⓔ　歴史用語でないもの，もしくは歴史用語だと認識していない事項を問う出題。

　「難」「やや難」とした問題の多くはⓐ・ⓑ・ⓒに該当するが，京大日本史全体の出題については，ⓓのように，少し視点をひねった形で問う出題が多いのが特徴である。解答自体は基本用語なので，本書では「難」「やや難」としてカウントしていないものもあるが，実際，こういった「かくれ難問」での失点が多く，注意が必要である。

▶〔4〕の論述問題

　設問の要求は，制度や事件などの経過・変遷を説明するオーソドックスなものが大多数で，合計 400 字（200 字×2問）という字数はやや多いが，定型化しているので対策も立てやすく，一概に難しいとはいえない。ただ，論述という形式そのものが多くの受験生には高いハードルであり，一朝一夕には論述力は培えないため，十分な対策の有無で点差が開くと思われる。

4 対　策

▶教科書学習

　京大の日本史対策としては，何をおいても教科書学習が第一である。教科書の本文に書かれている背景・目的・結果などに注意して教科書を熟読しながら，歴史用語と，政治・外交・経済の展開を正しく理解するために，「書く」「まとめる」「略図化する」などを行うとよい。単なる歴史用語の暗記にとどまらず，歴史に関する考察力を養っていけば，記述問題と論述問題の両方で高得点を獲得することができる。社会主義運動の展開や，戦後の文化といった受験生が学習を怠りがちな範囲からも出題されているので，全時代・全分野にわたる教科書学習を積み重ねたい。

▶記述問題

　正確な記述を心がけよう。京大では文化史でも書名や作品名まで正確な記述を求める問題が多く，誤字は命取りである。普段の学習でも書いて覚えることを意識し，教科書・用語集の表記に注意を払いたい。また，難問の対策のために，教科書や図説集に掲載されている内容・解説，脚注も細かく確認しておこう。

　史料問題については，一問一答式の暗記にとどまらず，「ストーリー」を把握し，推理・連想力を高めることが重要である。何らかの歴史用語を見て，時代や関連事項を推理することができれば答えられる設問も多い。史料学習の際には，どの文言が内容特定のキーポイントになるのかを意識しながら読んでいくことが肝心である。

▶論述問題

　試験当日は，まず〔1〕～〔3〕の記述問題をなるべく速く解いて，できるだけ多くの時間を論述問題にあてるようにする。それでも「制限字数内でまとめる」「設問要求のポイントを外さず書く」ことはなかなか難しいため，とにかく早い時期から論述の演習に取り組みたい。

(1)　最初のうちは，50～100字程度の論述練習から始めよう。解答は教科書を用いて作成することが鉄則である。あやふやな知識や事実誤認のまま原稿用紙を埋めるだけの作業では意味がない。設問の要求する事項が，教科書のどこに書かれているのか確認し，教科書を読み込み，そこで学び直しながら，教科書から的確に引用して文章をつくるつもりで，ベストな解答をめざしたい。そして，解答例・解説と照らし合わせ，欠如したポイントや周辺知識を補おう。

⑵　慣れてきたら，京大の過去問や出題傾向が似通っている大阪大学の過去問など，同様の 200 字程度の論述問題に挑戦しよう。ここでも，まず教科書を用いて答案を作成する。その際，いきなり書き出すのではなく，まずは本書解説中の「論述のポイント」のようなメモを書こう。①書くべき時代を把握し，②歴史事項を書き出し因果関係や字数を考慮し，取捨選択する。③時系列に項目を並べ，④おおまかな構成を立てる。このメモが，200 字の途中で迷ったり，字数不足になることを防いでくれるはずだ。京大の論述は「事象の経過・変遷を問うタイプ」の出題が多いので，同じタイプの問題に多くあたっておきたい。

　解答を仕上げるときには，書くべき内容が思い当たらなくても，なるべく 200 字のうち半分は書くようにしたい。しかし，200 字を 1 字でもオーバーしてはいけない。句読点も必ず 1 マス使用する（数字は 2 字で 1 マス）。

　解答を仕上げたら，解答例と照らし合わせて自己採点するだけでなく，ときには先生に添削をお願いしたり，予備校等の日本史論述講座を受講して，客観的に判断してもらうことも必要である。また，受験はあくまでも相対評価であるから模擬試験も積極的に受けて研鑽を積もう。

第1章　史料問題

1 古代の寺院と土地制度，江戸時代の社会・文化，近代の外交

(2022 年度　第1問)

> 史料はすべて初見史料だが，（注）や設問文を手がかりにおおよその内容把握は可能である。ただし⑵・⑺・⑼は難，⑶・⑷・⑰はやや難と，前半に難問が集中しており，動揺したかもしれない。しかし後半は標準レベルの問題であり，確実に得点したい。

A

出典は「延長四年二月十三日の民部省符」である。民部省符とは，民部省が下級の役所や国司に出した文書をいう。この史料は，延長四（926）年に，民部省から大和国司に対して，高市郡内の土地を弘福寺に返還するように命じたものである。

⑴　東寺は平安京鎮護のために建立され，嵯峨天皇によって空海に下賜された。また，空海が紀伊国に**金剛峰寺**を創建したことを想起すれば，大和国にある弘福寺は，東寺と金剛峰寺の中間地点にあたると判断できる。

⑵　難　律令国家から中世における町段歩制では，360 歩＝1段，10 段＝1町であるという知識を基本として考える。3行目から6行目の田の面積の合計は 5096 歩であり，「一町四段五十六歩」になる。

⑶　やや難　史料に，本来は弘福寺の寺田であったのに，元慶四年に大和国司が収公して百姓の戸に授給したとあり，「班田」の日の出来事であるとわかる。

⑷　やや難　奈良時代の宇佐八幡神託事件を想起できれば，平安京南方で八幡神をまつる神社として**石清水八幡宮**を導けるだろう。石清水八幡宮は，859（貞観元）年，大安寺の僧行教が，豊前の宇佐八幡宮から分霊を男山に勧請したことに始まる。

⑸　⑹ⅰの設問文「（延長四年の）翌年に『延喜式』が完成し」がヒントとなり，**醍醐天皇**の治世の出来事であると推定できる。

⑹ⅰ　**契丹**は東モンゴルを拠点とした遊牧民で，10 世紀初頭に耶律阿保機が部族をまとめ，**遼**となった。926 年には渤海を滅ぼし，のち華北・満州にも勢力を広げたが，支配下にあった女真族が独立・建国した金に 1125 年滅ぼされた。

ⅱ　8世紀に『大宝律令』や『養老律令』が編纂された後，補足・修正法である格や施行細則である式が多く出された。嵯峨天皇はこれらの格式を官庁ごとに編纂して『弘仁格』『弘仁式』を作らせた。その後，清和天皇の時代に『貞観格』『貞観式』，醍醐天皇の時代に『延喜格』『延喜式』が編まれ，総称して三代格式という。

B

出典は「宝暦三年七月の奉公人請状」であり，奉公先（近江屋庄兵衛）に対して，保証人（伊勢屋甚兵衛）が奉公人（小兵衛）の身元を証明しているものである。

(7)　難　「小兵衛と申す者」を，「一ヶ年の間」「御家の御作法の通り急度相勤めさ
せ申すべく候」から，「近江屋に小兵衛を1年間勤めさせる」という労務契約であ
るとわかる。このように，一定期間を定めて主家の家業に従事することを「年季奉
公」という。商家の奉公人には，番頭・手代・丁稚などがいた。

(8)　江戸時代，大坂を中心とする西日本は銀遣い，**江戸**を中心とする東日本は金遣い
であった。史料に「給銀四枚」とあるので，この請状は西日本の商家に提出された
と考えられる。よって三都のうち**江戸**は該当しない。

(9)　難　江戸幕府は1612年幕領に，翌年全国に禁教令を出し，キリスト教を厳禁
とした。史料中の用語なので「**キリシタン**」が正答である。

(10)　江戸幕府は，17世紀初頭に宗派ごとに順次，寺院法度（諸宗諸本山法度）を出
して本末制度を整備した。その後，徳川家綱政権が1665年に出したのは，各宗共
通の**諸宗寺院法度**である。

(11)　**相対済し令**は，享保の改革で出された法令で，旗本・御家人と札差などの間でお
きる金銭貸借訴訟を三奉行所では受理せず，当事者同士の話し合い（＝相対）で解
決させた法令である。

(12)　1758年の宝暦事件では，**竹内式部**が京都で公家に尊王思想を説き追放処分を受
けた。

C

出典は，①太平洋戦争，②第一次世界大戦，③日露戦争の宣戦詔書である。

(13)①　「米国および英国に対して戦を宣す」から，1941年の太平洋戦争の宣戦詔書で
ある。②「独逸国に対して戦を宣す」から，1914年の第一次世界大戦の宣戦詔書
である。③「露国に対して戦を宣す」から，1904年の日露戦争の宣戦詔書である。
よって，③→②→①の順になる。

(14)　日本政府は大東亜共栄圏を作り上げることを名目に掲げ，**大東亜戦争**と命名した。

(15)　史料に，中華民国と帝国（日本）との戦いがおきて「四年有余」を経た，と書か
れており，日中戦争が勃発した**1937年**が出発点である。

(16)　「国民政府更新するあり」とは，日本の傀儡政権である「新国民政府（南京政
府）に改まった」といっているのであり，その主席は**汪兆銘**（汪精衛）である。

(17)やや難　日英同盟が最初に締結されたのは第1次桂太郎内閣の1902年であり，外
務大臣は**小村寿太郎**である。

(18)　**膠州湾**は山東半島南西部にあり，ドイツが1898年に清国から租借し，軍港青島
を建設した。

(19)　1900年の北清事変後，ロシアが**満州**を軍事占領したことを機に日露関係が緊迫
した。

解　答

A　(1)金剛峰寺　(2)四　(3)班田　(4)石清水八幡宮
　　(5)醍醐天皇　(6)あ遼（契丹）　い弘仁式，貞観式

B　(7)奉公　(8)江戸　(9)キリシタン　(10)諸宗寺院法度　(11)相対済し令
　　(12)竹内式部

C　(13)③→②→①　(14)大東亜戦争　(15) 1937 年　(16)汪兆銘　(17)小村寿太郎
　　(18)膠州　(19)満州

2 天武天皇の治世，守護の職権・承久の乱，明治時代の政治・文化

(2021年度 第1問)

史料A．『古事記』序文の前半は初見史料だが，後半は史料集などに掲載がある。また，(7)の設問文から，天武天皇の治績に関する引用だと判断できる。B．『御成敗式目』は第3条「諸国守護人奉行の事」が教科書掲載の基本史料。第16条は「京方の合戦」や(14)の設問文などから，承久の乱の戦後処理に関する内容だとわかる。C(15)は第2段落の3行目以降の著書名を手がかりに正答できる。短文記述の(9)・(12)はやや難，(16)(い)は難問である。

A

史料の出典『古事記』は，日本最古の史書である。天武天皇が稗田阿礼に命じて「帝紀」「旧辞」を誦習させたが，天皇の死去で未完に終わった。その後，元明天皇が阿礼の口誦を太安万侶に撰録させて712年に完成した。

(1) やや難　史料の前半の6行は，大海人皇子が壬申の乱で勝利するまでの経緯が記されている。天智天皇の死の直前，大海人皇子は皇位を望まないとして出家して，現在の奈良県南部の吉野に入った（史料の「南山に蝉蛻し」）。その後，美濃など**東国**で兵を動員した（「虎歩す」）ことで，勝利を得た。

(2) **伊勢神宮**は皇室の祖先神である天照大神を祀る神社で，天武天皇の時代に整備され，律令国家の神祇制度の中心に位置づけられた。

(3) **大友皇子**は天智天皇の皇子で，壬申の乱で大海人皇子に敗れて，近江大津宮で自害した。

(4) 「清原大宮」は飛鳥浄御原宮であり，その北西に造営された都は藤原京である。藤原京以前は，天皇の居住地である宮を，一代一宮を原則に造営し，頻繁に遷っていた。その当時，国政は担当する豪族の館で政務が処理されていた。しかし，飛鳥浄御原令が制定されると，中央諸官衙を宮に集中し，そこで働く官人や貴族たちの居住域も必要となった。そこで，宮の周囲に**条坊制**をとる京が設けられたのである。

(5) 天武・持統朝を中心とする7世紀後半から8世紀初頭の文化を**白鳳文化**と呼ぶ。

(6) 「帝紀」と「旧辞」は6世紀に成立したと考えられ，前者は大王の系譜を中心とする伝承，後者は朝廷の伝承・説話である。天武天皇は「帝紀」「旧辞」を基礎資料とする歴史書編纂事業を開始させ，8世紀に『古事記』と『日本書紀』として結実した。史料中の2つ目の　イ　直後の「旧辞」の語が手掛かりになる。

(7) 天武天皇が編纂を命じ，712年にできた書物は，『古事記』である。稗田阿礼が誦習していた内容を，**太安万侶**が筆録した。

B

出典は，執権北条泰時が評定衆らに命じて編纂させ，1232年に制定された鎌倉幕

府の基本法典『御成敗式目』のうち，第3条と第16条である。

(8)　源頼朝は1190年に朝廷から右近衛大将に任命されたが，直後に辞任した。在京しなければならない近衛大将は，鎌倉に戻る必要のある頼朝には勤仕できないためだった。しかし，それ以後も頼朝は「右大将家」「右大将殿」と称された。

(9) やや難　大番催促は，**守護が国内の御家人を京都大番役に動員する権限**であり，謀叛人・殺害人の逮捕とともに大犯三カ条という。

(10)　史料では，守護が大犯三カ条以外のことをすることを禁じており，国司や領家の訴えや，地頭や庶民の訴えにより，守護の非法が明らかになった場合，「守護」の職をやめさせて適切な者を「守護」に任命する，としている。守護は，「守護人」ともいう。

(11)　「　ウ　兵乱」や，「京方の合戦」から，　ウ　には承久が入る。**藤原（九条）頼経**は，承久元（1219）年，源実朝の死をうけて鎌倉に下り，承久の乱後の1226年に将軍に就任し，初の摂家将軍となった。

(12) やや難　史料の大意は，「承久の乱後に領地を没収された領主のうち，後に罪科がなかったことが証明された者の領地は返還される。返還する領地を御恩として給与されていた者には，替わりの領地を与える。給与されていた者には承久の乱で戦功があったからである」であり，「勲功の奉公」は**承久の乱で幕府方として戦ったこと**」を指している。

(13)　「関東御恩の輩」は御家人のことであり，御家人統制機関である侍所の初代長官は**和田義盛**である。

(14)　承久の乱での京方の最高権力者は後鳥羽上皇である。後鳥羽上皇は軍事力強化のために**西面の武士**を新設した。

C

出典は，徳富蘇峰「福沢諭吉君と新島襄君」『国民之友』第17号（1888年3月2日刊行）。なお徳富蘇峰は，新島襄の同志社英学校に1876年に転入し，1880年に中退したが，新島の死に至るまでその師弟関係は続いた。

(15)　第2段落の3行目以降に　エ　の著書として『西洋事情』『学問の勧め』『文明論の概略』などが記されていることから，**福沢諭吉**だとわかる。

(16)(あ)　**工部省**は，1870年に設立されて，鉄道・電信などを管轄した。

(い) 難　東海道線は1889年に**東京（新橋）**から神戸までの全線が開通した。

(17)(あ)　1868年に出された五榜の掲示では，「切支丹邪宗門ノ儀ハ堅ク御制禁タリ」として，キリスト教は**禁止された**。

(い)　大日本帝国憲法では，「国民」は存在せず，すべて天皇の臣下という意味で**臣民**とされた。

(18)　「　オ　は私学校を有せり」や，「十年内乱の総大将」から，薩摩士族のための私

学校を開き，1877 年に西南戦争を起こした**西郷隆盛**だとわかる。

解　答

A　(1)東　(2)伊勢神宮　(3)大友皇子

　　(4)条坊制をとる京が設けられた。

　　(5)白鳳文化　(6)帝紀　(7)太安万侶（太安麻呂）

B　(8)源頼朝　(9)守護が国内の御家人を京都大番役に動員すること。

　　(10)守護人（守護）　(11)藤原頼経（九条頼経）

　　(12)承久の乱で幕府方として戦ったこと。

　　(13)和田義盛　(14)西面の武士

C　(15)福沢諭吉　(16)あ工部省　い東京（新橋）から神戸まで

　　(17)あ禁止とした　い臣民　(18)西郷隆盛

3　清和天皇の治世，建武の新政，近現代の政治・経済

（2020 年度　第1問）

> 　史料の出典は，A.『日本三代実録』，B.『神皇正統記』，C. 北一輝の『日本改造法案大綱』である。いずれも初見史料であるが高度な史料読解力は必要ではない。ほとんどが標準レベルの歴史用語の記述力があれば正答できる。ただし，(1)・(7)は細かい知識が問われ，やや難。短文記述の(13)は難問である。

A

　出典は，六国史の最後である『日本三代実録』から元慶4（880）年12月4日の記事である。史料3行目の「貞観の政」を手掛かりとして，9世紀後半の政治や文化に関する基本事項を想起しよう。

(1) やや難　まず，「貞観の政」をヒントに，貞観格式が編纂されたことから清和天皇の治世だと想起できる。史料は清和太上天皇が崩御した日に，清和天皇の治世の出来事を記したものである。清和天皇が数え**9歳**という幼年で即位したため，外祖父の藤原良房が事実上の摂政の任についたというエピソードを知っていれば正答できる。また，清和天皇の即位が858年だと覚えている場合は，史料の880年から22年前であり，清和太上天皇が31歳で死去したということは，22年前の即位時は9歳だと計算できる。

(2) 「忠仁公」は，清和天皇の外祖父で摂政であったということから，藤原良房だとわかる。良房の養子藤原基経は，884年に陽成天皇を退位させ，光孝天皇を擁立した。そのため光孝天皇はその恩に報いるべく，基経を事実上の**関白**に任命した。

(3) 貞観11（869）年，**新羅**の海賊が博多に上陸するという事件があり，翌年には大宰少弐藤原元利万侶が新羅と内通して反乱を企てていたことが発覚したが，受験生にはこの知識は必要ない。九州北部と「海峡を隔て」ている国家ということで新羅だと判断できる。

(4) 866年，大納言伴**善男**が朝堂院の正門である応天門に息子を使って放火させ，配流となった。伴氏はヤマト政権以来の名族大伴氏である。

(5) 律では，天皇・国家・神社・尊属に対する8種類の重罪を総称して**八虐**と呼んだ。

(6)**あ**　「入唐」し「台密の発達に寄与した僧侶」としては，円仁と円珍が想起できるが，その門徒が寺門派であることから，円珍に限定できる。円珍は天台宗の僧侶で，853年に入唐して密教を学び，帰国後は天台宗の密教化に努めた。

(6)**い**　円仁と円珍の密教理解の違いから，のちに両者の門徒が対立した。延暦寺を拠点とする円仁派は山門派，**園城寺（三井寺）**を拠点とする円珍派は寺門派と呼ばれる。

B

出典は北畠親房の『神皇正統記』である。北畠親房は後醍醐天皇に仕えた南朝の公卿で，著書『神皇正統記』では神代から後村上天皇までの皇位継承の経緯を述べて，南朝の正統性を主張した。

(7) やや難 「平氏世ヲミダリテ二十六年」という箇所から，著者は平氏政権を 26 年間と考えていることがわかる。平氏滅亡の 1185 年から 26 を引くと 1159 年であり，平治の乱が起きた年にあたる。

(8) 長門国の壇の浦の戦いで，平宗盛を将とする平氏一門は滅亡した（1185 年）。

(9) 史料の第 1 段落では，平氏政権の 26 年，鎌倉幕府の源氏将軍の時代 37 年，承久の乱後の 113 年という武家政権の推移が述べられている。その後に世を「一統」した天皇は後醍醐天皇である。

(10) 最後の得宗・北条高時は，元弘の変後，畿内で相つぐ倒幕派の挙兵に対し，足利高氏に追討のための出陣を命じた。しかし高氏は，天皇側に通じて六波羅探題を攻略した。

(11) 足利高（尊）氏は，弟の直義との二頭政治を行ったが，直義と尊氏の執事高師直との対立から観応の擾乱が起き，1352 年に直義は尊氏に毒殺された。

(12) 源頼朝（鎌倉殿）と主従関係を結んだ武士を御家人という。

(13) 難 史料末尾の「サシタル大功モナクテ，カクヤハ抽賞セラルベキトモアヤシミ申ス」に注目しよう。ここを現代語にすると「大きな功績がない者に恩賞を与えたことをおとがめ申す」となる。そして，その漠然とした部分を史料の第 2 段落の内容から，「武士である足利尊氏や直義に高位高官を与えたこと」と具体化しておくべきである。筆者の北畠親房は，家格を無視した後醍醐天皇の人事政策に対しては，批判を展開していることがわかる。

C

出典は北一輝『日本改造法案大綱』である。1919 年に書かれたものだが，のちに陸軍青年将校らに読まれ，日本ファシズム運動の教典となった。

(14) 二・二六事件は，1936 年 2 月 26 日に北一輝の思想的影響を受けた陸軍皇道派の青年将校たちが決行したクーデタ事件である。2 月 29 日にクーデタは鎮圧され，首謀者は処刑されたが，陸軍統制派の政治的発言力が強まることになった。

(15) 1925 年，加藤高明を首相とする護憲三派内閣の下で衆議院議員選挙法が改正され，満 25 歳以上の男子に選挙権が与えられた。なお，満 30 歳以上の男子に被選挙権が与えられた（直接国税 15 円以上の制限撤廃）のは，第 2 次山県有朋内閣の下で 1900 年に衆議院議員選挙法が改正されたときであった。

(16)(あ) 小作人（小作農）とは，地主から土地を借りて，その使用料として小作料を納める零細農民である。

⒃ 1947年に行われた第二次農地改革では，不在地主の全貸付地と在村地主の貸
　付地のうち一定面積を超える分を，国家が強制的に買い上げて小作人に安く売り
　渡した。ここで明らかにすべきポイントは，貸付地の大半を国家が買い上げ小作
　人に売却した点である。

⒄ GHQの五大改革指令のうち労働組合の結成奨励の具体策として労働三法が制定
　された。1947年制定の**労働基準法**では，8時間労働制，最低賃金など労働条件の
　最低基準が定められた。

⒅ **工場法**は，1911年に第2次桂太郎内閣が制定した日本初の労働者保護法である。
　適用は常時15人以上を雇用する工場に限られ，施行は5年後に先送りされるなど
　不十分な内容であった。1947年の労働基準法公布により廃止された。

解　答

A ⑴9歳　⑵関白　⑶新羅　⑷善男　⑸八虐
　　⑹ఄ円珍　 い園城寺（三井寺）

B ⑺平治　⑻壇の浦の戦い　⑼後醍醐天皇　⑽北条高時　⑾観応の擾乱
　　⑿御家人
　　⒀武士である足利尊氏や直義に高位高官を与えたこと。

C ⒁二・二六事件　⒂加藤高明　⒃ఄ小作人（小作農）
　　い地主の貸付地の大半を国家が買収して小作人に売却する。
　　⒄労働基準法　⒅工場法

4 道鏡の卒伝，列強の接近，明治の政治・外交

（2019 年度 第1問）

史料の出典は，A．『続日本紀』，B．渡辺崋山の『慎機論』，C．山県有朋の書簡である。3点とも初見史料であるが，A・Bは教科書レベルの知識で，ほぼ読解可能である。Cは設問文に十分なヒントがあり，読解の必要は特にない。やや難の⑽・⒂以外は，総じて標準レベルの問題である。

A

出典は『続日本紀』の道鏡の卒伝（著名な人物の死を伝え，その人物の事績などを紹介する文章）である。

(1) 史料は道鏡の略歴を伝えているから，奈良時代の政治史の知識で空欄部分を補いながら要約すれば，以下の通りである。

法相宗の僧・道鏡は，孝謙太上天皇の看病にあたったことから寵を得た。764 年，道鏡の排斥を企図して挙兵した恵美押勝が敗死すると，（淳仁天皇も廃され）孝謙太上天皇が称徳天皇として重祚し，道鏡は太政大臣禅師，ついで法王となった。宇佐八幡宮の神託を利用して皇位をねらったが，和気清麻呂らに阻止された。称徳天皇の死後，道鏡は下野国薬師寺に左遷された。

つまり，史料末尾の「 ア 国薬師寺別当と為して逓送す」には，道鏡が左遷された**下野**が入る。下野国は現在の栃木県にあたり，下野国薬師寺には戒壇がおかれ，東大寺戒壇院・筑紫観世音寺の戒壇とともに天下三戒壇と呼ばれた。

(2) 大連**物部守屋**は，587 年に蘇我馬子に滅ぼされた。

(3) 「宝字八年，大師 イ ，謀反して誅に伏す」とある。**藤原仲麻呂**は淳仁天皇から**恵美押勝**の名を賜り，大師（太政大臣）として権力を掌握したが，764 年，道鏡を除こうとして敗死した。

(4) ウ の少し前に「太政大臣禅師と為す」とあるので ウ に入る地位は**法王**だとわかる（(1)の道鏡の略歴参照）。

(5) 史料と（注）から，道鏡が八幡神の教えを信じて神器をうかがいねらったことが読み取れ，(1)の略歴と合わせて考えると，下線部の意味は「**皇位を狙う意志**」だとわかる。神器は皇位の象徴とされる三種の神器のことであるが，ここでは皇位そのものを指している。

(6) 称徳天皇の死後，天智天皇の孫にあたる**光仁天皇**が即位した。

(7) **養老律令**は，718 年に藤原不比等が編纂したが，大宝律令と内容的に大差がなかったためしばらくは用いられなかった。757 年，不比等の孫藤原仲麻呂によって施行された。

B

出典の『慎機論』は渡辺崋山が1838年に著した，モリソン号打払いを実行した幕府の対外政策を批判した書である。蛮社の獄で押収されて，崋山が処罰される一因となった。

(8)(あ)　1837年，**アメリカ**の商船モリソン号が日本の漂流民返還と通商交渉のため来航した。

　(い)　モリソン号は，**異国船打払令に基づき撃退**された。

(9)　**浦賀**には享保期に浦賀奉行がおかれ，江戸湾に出入りする船舶の管理などにあたった。設問文の「ペリー来航」をヒントにしたい。

(10)〈やや難〉　史料の「クルーゼンシュテルンの記（奉使日本紀行）・ゴローウニンの記（遭厄日本紀事）」が並列されていることを読み取り，ゴローウニンの国籍から**ロシア**と推察することができる。

(11)　**大黒屋光太夫**は，伊勢国の船頭で漂流してロシアに長く滞在し，1792年ラクスマンに伴われて帰国した。光太夫の見聞を桂川甫周が『北槎聞略』として刊行した。

(12)　**林子平**は，江戸後期の経世思想家で，1791年に出版した『海国兵談』で江戸周辺の海防の必要性を説いたが，寛政の改革で処罰された。

C

出典は1890年9月23日付の山県有朋の井上毅宛て書簡である。

(13)(あ)　**内務省**は，1873年の明治六年の政変の後に新設された官庁で，地方行政や警察行政・議員選挙などを管轄し，国内行政の中心的役割を果たしたが，1947年に解体された。

　(い)　1923年9月1日，**関東大震災**により東京とその周辺は壊滅的被害を受けた。

(14)　**統帥権**とは天皇大権の一つで，陸海軍の指揮統率権（作戦・用兵）であり，内閣・議会の関与を受けなかった。

(15)〈やや難〉　1884年の甲申事変により悪化した日清関係を修復するため，1885年に日清両国間で天津条約が締結された。主な内容は，**日清両国軍の朝鮮からの撤兵，今後朝鮮に出兵する際の相互事前通告**である。日清両国の朝鮮への軍事顧問の派遣停止を挙げてもよい。

(16)　第一議会での民党の標語は，**政費節減・民力休養**である。本問では民党の要求が問われているので，「行政費を節約して地租軽減を行うこと」という標語の内容の説明をしても正答となるだろう。

(17)　史料末尾の「1890年」は第1回帝国議会と同年であり，首相は**山県有朋**だとわかる。

解　答

A (1)下野　(2)物部守屋　(3)恵美押勝（藤原仲麻呂）　(4)法王
　　(5)皇位を狙う意志　(6)光仁天皇　(7)養老律令

B (8)あアメリカ　いⓘ異国船打払令に基づき撃退した。　(9)浦賀　(10)ロシア
　　(11)大黒屋光太夫　(12)林子平

C (13)あ内務省　い関東大震災　(14)統帥権
　　(15)日清両国軍の朝鮮からの撤兵，今後朝鮮に出兵する際の相互事前通告，
　　日清両国の朝鮮への軍事顧問の派遣停止（のうちから2つ）
　　(16)政費節減・民力休養（行政費を節約して地租軽減を行うこと）
　　(17)山県有朋

5 源頼朝の奏上，江戸時代の農業・幕政，占領の開始

(2018年度 第1問)

史料の出典は，A.『吾妻鏡』，B. 西川如見の『百姓嚢』，C. 大佛次郎の『終戦（敗戦）日記』である。いずれも初見史料であるが，Aは注，Bは出典，Cは設問文を手がかりにして時代背景を把握した上で史料を読解したい。設問の大半は標準的設問であり正答可能である。(10)(あ)・(17)はやや難，(1)・(7)は難問である。

A

　史料の出典『吾妻鏡』は，鎌倉幕府が編纂した公式の歴史書である。史料は，寿永三年二月二十五日条で，源頼朝が院近臣の高階泰経を通じて後白河法皇に提出した言上状である。

(1)　難　　**徳政**とは，本来は仁徳ある政治という意味である。しかし，設問文の「過去の優れた時代に戻ることを意味する」というヒントが逆に混乱させてしまい正答を導きづらくしたであろう。また，債務の破棄を意味するようになるのは，鎌倉後期以降である。

(2)　**知行国制度**は，院や朝廷が上級貴族などに一国の支配権を与え，その国の公領からの収益権を得させる制度である。支配権を与えられた知行国主は，子弟などを受領に任命し，現地には目代を派遣して治めさせた。

(3)　史料中の「謀反」人とは，設問文にある「源義仲」のことである。源義仲は現在の長野県にあたる信濃国木曽谷を拠点としていたので，**東山道**が想起できる。また，義仲が治承・寿永の内乱に際し，倶利伽羅峠の戦い（富山・石川県境）などで平氏方を破ったことから，**北陸道**と答えたい。

(4)　9世紀末から10世紀前半の地方制度の転換により，国司の最上席者に地方政治が一任されてから，**徴税**が国司にとって最も重要な任務になった。また，史料の大意は「源義仲を追討していたので，東国・北国両道には人々が存在しないような状態でしたが，今春からは流浪の人々も故郷に帰らせて，安堵させるべきでしょう。そこで来秋頃に国司を任じて，吏務を行うことがよいでしょう」となり，ここからも「徴税」を想起したい。

(5)　③が正解。**源頼政**は平治の乱で平清盛の側についたため平氏政権で従三位まで昇進し，源三位頼政，源三位入道と称した。しかし，1180年，平氏打倒を掲げて以仁王とともに挙兵し，宇治で敗死した。なお，残りの4人は「平安後期から鎌倉前期」「畿内近国」「弓箭に携わるの輩（＝戦いに参加する武士）」のいずれかの条件に該当しない。①源頼家は，源頼朝の嫡男・鎌倉幕府2代将軍であり，この時期には鎌倉におり幼児である。②平頼綱は，鎌倉幕府9代執権北条貞時の内管領で鎌倉

後期の人。④平忠常は，1028 年に平忠常の乱を起こした人物，⑤源高明は，左大臣であったが 969 年の安和の変で大宰権帥に左遷されたので，両者とも平安後期以前の人物である。

(6) **源義経**は，源頼朝の異母弟で，平氏追討の指揮官として活躍した。しかし平氏滅亡後，頼朝と不和となり，陸奥国平泉へ逃れ藤原秀衡の庇護を受けたが，藤原泰衡に攻められて自害した。

(7) 　難　史料「平家追討の事」の大意は，「朝廷から畿内近国の武士に対して，源義経の軍勢に加わるように命じてほしい。平家追討の功績に対する褒賞は，後ほど頼朝から朝廷に推薦します」となる。つまり「勲功賞」とは，頼朝が朝廷に推薦することで朝廷から武士に与えられるものだから，**官位（官職）**である。頼朝が家臣となった武士（御家人）に与える御恩には，本領安堵や新恩給与といった地頭職に任命する形をとるものがあるが，このほか，朝廷に対する官位（官職）の推薦も重要な御恩の一つであった。承久の乱のおり，北条政子が御家人達に，亡き頼朝が与えた御恩は「官位と云ひ，俸禄と云ひ」と呼びかけた演説を想起したい。また逆に，頼朝の推薦によらず，家臣が直接朝廷から官位（官職）に任じられることは厳禁であった。それは，朝廷と直接結びつくことで頼朝に対抗する勢力になると見なされるためである。源義経が頼朝に無断で朝廷から検非違使などの官職に任じられたことが，頼朝との不仲の一因であった。

B

史料の出典は西川如見の『百姓嚢』で，1731 年に刊行された。百姓の心得などを説き，百姓の奢侈化を批判している。

(8) **渋川春海（安井算哲）**は平安時代以来用いられてきた宣明暦にかわるものとして，中国元王朝につくられた授時暦に，自らの天体観測の結果を加えて修正し，1684 年に貞享暦を作成した。春海は同年，幕府に新設された天文方に任命され，貞享暦は翌年から約 70 年間使われた。

(9) 『**農業全書**』は，宮崎安貞が著した日本初の体系的農書である。

(10)(あ) やや難　**犂**は，牛馬に引かせて田畑を耕すのに用いた農具である。「勿」を「勿」と書き間違えないようにしたい。

(い) 図 β で女性たちが手に持っている農具は，脱穀具の扱箸である。元禄期に扱箸に代わる脱穀具として**千歯扱**が発明されると，効率が倍増した。

(11) **科挙**は，中国で行われた官吏の登用試験で，隋代から清朝末期まで行われた。

(12)(あ) 史料の（出典）に，西川如見（1648-1724）とあるから，彼の最晩年は享保の改革期である。その頃，「庶民が国政や民政についての意見を建白」するため評定所の前に設置されたのは，**目安箱**である。

(い) **小石川養生所**は，幕府が設立した貧民の療養施設であり，江戸の町医者小川

笙 船の目安箱への投書が設立のきっかけとなった。

C

史料の出典は，大佛次郎（おさらぎ）の『終戦（敗戦）日記』である。

⑴⒜　④が正解。史料中の「総理の宮」は，「首相宮」ともあり，「連合軍記者団と初会見」から，太平洋戦争終結直後に就任した皇族出身の首相である東久邇宮稔彦である。**プレス=コード**は，東久邇宮内閣期の 1945 年 9 月に GHQ が定めた新聞・出版検閲の基準である。プレス=コードに基づき，占領軍に対する批判は禁じられ，新聞・出版の検閲が行われた。なお①～③は，東久邇宮内閣総辞職をうけて就任した幣原喜重郎首相に対して，マッカーサーが出した五大改革指令に基づいて実施された政策であるから，排除できる。①労働組合法の制定・②農地改革の実施は，幣原喜重郎内閣で 1945 年のこと。③持株会社整理委員会の発足は，第 1 次吉田茂内閣で 1946 年である。

⒤　1946 年に第 1 次吉田茂内閣で傾斜生産方式が閣議決定された。傾斜生産方式は，資金と資材を石炭・鉄鋼などの重要産業部門に集中的に供給する産業政策であり，その資金供給のために設立された政府金融機関は**復興金融金庫**である。傾斜生産方式によって石炭・鉄鋼などの生産は回復したが，復興金融金庫からの多額の融資は復金インフレを誘発した。

⑭　**極東委員会**は，第二次世界大戦後の連合国による日本占領政策の最高政策決定機関である。ワシントンに本部が置かれ，発足時は米・英・仏・ソ・中など 11 カ国で構成された。

⑮　**治安警察法**は，1900 年に第 2 次山県有朋内閣によって制定された法令であり，社会主義，労働・農民運動や女性の政治参加を弾圧した。

⑯　**社会民主党**は，1901 年に片山潜・安部磯雄・幸徳秋水らによって設立された日本初の社会主義政党である。結成直後に治安警察法に基づき解散を命じられた。

⑰ やや難　**大佛次郎**は大正～昭和時代の小説家で，『鞍馬天狗』や『赤穂浪士』などの大衆文学の分野で名を馳せた。

解　答

A　⑴徳政　⑵知行国制度　⑶東山道・北陸道　⑷徴税　⑸―③　⑹源義経
　　⑺官位（官職）

B　⑻渋川春海（安井算哲）　⑼農業全書　⑽⒜犂　⒤千歯扱　⑾科挙
　　⑿⒜目安箱　⒤小石川養生所

C　⒀⒜―④　⒤復興金融金庫　⑭極東委員会　⑮治安警察法　⑯社会民主党
　　⑰大佛次郎

6 平安中期の政治，嘉吉の土一揆，近現代の外交

(2017 年度　第1問)

A.『小右記』，B.『建内記』，C.「安倍談話（2015 年）」の3史料が出題された。B は市販の史料集掲載史料であり，取り組みやすかっただろう。A・C は初見史料であっただろうが，設問の大半は史料の読解とは関係なく，標準的な知識があれば正答できる。

A

　『小右記』は藤原実資の日記で，藤原道長ら摂関家に対して批判的な記載もある。道長の「望月の歌」が記されていることでも有名である。

(1) やや難　**丹波国**は，山陰道に属し現在の京都府から兵庫県にまたがっている。

(2) 『今昔物語集』の説話にある，「受領は倒るる所に土をつかめ」と言い放った受領は信濃守**藤原陳忠**である。「尾張国郡司百姓等解（文）」で上訴された尾張守藤原元命とともに，10 世紀に圧政を行った受領として知られている。

(3) **清涼殿**は，平安宮の内裏の殿舎の一つで，天皇が主に生活した建物である。

(4) 出典に記されている 1019 年という西暦年や設問文，および設問(5)がヒントとなり，「入道殿」は藤原道長だとわかる。藤原道長の日記『**御堂関白記**』は，2013 年にユネスコの世界記憶遺産（世界の記憶）に登録された。

(5) 「摂政殿」は藤原頼通であり，**平等院**は，藤原頼通が末法初年とされる 1052 年に宇治の別荘を寺としたものである。

(6) 設問(2)に「百姓，公門に立ちて訴訟す」の意味が示されていること，「正しいものをすべて選んで」という指示，①と②，③と④がそれぞれ表裏の内容でセットになっていることに注意したい。史料では，受領の圧政を上訴するために上京した丹波国の百姓を国司が追捕した（20 日）ことについて，入道殿・摂政殿は叱っている（21 日）。ということは，入道殿・摂政殿は，百姓が公門に立って受領の圧政を上訴することを「認めており」（③），そのような百姓を受領が追捕することを「認めていない」（②），ということになる。したがって②・③が正しい。

(7) 1019 年に沿海地方の女真人が九州北部を襲撃した。これを**刀伊の入寇（来襲）**といい，大宰権帥藤原隆家の指揮のもと，九州の武士たちが撃退した。

B

　『建内記』は武家伝奏をつとめた万里小路時房の日記である。「嘉吉元年（1441）」や史料中の「土一揆」から，嘉吉の土一揆に関する史料だと判断できる。

(8) 嘉吉の土一揆は，6代将軍足利義教が暗殺された嘉吉の変ののち，将軍交代の「代始め」に起こった。その暗殺事件の首謀者は播磨の守護**赤松満祐**である。

(9)　やや難　「『嵯峨』にある五山寺院」だけで天龍寺を想起することはやや難しい。**夢窓疎石**は，鎌倉後期から南北朝時代の禅僧で，足利尊氏・直義兄弟の帰依をうけ天龍寺の開基となった。

(10)　山名氏は侍所所司に就任する四職の一つで，南北朝期には一族で11カ国の守護をつとめ六分一衆（六分一殿）と呼ばれた。守護の勢力削減を進める3代将軍足利義満に挑発された山名氏清が1391年に**明徳の乱**を起こしたが敗死した。

(11)(あ)　4代将軍**足利義持**は，1423年に将軍職を子の足利義量（5代将軍）に譲ったが，義量早世ののちは再び義持が政権を執った。1428年に義持が後継者未決定のまま死去したため，くじ引きの結果，天台座主をつとめていた義円（のちの6代将軍足利義教）の将軍就任が決まった。「先例」とは，この義教の代始め期に正長の徳政一揆が起きたことを指す。

　　(い)　**上杉禅秀（氏憲）**は，鎌倉公方足利持氏らと対立して関東管領を辞し，1416年に乱を起こしたが，4代将軍足利義持によって鎮圧された。

(12)　史料の第1段落から近江国の坂本や三井寺，山城国の鳥羽・伏見・嵯峨・賀茂など各地で土一揆が起きていることがわかる。第2段落では，洛中の警固を重視する一方で，土一揆は各地で起きているため，侍所が**土一揆を鎮圧すること**は難しいと述べている。

C

史料は2015年8月14日に出された「安倍晋三内閣総理大臣談話」である。冒頭の「終戦七十年」から2015年に出されたと判断できる。

(13)　やや難　日露戦争後，日本が獲得した南満州の鉄道を，アメリカの鉄道企業家ハリマンが買収して共同経営を提案したことから**ハリマン計画**といわれる。桂太郎首相は内約したが，小村寿太郎外相の反対で破棄された。

(14)　史料第3段落の，第一次世界大戦後，平和を願って創設された機構が問われているので，**国際連盟**である。1920年に設立された国際連盟で日本は常任理事国をつとめた。

(15)　**井上準之助**は，立憲民政党浜口雄幸内閣で蔵相をつとめ，1930年の金解禁を主導した。

(16)　**極東国際軍事裁判（東京裁判）**は，A級戦犯に対する連合国の裁判で，1946〜48年に東京で審理され，A級戦犯のうち東条英機ら7名が絞首刑になった。

(17)　やや難　「終戦七十年」にあたる2015年に談話を出した安倍晋三首相の母方の祖父は**岸信介**である。岸信介は「日米新時代」を標榜し，日本とアメリカが対等な関係を構築するための布石として「1957年」に「自主外交」を追求して，東南アジア諸国を歴訪した。インドネシア・ベトナムとの賠償協定を結び，日本主導の東南アジア経済発展構想を唱えるなどして，アメリカに「アジアに影響を及ぼす日本」

を印象づけようとしたものとみられている。なお，「自主外交」のキャッチフレーズで鳩山一郎首相を想起しがちであるが，鳩山は 1956 年に日ソ共同宣言の締結をもって首相を辞したことに気づき，排除したい。

⒅　1972 年，田中角栄首相が中華人民共和国の周恩来首相とともに発表した**日中共同声明**で，日中間の戦争状態が終結し国交正常化が実現した。

⒆　難　「戦後 50 周年」にあたる 1995 年に首相をつとめていた村山富市（日本社会党委員長）が発表した**村山談話**は，過去の植民地支配や侵略についてアジア諸国に謝罪するとともに，日本は核廃絶と軍縮をめざすとした。

解　答

A　⑴丹波　⑵藤原陳忠　⑶清涼殿　⑷御堂関白記　⑸平等院
　　⑹―②・③　⑺刀伊の入寇（来襲）

B　⑻赤松満祐　⑼夢窓疎石　⑽明徳の乱
　　⑾㋑足利義持　㋺上杉禅秀（氏憲）　⑿土一揆の鎮圧

C　⒀ハリマン計画　⒁国際連盟　⒂井上準之助
　　⒃極東国際軍事裁判（東京裁判）　⒄岸信介　⒅日中共同声明
　　⒆村山談話

7 原始・古代の資史料，江戸後期の政治，明治期の外交

(2016年度 第1問)

> Aで写真を用いた問題が初めて出題された。B・Cは初見史料であっただろうが，設問の大半は史料の読解とは関係なく，標準的な知識があれば正答できる。

A

(1) **太占**は，古代の占いの一種で，シカの肩甲骨を火であぶって，ひび割れの形によって今後の策を占った。

(2) **脱穀**とは，穀物の穂から穀粒を取り離す作業や，穀粒から殻を取り去る作業である。弥生時代には，木製の竪杵と臼で搗いて籾殻を取った。

(3) 弥生時代には，穀物は**高床倉庫**や貯蔵穴に貯蔵された。

(4) 『後漢書』東夷伝には，建武中元二（57）年に倭の**奴国**の朝貢への返礼として**光武帝**が「印綬」を与えたという記事がある。

(5) 奈良県の石上神宮の神宝とされている七支刀には，泰和四（369）年に**百済王**が倭王のために作ったという由来を記した銘文が刻まれている。

(6) 写真の木簡に「長屋親王宮」という文字が記されており，**平城京**の長屋王邸宅跡から出土した木簡だとわかる。

B

> 設問(9)に「『水戸』の藩主は，後に安政の大獄で処罰される」とあることから，史料Bは19世紀の状況を述べていると判断できる。

(7) 1837年のモリソン号事件について，幕府の対外政策を批判した渡辺崋山や高野長英らが蛮社の獄で弾圧された。このうち，**渡辺崋山**は三河国田原藩家老であり，文人画家としても知られている。

(8) 史料の冒頭に「大御所様御遷化」とある。19世紀に幕府政治に影響力をもった「大御所様」は，徳川家斉のことであり，家斉が死去した時の将軍は，12代将軍**徳川家慶**である。

(9) 水戸藩主**徳川斉昭**は，藩校弘道館を設立し尊王攘夷論を唱え，将軍継嗣問題では自らの子，一橋慶喜を推し，徳川慶福を推す井伊直弼と対立した。1858～59年の安政の大獄では，永蟄居の処分をうけた。

(10) 「御老中にては ア を始めとし」とあるので， ア には，徳川家斉の死後，12代将軍徳川家慶のもとで老中首座として天保の改革を推進した**水野忠邦**が該当する。

(11) やや難 **御用金**とは，幕府や諸藩が，御用商人らに課した臨時の賦課金である。

史料中で，幕府が鴻池屋などの大坂町人に対して，金の上納を命じていることから判断できる。

(12) 下線部(j)と設問文から，幕府が大坂近在の大名や旗本の領知を「大坂城の下に属せん」，すなわち幕府の直轄地にしようとしていることが読み取れ，**上知令（上地令）**だとわかる。水野忠邦は 1843 年に上知令を出し，江戸・大坂周辺の大名・旗本領の直轄化を図ったが，譜代大名や旗本の反対にあい，上知令は実施できず，自身も老中を罷免された。

(13) やや難　雁ノ間とは，江戸城本丸にある座敷の一つで，3 万石～15 万石の譜代大名の控室であるが，そのことを知識として知っている必要はない。史料では水野忠邦が「雁ノ間へ御下り給ふ」ことによって「地面替の儀相成申さず」とある。「地面替」，すなわち上知令は，水野忠邦の失脚により実行されなかったので，「雁ノ間へ御下り給ふ」とは水野忠邦が**老中を辞職した（罷免された）**ことを指すと判断できる。

C

(14) 史料中の「明治十五年」と「朝鮮国激徒，我公使館に対し容易ならさる挙動に及ひ候」から，明治 15（1882）年の**壬午軍乱**に関する史料だとわかる。壬午軍乱では，親日策をとっていた閔氏政権に対して，大院君を支持する守旧派兵士が反乱を起こし，これに呼応して民衆が日本公使館を包囲した。

(15) 1876 年に結ばれた**日朝修好条規**は，清国と朝鮮との間の宗属関係を否定し，日本の領事裁判権や無関税特権を承認させるとともに，首都漢城に日本の公使が駐在することも認められた。

(16) 設問文の「1873 年に公布」と，史料中の「[　ウ　]第五条…に基き，第六軍管々下予備軍召集致度」で軍の召集に関する法令であることがわかり，**徴兵令**だと判断できる。

(17) やや難　軍管とは軍隊の管轄区域であり，1873 年に全国が 7 つの軍管に分けられ，そのうち 6 軍管には東京・大阪・熊本・仙台・名古屋・広島の各鎮台が置かれたが，**北海道**を管轄する第七軍管には鎮台が置かれなかった。また，沖縄県と北海道の全域に徴兵令が施行されたのは 1902 年のことである。

(18) 5 の**福島事件**は，1882 年に起きた自由民権運動への弾圧事件である。三島通庸福島県令の圧政に対して自由党員を中心とする福島県民の反発が強まるなか，県会議長河野広中らが検挙された。なお，1 の加波山事件，2 の秩父事件，3 の群馬事件はいずれも 1884 年に，4 の大阪事件は 1885 年に起きた。

(19) **松方財政**は，1880 年代前半に行われたデフレ政策である。松方正義大蔵卿は徹底した財政緊縮政策を実施していたが，壬午軍乱を契機とする山県有朋や岩倉具視の建議をうけて，軍事費は拡張されることとなった。

解 答

A (1)太占 (2)脱穀 (3)高床倉庫 (4)あ光武帝 い奴国 (5)百済 (6)平城京

B (7)渡辺崋山 (8)徳川家慶 (9)徳川斉昭 (10)水野忠邦 (11)御用金
(12)上知令（上地令） (13)老中を辞職した（罷免された）こと。

C (14)壬午軍乱 (15)日朝修好条規 (16)徴兵令 (17)北海道 (18)ー5 (19)松方財政

8 平安中期の政治，鎌倉初期の政治，日露戦後経営
(2015 年度 第 1 問)

史料の出典は，A．『扶桑略記』，B．『山槐記』，C．山県有朋の「戦後経営意見書」である。いずれも受験生にとって初見史料だろうが，設問の大半は史料の読解とは関係なく，標準的な知識があれば正答できるので，落ち着いて臨みたい。初見史料では，史料中のキーワードを見つけること，出典や（注）を参考にすることに加えて，先に設問文を読むことで手がかりがつかめることが多い。

A

史料の出典『扶桑略記』は，平安末期に延暦寺の僧皇円が著した歴史書である。

(1) 出典に「960 年」とあることから，火災が起きたのは平安京の内裏であったことがわかる。「内裏焼亡三度なり。難波宮，藤原宮，今 ア なり」とあるので，平安京ではなく「**平安宮**」と答える必要がある。

(2) 10 世紀前半から後半にかけて，醍醐天皇と村上天皇による天皇親政が行われ，のちに理想化され，延喜・天暦の治と称された。960 年という西暦から，**村上天皇**に絞り込みたい。

(3) やや難 醍醐天皇の命で編纂された初の勅撰和歌集『古今和歌集』に続いて，村上天皇の時代には『**後撰和歌集**』が編纂された。

(4) 10 世紀に地方政治の転換が進み，受領に任国の支配が一任されるようになると，受領のなかには暴政を行う者も現れた。988 年に朝廷に提出された「**尾張国郡司百姓等解（文）**」は，郡司らが尾張国守の藤原元命の罷免を求めた訴状で，「解」は下級者から上級者に提出する文書である。

(5) 960 年という時期，下総国を根拠地とする平氏であり，本人はすでに故人で，その息子が捜査対象になっていることから，**平将門**だと判断できる。平将門は 939 年に反乱を起こし，常陸・下野・上野の国府を攻め落として「新皇」と自称したが，940 年に平貞盛・藤原秀郷によって討伐された。

(6) 「 イ の男の入京する事」を知り，「捜し求めしむ」つまり，京中でその所在を捜査する令外官ということから，**検非違使**を想起する。検非違使は 9 世紀初頭に嵯峨天皇が京中の警察・裁判のために置いた令外官で，のちに京職・刑部省などの職権を吸収して強大な権限をもった。

(7) やや難 **軍事貴族**とは，清和源氏・桓武平氏など平安中期以降に国家の軍事部門を担当した貴族である。教科書には掲載されているが，学術用語なのでやや答えにくい。

B

(8) 史料は，平安末期の貴族中山忠親の日記『山槐記』からの抜粋で，源頼朝が征夷大将軍に任官された経緯を述べたものであり，この年に死去した法皇は，源頼朝の宿願であった征夷大将軍への任官を阻んでいた後白河法皇である。後白河法皇は，平安時代末期に庶民の間で流行していた今様などの歌謡を愛好し，歌謡集『梁塵秘抄』を編纂した。

(9) 九条兼実は源頼朝の支援を得て，摂政・関白などに就任した。また，頼朝の征夷大将軍宣下に尽力するなど，頼朝の協力者であった。

(10) 源頼朝は，1190年に朝廷から権大納言・右近衛大将に任命されたが，まもなく辞し，1192年に征夷大将軍に任命された。本問では武官の名称が問われているので，「権大納言」を書く必要はない。

(11) やや難　この史料では，平氏政権が頼朝追討のために置いた「宗盛の総官」とともに オ （源義仲）の征東大将軍も「不快」だとする。平宗盛と源義仲に共通する「不快」を考えると，両者ともに朝敵になったためだとわかる。なお，両者ともに戦いに敗れて滅んだため，縁起が悪く「近例不快」としたとも考えられるだろう。

(12) 源義仲は，頼朝の従弟で，1180年に以仁王の令旨に応じて信濃で挙兵，北陸道を経て上洛し，平氏を京から追い落としたが，1184年に源範頼・義経軍と戦い敗死した。

(13) 「田村麻呂」が征夷大将軍として下向した地方は東北である。源頼朝は1189年，義経をかくまったことを理由に朝廷に藤原泰衡追討の宣旨の発令を求めたが，宣旨が得られないまま自ら奥州に遠征し，泰衡を滅ぼした。

C

史料は山県有朋の「戦後経営意見書」である。下線部(k)の「満韓経営」や，設問(15)文中の「大山巌」，設問(18)文中の「韓国に対する我が保護権」などの語句を手がかりに，日露戦後経営について述べた史料であることが読み取れるだろう。

(14) 下線部(h)の「平和条約」は1905年に締結されたポーツマス条約である。日露戦争中の厳しい増税に耐えていた日本の国民は賠償金の獲得に期待を寄せていたが，ポーツマス条約には賠償金に関する条項がなかった。

(15) やや難　山県有朋は，明治の政界で長州陸軍閥の巨頭として活躍した。20世紀に入ると現役を引退して元老となっていたが，日露戦争時には参謀総長として，作戦計画を主導した。

(16) ポーツマス条約に賠償条項がないことに不満をもつ民衆は，東京日比谷公園で講和反対国民大会を開いたのち，警察署などを焼き打ちし，内相官邸などを襲撃した。この騒擾を日比谷焼打ち事件という。

(17) 戒厳令とは，戦時またはそれに準じる非常事態に，一定の区域内の国民の権利・

自由を制限し，軍に治安権限を与える命令で，戒厳令の発令は天皇大権の一つであった。1905 年の日比谷焼打ち事件，1923 年の関東大震災，1936 年の二・二六事件などで戒厳令が出された。

⒅ 日本は，日露戦争後の 1905 年に**第2次日韓協約**を結び，韓国の外交権を掌握して韓国を保護国化し，漢城に統監府を設置した。

⒆ 1911 年に清国で辛亥革命が起きると，陸軍は第2次西園寺公望内閣に**2個師団増設**要求を行った。日露戦争後の財政危機のなか，緊縮政策をとる西園寺首相がこれを拒絶すると，陸軍は上原勇作陸相を単独辞職させ，後任の陸相を推薦せず軍部大臣現役武官制を盾に内閣を総辞職に追い込んだ。

⒇ **日英同盟**は，1902 年にロシアの満州占領継続に対抗して締結されたが，1905 年の改定では，日本の韓国保護権の承認や同盟の適用範囲をインドにまで拡大することなどが決められた。なお，1911 年の改定ではアメリカを適用外とし，1921 年の四カ国条約で日英同盟の廃棄が決定された。

解 答

A ⑴平安宮 ⑵村上天皇 ⑶後撰和歌集 ⑷尾張国郡司百姓等解（文）
⑸平将門 ⑹検非違使 ⑺軍事貴族

B ⑻梁塵秘抄 ⑼九条兼実（藤原兼実） ⑽右近衛大将
⑾平宗盛が朝敵になったため。 ⑿源義仲 ⒀藤原泰衡

C ⒁賠償金 ⒂山県有朋 ⒃日比谷焼打ち事件 ⒄戒厳令
⒅第2次日韓協約 ⒆2個師団増設問題 ⒇日英

9 室町時代の政治・宗教，寛政期の小説・思想，明治期の政治・経済

(2014年度 第1問)

史料の出典は，A.『愚管記』，B.『鸚鵡返文武二道』，C.「東京商船学校の設立」で，いずれも受験生にとって初見史料であろう。しかし，設問の大半は史料の読解とは関係なく，標準的な知識があれば正答できるので，落ち着いて臨みたい。

A

(1) 1352年に足利尊氏が発令した**半済令**は，近江・美濃・尾張に限定して1年に限り，守護が一国内の荘園・公領の年貢の半分を徴発する権限を認めるものであった。その後，応安元（1368）年に出された半済令では，年貢だけでなく下地（土地）の分割が認められた。全国化・恒久化した半済の権限を利用して，守護は荘園や公領への侵略を進めるとともに，国内の武士を統制下に組み込んでいった。

(2) やや難　「日吉」や「山徒ら帰山す」から判断したい。院政期以降，僧兵の強訴が頻発した。なかでも「山徒」とは山法師と呼ばれた比叡山延暦寺の僧兵である。延暦寺の僧兵は，強訴の際に日吉神社の**神輿**を掲げて洛中に押し寄せた。

(3) **藤原道長**は出家後に9体の阿弥陀仏を安置した阿弥陀堂を建立し，のちに法成寺と命名した。

(4) 平安時代以来，「山」は比叡山や**延暦寺**を指す語として用いられた。

(5) 室町幕府は南宋の制にならい禅宗寺院を格付けし，当初，南禅寺を京都五山の第一位としていた。足利義満は自らが建立した相国寺を五山に加えるため，南禅寺を五山の上位に昇格させ，「五山の上」と位置づけた。

(6) **僧録**は，禅宗寺院の僧侶の人事などを統括する役職で，春屋妙葩が任じられて以来，相国寺鹿苑院主が僧録を兼ねた。

(7) やや難　**細川頼之**は南北朝期の武将で，2代将軍義詮の遺命により，最初の管領として幼少の将軍足利義満を補佐して幕府政治を司った。

B

(8) 設問文の「『鸚鵡返文武二道』という黄表紙」をヒントにしたい。黄表紙は田沼時代を中心に流行した風刺を含んだ絵入り小説であるが，寛政の改革で，恋川春町の『鸚鵡返文武二道』が松平定信を風刺したとして弾圧された。

(9) やや難　「高き屋に登りて見れば，煙（けぶり）たつ，民の竈は賑はひにけり」は『新古今和歌集』所収の和歌であるが，仁徳天皇の作として伝えられた。炊事の煙が四方からさかんに立ちのぼっているから，人民の暮らしが楽になったことがわかり，それをよろこぶ内容である。

⑽ 寛政の改革では，儒学のうち朱子学を正学とし，**聖堂学問所での朱子学以外の儒学の講義を禁じた**。「仮託されている『学校』」で，どのような学問内容の統制が行われたかが問われているので，「聖堂学問所」の名を明記する必要がある。

⑾ 難 　史料文中の「やしよくのさい〔夜食の菜，軽食〕」と，設問文中の「天下国家を治める心得」をヒントに考える。**「経済」の語源は「経国済民」（国を治め人民を救う）**であることが手がかりになる。

⑿ 江戸時代後期の和本では，「和紙に刷る」という工程の前に，本文や挿絵を**版木に彫った**。解答は「木に彫る」ということが伝わるようにしたい。

⒀ やや難 　①と②，③と④，⑤と⑥がそれぞれペアになっていることに気づいた上で，「黄表紙」が寛政の改革で弾圧されたという知識などをもとに判断したい。

①は正文，②は誤文。江戸後期には庶民の識字率が高まり，貸本屋などを通じて庶民も書物に親しんでいた。

③は誤文。黄表紙が寛政の改革で弾圧されたのは，庶民にも理解可能であり，影響力をもっていたからである。④は正文。江戸時代の戯作文学では，時代設定を過去におくなど物語に仮託することが多かったが，弾圧を招くことがあった。

⑤は誤文。ナンセンスなパロディは客観的で知的であり，感情的な情緒である叙情性とはかけ離れている。⑥は正文。近代小説の定義が難しいが，明治期の写実主義や自然主義は現実に立脚しており，ナンセンスとは異質の文学である。

⒁ **大田南畝**は，下級の幕臣であったが，天明期を代表する狂歌作者として名をはせ，世相批判を試みた。しかし，寛政の改革の言論統制を機に断筆した。

C

⒂ 1874 年の民撰議院設立建白書提出によって自由民権論が高まると，1875（明治 8 ）年，大久保利通は木戸孝允・板垣退助と大阪会議を開き，両者の参議復帰を要請した。さらに大阪会議での協議をもとに発せられた漸次立憲政体樹立の詔により，**元老院の設置，大審院の設置，地方官会議の召集**が決定された。なお，これらの政策は，漸次立憲政体樹立の詔の中で示されているが，具体的政策とそれを表明した詔では，やや性質が異なっている。本問では，「重要な結果」が問われているので，具体的な政策 3 つのうち，2 つを正答としたが，漸次立憲政体樹立の詔を解答に含めても誤りとはならないであろう。

⒃ 「明治八年」当時の「内務卿」は大久保利通である。1873 年の明治六年の政変後，警察・地方行政・農業や軽工業の管轄官庁として内務省が設立され，大久保利通が内務卿に就任した。

⒄ **郵便制度**は，1871 年に前島密の建議・尽力により創設された。

⒅ 明治初期，海運業では，西南戦争などの軍事輸送を任された三菱の独占状態であった。これに対抗するべく，1882 年に渋沢栄一の画策により三井系の**共同運輸会**

社が設立された。三菱と共同運輸は激しい競争を行い共倒れの危機に瀕したため，政府の仲介により，1885年に合併して日本郵船会社となった。

⒆　西南戦争後のインフレにより政府財政が悪化し，殖産興業政策の縮小が図られるなか，1881年，工部省・内務省などに分かれていた農林・商工行政を一括担当する官庁として**農商務省**が新設された。

解　答

A　⑴半済令　⑵神輿　⑶藤原道長　⑷延暦寺　⑸五山の上　⑹僧録
　　　⑺細川頼之

B　⑻松平定信　⑼煙　⑽聖堂学問所での儒学の講義を朱子学に限った。
　　　⑾けいさい　⑿版木を彫る　⒀―②・③・⑤　⒁大田南畝

C　⒂元老院の設置，大審院の設置，地方官会議の召集（のうちから2つ）
　　　⒃大久保利通　⒄郵便制度　⒅共同運輸会社　⒆農商務省

10 平安前期の政治，鎌倉末期の政治，現代の外交

(2013 年度 第 1 問)

史料Ａ・Ｂ・Ｃはいずれも受験生にとって初見史料であろう。しかし，設問文が十分な
ヒントを与えてくれるので，ほとんどは史料の読解とは関係なく，標準的な知識があれば
合格点に達することができる。⒇は意表をつく時事的出題であった。

A

史料は『日本三代実録』からの引用で，貞観 5 年の御霊会に関する記事である。
『日本三代実録』は六国史の第 6 番目で，901 年に完成した。清和・陽成・光孝 3 代
の事績を叙述する。

(1) 御霊会は「ごりょうえ」と読む。平安時代に入ると，怨霊や疫神が疫病や飢饉を
もたらすという御霊信仰が広まり，怨霊などを鎮魂することで災厄から逃れようと
する御霊会が催された。

(2) 『日本霊異記』は，平安前期に薬師寺の僧景戒が著した日本最古の説話集であり，
仏教思想に基づく因果応報譚が中心となっている。

(3) 桓武天皇は 784 年に**長岡京**へ遷都したが，その翌年に造長岡宮使藤原種継暗殺事
件が起きた。早良親王は桓武天皇の実弟で皇太子であったが，事件に関与した疑い
で廃太子となり，淡路へ配流される途上で死去した。

(4) 平城天皇の父は桓武天皇である。桓武天皇は国司交代事務の監察を強化するため
に，令外官である**勘解由使**を設置した。

(5) 史料文の冒頭に 863 年とあり，この頃に朝鮮半島の大部分を支配していた王朝は
新羅である。新羅は 676 年に朝鮮半島を統一し，935 年に滅亡した。

(6) **藤原良房**は清和天皇の外祖父として権力を握り，太政大臣や，臣下で初めての摂
政の任にあたった。史料冒頭の「貞観」の元号から『貞観格式』編纂時の清和天皇
を想起し，清和天皇の外祖父の藤原良房を答えればよい。

(7) **菅原道真**は宇多天皇に抜擢され，醍醐天皇の下でも右大臣をつとめたが，901 年
に左大臣藤原時平の讒言で大宰権帥に左遷されて，憤死した。死後，怨霊として恐
れられ，10 世紀半ばに北野社（北野神社）に祀られた。

B

　史料は『播磨国太山寺文書』所収の「護良親王令旨」で，1333年に後醍醐天皇の皇子護良親王が，播磨の大山寺（現太山寺）の衆徒に鎌倉幕府打倒のための挙兵を呼びかけた令旨である。

(8)　**やや難**　1180年に反乱を引き起こした「ある皇族」とは以仁王である。**源頼政**は平治の乱で平清盛方につき，源氏で唯一没落を免れて従三位に昇進し，「源三位頼政」と呼ばれていた。1180年，以仁王と共に挙兵したが，宇治で敗死した。

(9)　**京都守護**は，朝廷との交渉や在京御家人の統率にあたる役職で，1185年に北条時政が任命された。承久の乱後に六波羅探題に改組された。

(10)　**承久の乱**は1221年に後鳥羽上皇が鎌倉幕府打倒のために起こした兵乱であるが，鎌倉幕府側が勝利した。これを機に公武二元支配のありかたが幕府の優位に転じた。史料冒頭に「北条時政の子孫が　ア　以来，権力を掌握した」ということが書かれていることから正答を導きたい。

(11)　**御内人**は得宗家の家臣で家政を司り，得宗の権力強化にともなって幕府の実権を握るようになった。御内人の筆頭を内管領という。

(12)　**難**　**後宇多上皇**は，大覚寺統の祖である亀山天皇の皇子で，後二条・後醍醐天皇のときに院政を行った。後醍醐天皇は天皇への権力集中を図り，1321年に後宇多上皇の院政を停止した。

(13)　「大塔二品親王」は史料Bの令旨を発令した護良親王である。護良親王は後醍醐天皇の皇子で，延暦寺を統括する**天台座主**の地位についた。

(14)　**難**　**赤松円心（則村）**は，護良親王の令旨を受けて播磨で挙兵し，1333年には足利尊氏と共に六波羅探題を攻略した。のち，室町幕府の成立に貢献し，播磨国の守護に就任した。

C

(15)　史料の後半で，沖縄の早期復帰のための協議に入ることが合意されていることなどから，1969年に**佐藤栄作**総理大臣とニクソンアメリカ大統領とによって出された日米共同声明であることがわかる。

(16)　**日韓基本条約**は，1965年に佐藤栄作内閣が大韓民国の朴正煕政権との間で調印したもので，両国の外交関係が樹立された。

(17)　**やや難**　1969年の佐藤・ニクソン共同声明では，韓国および台湾の安全と日本の安全との密接な関係が明言された。「台湾」の語は，史料中に記されており，国名の「**中華民国**」と答えるのだが，やや難しい。

(18)　**ベトナム**では，第二次世界大戦後，西側陣営のベトナム共和国（南ベトナム）と東側陣営のベトナム民主共和国（北ベトナム）との対立が続いていたが，1965年にアメリカが北ベトナムへの空爆を機に本格介入してから，ベトナム戦争が長期化

していた。

⒆　1951 年に調印された**サンフランシスコ平和条約**では，南西諸島（沖縄）と南方
　諸島（小笠原）をアメリカが信託統治することが予定されていた。しかしアメリカ
　は，ソ連など東側陣営の反対を予想して，これを国際連合に提案せずに施政権下に
　置いた。

⒇　やや難　**普天間基地**は沖縄県宜野湾市にあるアメリカ海兵隊の基地で，1995 年の
　米兵による少女暴行事件や 2004 年の米軍ヘリ墜落事件などを機に，移転が政治課
　題となっている。

解　答

A　⑴ごりょうえ　⑵日本霊異記　⑶長岡京　⑷勘解由使　⑸新羅
　　⑹藤原良房　⑺菅原道真

B　⑻源頼政　⑼京都守護　⑽承久　⑾御内人　⑿後宇多上皇　⒀天台座主
　　⒁赤松円心（則村）

C　⒂佐藤栄作　⒃日韓基本条約　⒄中華民国　⒅ベトナム
　　⒆サンフランシスコ平和条約　⒇普天間基地

11 平安中期の地方行政，江戸とその統治機構，三・一独立運動

（2012 年度　第1問）

　A・B・Cとも市販の高校生向け史料集に掲載されておらず，受験生には初見史料であろう。史料の内容読解を要する設問がいくつか配されているが，史料中の語句や（注）に加えて設問文をヒントに落ち着いて読解すれば，標準的な知識で合格点に達することができる。

A

　史料は『類聚三代格』所収の「寛平八年太政官符」で，院宮王臣家による土地集積を抑制する政策に関するものである。

(1)　史料の冒頭に「山城国問民苦使…の奏状に偁く」とあり，この史料は山城国に関するものだと判断できる。山城国は現在の京都府南部である。「東は伊賀に連なり，南は　ア　に接す」とあるので，空欄アには山城の南方にある旧国名**大和**が入る。

(2) やや難　史料では「　イ　并びに治田 [注：墾田]・家地」から借地料を取ることが問題となっているので，空欄イに入るのは土地の名称であると判断できる。さらに，（注）に9世紀後半という時期が示されているので，**口分田**であると推定できる。なお，史料本文では「口分」となっているが，受験生に要求される正答は「口分田」であろう。

(3)　設問文中に宇多天皇が「新君」に訓戒したとあるので，「新君」は宇多天皇の譲位を受けて即位した**醍醐天皇**だとわかる。なお，設問中に引用されている史料は，宇多天皇が醍醐天皇への譲位にあたり，天皇の日常の動作・学問についての心得などを書き送った「寛平御遺誡」である。

(4)　**郡家**は律令制下の郡の役所であり，郡庁・正倉・館などからなった。なお，類似語の**郡衙**は史料上の用例としては 10 世紀以降に用いられているが，受験生の答案では郡衙でも正答となるだろう。

(5)　**戒壇**は戒律を授けるための施設であり，来日した鑑真によって 754 年に東大寺大仏殿前に築かれたものが最初である。なお，鑑真は翌年東大寺に常設の戒壇を設置しており，これを**戒壇院**という。本問では戒壇・戒壇院のいずれでも正答となるだろう。

(6)　興福寺は藤原氏の氏寺である。藤原氏では 821 年に藤原冬嗣が一族の子弟のために創立した**勧学院**が，のちに大学別曹として公認されて栄えた。

B

　史料の出典はシーボルトの著書『日本』の中の「江戸参府紀行」からの抜粋であり，江戸の人口や行政機関などについての叙述である。

(7)(あ)　**シーボルトはドイツ人**で，1823 年にオランダ商館の医師として長崎に着任した。翌年に長崎郊外に鳴滝塾を開き，高野長英・伊東玄朴らに西洋医学や博物学を教授した。史料は，シーボルトが 1826 年に新任の商館長の江戸参府に随行したときの紀行文である。

(い)　シーボルトが 1828 年に帰国する際，天文方高橋景保から譲られた『**大日本沿海輿地全図**』を持ち出そうとしたことが発覚した。禁制の地図を持ち出そうとした罪に問われ，シーボルトは翌年に国外追放となり，高橋景保は獄死した。

(8)　「将軍の専制政治の命令により，全国の大官はすべて其家族のため常住の殿邸をこゝに置き」とある。(9)で問われているように空欄ウに入るのは江戸であり，「大官」は大名を，「常住の殿邸」は各藩の江戸藩邸を指しているとわかる。大名が江戸藩邸を維持することが必要となったのは，**参勤交代**の制度が存在したからである。

(9)　「将軍の治所」や住民が百万人を超えているという箇所から，空欄ウには**江戸**が入ることがわかる。

(10)　江戸の「二人の知事」として町年寄らを「隷属」させているという表現から，空欄エには**町奉行**が入る。町奉行は寺社奉行・勘定奉行とともに三奉行の一つで，定員 2 人の月番制で江戸府内の町方に関する行政・司法・警察のすべてを司った。

(11)　勘定奉行は江戸幕府の財政一般を担当し，**幕領の租税徴収**事務のほか，**幕領と関八州の私領の訴訟**を担当した。「幕領の租税徴収」と「幕領の訴訟」のどちらかを書けばよいだろう。

(12)　「宗教事件の管理者」とあるので空欄オに入るのは**寺社奉行**である。寺社奉行は全国の寺社と寺社領の管理および宗教統制などにあたった。

C

　史料の出典は『原敬日記』大正 8 (1919) 年 3 月 2 日・11 日分である。

　史料冒頭に「朝鮮京城」とあり，(16)・(17)の設問文からも，日本によって漢城が京城と改称された植民地統治下の朝鮮に関する史料であることがわかる。また，(17)(う)が吉野作造であることからも，本史料は大正時代の朝鮮統治に関するものであるとわかる。その上で史料中の「学生等…　カ　運動のため」や「朝鮮騒動」から，1919 年の三・一独立運動に関する史料であると読み取ることができる。

(13)　三・一独立運動が起きたときの総理大臣は，**立憲政友会**総裁の**原敬**である。

(14)　『原敬日記』の本文には「朝鮮独立運動」とある。

(15)　**民族自決**とは，民族はそれぞれ政治的に独立し，自らの政府を決定する権利を持つという原則であり，第一次世界大戦中にアメリカ大統領ウィルソンによって提唱

された。この民族自決を是とする国際的風潮を背景として，朝鮮では三・一独立運動が，中国では五・四運動が起きた。

⒃　朝鮮統治の最高責任者は（朝鮮）総督である。なお，三・一独立運動は原敬内閣によって鎮圧されたが，運動後に朝鮮総督となった斎藤実の下では，従来の武断的な統治から制限付きながら，朝鮮人の言論・集会の自由を認める文化政治と呼ばれる統治への転換が図られた。

⒄㈦　東京大学教授吉野作造は『中央公論』誌上に発表した論文「憲政の本義を説いて其有終の美を済すの途を論ず」などを通じて民本主義を提唱した。一方で吉野作造は軍部主導の大陸侵略政策に批判的立場をとり，三・一独立運動に際しても，朝鮮にも民族自決の原則が適用されるべきだと主張した。

㈪　やや難　柳宗悦（やなぎむねよし）は『白樺』の創刊に参加したのち，無名の民衆が作った工芸品の美に着目して民芸運動の先駆者となった。朝鮮の陶磁器や芸術にも関心を寄せ，1924年，京城に朝鮮民族美術館を設立した。

解　答

A　⑴大和　⑵口分田（口分）　⑶醍醐天皇　⑷郡家（郡衙）
　　　　⑸戒壇（戒壇院）　⑹勧学院

B　⑺㋐シーボルト　㋑禁制の日本地図を持ち出そうとしたから。
　　　　⑻参勤交代　⑼江戸　⑽町奉行　⑾幕領の租税徴収（幕領の訴訟）
　　　　⑿寺社奉行

C　⒀㋐原敬　㋑立憲政友会　⒁独立　⒂民族自決　⒃総督
　　　　⒄㈦吉野作造　㈪柳宗悦

12 藤原広嗣の乱，南北朝期の守護，太平洋戦争期の国民

(2011年度 第1問)

> 史料はいずれも市販の高校生向け史料集には掲載されておらず，受験生には初見史料であろうが，史料中の語句や各設問文をヒントにすれば，標準的な知識で合格点に達することができる。

A

史料の出典は『続日本紀』で，藤原広嗣の乱に関する部分である。

(1) **大野城**は665年に大宰府北方に築かれた朝鮮式山城である。なお，同年，大宰府南方に築かれた**基肄城**も正答となる。

(2) 史料中の「大宰少弐」や「下道朝臣真備［注：吉備真備］を除く」などがヒントとなり，**広嗣**が正答となる。式家の藤原広嗣は，橘諸兄政権の中枢にいた吉備真備・玄昉の排除を求めて，740年に大宰府で挙兵した。

(3) 史料中の「　イ　法師…を除く」がヒントとなり，**玄昉**が正答である。玄昉は法相宗の僧で，遣唐使とともに唐に渡り多くの経典などを日本にもたらし，橘諸兄政権で吉備真備とともに重用された。

(4) **五衛府**は，京内宮中の警備にあたった軍事組織である衛門府・左右兵衛府・左右衛士府の総称である。

(5) 藤原広嗣の乱に対して討伐を命じる勅を発したのは聖武天皇である。東大寺の**正倉院宝庫**には聖武天皇の遺愛品を中心とする宝物が収められている。

(6) **北陸道**は七道の一つで，現在の福井・石川・富山・新潟県域にあたる。「本州と四国を構成する地域」とあるので，西海道は除外すること。

B

史料の出典は『建武以来追加』で，守護の職権に関する規定である。

(7) 足利尊氏は，1336年に京都を制圧し持明院統の光明天皇を擁立し，1338年に**征夷大将軍**に任命された。

(8) **守護請**とは，守護が領主から荘園や公領の経営を任され，毎年一定額の年貢納入を請け負う制度である。これにより，守護の領国形成が促進された。

(9) やや難　「荘園・公領の管理者」で，守護によって「管領」される（取り締まられる）立場にある点をヒントとして，**地頭**を導き出す。「荘官」や「預所」は公領には置かれていないので誤りである。

(10) 大犯三カ条が**貞永式目（御成敗式目）**で規定された守護の権限であることや，室町幕府が基本法として貞永式目を継承したことなどから考察する。

⑾ 室町幕府は守護を通じて地域支配を強化することをめざし，守護に新たな権限を与えた。**刈田狼藉の検断**とは，敵方などの田地の稲を刈り取る実力行使（刈田狼藉）を取り締まる権限が守護に与えられたことを意味する。**使節遵行**とは，土地争論に関する幕府の判決を，守護が幕府の使節として強制執行する権限である。なお，半済も幕府が守護に与えた権限であるが，1352年に初めて発令されており，史料の1338年から時期が離れているので正答とはならない。

⑿ 北条時頼は1249年に引付を設置し，訴訟の裁判の公正・迅速化にあたらせた。その後，引付は専ら所領訴訟を扱うことになり，基本的にはこれが室町幕府にも継承された。答案としては，**「裁判（訴訟）の処理」**という点が書ければよいだろう。

C

史料の出典は，1942年に制定，翌年に改定された「大日本婦人会定款」である。

⒀ やや難 **大日本婦人会**は，1942年に大日本国防婦人会・愛国婦人会・大日本連合婦人会の3団体を統合して結成され，20歳以上の女性を強制的に加入させ，貯蓄増強や廃品回収・防空訓練などに動員した。史料の第五条をヒントにしたい。

⒁ **『国体の本義』**は，1937年に文部省が発行したもので，国体の尊厳や君臣の大義を説く。学校などを通じて全国に配布し，戦時下の国民思想教化の根本テキストとなった。

⒂ 難 **防空演習**（防空訓練）は，空襲による被害を防ぐための実地訓練である。

⒃ 日中戦争勃発後，軍事費の増額のため慢性的な軍需**インフレ**に陥っていたことを想起すると，貨幣の市場流通量減少につながる「貯蓄奨励」の推進はインフレの激化を防止することを目的としていたとわかる。

⒄ **女子挺身隊**は1943年から組織され，14〜25歳の未婚の女性をすべて加入させて工場などへ動員し，男子労働力の不足を補った。しかし動員がはかどらなかったため，昭和19（1944）年には女子挺身勤労令を制定し，12歳以上40歳未満の独身女性の勤労動員を義務化した。

⒅ **隣組**は，大政翼賛会の最末端の協力組織として，1940年政府の通達によって組織され，各戸を戦争協力に動員した。

⒆ 史料文に「朝鮮，□カ□，樺太，南洋群島ニ…」と日本の統治（委任統治）下にある地名が並んでいることがヒントとなり，**台湾**が正答である。「満州」は満州国の統治下にあるため，誤りとなる。

解　答

A ⑴大野城（基肄城も可）　⑵広嗣　⑶玄昉　⑷五衛府
　　⑸正倉院（正倉院宝庫）　⑹北陸道

B ⑺征夷大将軍　⑻守護請　⑼地頭　⑽貞永式目（御成敗式目）
　　⑾刈田狼藉の検断（取締）・使節遵行　⑿裁判（訴訟）の処理

C ⒀大日本婦人会　⒁国体の本義　⒂防空演習　⒃インフレーション
　　⒄女子挺身隊　⒅隣組　⒆台湾

13 蒙古襲来への対策, 長崎貿易, 青島領有への批判

(2010 年度 第1問)

史料Aは『東寺百合文書』にある関東御教書で, 1274 年の文永の役における国内武士の動員に関するもの, Bは『京都御役所向大概覚書』にある寛永 18 (1641) 年の長崎貿易に関する通達で, オランダ船の長崎出島への寄航と糸割符制度への適用などを定めたもの, Cは『東洋経済新報』1914 年 11 月 15 日号にある石橋湛山の社説で, 日本の青島領有を批判したものである。Aの(2)・(3)はやや難しいが, 空所補充の問題は設問文にある漢字の字数指定や史料文の脈絡から判断が可能である。Bの(11)も難しそうに見えるが, 設問文にある説明や「寛永十八年」という年代から正答を導き出すことができる。

A

史料の『東寺百合文書』は, 京都の東寺に伝来した約 2 万 5000 点に及ぶ膨大な文書群である。古代・中世における東寺の寺院活動や荘園経営を知る上で貴重な史料で, 受験生には肥後国鹿子木荘の寄進に関する文書や若狭国太良荘の言上状がなじみ深い。

(1) 史料文中の「対馬・壱岐に襲来し, すでに合戦を致す」および「文永十一年」という年号からモンゴル襲来（元寇）に関するものとわかるので,「漢字二字」という語句指定から**蒙古**が正答となる。

(2) やや難 源頼朝は 1185 年, 九州に鎮西奉行を置いて**大宰府**を管轄下としたが, 鎮西奉行と大宰府の次官（少弐）となったのが武藤資頼で, その官職名から苗字を少弐氏とした。

(3) やや難 **本所一円地**または本所領家一円地という語は, 本所（＝荘園領主）が他者の介入を許さず支配する領地をさす。そこから「地頭・御家人ならびに本所領家一円地の住人」とは, 地頭・御家人と非御家人である。幕府は, モンゴル襲来を機に非御家人の動員権まで獲得したのである。

(4) この史料は関東御教書（鎌倉幕府の命令書）で, 日付の下に署名があるから「武蔵守」と「相模守」は発給者である。そして, 連署という職名が, 幕府から下される命令書に, 執権とともに署名することに由来することから,「武蔵守」が連署ならば,「相模守」は執権である。つまり, 文永 11 年の当時は, **執権北条時宗**である。

(5) 守護の主要任務として平時の大犯三カ条のほか, 戦時には国内の御家人を統率して戦場に赴くというものがある。「安芸に下向し」から**安芸国**の守護とわかる。

(6) 北条時頼によって創建された建長寺の再建費を目的として, 幕府が元に派遣した貿易船は**建長寺船**である（1325 年）。室町幕府が天龍寺の造営費のため 1342 年に元へ派遣した貿易船（天龍寺船）の先例となった。

B

『京都御役所向大概覚書』は18世紀前半の享保年間に成立した京都町奉行の役人のための手引書で，奉行所の支配地域の状況とその権限について記している。地域は京都から畿内や近江・丹波・播磨にまで及び，奉行所の役人や住民の動向を知る上で興味深い史料である。

(7)　オランダ商館長の長崎奉行への報告書を，オランダ通詞が日本語に翻訳して幕府に提出したものが**オランダ風説書**である。

(8)　オランダ船リーフデ号のイギリス人乗組員であった**ウィリアム＝アダムズ**（日本名は**三浦按針**）は，徳川家康の外交顧問となり，平戸のイギリス商館の建設に尽力した。

(9)　史料からは「オランダ船は肥前平戸に来港して貿易してきたが，寛永18年以後はオランダ船は長崎　ウ　へ来港せよ」という内容が読み取れる。したがって　ウ　にはオランダ商館が移った「**出島**」が入る。長崎出島は当初，ポルトガル人を住まわせるために築造した人工の島で，1639年に彼らが追放された後，1641年（寛永18年）にオランダ人をここに移住させた。

(10) やや難　エ　の後に「割符仕るべき旨」とあるので，エ　は，糸割符仲間による一括購入が行われる中国産生糸である「**白糸**」とわかる。単に「生糸」だと国産の和糸の意味にもなるから，ここは白糸と記入すべきである。

(11)(あ)　いわゆる鎖国が完成した寛永期の将軍は**徳川家光**である。

　　(い)　設問に「外国に対して初めて用いられるようになった将軍の称号」とあるから，「**日本国大君**」である。なお，新井白石は将軍の称号を「日本国王」に改めたが，徳川吉宗がもとの「日本国大君」に戻した。

(12)　ポルトガル商人の暴利を抑えるために1604年に設けられた糸割符仲間は当初，**京都・堺・長崎**の商人だけだったが，1631年に**江戸・大坂**が加わって五カ所商人となった。糸割符仲間が中国産の白糸を一括購入することで，価格決定権を日本商人側が有することになった。

C

史料の『東洋経済新報』は，町田忠治が1895年11月より東洋経済新報社から発行した雑誌で，大正期には石橋湛山らが主幹となって自由主義の立場から日本の植民地政策を批判した。なかでも本問で抜粋されている1914年11月15日号の社説は，市販の史料集掲載の有名史料である。

(13)・(14)　1914年8月に第一次世界大戦が勃発し，日本は**イギリス**との日英同盟に基づいて**ドイツ**に宣戦布告し，同年11月には，ドイツが中国から租借した山東省の**青島**を占領した。

(15)　ロシアは，1898年に旅順・大連を含む遼東半島先端部を，清から25年間の期限

で租借した。日本はこの租借権をポーツマス条約で継承し、「関東州」と命名した。関東州とは、万里の長城の東端にある山海関の東側の意である。

⒃　新たに獲得した支那の一角とは青島であるから、青島がどの省にあるのかが問われている。

⒄　日本は青島占領の翌年の1915年に二十一カ条の要求を突きつけたが、当時は第2次大隈重信内閣であり、外相は加藤高明だった。

⒅　この史料のタイトルは「青島は断じて領有すべからず」というものであり、筆者の**石橋湛山**は日本の中国への侵略を批判して小日本主義を唱えた。

解　答

A　⑴蒙古　⑵大宰府　⑶一円地　⑷執権北条時宗　⑸安芸国守護
　　⑹建長寺船

B　⑺オランダ風説書　⑻ウィリアム=アダムズ（三浦按針）　⑼出島　⑽白糸
　　⑾㋐徳川家光　㋑日本国大君　⑿京都・堺・長崎・江戸・大坂

C　⒀青島　⒁㋐ドイツ　㋑イギリス　⒂関東州　⒃山東　⒄大隈重信
　　⒅石橋湛山

14 嘉吉の変，徒党・訴人の高札，日独伊三国同盟

（2009 年度 第 1 問）

史料 A は『看聞御記（かんもんぎょき）』にある 1441 年の嘉吉の変，B は『御触書天明集成』にある 1770 年の徒党・強訴・逃散の密告奨励の高札，C は『日本外交年表 竝（ならびに）主要文書』にある 1940 年の日独伊三国同盟である。B の(8)～(10)の空所補充語句は，史料の本文から判断してほしい。

A

史料の『看聞御記』は，後崇光院（伏見宮貞成親王）の日記で，1416～48 年のことを記す。一部は欠落しているが，室町中期の政治・社会・文化を知る上で貴重な史料。抜粋部分は，嘉吉の変の経緯を物語る市販の史料集掲載の有名史料である。

(1)・(3) **播磨守護の赤松氏**は侍所所司の四職家の一つとして室町幕府に重きをなしていたが，1441 年赤松満祐は将軍専制をめざす 6 代将軍足利義教に対して先手を打ち，彼を自邸に招いて謀殺した（嘉吉の変）。満祐は本領の播磨に戻ったが，山名持豊（宗全）らの幕府軍に滅ぼされた。

(2) やや難 **結城合戦**は，結城氏朝が 1440 年，永享の乱で敗死した鎌倉公方足利持氏の遺児を下総の結城城に迎え入れて幕府に抵抗した戦いである。足利義教は幕府軍と上杉憲実軍を派遣し，1441 年 4 月に氏朝を滅ぼした。

(4) **細川勝元**は，1467 年からの応仁の乱で東軍の主将として山名持豊を主将とする西軍と戦ったが，両者とも 1473 年に亡くなっている。なお，史料文に見える「管領」は勝元の父の細川持之である。

(5) **天皇の命令**のうち，詔書・勅旨などは太政官機構を通じて出されるのに対し，綸旨は蔵人が天皇の命を奉じて直接に相手方に伝える形式の文書（奉書）なので，天皇の意志がより明確に表れる。後醍醐天皇による建武新政のときには綸旨が絶対とされた。

(6) やや難 『看聞御記』の著者である伏見宮貞成親王は，公方（＝足利義教）が，自らの意に沿わない人々を次々に処罰する事態を評して「**万人恐怖**」と記した。義教の政策は苛烈を極め，特に**将軍権力を強化し，専制的な政治**をめざして，**有力守護大名家の勢力削減を進め**，家督相続への介入，軍事誅伐など，守護大名への干渉を積極的に行った。

(7) 鎌倉幕府の 3 代将軍**源実朝**は 1219 年，2 代将軍頼家の遺児の公暁に暗殺された。

B

　史料の『御触書天明集成』は，江戸幕府の法令を分類して年代順に収録した『御触書集成』の一つで，他に寛保・宝暦・天保の集成がある。抜粋部分は，市販の史料集掲載の有名史料である。

(8)・(9) やや難　史料文の「ととうして，しゐてねがひ事くわだつる」は「徒党を組んで，強いて願い事を企てる」こと，「申あわせ，村方たちのき」は「申し合わせて，村方の全員が立ち退く」ことから，「強訴」「逃散」と判断したい。強訴や逃散は中世の惣村でもみられたが，江戸幕府もこれらを禁止した。なお，強訴は江戸時代の百姓一揆の典型的な形態である。

(10)　「帯刀・苗字」あるいは「苗字・帯刀」は武士の特権である。この場合は徒党・強訴・逃散の事実を役所へ申し出た訴人は，褒美として銀百枚を与えた上で，その密告の程度によっては「帯刀・苗字」を「御免」する，つまり武士身分に取り立てるということである。

(11)　百姓一揆は農村での，打ちこわしは都市での「強訴」，つまり騒乱・暴動である。なお，江戸で本格的な打ちこわしが起こったのは，享保の大飢饉の翌年（飢饉の翌年に米不足が深刻化する）の1733年のこと。

(12)　田沼意次は1767年に10代将軍家治の側用人となって権勢をふるい，1772年に老中となって幕政を主導したが，1786年に失脚した。

(13)　高札は幕府の法令などを民衆に周知徹底させるための立て札のことである。新田開発の日本橋高札（1722年）やキリスト教禁止の高札撤廃（1873年）などから想起したい。

C

　史料の『日本外交年表竝主要文書』は，1840年の江戸後期から1945年の太平洋戦争終了期までの年表と重要外交文書を時代順に収録したもので，外務省の編纂。抜粋部分は1940年に調印された日独伊三国同盟の一部であり，市販の史料集掲載の有名史料である。

(14)・(15)　「現ニ欧州戦争」中にあって「三国」が「軍事的」に「相互ニ援助スヘキコトヲ約ス」とあるから，1940年9月に締結した日独伊三国同盟である。空欄オ・カは，(20)の「協定における約束を最初に破ったのは　カ　国であった」をヒントに特定できる。史料に即していえば，オは「独逸」，カは「伊太利」であるが，ここは「ドイツ」「イタリア」でよいだろう。

(16)　ここは「原文どおりに記せ」とあるから，「東亜」では不可で「大東亜」とすべきである。1938年11月の第2次近衛声明では「東亜新秩序」と表現されているが，第2次近衛文麿内閣の発足直後の1940年7月に出された基本国策要綱では「大東亜新秩序」に変わっている。

⒄ 「欧州戦争」は，1939 年 9 月にドイツがポーランドに侵攻したことを受けて，イギリス・フランスの宣戦布告で勃発した第二次世界大戦。「日支紛争」は，1937 年 7 月に始まる日中戦争である。これらに「参入シ居ラサル一国」とは，中立を維持しているアメリカを指す。つまりこの条項は，アメリカを仮想敵国とする軍事同盟であることを示している。アメリカが正式に参戦するのは，1941 年 12 月 8 日に日本軍がハワイの真珠湾を攻撃してからである。

⒅ 仏印とはフランス領インドシナ（現在のベトナム地方）のことであり，米・英はこの地を経由して援蔣ルートを形成していたので，日本軍はこれを断ち切る目的で北部仏印に進駐した。翌 1941 年 7 月には資源の確保のために南部仏印に進駐し，アメリカとの対立が決定的となる。

⒆ ソ連（史料文では「「ソヴィエト」連邦」）との日ソ中立条約は 1941 年 4 月にモスクワで結ばれた。これに調印したのは松岡洋右外相。

⒇ やや難　真珠湾攻撃後の 1941 年 12 月 11 日に日独伊三国協定（日独伊共同行動協定）が結ばれ，対米英戦での共同遂行・単独不講和を約したのが「新たな協定」であり，独伊両国もアメリカに宣戦布告したことで，文字通り第二次世界大戦が世界的規模で展開することになった。しかし，日本は 1943 年 2 月にガダルカナル島撤退，5 月にアッツ島全滅，9 月にはイタリアが連合軍に降伏したこともあって劣勢となった。そこで 9 月 30 日の御前会議で「今後執るべき戦争指導の大綱」を決定し，マリアナ・カロリン・西ニューギニアを日本軍が死守すべしと定めた圏内，つまり絶対国防圏とした。

解　答

A　⑴赤松　⑵結城合戦　⑶播磨　⑷細川勝元　⑸天皇
　　⑹将軍権力の強化をめざす万人恐怖の専制政治。　⑺源実朝
B　⑻強訴　⑼逃散　⑽苗字　⑾打ちこわし　⑿田沼意次　⒀高札
C　⒁ドイツ（独逸）　⒂イタリア（伊太利）　⒃大東亜　⒄アメリカ
　　⒅北部仏印　⒆日ソ中立条約　⒇絶対国防圏

15　京・畿内の班田，山内首藤氏の一族一揆，宗門改帳に関する京都町触

（2008 年度　第 1 問）

　史料Aは天平元（729）年の太政官奏，Bは貞和 7（1351）年の山内首藤氏の起請文，Cは天明 6（1786）年の京都町触で，A・Cは受験生には初見史料だろうが，Bは山川出版社の『詳説日本史史料集』に掲載されている。Bの(7)は 1351 年という年代から観応の擾乱が思いつくかどうかがポイント，Cの(14)は「寛文」が 17 世紀後半の年号（元号）であることから徳川家綱の時代であり，この頃に寺院・神社の統制も強化されたことを理解しておこう。

A

　『続日本紀』は，六国史の 2 番目で 8 世紀を知る上での根本史料。797 年，藤原継縄・菅野真道らが桓武天皇に撰進した。文武天皇の 697 年から桓武天皇の 791 年までの歴史を編年体の漢文で記している。

(1)　空欄は 2 カ所あるが，初出のように京と並称され，再出のように「外国」（＝畿外）と対比される語は，**畿内**と見当をつけたい。

(2)(あ)　律令制下では 1 段＝360 歩で，6 歳以上の良民男子は **2 段**，女子はその 3 分の 2，私有の賤民は良民男女の各 3 分の 1 の口分田が班給された。なお，実際には土地の広狭に応じて班給面積に差があった。

(い)　やや難　条里制では田地を 6 町（1 町は約 109 m）四方に区画して 1 里とし，さらに 1 里を 36 等分した 1 町四方の区画（この面積も 1 町という）を 1 坪（10 段）とした。したがって，面積では **1 町＝10 段＝3600 歩**となる。

(3)　上奏という言葉があるように，奏とは君主に申し上げる，あるいはその文書のことで，太政官が上奏するのは**天皇**に対してである。

(4)　1 段につき稲 2 束 2 把の租を納める田地が**輸租田**で，口分田や位田・賜田・功田，郡司の職田などがあった。また，不輸租田には郡司以外の職田や寺田・神田などがあった。

(5)　刑部親王や藤原不比等らによる**大宝律令**は 701 年に完成し，令は同年，律は翌 702 年に施行された。なお，藤原不比等らによる養老律令は 718 年に完成したが，不比等の孫の藤原仲麻呂によって 757 年に施行された。

(6)　律令制下の民政・租税を担当したのは**民部省**で，戸籍・計帳により全国の戸口を掌握し，良・賤の身分支配や租税の賦課・収納を行った。

B

　　史料の『山内首藤家文書』は，鎌倉幕府の有力御家人であり備後国を本拠とした山内首藤氏に伝わる文書・系図で，『大日本古文書』に収録されている。引用部分の貞和 7 年の一族一揆起請文は，市販の史料集掲載の有名史料である。

(7)　この文書の作成が貞和 7（1351）年＝観応 2 年であるから，「両殿御不和」とは，将軍足利尊氏と弟の直義が不和となって起きた 1350〜52 年の**観応の擾乱**のことである。なお，1350 年 2 月に幕府は年号を貞和から観応に改めているが，この文書は貞和の年号を使用していることから，反幕府方＝直義方のものであるということがわかる。

(8)　難　観応の擾乱の最中にあって，「宮方」「将軍家ならびに錦小路殿方」と，三者鼎立して表記されているから，「宮方」が南朝の後村上天皇方（後醍醐天皇は1339 年に死去），「将軍家」は足利尊氏，「錦小路殿方」は弟の直義である。したがって，南朝方の重臣が著した有職故実書とは，北畠親房の『職原抄』である。

(9)　将軍の直轄軍である**奉公衆**は，足利家譜代の被官や国人領主などによって構成され，約 300 人という。在京して将軍の護衛に当たる一方，幕府の直轄地である諸国の御料所を管理して守護の動向を牽制する役割を担った。

(10)　将軍からの本領安堵・新恩給与という御恩に対する御家人の最大の奉公は，将軍のために戦闘に参加して忠功を尽くすことであり，史料中では「**軍忠**」という言葉になっている。

(11)　日本に伝来した大乗仏教がすでに中国の在来信仰を取り込んでいたため，日本では奈良時代から神と仏を同一視する**神仏習合**があり，平安中期には仏・菩薩が本地で神々はその権現とする本地垂迹説が生まれた。

(12)　難　「起請文」とは，**契約した内容を守り行うとし，これに違反したときは神仏の罰を受ける旨を誓約した文書**である。その内容は，史料文 9 行目以降の「もしこの条々一事たりといえども，偽り申さば，上は梵天・帝釈・四大天王，…等の御罰を，各の身に罷り蒙るべきなり」という部分（これを神文という）に注目して説明したい。こうした起請文は，一揆の際の「一族同心」「一味契約」などで，強い拘束力を期待して書かれた。

C

　史料の『京都町触集成』は，主として江戸時代に京都町奉行所が京都に出した町触を集成したもので，当時の京都の都市行政を知る上で重要な史料集である。

⒀　この文書の最後に「洛中洛外へ相触るべきもの也」とあることから，**京都市中**とその郊外に伝達されたものである。

⒁　寛文年間は1661～73年で，**徳川家綱**の将軍在職（1651～80年）期間中の年号の一つ。寛文年間の1665年に江戸幕府は諸宗寺院法度および諸社禰宜神主法度を出し，1671年には諸代官に命じて宗門改帳（宗旨人別改帳）を作らせている。

⒂　文書中の「御料所」とは幕府の直轄地である天領をさし，その農村支配を担当する役人は勘定奉行配下の**代官**である。なお，関東・美濃・飛驒・西国には郡代が置かれたが，これは広域を担当した。

⒃　三奉行のうち寺社奉行は将軍に直属して譜代大名から，町奉行・勘定奉行は老中の配下に置かれて**旗本**から任命された。

⒄　九州に置かれた重要直轄地がどこかを考えれば，**長崎奉行**とわかる。

⒅　幕藩体制の初期には将軍・大名が有力家臣に領地を与えて支配を認める地方知行制と，家臣に直轄領からの年貢米（蔵米）を俸禄として支給する**俸禄制度**があったが，次第に俸禄制度に移行していった。

⒆　この文書は宗門改帳に関するものであり，1・2行目に「年々帳面寺社奉行にて取り集め候」とあるから，宗門改帳を最終的に取り集めて監察した**寺社奉行**とわかる。

解　答

A　⑴畿内　⑵ⓐ2段　ⓑ1町（10段）　⑶天皇　⑷輸租田　⑸大宝令
　　⑹民部（民部省）

B　⑺観応の擾乱　⑻職原抄　⑼奉公衆　⑽軍忠　⑾神仏習合
　　⑿一揆などの契約と違反した場合の罰を神仏に誓約した文書。

C　⒀京都　⒁徳川家綱　⒂代官　⒃旗本　⒄長崎奉行　⒅俸禄制度
　　⒆寺社奉行

16 葛野王伝, 九条道家願文, 鎖国令（寛永十六年令）

(2007 年度　第1問)

Aは現存最古の漢詩集である『懐風藻』に収められている略伝から「葛野王伝」，Bは『九条家文書』中の九条道家願文で，受験生には初見史料，Cは頻出史料である。Aは「浄御原帝」-「皇太后」-「聖嗣」が，天武-持統-文武であるということがポイント。Bは(7)が難問である。Cは基本的な問題なので，完答も十分に可能である。

A

　史料の『懐風藻』は現存最古の漢詩集で 751 年に成立。大友皇子から葛井広成まで 64 人，120 編の漢詩を収める。この「葛野王伝」のほかに大友皇子・大津皇子などの略伝を含み，歴史史料としても貴重である。

(1)　「大友太子」＝大友皇子は「淡海帝」＝天智天皇の子で，**672 年の壬申の乱**で大海人皇子（のちの「浄御原帝」＝天武天皇）に滅ぼされた。大友皇子の子が，史料冒頭の「王子」＝葛野王である。

(2)　『古事記』序文には，天武天皇が**稗田阿礼**に帝皇日嗣（帝紀）と先代旧辞を誦習させ，太安万侶が阿礼の誦んだ内容を撰録したとある。なお，阿礼は語部の女性とする説もあるが，舎人であるから男性である。

(3)　**長屋王**は，藤原不比等の没後，右大臣・左大臣となって政権を主導したが，不比等の娘光明子の聖武立后に反対するなどしたため，藤原四兄弟らの陰謀によって 729 年に自害に追い込まれた。

(4)　「高市皇子」の死は 696 年のことで，天武天皇の皇后で当時は皇太后（前の天皇の皇后）でもあった**持統**が天皇として皇位にあった。このときに「聖嗣」＝皇位継承者をめぐって紛糾したが，葛野王が天武天皇の直系である草壁皇子の子の軽皇子（のちの文武天皇）を推挙したのである。

(5)　軽皇子は 697 年に文武天皇として即位し，701 年に本格的な律令法である**大宝律令**が刑部親王・藤原不比等らによって制定された。

(6)　「式部卿」を長官とする式部省は，文官（官吏）の人事と養成などを管掌しており，そのうちの官吏養成機関が**大学（大学寮）**である。明経道や明法道などに分かれて博士以下の教官が置かれ，貴族や東　西　史　部の子弟が入って学び，試験に合格すると官吏に登用された。

B

『九条家文書』は五摂家の一つである九条家に伝わる膨大な文書である。文書の大半は宮内庁書陵部が一括して管理しており，図書寮叢刊『九条家文書』として公刊されている。

(7) **難** 慈円の『愚管抄』巻4にある「保元元年七月二日，鳥羽院ウ（失）セサセ給ヒテ後，日本国ノ乱逆ト云コトハヲ（起）コリテ後ムサ（武者）ノ世ニナリニケルナリ」という一節を想起したい。また「世たえらきて，ほと▢ア▢も弓馬の道をわすれたるかことし」とあり，世の中が平和になって，▢ア▢も弓馬の道を忘れたかのようだ，ということから，「弓馬の道」＝**武士**と判断できる。

(8) **中臣鎌足**は669年に没したが，死の直前に天智天皇から「大織冠」と藤原の姓を賜っている。

(9) 保元の乱当時の関白は，**藤原忠通**である。この願文の筆者九条道家は，忠通の曾孫である。なお，保元の乱の対立関係は，以下のようになる。

	天皇家	藤原氏	源氏	平氏
勝	後白河天皇（弟）	関白　忠通（兄）	義朝（子）	清盛（甥）
敗	崇徳上皇（兄）	左大臣 頼長（弟）	為義（父）	忠正（叔父）

(10) 上記(7)でも記した慈円の『**愚管抄**』は，歴史を貫く原理である「道理」によって上古から承久の乱の直前について述べた歴史哲学書で，武士の世の到来を歴史的必然として後鳥羽上皇の倒幕計画を諫めている。なお，慈円の兄が鎌倉幕府創設期の摂政・関白であった九条兼実で，その日記が『玉葉』。

(11) 1221年の承久の乱後に置かれた地頭のことを**新補地頭**という。その給与が少ない場合には，1223年に幕府が制定した新補率法（11町につき1町の給田，田1段につき5升の加徴米，山野河海からの収益の半分）を適用して収入が保障された。

(12) **北条政子**は従二位に叙せられたので彼女のことを「二位尼」「二品」といい，幕府の実権を握っていたため「尼将軍」ともいう。なお，夫の源頼朝も正二位であったので「二品」という。

(13) 承久の乱後に「二十余年」間も「将軍」「主君」であったのは，この願文を書いた道家の子で，4代将軍となった**九条頼経**である。頼経は1219年に鎌倉に下向し1226年に将軍に就任，1244年に子の頼嗣に将軍職を譲った。

C

史料は鎖国令（寛永十六年令）で，教科書掲載の頻出史料である。出典の『御当家令条』は江戸前期の私撰法令集で，1711 年頃に藤原親長が編纂したとされている。1597〜1696 年の幕府関係法令を約 600 収録しており，『御触書集成』にない法令も含まれているので貴重である。

(14) **伴天連**（バテレン）はポルトガル語の padré（パードレ）が転訛したもので，キリスト教カトリックの司祭（神父）のことである。

(15) 史料文中に「かれうた渡海」の「停止」とあり，ポルトガル船の来航禁止を定めた **1639 年（寛永 16 年）** の鎖国令であることがわかる。

(16)(a) **フランシスコ＝ザビエル**はスペイン出身で，イグナティウス＝ロヨラとともにイエズス会を創設した。ポルトガル国王の支援を得てインド布教に向かい，マラッカで日本人アンジローに出会って日本への布教を決意した。

(b) **1549 年**に鹿児島に上陸したザビエルは，天皇・将軍の布教許可を得るために上洛したが戦乱で断念し，山口の大内義隆，豊後府内の大友義鎮（宗麟）に謁見して布教した。

(17) キリスト教徒ではないことを証明するためにキリストやマリア像を踏ませる**絵踏**は 1620 年代末に長崎で行われ，のちには九州各地で全領民を対象として制度化された。なお，踏まれる絵が踏絵，絵を踏む行為が絵踏である。

(18) 天草四郎時貞（益田時貞）を首領として 1637〜38 年に**島原の乱**が起きた島原・天草地方は，キリシタン大名の有馬・小西氏の旧領で，島原藩主松倉氏・天草藩主寺沢氏の苛政とキリシタン弾圧が背景にあった。幕府は老中松平信綱を派遣し，大軍によって反乱を鎮圧した。

(19) 「かれうた」とは当時の**ポルトガル**が使用していた galeota 型の船（ガレウタ船）つまり小型帆船のことである。

解　答

A (1)672年　(2)稗田阿礼　(3)長屋王　(4)持統天皇　(5)大宝律令
(6)大学（大学寮）

B (7)武士　(8)中臣（藤原）鎌足　(9)藤原忠通　(10)愚管抄　(11)新補地頭
(12)北条政子　(13)九条（藤原）頼経

C (14)伴天連　(15)1639年（寛永16年）　(16)(a)フランシスコ＝ザビエル　(b)1549年
(17)絵踏（踏絵）　(18)島原の乱（島原・天草一揆）　(19)ポルトガル

　A. 『建武以来追加』，B. 『宇下人言』，C. 『内地雑居後之日本』の 3 史料が出題された。いずれの史料も大半の受験生には初見であろうが，史料文中の語句や注などから，いつの何に関する史料なのかがわかる。詳細な知識を問う(9)以外は，取りこぼさないようにしたい。

A

　史料の『建武以来追加』は，基本法の御成敗式目（貞永式目）に対して室町幕府が発令した建武年間以降の追加法を集成したものである。史料中の「応安元」「半済」から応安の半済令に関する史料だと判断できる。

(1)　**下地**は田畑・山林など収益の対象となる土地そのもののことを意味し，収益である年貢・公事は上分あるいは得分という。この半済令は年貢ではなく土地の折半を命じているから，下地中分と同じである。

(2)　禁裏の「裏」は“中・内”という意味で，みだりに内に入ることを禁じられている天皇の居所のことをさし，転じて**天皇**自身の意味にも用いられた。なお，仙洞は上皇の居所あるいは上皇自身のことをいう。

(3)　南北朝時代の北朝方の関白で連歌にもすぐれていた人物といえば，**二条良基**である。最初の準勅撰連歌集の『菟玖波集』や，連歌の規則を集大成した『応安新式』などの著作がある。

(4)　1352 年に半済が最初に実施されたのは近江・美濃・尾張の 3 カ国で，そのうち京都に最も近いのは**近江**。

(5)　上記の(1)で述べたように，この半済令では本所領の土地の半分を守護方の知行としたのであるが，守護方に「違乱」「過分の掠領」の不法があれば，**その半分の土地を本所に返還する**という措置をとった。

(6)　この半済令が出された 1368 年には，**足利義満**が 10 歳で 3 代将軍に就任しており，幼少の将軍を管領細川頼之が補佐した。なお，先公とは 2 代将軍足利義詮のこと。

(7)　夢窓疎石門下で，五山文学の最高峰として義堂周信と並び称されたのは**絶海中津**で，1368 年に入明，1378 年に帰国している。

B

『宇下人言』は，松平定信が 1758 年の誕生から 1793 年の老中辞任までのことを記した自叙伝である。寛政の改革についての基本史料で，その書名は定信の 2 字を分解したものである。

(8)　史料文中に「幸大夫」の引渡しのことが記されているので，1792 年にロシア女帝エカチェリーナ 2 世の命を受けて根室に来航したラクスマンのこととわかる。ラクスマン来航の目的は**日本との通商の要求**であり，**漂流民の送還は来航の名目**だったので，通商要求についてのみの解答でもよいだろう。

(9)　難　　大黒屋光太夫（幸太夫）は 1782 年に伊勢から江戸に向かう途中で遭難し，漂流中にロシア人に救われて 1792 年までロシアに滞在した。その間の事情を，桂川甫周が聞き書きして本にしたのが『北槎聞略（ほくさぶんりゃく）』である。

(10)　老中および寺社奉行・江戸町奉行・勘定奉行からなる三奉行を中心に大目付などを加えた合議・裁判機構が**評定所**である。

(11)　史料の出典である『宇下人言』は，**松平定信の自叙伝**であるから，「予」とは松平定信である。

(12)　信牌はもともと中国商人に対する長崎入港許可証であったが，1793 年，ラクスマンの帰国に際しても渡された。1804 年，この信牌を持参した**レザノフ**が長崎に来航している。

(13)　ラクスマンは光太夫および通商の要求書を「江戸まで直に出し，江戸御役人へわた（渡）し」たかったのであるが，「江戸へ出候事相成らざる国法にて願度事は長崎へ来り，所の奉行のさた（沙汰）にまかすべし」として，**外国への窓口である長崎奉行との交渉**を命じられたのである。

C

史料の『内地雑居後之日本』は，『日本之下層社会』を著した横山源之助の著作で，ともに 1899 年に刊行された。農商務省編による 1903 年の『職工事情』とともに，劣悪な労働条件の下で長時間労働を強いられている当時の労働者の実態を知る上での好資料となっている。

(14)　綿糸を生産する**紡績業**は，1883 年に操業を開始した大阪紡績会社の成功から発展を続け，政府の保護政策もあって 1890 年には綿糸の生産高が輸入高を上回り，日清戦争後の 1897 年には輸出高が輸入高を上回った。

(15)　高野房太郎や片山潜らによって 1897 年に**労働組合期成会**が結成され，その指導によって同年には鉄工組合，翌 1898 年には日本鉄道矯正会などの労働組合が組織された。

(16)　**日本鉄道会社**では，労働者が地位向上や賃金引上げを要求して，1898 年 2 月に上野〜青森間の運行がストップするなど大規模なストライキを起こした。直後に結

成された日本鉄道矯正会は，このときのメンバーが中心である。

⒄　第2次山県有朋内閣のときの1900年に制定された**治安警察法**は主として労働運動を，第1次加藤高明内閣のときの1925年に制定された治安維持法は主として共産主義運動を取り締まった。

⒅・⒆　幕末に結ばれた日米修好通商条約などでは，開港場の一定地域が居留地とされ，その中でしか外国人は居住・営業ができなかった。1894年の条約改正では，**領事裁判権（治外法権）**を撤廃する代わりに，**外国人に日本国内における居住・旅行・営業の自由を与えた。**

⒇　領事裁判権の撤廃などを主体とした日英通商航海条約は，第2次伊藤博文内閣（外相は陸奥宗光）のときの1894年に調印されたが，その発効は第2次山県有朋内閣のときの**1899年**である。

解　答

A　⑴下地　⑵天皇　⑶二条良基　⑷近江（近江国）
　　⑸守護への半済地を本所に返還する。　⑹足利義満　⑺絶海中津
B　⑻漂流民の送還と日本との通商の要求。　⑼北槎聞略　⑽評定所
　　⑾松平定信　⑿レザノフ　⒀外国との交渉は長崎奉行を通じてのみ行う。
C　⒁紡績業　⒂労働組合期成会　⒃日本鉄道会社　⒄治安警察法
　　⒅外国人に日本国内での居住・旅行・営業の自由を与える。
　　⒆領事裁判権（治外法権）　⒇1899年

18　加墾禁止令, 以仁王の挙兵・後白河法皇の幽閉・平治の乱, 日露和親条約

（2005 年度　第1問）

A.『続日本紀』, B.『百練抄』, C.『幕末外国関係文書』の3史料が出題された。B は初見史料であろうが, 標準レベルの知識で十分に対応できる。

A

　史料の『続日本紀』は六国史の2番目で, 藤原継縄・菅野真道らによって桓武天皇の 797 年に完成された。史料は5行目の「加墾せしむることなかれ」から, 市販の史料集掲載の有名史料である加墾禁止令だと判断できる。

⑴　史料文中の「今より…永年取ることなかれ」の箇所は, 天平十五年の格すなわち 743 年の墾田永年私財法からの引用である。したがって, 空欄アは**私財**という語句が入る。

⑵　743 年に**大仏造立の詔**も発布されたということは, 入試では頻出事項。大仏造立の詔を出すのに先立って, 律令政府は墾田永年私財法を出し, 貴族・大寺社や地方豪族たちの私有地拡大を承認することで, 巨大プロジェクトである大仏造立への協力を得ようとする狙いがあったとみられている。

⑶　723 年の三世一身法では「新たに溝池を造り, 開墾を営む者有らば, 多少を限らず, 給ひて三世に伝へしめん。若し旧き溝池を逐はば, 其の一身に給せん」とあり, **開墾に際して新たな溝池（＝灌漑施設）を設けたか否かによって区別した。**

⑷　天皇家の田である**勅旨田**は, 天皇の命令である勅旨によって開発されたものである。浮浪・逃亡や偽籍が横行して調・庸の収納が困難になる中で, 大宰府の公営田, 畿内諸国の官田（元慶官田）, 諸官庁の諸司田などの直営田と同じように, 独自の財源を確保しようとして設置された。

⑸㋐　この法令が出された 765 年3月当時は, 称徳天皇（孝謙天皇が重祚）の寵愛を受けた**道鏡**が大臣禅師として権勢を振るっていた。彼は僧侶出身であるから, 下線部(d)のように「寺」は加墾禁止の対象外として寺院を保護しようとしたのである。なお, 道鏡の失脚後の 772 年に, 加墾禁止令は解除されている。

　㋑　道鏡は 765 年に太政大臣禅師となり, 翌年には**法王**の地位についた。さらに皇位を望もうとしたが, 和気清麻呂らによって阻まれ（宇佐八幡宮神託事件）, 称徳天皇の没後の 770 年には下野薬師寺に左遷された。

⑹　『続日本紀』は文武天皇の 697 年から桓武天皇の 791 年までの歴史が編年体の漢文で記されており, 8世紀の根本史料である。

B

　史料の『百練抄』は鎌倉後期に成立した編年体の歴史書で，編者は不詳。①は「園城寺」「頼政」「南都」から，1180年の以仁王の挙兵についてのものであることがわかる。②は「法皇（後白河）」「入道大相国（平清盛）」「門戸を閉じて（幽閉）」などから，1179年の後白河法皇の幽閉についてのものであると判断できる。③は「信頼」「謀叛」から，1159年の平治の乱に関する史料だと判断できる。

(7)　膨大な荘園を有していた人物といえば，鳥羽上皇の娘の**八条院（暲子）**である。彼女の八条院領は，後白河上皇が設けた長講堂領とともに後の皇室領荘園の主要な部分を占めた。なお，下線部(e)の「法皇第三宮」「三条宮」とは以仁王のことで，八条院の甥である。

(8)　1180年，以仁王は源頼政らとともに平氏打倒をめざして挙兵したが，これに協力的であった寺院は，大津の園城寺（三井寺）と南都の**興福寺**である。以仁王らは園城寺から興福寺に向かおうとしたが，途中の宇治で平氏の軍勢（「官軍」）に敗れて戦死した。

(9)　1179年，後白河法皇が幽閉されたのは平安京南郊の**鳥羽離宮（鳥羽殿）**である。白河上皇がこの地に離宮を造営し，続く鳥羽・後白河・後鳥羽の各上皇がこれを利用した。

(10)　後白河法皇が幽閉中の1179～80年，平清盛は法皇の院政を停止し，清盛の娘徳子（建礼門院）の婿で法皇の子の**高倉天皇を上皇**として院政を行わせるとともに，徳子と高倉上皇との子の安徳天皇を即位させた。

(11)　「（藤原）信頼」は後白河上皇の院近臣で，**源義朝**（頼朝の父）らとともに1159年の平治の乱で挙兵したが，平清盛によって鎮圧された。

(12)　史料①は1180年の**以仁王の挙兵**，②は1179年の**後白河法皇の幽閉**，③は1159年の**平治の乱**であるから，年代順に並べると，③→②→①となる。

C

　史料の出典『幕末外国関係文書』は『大日本古文書』の一部で，東京大学史料編纂所によって編集された。幕末期の外交関係史料を年代順に収録している。引用部分は「魯西亜国」「ウルップ島」「三港を開く」から日露和親条約に関する有名史料の抜粋であると判断できる。

(13)エ．1854年の日露和親条約では千島列島（史料では「クリル諸島」）の**エトロフ（択捉）島**以南を日本領，ウルップ（得撫）島以北をロシア領としたが，この国境の画定には1798年に近藤重蔵がエトロフ島に「大日本恵登呂府」の標柱を建てたことが大きな根拠となっている。

　オ．**カラフト**（樺太，ロシア名はサハリン）は，「界を分たず」すなわち国境を定めず，両国雑居とされた。

カ．1854年の日米和親条約で開港されることになったのは，箱館・下田の2港で
あるが，日露和親条約では**長崎**を加えた3港とされた。

⑭ **日露和親条約**の締結は西暦1855年2月7日，和暦では安政元年12月21日であ
る。なお，一般的には安政元年＝1854年と換算する。

⑮ 欧米との和親条約が締結されたときの老中首座は**阿部正弘**である。阿部は水野忠
邦の罷免後の1845年に老中首座となったが，1857年に39歳で病死している。

⑯ 日露和親条約は外国奉行川路聖謨と，ロシア使節**プチャーチン**（1858年の日露
修好通商条約も同じ）との間で締結された。

⑰ 1875年に締結の**樺太・千島交換条約**では，樺太はロシア領，千島全島は日本領
とされた。その後，1905年のポーツマス条約で南樺太が日本領となった。

解　答

A ⑴私財　⑵大仏造立の詔
⑶新たに灌漑施設を設けて開墾した場合は三世，旧来の灌漑施設を利用し
て開墾した場合は一身。
⑷勅旨田　⑸あ道鏡　い法王　⑹続日本紀

B ⑺八条院（暲子）　⑻興福寺　⑼鳥羽　⑽高倉上皇　⑾義朝（源義朝）
⑿③→②→①

C ⒀エ．エトロフ（択捉）　オ．カラフト（樺太）　カ．長崎
⒁日露和親条約　⒂阿部正弘　⒃プチャーチン　⒄樺太・千島交換条約

19 改新の詔，京都大番役，ロンドン海軍軍縮条約

（2004 年度　第1問）

史料Aは頻出史料の改新の詔である。(4)「調」，(5)「三位」は，用語そのものは基本的なものであるが，このように設問を立てられると難問になる。史料Bの前右大将家政所下文，史料Cの幣原喜重郎外相の談話は初見だろうが，設問はいずれも平易なので，確実に得点しておきたい。

A

『日本書紀』は日本最古の勅撰の歴史書で，六国史の第1番目。720 年に完成した。神代から持統天皇までを漢文編年体で記す。

(1) 中大兄皇子・中臣鎌足らによって蘇我蝦夷・入鹿が滅ぼされた乙巳の変は 645 年のことで，同年に都が飛鳥から難波（長柄豊碕）宮に遷された。翌 646 年1月には，この4条からなる**改新の詔**が出されたと『日本書紀』は伝える。

(2) **伴造**は，各種の職務で朝廷に奉仕する伴の代表で，これらの伴造・伴が統率したのが，韓鍛冶部・錦織部・鞍作部といった品部（部民）である。

(3) 戸籍は6年に一度作成され，6歳以上の男女・良賤別に口分田を支給するための土地台帳であり，**計帳**は毎年作成され，調・庸などを徴収するための租税台帳である。それぞれ続柄・姓名・年齢などのほか，計帳には本人確認のための痣（あざ）・黒子（ほくろ）などの身体的特徴も記されている。

(4) やや難　空所を含む部分は「田の調（みつき）を行へ」で，"一定基準で田地に賦課する税制を施行せよ"という意味である。同じ第4条では，この「田の調」に加えて，「別に戸別の調を収（と）れ」とも書かれている。

(5) 難　食封（じきふ）は一定数の戸の租の半分と調・庸の全部を上級貴族に与える制度で，位階に応じての位封と官職に応じての職封があり，位階では**三位以上**の貴族・官人に支給された。

(6) 畿内（五畿）は，**大和国・山背（山城）国・摂津国・河内国・和泉国**の5カ国。平安京遷都後，山背の表記は山城に変わった。なお，和泉国は 757 年の設置。畿内を中心にして，全国は東海道・東山道・北陸道・山陰道・山陽道・南海道・西海道の七道に区分された。

(7) 689 年に施行された飛鳥浄御原令にもとづき，翌 690 年に最初の班田台帳となる**庚寅年籍**が作成された。なお，670 年の庚午年籍は最初の全国的な戸籍で，氏姓を正す根本台帳として永久保存が義務づけられていた。

B

『吾妻鏡』は鎌倉幕府関係者がまとめた編年体の公式記録である。1180 年から 1266 年までを記し，幕府を中心とした鎌倉時代研究の基本史料である。

(8) 史料では，（御）家人が上洛して都での勤めをすることを命じており，この勤めが御家人に課せられた（京都）**大番役**である。内裏や院御所を警備することで，これを国内の御家人に割り当て催促することが，謀叛人・殺害人の逮捕とともに守護の重要な任務（大犯三カ条）であった。

(9) この文書は建久 3（1192）年 6 月に鎌倉幕府の政所から出されたものであるから，その別当（長官）は公家出身の**大江広元**である。

(10) 律令制下の三関とは，伊勢国の鈴鹿関（東海道）・美濃国の**不破関**（東山道）・越前国の愛発関（北陸道）で，9 世紀前半には愛発関に代わって逢坂関（近江）となった。関所は，反乱者が畿内から逃亡することや外敵の畿内への侵入を防ぐために設置された。

(11) 「相模守惟義」が美濃国の御家人たちに大番催促を行っているので，この人物（大内惟義）がついていた幕府の役職は，美濃国**守護**である。なお，形骸化してはいるが，相模守は "朝廷から任命された相模国の国守" という意味である。

(12) 当時，洛中すなわち都の治安維持や民政を担当していたのは，嵯峨天皇の弘仁年間（810～824 年）に成立した**検非違使**である。律令制下の刑部省・弾正台・左右京職の権限を吸収して拡大し，院政期頃からは犯人追捕も行ったが，室町幕府では侍所に権限を奪われた。

(13) 鎌倉時代の御家人とは "将軍家の家人"（御は将軍への尊称）という意味で，源頼朝以来の将軍と主従関係を結んで本領を安堵された武士のことである。一方，「家人たるべからざるの由を存ずる者」とは将軍と主従関係を結んでいない武士だから，**非御家人**である。

(14) 下文とは，文字通り上位の者から下位の者に命令・伝達などを下す文書であり，政所から出されれば**政所下文**と呼ぶ。

C

史料は，幣原喜重郎の伝記・資料を編纂した『幣原喜重郎―昭和三十年十月』からの引用である。

(15) 史料文中に「今日倫敦会議に於て」「建造競争を全く抑止」という語句があるので，ここで調印された条約は補助艦の保有量を定めた 1930 年のロンドン海軍軍縮条約とわかる。したがって，当時の外務大臣は**幣原喜重郎**，首相は浜口雄幸である。なお，ロンドン海軍軍縮会議の日本側全権代表は若槻礼次郎・海相 財部 彪である。

(16) 第二次世界大戦前の「国際紛争解決機関」は，1920 年に発足した**国際連盟**である。アメリカ大統領ウィルソンの提唱で結成されたが，肝心のアメリカは議会が孤

立主義を主張して参加せず，現在の国際連合のような武力制裁権もなかった。なお，日本はイギリス・フランス・イタリアとともに常任理事国であった。

⒄ 「戦争の絶滅を期し」「軍縮を促進」から，1928年8月に締結された**不戦条約**と判断できる。アメリカ国務長官ケロッグとフランス外相ブリアンが中心となってパリで調印されたので，ケロッグ=ブリアン協定（条約）またはパリ条約ともいい，日本側全権代表は内田康哉であった。なお，日本では条文にあった「人民ノ名ニ於テ」という語句が天皇大権を侵すとして問題化し，批准は翌1929年になった。

⒅ このロンドン海軍軍縮条約の締結は1930年4月であり，当時の日本は深刻な不景気（昭和恐慌）の真っ最中であった。

⒆ この年（1930年）の1月に浜口雄幸内閣が始めた重要政策は，為替相場の安定と輸出の増大をめざした**金輸出解禁（金解禁）策**である。軍縮条約が成立せず「国際関係の悪化」が起きると，当然，日本からの輸出にも大きな影響を与える。結局，条約は成立したのであるが，前年の1929年10月にアメリカから始まった世界恐慌と円の実勢価格より円高の旧平価での金解禁のため，輸出は激減して未曾有の恐慌となった。

⒇ ロンドン海軍軍縮条約では，日本が要求した補助艦の総トン数の対米・英7割はほぼ認められたが，大型巡洋艦の対米7割は認められなかった。政府が海軍軍令部の反対を押し切る形でこの条約に調印したため，軍部などは天皇の**統帥権干犯**であると内閣を攻撃した。兵力量の決定は天皇の編制権（内閣が輔弼）に属するものだが，軍部はこれを天皇の統帥権（軍部が輔翼）にも深く関わるものだと主張し，野党（立憲政友会）や民間右翼などはこれに同調した。

解　答

A　⑴改新の詔　⑵伴造　⑶計帳　⑷調　⑸三位
　　⑹大和国・山背（山城）国・摂津国・河内国・和泉国　⑺庚寅年籍

B　⑻大番役　⑼大江広元　⑽不破関　⑾守護　⑿検非違使（検非違使庁）
　　⒀非御家人　⒁政所下文

C　⒂幣原喜重郎　⒃国際連盟　⒄不戦　⒅昭和恐慌
　　⒆金輸出解禁（金解禁）策　⒇統帥権干犯

20 平将門の乱，生類憐みの令，全面講和論

(3)では碓氷峠と上野国との位置関係が問われ，(4)では史料の読解力が試されており，解答語句は平易であっても難問である。(10)の町政に参加できる家持とその資格については，意外と盲点である。(14)は賠償額から国名を答えなければならず，難問である。

A

　史料の出典『将門記』は，軍記物の先駆である。合戦の経過，戦闘の具体的な様相を中心に，平将門の半生を漢文体で描写している。成立年，作者とも未詳である。

(1) 歴史上で「新皇」と称した人物といえば，桓武平氏出身の**平将門**である。彼は下総を根拠地として一族と紛争を起こし，935 年に伯父の国香を殺害した。939 年には常陸・上野・下野の国府を制圧し，関東諸国に国司を任命したが，翌 940 年に平貞盛・藤原秀郷らによって鎮圧された。

(2) 契丹（遼）によって滅ぼされた国は**渤海**（698～926 年）である。同国からは 34回，日本からは 13 回の使節が派遣されている。当初は渤海をめぐる新羅・唐との国際情勢の緊張からの遣使であったが，8 世紀後半以降は貿易が中心となった。渤海からは貂・海豹の毛皮や蜂蜜・薬用人参などがもたらされ，日本からは絹・糸・金・水銀などがおくられた。

(3) 難　碓氷関は，東山道の信濃国（現在の長野県）と上野国（群馬県）の境界である碓氷峠に設けられた。したがって，碓氷関を通って最初に向かう坂東の国は**上野国**である。東海道の駿河（静岡県），相模（神奈川県）国境の足柄峠と碓氷峠の周辺では俘馬の党（輸送に従事した武装集団）による略奪や蜂起が多発したので，これを取り締まるための関所が 899 年に設置された。

(4) 難　平将門政権は，その「力」によって正当化されていた。彼は「今の世の人，必ず撃ち勝てるをもって君となす」とし，契丹国王が渤海を滅ぼしたことを例に出して，「いかんぞ力をもって虜領（捕虜にして領有する）せざらんや」と述べていることから判断できる。なお，彼の言葉が本来は天皇が発する「勅」とされており，天皇と同等の立場で政権を正当化したとも解されるが，その場合でも権力の源泉は「力」である。

(5) 将門の乱の当時，中央で摂政・太政大臣であったのは藤原基経の子の**忠平**だが，これも受験生には盲点である。基経の没後，宇多・醍醐両天皇に仕えたのは基経の長子・時平であった。しかし，時平は菅原道真を大宰権帥に左遷した昌泰の変（901 年）の後，若くして病死した。そのため弟の忠平が氏長者を継ぎ，醍醐天皇のもとで左大臣に，930 年の朱雀天皇の即位とともに摂政となり，941 年には関白

となった。

(6) 藤原秀郷とともに将門の乱を制圧した**平貞盛**は，将門が殺害した国香の子で，将門とは父方のいとこにあたる。なお，貞盛の子の維衡が伊勢に進出し，のちの平清盛らに連なる伊勢平氏の祖となった。

B

史料は，「犬」「あわれみ」の語句から，「犬公方」と呼ばれた将軍徳川綱吉が1685年以降，数次にわたって発令した生類憐みの令とわかる。

(7)・(8) 史料は，犬および牛馬・鳥類などの生き物の殺生を禁じた生類憐みの令であるから，空欄ウには**生類**の語が入る。また，これが出されたときの将軍は5代**徳川綱吉**である。彼は戌年生まれであったことから，史料文からもわかるように，とりわけ「犬」の保護を厳しく命じたため，庶民は彼のことを「犬公方」と揶揄した。1709年に6代将軍徳川家宣が就任すると，この法令は廃止された。

(9) 江戸の町行政は，町奉行配下の町年寄が都市全体を統括し，個々の町では**町名主**・月行事が担当した。大坂では惣年寄が統括し，その下に町年寄・町代らがいた。これらの町役人は，支配機構の末端行政を担うとともに，町人の代表でもあり，農村の村役人に相当する。

(10) 町政に参加できたのは**家屋敷**を所持する「**家持**」および地主に限られ，これらが町入用などを負担した狭義の町人（本町人）である。広義の町人は，「借家」「店かり（店借）」「地かり（地借）」「召仕（奉公人）」など，町人地に居住する人々全体を含む。

(11)(あ) 生類憐みの令以前の江戸の大火では，4代将軍徳川家綱のときの**明暦の大火**（1657年）がある。江戸城の天守閣や本丸・二の丸をはじめ，江戸全市の55％が焼失し，10万人以上が死亡したという。この大火は，娘を亡くした商人が，娘の着ていた振袖を焼き捨てたことから起こったとされ，**振袖火事**ともいわれる。

(い) 木版画の手法により普及した**浮世絵**は，江戸独自の文化の一つである。徳川綱吉の時代の元禄文化は京都・大坂の上方が中心であるが，17世紀末に単色刷りの浮世絵版画を創始した菱川師宣や，1765年に多色刷りの錦絵を考案した鈴木春信は，江戸の浮世絵師である。

C

史料は講和条約が「連合国の全部」とではないと批判しているから，1951年のサンフランシスコ平和条約締結に際しての全面講和論である。出典は『南原繁著作集』。

(12)(あ) 政府・保守政党は，西側諸国のみとの講和を結んで日本の独立と経済復興を急いだが，これを単独（片面）講和論という。これに対し，安倍能成や史料の著者である南原繁ら学者による平和問題談話会や日本共産党などの全面講和愛国運

　　動協議会，日本社会党や総評などの平和推進国民会議は，ソ連・中国を含むすべ
　　ての交戦国との講和をめざす**全面講和論**を主張した。

　(い)　全面講和論を唱える南原繁に対して，「曲 学 阿世（学問を捩じ曲げて世間に阿
　　　ねる＝へつらう）の徒」と非難したのは，当時の内閣総理大臣**吉田茂**である。な
　　　お，南原繁は政治学者で，第二次世界大戦後の 1945〜51 年に東大総長をつとめ
　　　た。

(13)　サンフランシスコ平和条約では，**千島列島**に対するすべての権利を日本は放棄す
　　ることとなったが，列島の帰属については規定しなかった。そのため，1945 年 2
　　月のヤルタ協定に基づいてソ連（1991 年からロシア）が領有を続け，現在に至っ
　　ている。

(14)　　難　　日本に対して 80 億ドル（当時の 1 ド
　　ル＝360 円に換算して 2 兆 8800 億円）の賠償
　　金を要求したのは**フィリピン**であるが，史料文
　　中のビルマ（現ミャンマー）・インドネシアの
　　ほか，南ベトナム（現ベトナム）・ラオス・カ
　　ンボジアも賠償請求権を有しており，金額から
　　同国を特定することは難しい。賠償交渉は難航

東南アジア諸国への賠償	
ビルマ	2 億ドル
フィリピン	5 億 5000 万ドル
インドネシア	2 億 2200 万ドル
南ベトナム	3900 万ドル
ラオス	請求権を放棄
カンボジア	請求権を放棄

　　したが，金額は大幅に軽減されて，支払い総額は約 10 億ドルとなった。

(15)　平和条約と「不可分」であり，「これによって，軍事同盟と軍事基地設定が協定
　　され」るのだから，正答は平和条約と同時に調印された**日米安全保障条約**である。
　　これによって独立後も日本国内にアメリカ軍の駐留が継続されることになった。ま
　　た，この条約に基づいて 1952 年 2 月に日米行政協定が結ばれ，日本はアメリカ軍
　　に基地を無償提供し，駐留軍の経費を分担することとされた。

(16)　「琉球並びに小笠原諸島」は，平和条約の第 3 条により「**合衆国を唯一の施政権
　　者**」とされた。なお，小笠原諸島は，1968 年 6 月に返還が実現した。また，沖縄
　　（琉球）は，1971 年 6 月に返還協定が調印されて，翌 1972 年 5 月に返還が実現し
　　たが，広大なアメリカ軍基地は依然として存続することになった。

(17)　1950 年，朝鮮戦争に出動したアメリカ軍の空白を埋めるため組織された警察予
　　備隊は，この史料が書かれた 1952 年，サンフランシスコ平和条約が発効した後に
　　保安隊に改組された。さらに，1954 年の日米相互防衛援助協定（MSA 協定）によ
　　り日本の自衛力の強化が義務づけられ，防衛庁と陸海空の 3 隊からなる自衛隊が発
　　足した。

解　答

A (1)平将門　(2)渤海　(3)上野国　(4)力　(5)藤原忠平　(6)平貞盛

B (7)徳川綱吉　(8)生類　(9)町名主　(10)㋐家持　㋑家屋敷（屋敷地）
(11)㋐明暦の大火（振袖火事）　㋑浮世絵

C (12)㋐全面講和　㋑吉田茂　(13)千島　(14)フィリピン　(15)日米安全保障条約
(16)アメリカの施政権下に置かれた。　(17)保安隊

第2章　小問集合

21 古代の政治・文化，近世〜昭和戦後期の政治・社会・外交

(2022 年度　第 2 問)

> 称徳天皇の時代に建立された寺院名を問うキと，日朝修好条規で定められた開港地名に関するタは，細かい知識であり難問。また，米軍基地反対闘争に関するトはやや難であった。ほかは基本〜標準レベルの問題であり，高得点を期待したい。

①ア．**崇峻天皇**が 592 年に蘇我馬子により暗殺されたのを受けて，推古天皇が即位した。

　イ．『天皇記』『国記』は厩戸王が蘇我馬子とともに編集したとされる歴史書であるが，乙巳の変の際に大部分が焼失した。

②ウ．**阿倍比羅夫**は斉明朝に東北地方の日本海側に遠征し，秋田・津軽地方の蝦夷と関係を結んだ。「安」や「部」とする誤記に注意したい。

　エ．7 世紀半ばから東北経営を進めた政府は，元明朝の 712 年に日本海側に**出羽国**をおいた。出羽国は，現在の山形県・秋田県である。

③オ．708 年，**武蔵国秩父郡**（現在の埼玉県）から和銅（自然銅）が献上され，これを祝して和銅への改元と，和同開珎の鋳造が行われた。

　カ．和同開珎の鋳造の目的の一つは，**元明天皇**の下で建設が企図されていた宮都（のちの平城京）の造営費用の調達であった。

④キ．　難　　称徳天皇と道鏡の政権は仏教政治を展開し，天皇の父である聖武太上天皇が建立した東大寺と並ぶ鎮護国家の寺として**西大寺**を建立した。

　ク．称徳天皇は，恵美押勝の乱の戦死者の追善のために**百万塔陀羅尼**を作らせた。百万基の小塔（百万塔）の中に，**陀羅尼経**（仏教の呪文）を納めて諸寺院に奉納された。この陀羅尼経は現存最古の印刷物といわれている。

⑤ケ．**中山道**は江戸時代の五街道の一つで，江戸日本橋を起点として近江国草津で東海道と合流する，全 67 宿の街道である。

　コ．五街道の宿駅には幕府の定めた数の人馬を常備するため，宿駅の住民が伝馬の提供とそれに伴う労働に従事したが，これを**伝馬役**という。なお，宿駅の伝馬・人足が不足した場合に，宿駅近傍の村々に人馬を提供させる課役は助郷役という。

⑥サ・シ．**池田光政**は，17 世紀半ばの岡山藩主で儒教に基づいた藩政を行った。陽明学者熊沢蕃山を登用し，郷学の先駆とされる**閑谷学校**を設けた。

⑦ス．明治政府は祭政一致を掲げ，1868 年に神仏分離令を出して神仏習合を禁止し，1870 年に**大教宣布の詔**を発して神道の国教化をめざした。

　セ．金光教は 1859 年に川手文治郎が開いた神道系の新興宗教であり，明治時代に公認されて，天理教や黒住教などとともに教派神道と呼ばれた。

⑧ソ．1875年の江華島事件を契機として，翌年，**日朝修好条規**が締結された。**日朝修好条規**で，日本は清国の朝鮮国に対する宗主権を否定するとともに，朝鮮の開港，日本の領事裁判権などを認めさせた。

　タ．　難　日朝修好条規締結の結果，釜山・仁川・元山の開港が決まったが，本問では釜山を除き，「首府漢城にほど近い」とあるため，**仁川**に限定できる。なお，元山は朝鮮半島東海岸（日本海側）にある。

⑨チ．1910年の韓国併合条約により韓国の全統治権が日本に譲渡され，日本領朝鮮となり，朝鮮人には**日本**の国籍が付与された。

　ツ．1919年3月1日，日本の植民地支配に反対した独立運動が始まり，朝鮮全土に広がった。この**三・一独立運動**は朝鮮総督府などによって鎮圧されたが，植民地支配が武断政治から文化政治に転じる契機となった。

⑩テ．1952年に締結された**日米行政協定**は，日米安全保障条約の細目協定で，基地（施設・区域）の無償提供や分担金の負担などが定められた。

　ト．やや難　**内灘事件**は1952〜53年に石川県内灘村のアメリカ軍試射場計画に対する反対闘争である。

解　答

ア．崇峻　イ．国記　ウ．阿倍比羅夫　エ．出羽
オ．武蔵　カ．元明　キ．西大寺
ク．陀羅尼経（百万塔陀羅尼）　ケ．中山道　コ．伝馬
サ．池田光政　シ．閑谷学校　ス．大教宣布　セ．金光教
ソ．日朝修好条規　タ．仁川　チ．日本　ツ．三・一独立運動
テ．日米行政協定　ト．内灘

22 原始〜近代の文化・政治・社会・外交
(2021年度 第2問)

文化史からの出題が多いが，難問はテのみである。それ以外は基本〜標準レベルの平易な知識問題だけに，カ・ツの誤字に注意すれば完答も可能である。

①**ア・イ．ナウマン象**は更新世に朝鮮半島経由で日本に移り住んだ。1948年，長野県**野尻湖**の湖底から，ナウマン象の化石と打製石器が発見された。

②**ウ．**完新世に気候が温暖化すると，西日本ではシイなどの**照葉樹林**が，東日本ではブナなどの落葉広葉樹林が広がり，木の実が豊富になった。

　エ．縄文時代の集落の周辺に形成された**貝塚**から，食物残滓などが見つかり，当時の生活の様子を知ることができる。

③**オ．**弥生時代を通じて，濠で周りを囲んだ**環濠集落**が営まれた。佐賀県吉野ヶ里遺跡や奈良県唐古・鍵遺跡などが有名である。

　カ．『後漢書』東夷伝には，107年に倭国王**帥升**らが後漢に朝貢した記事がある。

④**キ．**527年筑紫国造磐井が新羅と結んで，ヤマト政権に対して挙兵した。**磐井の乱**鎮圧後，ヤマト政権の地方支配が強化された。

　ク．福岡県八女市にある**岩戸山古墳**は磐井の墓だと考えられている。

⑤**ケ．**『**陸奥話記**』は，陸奥国で起こった前九年合戦を題材とした軍記物語である。

　コ．『**今昔物語集**』は，インド・中国・日本の3国にわたる1000余りの説話を収載した日本最大の説話集であり，成立は院政期，編者は未詳である。

⑥**サ．**肥後の御家人**竹崎季長**は，蒙古襲来時の自らの奮戦ぶりを『蒙古襲来絵詞』に描かせた。『蒙古襲来絵詞』には「てつはう」や石築地が描かれており，当時の合戦の様子を知るうえで重要な絵画資料である。

　シ．御家人**安達泰盛**は，北条貞時の伯父にあたる。御恩奉行として竹崎季長の先駆けの功を認め，恩賞の給与を取り計らうなど，御家人救済のために弘安の徳政を行ったが，1285年の霜月騒動で内管領平頼綱に滅ぼされた。

⑦**ス．**中世の自治的な村落である惣村では，年貢納入を惣村で請負う**地下請**や，秩序を維持するために警察・裁判権を行使する**地下検断**が行われた。

　セ．中世以降，年貢減免などの要求が受け入れられないとき，一村で団結して耕作を放棄し，他領や山林などに退去する**逃散**が行われた。

⑧**ソ．同朋衆**とは室町時代に将軍に仕えた芸能者である。彼らは時宗の僧となり阿弥号を名乗ることで，身分差を超えて将軍に近侍した。

　タ．村田珠光は，一休宗純に参禅し，茶と禅の精神の統一を目指す侘茶を創始した。侘茶は武野紹鴎を経て，安土桃山期に千利休が大成した。

⑨チ．自由民権運動の高揚に対して政府が演説会を「届け出制に」した弾圧法令は，1880 年に出された**集会条例**である。

ツ．**川上音二郎**はオッペケペー節で自由民権運動を鼓吹して人気を得た。

⑩テ． 難 沖縄戦は 1945 年 3 月 26 日の米軍の慶良間列島上陸から始まり，**6 月 23 日**に組織的戦闘が終わった。日本軍は沖縄戦を本土決戦のための時間稼ぎとして位置づけており，長期の地上戦で日本軍兵士約 10 万人，県民 10 万人以上（12〜15 万人）が死亡した。

ト．**師範学校**は，旧制の小学校（国民学校）の教員養成を目的とした学校。1872 年に東京に設立され，1886 年の師範学校令で全国に設置された。

解 答

ア．野尻	イ．ナウマン	ウ．照葉樹林	エ．貝塚
オ．環濠	カ．帥升	キ．磐井	
ク．岩戸山	ケ．陸奥話記	コ．今昔物語集	サ．竹崎季長
シ．安達泰盛	ス．地下	セ．逃散	ソ．同朋衆	タ．村田珠光
チ．集会条例	ツ．川上音二郎	テ．6	ト．師範

23　原始〜現代の政治・文化・外交・経済

（2020 年度　第 2 問）

> 考古学分野のア・オと文化史分野のシ・トは，学習の盲点となり得点差が開いただろう。それ以外は，取りこぼさないようにしたい。

①ア．石錘は，漁労の際に網につるした石製の錘（おもり）である。「石器」との限定があるので，土錘（粘土を焼いて作った漁網用のおもり）は誤りである。

　イ．石鏃は，矢の先端に付けた矢じりである。

②ウ．佐賀県**菜畑遺跡**は，福岡県板付遺跡と並ぶ縄文晩期の水田跡が発見されたことで知られる遺跡である。

　エ．水稲栽培は北海道や南西諸島には及ばず，北海道では**続縄文文化**，南西諸島では貝塚文化と呼ばれる食料採取文化が続いた。

③オ．やや難　群馬県三ッ寺Ⅰ遺跡は，古墳時代後期の豪族居館遺跡であり，民衆の集落から離れた場所に築かれ，周囲に濠を巡らせて防衛の機能を備えている。

　カ．**群集墳**は，小型の円墳などが多数密集した古墳群で，古墳時代後期に出現する。群集墳から，ヤマト政権が古墳の築造を容認することで有力農民層を直接支配下に置こうとした，と推測される。

④キ．南北朝を 589 年に統一した隋に対して，**推古天皇**は遣隋使を派遣し，正式な国交を結んだ。

　ク．推古天皇の時代を中心として初の仏教文化である**飛鳥文化**が花開いた。

⑤ケ．**大唐米**は，中国から導入されたイネの品種で，干害に強い多収穫米である。鎌倉時代から西日本を中心に栽培が広まった。

　コ．『**一遍上人絵伝**』は，一遍の生涯を題材とする絵巻物で，備前国福岡荘の市の風景など鎌倉時代後期の各地の様子を現在に伝えている。

⑥サ．『**新古今和歌集**』は，後鳥羽上皇の命により藤原定家らが編纂にあたった八番目の勅撰和歌集であり，1205 年に成立した。

　シ．公家社会の儀式などについて研究する有職故実は，鎌倉時代に盛んになった。『**禁秘抄**』は，順徳天皇が宮中行事・儀式・政務など，天皇として必要な故実を記したもので，後世に至るまで有職故実の規範とされた。

⑦ス．鎌倉幕府は北条泰時が**評定衆**を置き，有力御家人の合議制を整えた。北条時頼の時代には幕府が朝廷に政治の刷新や制度の改革を求め，それに応じて後嵯峨上皇は**院評定衆**を新設した。

　セ．1246 年の宮騒動ののち，北条時頼は前将軍九条頼経を京都に送還し，1252 年には頼経の子である 5 代将軍頼嗣も将軍をやめさせて，後嵯峨上皇の皇子**宗尊親**

王を 6 代将軍として迎えた。

⑧ソ．14 世紀末に始まった日朝貿易では，朝鮮側が対馬の宗氏を通じて統制していたが，対馬島主宗貞茂の死去後に倭寇が再び活発化した。それに対し，1419 年に朝鮮が対馬を倭寇の根拠地とみなして襲撃する**応永の外寇**が起きた。

タ．富山浦・乃而浦・塩浦の三浦に住む日本人が特権の縮小に対する不満から，1510 年，**三浦の乱**と呼ばれる暴動を起こした。これを契機に日朝間の貿易は衰退していった。

⑨チ．**ヘボン**はアメリカ人宣教師で，1859 年に来日し横浜居留地で医療と伝道を行った。ヘボン式ローマ字を考案し，和英辞書を出版した。

ツ．**大隈重信**は黒田清隆内閣の外務大臣として条約改正交渉にあたったが，領事裁判権の撤廃の代わりに，大審院に限定して外国人判事を任用するという内容が反発をまねき，1889 年に玄洋社の社員により襲撃され重傷を負った。

⑩テ．GHQ は五大改革指令のなかで教育の自由主義化を求めた。1948 年には教育の地方分権化のために**教育委員会**が設置された。教育委員は当初は公選制であったが，1956 年に首長による任命制となった。

ト．1968 年に設置された**文化庁**は，文化財の指定・調査・保存・修理・活用などを担当する。

解　答

ア．石錘	イ．石鏃	ウ．菜畑	エ．続縄文	オ．群馬	カ．群集墳
キ．推古	ク．飛鳥	ケ．大唐	コ．一遍上人絵伝（一遍上人絵巻）		
サ．新古今和歌集	シ．禁秘抄	ス．院評定衆（評定衆）	セ．宗尊親王		
ソ．応永の外寇	タ．三浦の乱	チ．ヘボン	ツ．大隈重信	テ．教育委員会	
ト．文化庁					

24　原始～近代の政治・文化・外交　（2019年度　第2問）

> 岡田山1号墳の所在地を問うキ，ハル=ノートの内容に関するトは，受験生の盲点をついた難問であったが，それら以外は基本～標準レベルの問題ばかりであり，取りこぼしは許されないだろう。

①ア．**更新世**は，約260万年前から1万年前にあたり，氷期と間氷期が繰り返す氷河時代であった。

　イ．群馬県**岩宿遺跡**は，旧石器文化の遺跡で，1946年に相沢忠洋が関東ローム層から打製石器を発見し，1949年の調査で日本における旧石器文化の存在が確認された。

②ウ．青森県**三内丸山遺跡**は，縄文前期～中期に及ぶ大集落遺跡で，多数の竪穴住居・大型の掘立柱建物，多数の土器・土偶が出土した。クリ林の管理なども行っていたと考えられている。

　エ．**ひすい（硬玉）**は緑色の輝石である。新潟県姫川流域で産出したひすいが東日本一円に分布しており，縄文時代の交易のあり方を示している。

③オ．**楽浪郡**は前漢の武帝が朝鮮半島においた4郡の一つで，現在の平壌付近にあたる。『漢書』地理志から紀元前1世紀頃に，倭の小国が楽浪郡に遣使していたことがわかる。

　カ．『後漢書』**東夷伝**には，57年の奴国王の遣使など1世紀から2世紀後半の倭国に関する記事が掲載されている。

④キ．　難　　島根県松江市にある岡田山1号墳は，6世紀後半に築造された前方後方墳で，ここから出土した大刀に「額田部臣」の銘文がある。金石文に姓が記された例としては早い時期のものである。

　ク．ヤマト政権は6世紀頃までには，大王が氏ごとに家柄や社会的序列を示す**姓**を与えて奉仕させる氏姓制度と呼ばれる支配の仕組みをつくり上げた。

⑤ケ．**山片蟠桃**は，大坂の両替商の番頭を務めた町人で，懐徳堂に学び，著書『夢の代』では無鬼説（無神論）を説いた。

　コ．**大村益次郎**は，長州藩士で，咸宜園や適塾に学び，第2次長州征討や戊辰戦争で軍事指導にあたった。明治政府で，徴兵制度の立案にあたったが暗殺され，あとを引き継いだ山県有朋によって徴兵令として実現された。

⑥サ．**村方騒動**は，近世後期に村の階層分化が進むなか，貧農・小作人層が村役人層を相手に不正を追及したり，村役人の交代を要求するなどした村落内部の対立である。

　シ．村の階層分化や天明の飢饉を背景に貧農の都市への流入が進み，村の荒廃と都

市の治安悪化が政治問題となった。寛政の改革では，江戸に流入した貧農に旅費などを支給して帰村を勧める旧里帰農令が発令された。

⑦ス. **生糸**は，江戸幕末の開国から昭和初期に至るまで日本の最大の輸出品であり，繭から生糸をつくる製糸業は外貨獲得産業として重視された。

　セ. 綿花から綿糸をつくる**紡績業**は，手紡・ガラ紡から機械制生産へと展開し，1897年には綿糸の輸出が輸入を上回った。しかし，原料綿花や機械は輸入に依存したため輸入超過の一因となった。

⑧ソ. **平塚らいてう（雷鳥）**は，1911年に女性文学団体の青鞜社を結成し，1920年には市川房枝らと新婦人協会を設立し，治安警察法の第5条の一部改正を成功させた。

　タ. 第二次世界大戦後の民主化政策の一環として1947年に**民法**が改正され，戸主制度が廃止され，男女同権が盛り込まれた。

⑨チ. 1910年，韓国併合条約が締結されると，日本は統治機関として**朝鮮総督府**を設置し，初代朝鮮総督には寺内正毅が就任した。

　ツ. 1918年，米騒動により寺内正毅内閣が総辞職し，立憲政友会総裁**原敬**が組閣した。原敬は華族でも藩閥でもなく，衆議院に議席をもつ首相であったことから「平民宰相」と呼ばれた。

⑩テ. 日中戦争の長期化に伴いアメリカの日本に対する経済制裁が強まった。1940年の日独伊三国同盟締結と北部仏印進駐を受けて屑鉄の対日輸出が禁止され，1941年の南部仏印進駐を受けて**石油**の対日輸出が禁止された。

　ト. 難　日本が「受け入れることができず，対米英開戦に踏み切った」1941年の要求とは，ハル＝ノートである。アメリカはハル＝ノートにより，日本の**中国**・仏印からの全面的撤退など，満州事変以前の状態への復帰を要求した。

解　答

ア. 更新　イ. 岩宿　ウ. 三内丸山　エ. ひすい（硬玉）　オ. 楽浪

カ. 東夷　キ. 島根　ク. 姓　ケ. 山片蟠桃　コ. 大村益次郎　サ. 村方騒動

シ. 旧里帰農令　ス. 生糸　セ. 紡績　ソ. 平塚らいてう（雷鳥）　タ. 民法

チ. 朝鮮総督府　ツ. 原敬　テ. 石油　ト. 中国

25　中世〜近代の文化・政治・経済・外交

（2018 年度　第 2 問）

　文化史からの出題が多いものの，いずれも標準レベルの語句記述問題であり取りこぼすことのないようにしたい。

①ア．**空也**は 10 世紀半ばに平安京の市で念仏を広め市聖と称された。空也が建立した六波羅蜜寺には，鎌倉前期の仏師康勝の作とされる空也上人像が収蔵されている。

　イ．**藤原隆信**は，大和絵の技法による肖像画である似絵の名手であり，神護寺に伝わる「伝源頼朝像」は彼が描いたといわれる。

②ウ．足利尊氏は 1336 年に京都を制圧すると，持明院統の**光明天皇**を擁立した。一方，後醍醐天皇は吉野を拠点とし，正統を主張した。

　エ．南北朝の動乱期，幕府は地方武士を動員するため**守護**の権限を強化した。鎌倉時代以来の大犯三カ条に加えて，刈田狼藉の取り締まり権，使節遵行権，半済令による軍費の取得・分与の権限が認められた。

③オ．鎌倉公方**足利持氏**は，関東管領上杉憲実と対立したため，将軍足利義教が派遣した幕府軍に攻められ，1439 年に敗れて自害した（永享の乱）。

　カ．永享の乱の 8 年後に，足利持氏の子成氏が鎌倉公方に就任したが，父を敗死させた恨みから，関東管領上杉氏との対立を深め，1454 年，上杉憲忠を殺害した。この事件を契機に**享徳の乱**が勃発した。こののち成氏は下総古河を拠点としたのに対し，幕府から新たな鎌倉公方として派遣された足利政知は伊豆堀越を拠点とし，鎌倉公方が分裂した。

④キ．鎌倉時代以降，遠隔地取引では大量の銭貨を輸送することを避けて，商人が発行する**割符**（さいふ）と呼ばれる為替手形による決済が普及した。

　ク．大山崎離宮八幡宮に属する油神人は**灯油**（荏胡麻油）の製造・販売などを独占した（大山崎油座）。

⑤ケ．**天守閣**（天守）は，城郭の中心となる高層の楼閣である。

　コ．**保科正之**は，徳川家光の異母弟で，会津藩主として文治政治を展開するとともに，4 代将軍徳川家綱を補佐した。

⑥サ．**平戸**は，肥前国松浦郡（現在の長崎県北部）にある港で，16 世紀中頃から南蛮船の寄港地として繁栄した。17 世紀初期にはオランダとイギリスの商館が設置された。

　シ．**ウィリアム＝アダムズ**は，リーフデ号の水先案内人を務めたイギリス人で，徳川家康の外交顧問となった。

⑦ス．江戸幕府は 1601 年から金貨・銀貨（慶長金銀）を発行し貨幣鋳造権を独占したが，少額取引では依然として中世以来の輸入良銭である永楽通宝や私鋳銭が流通し，撰銭が横行していた。そのため江戸幕府においても，良銭の基準や銭貨の交換比率を公定する撰銭に関する法令を出した。

セ．寛永通宝は，1636 年に鋳造が開始された新しい銭貨である。公鋳銭による銭貨の統一をめざし，鋳銭量を増大し全国に流通させて，古銭・私鋳銭を排除していった。

⑧ソ．井原西鶴は，大坂の町人で，談林派の俳諧師として活躍したのち，1682 年に『好色一代男』を刊行して浮世草子を創始した。

タ．錦絵は，多くの版木を用いた多色刷り版画で，18 世紀後半に鈴木春信によって創始された。「綿」と書き誤ることのないようにしたい。

⑨チ．『日本之下層社会』は，1899 年に刊行された横山源之助の著書で，労働者や小作農の生活実態を紹介し，社会のひずみを指摘した。

ツ．徳富蘇峰は，鹿鳴館に象徴されるような政府による上からの近代化政策を貴族的欧化主義と批判し，平民による下からの近代化をめざす平民主義（平民的欧化主義）を主張して民友社を設立した。

⑩テ．第一次世界大戦中，ヨーロッパ諸国が撤退したアジア市場への輸出や，好況のアメリカへの輸出などが急増し，日本は輸出超過となった。

ト．1918 年に起きた全国的な米騒動は，シベリア出兵を見込んだ米の買い占め・売り惜しみによる米価の急騰が直接的な原因であった。ロシア革命に干渉するため，米・英・仏とともにシベリアへ出兵することを寺内正毅内閣が決定した。

解 答

ア．空也　イ．藤原隆信　ウ．光明　エ．守護　オ．足利持氏　カ．享徳の乱
キ．割符（為替）　ク．油（灯油）　ケ．天守閣（天守）　コ．保科正之
サ．平戸　シ．ウィリアム＝アダムズ　ス．撰銭　セ．寛永通宝
ソ．井原西鶴　タ．錦絵　チ．日本之下層社会　ツ．徳富蘇峰　テ．輸出
ト．シベリア

26 原始～近代の政治・社会・文化 （2017年度 第2問）

一部に「やや難」もみられるが，全体として標準的な事項が問われている。

① ア．サヌカイト（讃岐石）は奈良県の二上山や香川県白峰山などで産出する。石器材料に適しており，サヌカイト製の石器が交易により広まった。

イ．丸木舟は1本の木をくりぬいて作る原始的な船であり，福井県鳥浜貝塚などから出土している。

② ウ．三角縁神獣鏡は縁の断面が三角形で，神と獣の文様が刻まれた銅鏡である。卑弥呼が魏に朝貢の使者を送ったとする「景初三年（＝239年）」銘をもつものもあり，卑弥呼が魏帝から下賜された「銅鏡百枚」にあたるという説がある。

エ． やや難 奈良県天理市の黒塚古墳は，国内最多の33面の三角縁神獣鏡が出土したことで，その被葬者や邪馬台国畿内説との関係から注目されている。

③ オ．熊本県江田船山古墳出土の鉄刀と埼玉県稲荷山古墳出土の鉄剣の銘文には「獲加多支鹵大王」の文字が刻まれている。獲加多支鹵大王は雄略天皇に比定されており，5世紀後半のヤマト政権の支配領域などを考える上で重要な資料である。

カ． やや難 埼玉県稲荷山古墳出土の鉄剣の銘文には，471年とみられる辛亥年に乎獲居臣が作らせたことや，8代前からの祖先の名とともに，代々大王の宮を警固する杖刀人の長であったことなどが記されており，豪族が特定の職務を世襲的に分担したことがわかる。

④ キ．596年に蘇我馬子が創建した飛鳥寺（法興寺）は，塔や金堂などの伽藍配置をもつ本格的な寺院であった。

ク．飛鳥寺では仏舎利を納める塔を中心に，その周りに3つの金堂を配する伽藍配置がとられている。

⑤ ケ．蓮華王院は，1164年に後白河法皇が平清盛に命じて造営させた寺院である。その本堂は鎌倉時代の再建で，内陣の柱間が33あることから三十三間堂と呼ばれ，和様の代表的建築とされる。

コ．源義家は，前九年合戦の後，陸奥・出羽両国で勢力を得た清原氏一族に内紛が起こると，清原清衡を支援してこれを鎮圧した。この1083～87年の戦いを後三年合戦という。

⑥ サ．按司は，12世紀ころ沖縄の各地に割拠した地域的指導者である。

シ．1429年に建国した琉球王国では首里に王府が置かれ，その外港那覇が中継貿易の拠点として栄えた。

⑦ ス．岩倉具視は，下級公家の出身で，幕末に大久保利通らとともに活動し，新政府では右大臣に就任し，1871年から特命全権大使として欧米を視察した。1873年

に帰国し征韓派と対立した。

　セ．明治新政府は1872年に**太陽暦**を採用し，明治5年12月3日を明治6年1月1日とした。

　ソ．**久米邦武**は，岩倉使節団の記録係をつとめ『米欧回覧実記』を編纂した。のち，帝国大学教授となったが論文「神道は祭天の古俗」が神道家の批判を浴び，帝国大学を辞職した。

⑧タ．**植木枝盛**は，高知出身で立志社の理論的指導者となり，『民権自由論』で「自由の権」の重要性を説き，私擬憲法「東洋大日本国国憲按」では抵抗権や革命権を主張した。

　チ．景山（福田）英子は，1885年に大井憲太郎らと朝鮮の独立党を支援して内政改革を企てた**大阪事件**で投獄された。自伝に『妾<ruby>妾<rt>わらわ</rt></ruby>の半生涯』がある。

⑨ツ．1889年に公布された衆議院議員選挙法は，選挙人を**満25歳**以上の男性で直接国税を15円以上納める者に限定した。

　テ．直接国税は**地租**と所得税を指す。

　ト．**小磯国昭**は，1944年7月東条英機内閣のあとをうけて組閣したが，1945年4月の沖縄戦開始直後に総辞職した。

解　答

ア．サヌカイト（讃岐石）　イ．丸木　ウ．三角縁神獣　エ．黒塚　オ．熊本

カ．杖刀　キ．飛鳥（法興）　ク．金堂　ケ．蓮華王院　コ．源義家

サ．按司　シ．首里　ス．岩倉具視　セ．太陽　ソ．久米邦武　タ．植木枝盛

チ．大阪　ツ．25　テ．地租　ト．小磯国昭

27　古代〜現代の経済・文化・社会・外交

（2016年度　第2問）

全体として標準的な事項が問われている。文化史からの出題が多いので，文化史学習の習熟度によって得点に差が出るだろう。

①ア・イ．708年に和同開珎を鋳造した律令政府は，711年に**蓄銭叙位令**を出し，一定額の銭貨を蓄えた者に位階を与えるとして，銭貨の流通促進を図った。しかし，銭貨の流通は畿内とその周辺にとどまり，それ以外の地方では，稲や**布**などを用いた物品経済が続いた。

②ウ．**行基**は，民間布教や社会事業を行ったため僧尼令違反で政府から弾圧された。しかし，信者を率いて大仏造立に協力した功により大僧正に任じられた。

　エ．東大寺の大仏は，500トン近い**銅**を鋳型に流し込んで鋳造された。

③オ．9世紀に万葉がなの草書体を簡略化した**平がな**や，漢字の一部をとった片かなが成立した。その後，和歌や物語を書き記す際には平がなを，漢文の訓読の際には片かなを用いるようになった。

　カ．『源氏物語』の成立は1001〜10年ころとされ，**藤原道長**が左大臣として権力をふるった時代にあたる。紫式部は道長の娘彰子に仕えた。

④キ．戸籍に記された成人男子に人頭税を賦課する律令体制の原則が崩れると，公田を名という徴税単位に分け，**官物**や臨時雑役という土地税を負名と呼ばれる請負人から徴収する体制ができていった。

　ク．太政官符や民部省符によって不輸の特権を認められた官省符荘に対して，受領によって不輸を認められた荘園を**国免荘**という。

⑤ケ．有田焼は，豊臣秀吉の朝鮮出兵の際に日本に連行された陶工によって**肥前国有田**で生産が開始された磁器である。

　コ．**酒井田柿右衛門**は，17世紀前半の有田焼の陶工で，上絵付の方法を研究し，赤絵の技法を完成した。

⑥サ．**隠元隆琦**は明の禅僧で，1654年に来日し黄檗宗を伝えた。

　シ．**文人画**は中国では画業を職業としない士大夫によって描かれ，技術よりも精神性が貴ばれた。日本では池大雅や与謝蕪村ら職業画家が中心となり，南画とも呼ばれる。

⑦ス．**本草学**は古代中国に始まった動物・植物・鉱物などの薬効を研究する学問である。江戸時代には貝原益軒らが日本の本草学を発展させた。

　セ．**稲生若水**は，江戸時代中期の本草学者で，加賀藩主前田綱紀の命により『庶物類纂』の編纂にあたったが，未完のまま病没した。

⑧ソ・タ．**石田梅岩**は**京都**の商家に奉公しながら勉学につとめ，勤勉・節約・孝行な どを説く心学を創始した。

⑨チ．1886 年の帝国大学令により大学は官立総合大学である帝国大学に限定されて いた。1918 年，原敬内閣は**大学令**を出し，公・私立大学や単科大学も大学とし て認可することになった。

　ツ．**東大新人会**は，吉野作造の思想的影響をうけた東京帝国大学の学生らが 1918 年に結成した団体。なお，同年，吉野作造ら自由主義の学者が中心となって結成 した団体は，黎明会である。

⑩テ．カイロ宣言は，1943 年に米・英・中が共同発表した宣言で，日本の戦後処理 の基本方針が示された。領土問題に関しては，満州・**台湾**・澎湖諸島の中華民国 への返還，朝鮮の独立などが定められた。

　ト．サンフランシスコ平和条約でアメリカの施政権下に置かれた地域のうち，**奄美 諸島**は 1953 年に日本に返還された。なお，小笠原諸島は 1968 年に返還された。

解　答

ア．蓄銭叙位　イ．布　ウ．行基　エ．銅　オ．平がな（かな文字も可）

カ．藤原道長　キ．官物　ク．国免　ケ．肥前　コ．酒井田柿右衛門

サ．隠元隆琦　シ．文人　ス．本草　セ．稲生若水　ソ．石田梅岩　タ．京都

チ．大学令　ツ．東大新人会　テ．台湾　ト．奄美

28　原始～現代の政治・外交・経済・文化

（2015年度　第2問）

> 全体として標準的な事項が問われている。ア.「AMS法」，サ.「兵庫北関入船納帳」以外は，取りこぼさないようにしたい。なお「AMS法」は，山川出版社『詳説日本史』の旧課程では脚注での取り扱いだったが，現行課程ではコラムで扱われている。「兵庫北関入船納帳」も，山川出版社『詳説日本史』の旧課程では脚注での取り扱いだったが，現行課程では「歴史へのアプローチ」で扱われている。

①ア.　やや難　考古学的な遺物の年代の測定には，以前から炭素14年代法が用いられていたが，最近では，**AMS法**（加速器質量分析法）の採用によって炭素14年代法の精度が高まっている。

　イ.　地質学では，約260万年前から約1万年前までの時代を**更新世**という。更新世は，4回の氷期と3回の間氷期が繰り返される氷河時代であった。

②ウ.　**百済**は4世紀半ばに朝鮮半島南西部に建国され，倭と親交を結び，儒教や仏教などを伝えた。660年に唐・新羅連合軍によって滅ぼされた。

　エ.　倭は百済復興のため救援軍を派遣したが，663年の白村江の戦いで唐・新羅連合軍に大敗した。こののち，唐・新羅連合軍の侵攻に備えて国防強化が図られ，対馬・壱岐に烽火，北九州沿岸に防人を置き，大宰府の北方に水城，対馬から大和にかけて朝鮮式山城が設けられた。本問では，大宰府の北側に築かれた朝鮮式山城が問われているので，**大野城**が正答である。なお，基肄城は大宰府南方に築かれた朝鮮式山城であり，水城は水をたたえた堤である。

③オ.　**瓦葺**は，柱の下に礎石を据える礎石建ちとともに，飛鳥時代ごろから寺院建築として伝わり，のちに宮殿や官衙の建築にも導入された。

　カ.　710年，**元明天皇**は奈良盆地の平城京に遷都した。

④キ.　菅原道真は9世紀末の文人政治家で，宇多天皇に抜擢され，醍醐天皇の下で右大臣に昇進したが，左大臣藤原時平の讒言により大宰府に左遷された。『**菅家文草**』は菅原道真の漢詩・散文を集めた漢詩文集である。

　ク.　**唐物**は唐からの輸入品という意味であったが，唐の滅亡後も中国から輸入された書籍や工芸品などは唐物と総称され，珍重され続けた。

⑤ケ.　**馬借**は中世の陸上輸送業者で，馬の背に荷物を載せて運搬した。日ごろから駄馬を連ねて街道を往来した馬借は，集団的組織力と機動力・情報収集力をもっていたため，正長の土一揆や嘉吉の土一揆で先駆となった。

　コ.　正長の土一揆のときは，実力で債務を破棄する私徳政が行われたが，幕府は徳政令を発令しなかった。1441年，嘉吉の変で足利義教が暗殺され，7代将軍足利

義勝が就任すると，代始めの徳政を求めて嘉吉の土一揆が起き，幕府は債務破棄を認める**徳政令**を初めて発布した。

⑥サ．　難　鎌倉初期，東大寺再建大勧進をつとめた重源が，兵庫北関での関銭徴収を認められた。**兵庫北関入船納帳**は，1445年1月〜1446年1月の関税徴収帳簿である。

　シ．**堺**は和泉国の港町で，勘合貿易や南蛮貿易で繁栄し，会合衆による自治が行われた。

⑦ス．　**樺太**は，1854年の日露和親条約では国境を定めず，両国人雑居の地とされたが，1875年の樺太・千島交換条約で，樺太はロシア領，千島全島は日本領となった。なお，1905年のポーツマス条約では樺太の北緯50度以南が日本に割譲された。

　セ．明治政府は，琉球王国の日本への編入を企図し，1872年に琉球国王であった**尚泰**を琉球藩王とし華族に列した。琉球王国の国王については，尚巴志・尚寧の2人と区別しておきたい。尚巴志は，1429年に三山を統一して，琉球王国を建国した。尚寧は1609年に薩摩の島津家久が侵攻した際の琉球国王である。

⑧ソ．**東京音楽学校**は，1887年に設立された国立の音楽教育機関であり，滝廉太郎らを輩出した。

　タ．1888年，三宅雪嶺・志賀重昂らは，政教社を設立し，雑誌**『日本人』**を発刊，国粋（保存）主義を唱えて政府の推進する欧化主義を批判した。

⑨チ．**大東亜会議**は，1943年11月に東条英機内閣が開催したアジア諸地域の首脳会議である。南京政府の汪兆銘のほか，満州国・タイ・フィリピン・ビルマなどの首脳が出席し，大東亜共栄圏の結束を誇示した。

　ツ．1944年7月，**サイパン島**が米軍に占領され絶対国防圏の一角が崩壊すると，東条英機内閣は総辞職した。

⑩テ．1964年の東京オリンピック開催直前に，東京・新大阪間に**東海道新幹線**が開通した。

　ト．公害問題が深刻化する中，1967年に公害対策基本法が制定され，1971年には**環境庁**が新設され，公害行政と環境保全行政の一本化が図られた。

解　答

ア．AMS法（AMS炭素14年代法）　イ．更新　ウ．百済　エ．大野　オ．瓦
カ．元明　キ．菅家文草　ク．唐物　ケ．馬借　コ．徳政令
サ．兵庫北関入船納帳　シ．堺　ス．樺太　セ．尚泰　ソ．東京音楽学校
タ．日本人　チ．大東亜会議　ツ．サイパン　テ．東海道新幹線　ト．環境庁

29 中世〜近代の政治・外交・社会・文化

(2014年度 第2問)

> 全体として標準的な事項が問われているが，文化史からの出題が多く，文化史の用語を正確に記述できるか否かで得点差が生じる。

①ア．**雑訴決断所**は建武政権で設けられた機関で，所領に関する訴訟を審議・決定した。その職務は鎌倉幕府の引付を継承している。

イ．**使節遵行**は幕府の下した判決を守護が執行する権限である。南北朝の動乱期，室町幕府は守護を通じた地方武士の統制をめざし，使節遵行・刈田狼藉検断・半済などの権限を認めた。

②ウ．一条兼良は室町時代中期に関白をつとめた公卿で，有職故実書の『**公事根源**』，『源氏物語』の注釈書の『**花鳥余情**』，9代将軍足利義尚のために書いた政道書『**樵談治要**』などを著した。

エ．室町時代以来，『**古今和歌集**』の和歌の解釈などの秘伝を弟子に授ける古今伝授が行われた。

③オ．如拙は，室町時代前期（北山文化期）の相国寺の画僧であり，足利義持の命で描いた『**瓢鮎図**』は，禅の公案を絵画化したものである。

カ．雪舟は室町時代中期（東山文化期）の画僧で，相国寺で周文に水墨画を習った後，明に渡り画法を学んだ。帰国後は大内氏の城下町山口を拠点として日本の水墨画を大成した。『**天橋立図**』は晩年の代表作である。

④キ．大和絵は日本の自然風景や風俗を題材とする絵画で，平安時代中期から盛んになった。狩野派は水墨画に大和絵の技法を取り入れた。

ク．長谷川等伯は安土桃山文化期の画家で，代表作には濃絵の『**智積院襖絵**』や水墨画の『**松林図屛風**』がある。

⑤ケ．熊沢蕃山は江戸時代前期の陽明学者で，岡山藩主池田光政に登用された。のち，『**大学或問**』で参勤交代を批判したため幕府の弾圧を受けた。

コ．閑谷学校は岡山藩主池田光政が設立した郷学である。

⑥サ．幕府は初め中国人に長崎での雑居を認めていたが，明清交替の動乱が収まり中国船の来航が増えると，中国人の居住を長崎郊外に設けた居留地である**唐人屋敷**に限定した。

シ．俵物はフカヒレ・干アワビ・イリコ（干ナマコ）などの海産物を俵詰めしたもので，長崎貿易で中国向けに輸出された。

⑦ス．小袖は袖の小さい着物の総称であり，江戸時代には性別・年齢を超えた日常着として定着し，現在の着物の原型となった。

セ．式亭三馬は江戸時代後期の戯作者で，文化期に出版された『浮世床』『浮世風呂』は，庶民の社交場での会話を活写した滑稽本の代表作である。

⑧ソ．コレラは，急性腸管感染症で，江戸時代後期から日本でもたびたび流行し，死亡率も高かった。

タ．瓦版は，木版などで印刷された 1，2 枚の絵入りの印刷物で，江戸時代に街頭で販売され，事件などを庶民に伝えた。

⑨チ．1898 年にドイツが青島を租借地として以来，**山東半島**は極東におけるドイツの根拠地となった。第一次世界大戦中，日本が山東半島の一部を占領し，1915年には袁世凱政権に対して二十一カ条の要求を行い，山東省のドイツ権益の継承を認めさせた。

ツ．第一次世界大戦中，日本は赤道以北のドイツ領南洋諸島を占領した。1919 年のヴェルサイユ条約により，この地は日本の**委任統治領**となった。

⑩テ．**高橋是清**は，1931 年に金輸出を再禁止し管理通貨制への移行を進めた。高橋財政の低為替政策により輸出が増加し，軍事費増額により重化学工業が活発化し，恐慌からの脱出が進んだ。

ト．高橋是清は 1930 年代半ばには軍事予算の抑制を図ったため，陸軍の青年将校から敵視されるようになり，1936 年に陸軍皇道派が起こした**二・二六事件**では，自宅を襲撃されて暗殺された。

解　答

ア．雑訴決断所	イ．使節遵行	ウ．公事根源	エ．古今和歌集	オ．如拙
カ．天橋立図	キ．大和絵	ク．長谷川等伯	ケ．熊沢蕃山	コ．閑谷学校
サ．唐人屋敷	シ．俵物	ス．小袖	セ．式亭三馬	ソ．コレラ　タ．瓦
チ．山東	ツ．委任統治	テ．高橋是清	ト．二・二六	

30　原始～近代の政治・外交・経済・文化

(2013年度　第2問)

一部に「やや難」もみられるが，全体として標準的な事項が問われている。

①ア．**楽浪郡**は紀元前108年に前漢の武帝が朝鮮に置いた4郡の一つで，現在の平壌
　　付近にあたる。『漢書』地理志によると，紀元前1世紀頃，倭人が定期的に遣使
　　していた。

　イ．**銅矛（銅鉾）**は弥生時代の青銅製祭器の一つで，銅戈とともに九州北部を中心
　　に出土している。

②ウ．**漆**はウルシ科の樹木の樹液を主材料とする塗料で，縄文時代以来用いられてい
　　る。

　エ．**鑑真（和上）**像は奈良時代を代表する肖像彫刻で，漆と麻布を繰り返し塗り固
　　める乾漆像の技法で作られている。

③オ．**高向玄理**は，608年の遣隋使とともに隋に渡り，帰国後は，乙巳の変後の新政
　　権で僧旻とともに国博士に任命された。南淵請安は2人とともに渡隋したが，国
　　博士にはなっていない。

　カ．**改新の詔**は，646年正月に孝徳天皇の名で発された新政権の政治目標である。
　　『日本書紀』が伝える改新の詔は，第一条で公地公民制が宣言されている。

④キ．**女房装束**は高級女官の正装で，袿を重ねた上に唐衣と裳を着ける。

　ク．やや難　**笏**は，男性貴族が束帯で正装したときに右手に持って威儀を整えた
　　板片であり，裏に紙を貼って儀式次第などを記すこともあった。

⑤ケ．**安徳天皇**は高倉天皇の皇子で，母は平清盛の娘徳子である。平清盛は1180年
　　に安徳天皇を擁立して外戚として権力を握った。

　コ．**鴨長明**は平安末期～鎌倉初期の歌人で，隠棲後に著した随筆『方丈記』には養
　　和の飢饉などの災害の惨状も記されている。

⑥サ．『一遍上人絵伝』に描かれている**福岡市**は備前国福岡荘で開かれた定期市。『一
　　遍上人絵伝』では，掘立柱の店が連なり，布・米・魚・備前焼の壺などが商われ
　　ている様子が描かれている。

　シ．**清浄光寺**は鎌倉時代末に一遍の孫弟子によって建てられた時宗総本山で，現在
　　の神奈川県藤沢市にある。

⑦ス．『**増鏡**』は南北朝期に成立した歴史物語で，後鳥羽天皇の時代から後醍醐天皇
　　が隠岐から京都へ帰還するまでを公家の立場から記している。二条良基を作者と
　　する説が有力である。

　セ．**今川貞世（了俊）**は，足利一門の有力武将で1371年に九州探題となり九州の

南朝勢力討伐に功を挙げるとともに，『難太平記』を著して『太平記』の誤りを訂正した。

⑧ソ．『**応安新式**』は南北朝期に摂関をつとめた二条良基が著した連歌の規則書で，これによって連歌の方式と地位が確立した。

タ．**宗祇**は東山文化期の連歌師で，連歌集『新撰菟玖波集』や『水無瀬三吟百韻』を編み，正風連歌を確立した。

⑨チ．官営の**東海道線**は 1889 年に東京〜神戸間が全線開通した。

ツ．**鉄道国有法**は，軍事的・産業的な観点から，1906 年に第 1 次西園寺公望内閣によって制定された。当時，民営鉄道の営業キロ数が官営鉄道のそれを上回っていたが，鉄道国有法により鉄道の 90 ％が国有化された。

⑩テ． やや難　近代オリンピックは 1896 年にアテネで第 1 回大会が開催され，日本は 1912 年のスウェーデンの**ストックホルム**での第 5 回大会から参加した。

ト．1936 年の「翌年からはじまった」とあるので，1937 年 7 月の盧溝橋事件を発端とする**日中戦争**だとわかる。

解　答

ア．楽浪　イ．銅矛（銅鉾）　ウ．漆　エ．鑑真　オ．高向玄理　カ．改新		
キ．女房装束　ク．笏　ケ．安徳　コ．鴨長明　サ．福岡　シ．清浄光寺		
ス．増鏡　セ．今川貞世（了俊）　ソ．応安新式　タ．宗祇　チ．東海道		
ツ．鉄道国有法　テ．ストックホルム　ト．日中戦争		

31 古代〜現代の文化・政治・外交・経済・社会

（2012年度 第2問）

> 例年は相互の関係性の薄い10短文が出題されているが，2012年度は東日本大震災後の時事的な関心からか，⑦〜⑩の短文はすべて近現代の電気に関する出題であった。全体として標準的な事項が問われているが，シの「生世話物」は文化史学習を徹底していないと答えにくい。スの「白熱」電球は日本史の知識というよりは，一般常識的な知識で対応したい。

①ア．『懐風藻』は天平文化期に成立した現存最古の漢詩文集であり，淡海三船の撰とされている。

イ．『和漢朗詠集』は藤原公任が，朗詠に適した和歌および日本・中国の漢詩文を集めて編纂したものである。

②ウ．藤原秀郷は，下野国押領使として平貞盛とともに平将門の乱を鎮定した。

エ．源頼光は源満仲の長男で，摂津源氏の祖となった。各地の国司を歴任して蓄財につとめ，藤原道長の土御門殿再建に協力するなど，摂関家に奉仕した。

③オ・カ．1609年の薩摩藩の侵攻以降，琉球王国は独立国の体裁を保ちながらも幕府や薩摩藩に従属し，幕府に対しては，国王の代替わりごとに謝恩使を，将軍の代替わりごとに慶賀使を派遣した。

④キ．地曳網（地引網）は，魚群を囲い込んで浜に引き寄せる網漁法で，室町時代に上方で発達したが，江戸時代には関東にも普及し，九十九里浜の鰯漁などで用いられた。

ク．蝦夷地で捕れた鰊（にしん）は，食用のほかに金肥の一種である鰊〆粕として利用された。

⑤ケ．円山応挙は日本画に西洋画の遠近法や陰影法などを取り入れて，装飾性と写実性が調和した写生画を確立した。

コ．司馬江漢は狩野派などさまざまな画法を学んだ後，西洋画に関心を持ち，腐食銅版画（エッチング）の制作を成功させた。

⑥サ．鶴屋南北の『東海道四谷怪談』は，夫に毒薬を飲まされて容貌が崩れ，憤死したお岩の怨霊話で，好評を博した。

シ．やや難　元禄期に，近松門左衛門などにより町人社会を題材とする世話物という戯曲が確立された。生世話物は，生粋の世話物という意味で，下層社会の風俗や犯罪をさらに写実的に描写する点を特徴とし，江戸後期の鶴屋南北やその弟子の河竹黙阿弥の戯曲がその代表とされる。なお，河竹黙阿弥は『白浪五人男』などの白浪物も得意としたが，白浪物は盗賊を主人公とする歌舞伎狂言を指す用語であり，本問では正解とはならない。

⑦ス．**白熱電球**は，真空または適当な気体を封入したガラス球内にフィラメントを入れ，その白熱を利用する灯火装置である。

セ．**ガス灯**は石炭ガスを燃料とする灯火装置で，明治初期に東京銀座通りで点灯され文明開化の象徴となった。

⑧ソ．**映画**は 1895 年にフランスで初めて上映され，日本には翌 1896 年に輸入された。当初は音声がない無声映画で，**活動写真**と呼ばれた。なお，音声をともなうトーキーは日本では 1931 年に上映が始まり，1951 年にカラー映画が登場した。

タ．日本では 1925 年に**ラジオ**放送が開始され，翌年には日本放送協会（NHK）が設立された。

⑨チ．日本の**高度経済成長**期は，一般には 1955 年から 1973 年までを指す。1960 年代には従来の石炭から安価な石油へとエネルギー革命が進み，火力発電も普及した。

ツ．**1973 年**，エジプトとシリアによるイスラエル侵攻から第 4 次中東戦争が勃発した。同年末にアラブ産油国がイスラエルを支持する国に対する石油供給削減と原油価格値上げという石油戦略を発動したため，世界中で第 1 次石油危機が起きた。

⑩テ．1953 年にアメリカ大統領アイゼンハワーが「**原子力の平和利用**」を提唱したことをうけ，日本でも 1955 年に原子力基本法が制定された。

ト．茨城県**東海村**には，1956 年に原子力研究所が設立され，翌年に原子炉が設置され，1963 年には日本で初めて原子力発電に成功した。

解　答

ア．懐風藻　イ．和漢朗詠集　ウ．藤原秀郷　エ．源頼光　オ．謝恩使	
カ．慶賀使　キ．地曳網（地引網）　ク．鰊　ケ．写生画　コ．司馬江漢	
サ．鶴屋南北　シ．生世話物　ス．白熱　セ．ガス　ソ．活動写真（映画）	
タ．ラジオ　チ．高度経済成長　ツ．1973　テ．平和　ト．東海	

32 原始〜現代の文化・政治・経済・外交

(2011年度 第2問)

> 全体として標準的な事項が問われているが、ウの深鉢は用語として意識して学習していないと思い出せない。ツの丸山真男、テの『麦と兵隊』、トの大岡昇平は、近現代の文化史の習熟度により差がつくであろう。

①ア. 縄文時代には磨製石器が新たに出現するが、石鏃などの消耗度の高い道具では、縄文時代や弥生時代においても**打製石鏃**が一般的であった。

　イ. **支石墓**は数個の石の上に大きな平石を用いて墓標とする墓制で、朝鮮南部と北部九州で発見されており、水稲耕作の伝播を考える手がかりの一つとされる。

②ウ. 縄文土器で「堅果類や魚介類等の調理・加工に適した」ものは**深鉢**形土器である。深鉢形土器を用いて煮炊きすることで可食物が増加した。

　エ. **須恵器**は古墳時代に朝鮮半島から伝わった新技術により、のぼり窯を用いて高温焼成された硬質の土器である。弥生土器の製法が継承された土師器と区別したい。

③オ. **陳和卿**は宋から来日した工人で、鎌倉初期の東大寺復興事業の際、大勧進職の重源に見出され、大仏の修復や大仏殿再建に携わった。

　カ. 大仏様は、東大寺の再建にあたり大仏殿に用いられた建築様式。しかし大仏殿は、その後火災で焼失したため、現存する大仏様の代表的な建築物は、**南大門**である。

④キ. **雑訴決断所**は建武政権で新設された政務機関で、所領問題などの訴訟を裁決した。

　ク. 建武政権では鎌倉将軍府と**陸奥**将軍府が置かれた。

⑤ケ. **上杉憲実**によって15世紀前半に再興された足利学校では、以後も儒教を中心に高度な教育が行われ、ザビエルによって「坂東の大学」として紹介された。

　コ. 桂庵玄樹は応仁の乱を避けて西国で儒学を講じ、肥後の豪族**菊池氏**や薩摩の島津氏から保護を受け、薩南学派の基礎を築いた。

⑥サ. 戦国大名の多くは、家臣や村落などに田畑の面積・年貢の収入額を自己申告させる**指出検地**を行い、領国内の土地収納高を把握した。

　シ. **貫高**は、土地の価値を銭納の年貢収入額で示したもので、家臣に対する軍役賦課の基準となった。太閤検地で採用された石高と区別したい。

⑦ス. **左院**は、1871年の官制改革の際、太政官の下に置かれた立法諮問機関であり、1874年、愛国公党は民撰議院設立建白書を左院に提出した。

　セ. **西南戦争**中の1877年、片岡健吉を総代とする立志社は、政府の失政を批判し

た建白書を天皇に提出した。この立志社建白は却下されたが，国会開設請願運動
が高揚する契機となった。

⑧ソ．**寺島宗則**は薩摩藩出身で，1873〜79 年に外務卿をつとめた。条約改正交渉で
は 1878 年に関税自主権回復についてアメリカの同意を得たが，イギリス・ドイ
ツの反対により失敗した。

　タ．ボアソナードはフランスの法学者で，明治政府の招聘により来日し，刑法・民
法などを起草した。また，井上馨による条約改正案の外国人判事任用を批判した。

⑨チ．京大教授をつとめた河上肇は，雑誌『社会問題研究』を創刊して**マルクス主義**
経済学の立場をとった。

　ツ． やや難 　政治学者の**丸山真男**は 1946 年に「超国家主義の論理と心理」を発表
し，日本ファシズムの精神構造を明らかにした。

⑩テ．火野葦平は戦争文学の代表的作家で，1938 年の徐州作戦を描いた『**麦と兵隊**』
はベストセラーとなった。

　ト．大岡昇平の『**俘虜記**』は，フィリピンでの従軍体験と米軍の捕虜として過ごし
た収容所生活を描いた戦記文学の代表的作品である。

解　答

ア．打製	イ．支石	ウ．深鉢	エ．須恵器	オ．陳和卿	カ．南大門
キ．雑訴決断所	ク．陸奥	ケ．上杉憲実	コ．菊池	サ．指出	シ．貫高
ス．左院	セ．西南	ソ．寺島宗則	タ．ボアソナード	チ．マルクス	
ツ．丸山真男	テ．麦と兵隊	ト．大岡昇平			

33　鎌倉〜昭和戦後期の文化・政治・経済

(2010年度　第2問)

イの『摧邪輪』はやや難しく、ウの細川政元は勝元・晴元と、テの独占禁止法は過度経済力集中排除法と混同しやすいのでしっかりと学習しておきたい。ツの固定資産税は用語集には記載がなく、やや難問である。その他は平易で基本的な問題なので、取りこぼさないようにしたい。

①ア．**法相宗の貞慶**（解脱）が1205年に『**興福寺奏状**』を著して、法然の専修念仏を批判したことが法然配流のきっかけとなった。

イ． やや難　華厳宗の明恵（高弁）は京都栂尾の高山寺を再興し、1212年に『**摧邪輪**』を著して法然の『選択本願念仏集』や専修念仏を批判した。

②ウ．**細川政元**は、応仁の乱で東軍の将であった細川勝元の子である。1493年に足利義稙を廃し、足利義澄を11代将軍に擁して実権を握った（明応の政変）。

エ．三好長慶の死後、実権を握った家臣の**松永久秀**は下剋上の典型的人物で、三好氏を滅ぼし、さらに13代将軍足利義輝を襲って自殺させ（1565年）、東大寺大仏殿を炎上させたことで知られる。

③オ．江戸初期には、それまで通用していた中国銭や私鋳銭が混用されていた。そこで銭貨統一をめざし、寛永13（1636）年から各地に鋳銭所を設けて**寛永通宝**の大量発行に取り組んだ。その結果、17世紀後半になって、幕府は銭貨の統一をほぼ実現したのである。

カ．丁銀や豆板銀などの銀貨は重さを量って通用させる**秤量貨幣**である。1609年の交換比率では金1両（小判1枚）＝銀50匁＝銭4000文（4貫文）とされたが、時代により変動があった。

④キ・ク．**株仲間**は商工業者の同業者集団（＝仲間）のうち、幕府や藩がその特権を保証するかわりに運上金や冥加金を徴収するものである。幕府は享保の改革で初めて公認し、10代将軍家治の時代に、側用人から老中に就任して権力をふるった**田沼意次**は積極的に奨励した。

⑤ケ．「領内の特産物を独占的に集荷・販売する」とあるので、諸藩が国産振興と財政補強のために行った**藩専売制**とわかる。

コ．藍玉は、藍の葉をきざんで発酵させ、乾かし固めた染料で、藍の特産地は**徳島藩**（阿波藩）である。

⑥サ．長州藩外国船砲撃事件は、藩領の**下関海峡**で起きた。関門海峡でも間違いではない。

シ．1863年の**八月十八日の政変**は、公武合体派の薩摩・会津の両藩が、尊攘派公

卿や長州藩を京都から追放した事件である。

⑦ス．モースはアメリカ人動物学者で，東京都に大森貝塚を発見し，日本初の学術発掘を行った。

セ．フェノロサは日本美術に深い関心を寄せ，古社寺の保存や東京美術学校の創設に尽力したアメリカ人哲学者である。法隆寺夢殿の救世観音像を開扉したのも，薬師寺東塔を「凍れる音楽」と称したのも彼である。

ソ．狩野芳崖は橋本雅邦とともに江戸狩野の同門で，フェノロサに認められて日本美術の革新に力を入れ，狩野派の伝統を基礎に西洋画の写実法や明暗法を取り入れた作品を残した。

⑧タ．「1887 年に創設」ではわからないが，現在も「国税収入中の首位」である「直接税」は所得税と判断できるだろう。

チ・ツ やや難．1949 年のシャウプ勧告による税制改革の結果，土地に賦課された地租は廃止された。それにかわって市町村が土地・家屋や償却資産に課す固定資産税となった。

⑨テ・ト．1947 年 4 月に制定された独占禁止法は将来にわたっての独占を未然に防止するための法律で，カルテルや持株会社の設立も禁止している。これに対して同年 12 月に制定された過度経済力集中排除法は，すでに独占状態にある巨大企業を分割・解体するための法律である。

解答

ア．法相　イ．摧邪輪　ウ．細川政元　エ．松永久秀　オ．寛永通宝

カ．秤量貨幣　キ．田沼意次　ク．株仲間　ケ．藩専売制　コ．徳島（阿波）

サ．下関　シ．八月十八日の政変　ス．モース　セ．フェノロサ

ソ．狩野芳崖　タ．所得　チ．シャウプ　ツ．固定資産　テ．独占禁止

ト．持株

34　平安〜平成の文化・社会・経済　（2009年度　第2問）

　いずれも標準的な問題であるが，文化史からの出題が多いので，この分野の学習が手薄だった受験生は手こずったかもしれない。クの『大乗院日記目録』と『大乗院寺社雑事記』は区別しておこう。

①ア.　やや難　　**対屋（対）**は正殿である寝殿に対するという意味で，渡殿で結ばれた寝殿との位置関係で東対・西対・北対・東北対・西北対などがあった。教科書などの図版で確認しておこう。

　イ.　日本的な風物を描いた**大和絵**は，唐絵に対する概念として9世紀後半頃に生まれた。巨勢金岡が創始者とされるが，その作品は現存しない。

②ウ.　源親行の作とされる『**東関紀行**』は，1242年に京都から鎌倉へ下り，帰京するまでの紀行文である。

　エ.　藤原為家の側室であった**阿仏尼**の『十六夜日記』は，実子の為相の所領である播磨国細川荘が正妻の子で異母兄の為氏に押領されたことから，その訴訟のため1279年に京都を出発して鎌倉へ下ったときの日記体の紀行文である。

③オ.　足利義満は明・朝鮮からの**倭寇禁圧**の要求を契機に両国と国交を開き，日明・日朝貿易が始まった。日朝貿易は対馬の宗氏を介して行われ，日本からの通行には宗氏が発行する渡航許可書（文引）が必要であった。

　カ.　日朝貿易では日本から銅・硫黄などの鉱産物のほか，**琉球貿易**を通じて手に入れた南海産の蘇木（染料）・香木（香料）・胡椒などが輸出された。また，朝鮮からは木綿（綿布）・大蔵経（一切経）などが輸入された。

④キ.　一条兼良（1402〜81年）は北山文化と東山文化にまたがる時代を生きた政治家・学者で，摂政・関白や太政大臣を歴任，『公事根源』『**花鳥余情**』や足利義尚の諮問に答えた『樵談治要』などの著作がある。

　ク.　やや難　　興福寺大乗院門跡の尋尊が編纂した『**大乗院日記目録**』は，大乗院にある日記類を抜粋した1065〜1504年の記録で，1428年の正長の土一揆の史料が有名である。なお，区別が難しいが，『大乗院寺社雑事記』は，大乗院門跡の尋尊・政覚・経尋の3代が記した1450〜1527年の記録で，1485〜93年の山城の国一揆の史料が有名である。

⑤ケ.　平安時代から採用された宣明暦は，江戸時代には実際の暦との誤差が目立つようになった。そこで安井算哲が元の授時暦に自らの天文観測による修正を加えて**貞享暦**を作成し，これが1685年から使用されることになった。

　コ.　安井算哲は渋川春海と改名し，新設された幕府の**天文方**になった。なお，暦はそれまで朝廷が定めていたが，これ以降は「暦の支配」つまり「時の支配」も幕

府が行うようになった。

⑥**サ・シ**．越後塩沢の縮仲買商人であった鈴木牧之は，洒落本作家の**山東京伝**や読本作家の曲亭（滝沢）馬琴との交流があった。雪国の生活を描いた『**北越雪譜**』の出版は，京伝の弟の京山が援助し，その挿絵は京山の子の京水が描いている。

⑦**ス**．原敬内閣のときの 1918 年に公布された**大学令**により，高等教育を受けた都市のインテリが増え，大衆文化の担い手となった。

　セ．植民地の総督府所在地を理解していれば解答できる。朝鮮は**京城**（現ソウル），台湾は台北である。

⑧**ソ・タ**．市川房枝らが 1920 年に結成した**新婦人協会**は，**治安警察法**第 5 条の改正などを訴えた。その結果，第 5 条の一部改正が実現し，女性も政治演説会に参加できるようになった。これにより新婦人協会は解散し，その後は 1924 年に結成された婦人参政権獲得期成同盟会に運動が受け継がれた。

⑨**チ**．大正から昭和初期の時代小説では**中里介山**の『大菩薩峠』，吉川英治の『宮本武蔵』，大佛次郎の『鞍馬天狗』などが有名である。

　ツ．労働者や農民の立場から，社会主義思想に基づいて現実を描こうとする**プロレタリア文学**では，小林多喜二の『蟹工船』のほか，葉山嘉樹の『海に生くる人々』，徳永直の『太陽のない街』などが有名。

⑩**テ**．**電電公社**（日本電信電話公社）・専売公社（日本専売公社）が，1985 年に民営化されて日本電信電話株式会社（NTT）・日本たばこ産業株式会社（JT）となり，国鉄（日本国有鉄道）は 1987 年に分割・民営化されて 6 つの旅客鉄道会社（JR各社）などになった。

　ト．竹下登内閣の 1989 年 4 月から**消費税**が実施された。シャウプ勧告で直接税中心に改められて以来，実に 40 年ぶりの抜本的な税制改革であり，日本の税制は間接税へ重心を移していった。

解　答

ア．対屋（対）　イ．大和絵　ウ．東関紀行　エ．阿仏尼　オ．倭寇	
カ．琉球　キ．花鳥余情　ク．大乗院日記目録　ケ．貞享暦　コ．天文方	
サ．北越雪譜　シ．山東京伝　ス．大学令　セ．京城　ソ．新婦人協会	
タ．治安警察法　チ．中里介山　ツ．プロレタリア　テ．電電公社　ト．消費	

35　飛鳥〜江戸後期の文化・経済・政治・外交

（2008年度　第2問）

> 全体として標準的な問題であるが，ウの紡錘車，ツの漢意は，やや難しい。カの評は郡と混同しやすいが，両者の違いを正確に区別しておこう。

①ア．飛鳥寺（法興寺）の建立には**百済**からの技術者が参加した。それを直接知らなくとも，仏教の公伝が百済からであることを想起できれば対応できる。なお，飛鳥寺は日本初の瓦葺き屋根と，その重量に耐える礎石建ちの本格的寺院建築であった。

　イ．止利仏師は鞍作鳥とも呼ぶから，**鞍作部**の出身であったことがわかる。彼は6世紀前半に渡来して仏教を私伝した司馬達等の孫であり，法隆寺金堂の釈迦三尊像も彼の作品とされる。

②ウ．<small>やや難</small>　繊維に撚りをかけて糸を紡ぐ道具が**紡錘車**で，中央に孔の開いた円盤状の弾み車（紡輪）と孔に通す棒（紡茎）からなる。紡輪のことを紡錘車ともいい，土製・石製のものは弥生時代から使用されている。

　エ．庸は都での年10日間の労役（歳役）の代わりに，21〜60歳の成人男子である正丁が布（麻布）2丈6尺，61〜65歳の次丁（老丁）はその半分を中央に納めるというもの。17〜20歳の中男（少丁）と京・畿内には課されなかった。

③オ．645年6月に蘇我蝦夷・入鹿が中大兄皇子らによって滅ぼされ（乙巳の変），改新政府が成立して同年末に都は飛鳥から**難波**に移された。なお，孝徳天皇の大王宮の名称難波長柄豊碕宮でもよい。改新政府は，翌646年正月に改新の詔をこの難波から発し，政治改革に邁進していった。

　カ．国造支配下のクニ（国）を解体し，律令制の郡の前身となる**評**という地方行政組織がこの時期に置かれたことが明らかにされている。なお，大宝令で評の字が郡に改められたが，読みはともに「こおり」である。

④キ．正式な僧侶・僧尼になるためには授戒を受けることが必要であり，授戒に大切な**戒律**を鑑真が伝えた。彼は東大寺に戒壇を設立し，聖武太上天皇・光明皇太后・孝謙天皇へ授戒した。

　ク．悲田院は孤児や貧窮者を収容して救済する施設で，病人に薬を施して治療する施薬院とともに，730年光明皇后が皇后宮職に設置した。

⑤ケ．**荏胡麻**はシソ科の植物で，灯明の油（灯油）の原料として栽培された。なお，大山崎には石清水八幡宮を本所とする大山崎油座があった。また，近世には荏胡麻油に代わって菜種油が広く普及した。

　コ．山崎宗鑑の山崎は，大山崎に隠栖（隠棲）していたことに由来する。彼は自由

で滑稽な俳諧連歌を得意とし，16 世紀前半に『犬筑波集』を編集した。

⑥サ．**博多**は奈良時代から大宰府の外港であり，平安末期には日宋貿易の拠点となり，室町〜戦国時代には明・朝鮮・琉球・東南アジアとの貿易で栄えた。日明貿易では博多商人が大内氏と結んで実権を握り，戦国時代の博多は自治都市として繁栄した。

シ．**陶晴賢**は 1551 年に主君の大内義隆を滅ぼしたが，1555 年の厳島の戦いで毛利元就に滅ぼされた。その後，毛利氏は中国地方を代表する戦国大名へと発展した。

⑦ス．対馬の**宗氏**は対馬島主・守護であり，室町時代に朝鮮国王から日朝貿易の管理統制権を与えられ，渡航許可証である文引を発行するなど重要な役割を果たした。

セ．豊臣秀吉による文禄の役（1592〜93 年）において，朝鮮水軍の**李舜臣**が亀甲船を率いて日本水軍を撃破し，その補給路を断って朝鮮の勝利へと導いた。

⑧ソ・タ．元禄時代に活躍した近松門左衛門の人形浄瑠璃の台本には，江戸時代以前の物語や事件に取材した時代物の『国性（姓）爺合戦』や，当時の町人社会に取材した世話物の『**曽根崎心中**』『心中天網島』『冥途の飛脚』などの作品がある。それらは，**竹本義太夫**の独特の語り（義太夫節）と辰松八郎兵衛の人形遣いによって上演されて人気を博した。

⑨チ．僧職であった**契沖**は，徳川光圀の依頼によって『万葉集』の注釈書である『万葉代匠記』を著し，のちの国学の発展の基礎を築いた。

ツ．やや難　賀茂真淵が「**漢意**（漢心）」として排斥したのは儒学の規範的・合理的な思想であり，これを継承した本居宣長は，漢意以前の日本古来の「真心」の精神を尊重する古道論に発展させた。

⑩テ．18〜19 世紀は寒冷な気候が続く小氷河期とされ，しばしば**飢饉**に見舞われた。1782〜87 年に天明の大飢饉，1832〜36 年に天保の大飢饉が起こったが，いずれも原因は冷害（天明の場合は浅間山の噴火も加わる）だった。

ト．江戸時代中・後期に困窮した農民たちが「年貢の減免や専売制の撤廃などを要求して」起こしたのは，**惣百姓一揆**である。なお，江戸時代の前期には村役人が村民を代表して領主に直訴する代表越訴型一揆が一般的であり，幕末には世直し一揆が頻発した。

解答

ア．百済　イ．鞍作　ウ．紡錘車　エ．庸　オ．難波（難波長柄豊碕宮）
カ．評　キ．戒律　ク．悲田院　ケ．荏胡麻　コ．山崎宗鑑　サ．博多
シ．陶晴賢　ス．宗氏　セ．李舜臣
ソ．曽根崎心中（心中天網島，冥途の飛脚も可）　タ．竹本義太夫　チ．契沖
ツ．漢意　テ．飢饉　ト．惣百姓一揆

36　奈良～明治期の文化・経済・社会

(2007 年度　第 2 問)

> 室町時代の芸能に関するキの結崎，クの『申楽談儀』と，明治期の衛生行政に関するテのコレラ，トの内務省はやや難問であるが，他は標準的な問題なので高得点をめざしたい。

①ア．奈良時代に盛行した乾漆像の代表的な作品は，東大寺法華堂（三月堂）の本尊である**不空羂索観音像**である。他には，興福寺阿修羅像や，唐招提寺鑑真（和上）像がある。なお，不空羂索観音像の脇侍の日光・月光菩薩像は塑像である。

　イ．**翻波式**は，衣文を鋭い襞と柔らかな襞を交互に刻み出して表現する彫法で，波が翻っているように見えるのでこの名がついた。平安初期に多く用いられ，代表的な作品には室生寺弥勒堂釈迦如来像がある。

②ウ．藤原道長の繁栄ぶりを描いた歴史物語のうち，先行する『栄花（華）物語』は赤染衛門の作とされ，女性による賛美的なものであるのに対し，『**大鏡**』は男性の作とされ，2 人の老人が語るという体裁で政争にからむ貴族たちを批判的に描いている。

　エ．定朝は平安中期の仏師で，寄木造の技法を完成させて浄土信仰の広まりによる仏像需要の増大に応えた。平等院鳳凰堂阿弥陀如来像は，現存する彼の唯一の作品である。

③オ．**平忠盛**は父の正盛とともに白河院の北面の武士となり，鳥羽院政期にも院の近臣として活躍した。また，院領肥前国神埼荘の預所として日宋貿易にも従事し，子の清盛による平氏発展の基礎を築いた。

　カ．春日社の**神木**や日吉社の神輿は神の依代として神聖視されていたので，強訴の際に利用され，興福寺（南都）の僧（奈良法師）は春日社の神木を，延暦寺（北嶺）の僧（山法師）は日吉社の神輿を奉じてしばしば朝廷に強訴した。なお，春日社の神木は榊である。

④キ．やや難　猿楽の大和四座は，興福寺を本所とする観世・宝生・金剛・金春座の 4 つの座であるが，観世座は観阿弥・世阿弥父子が出たことによって元の**結崎座**を改称したもので，他の座も初めは外山・坂戸・円満井座と呼ばれていた。

　ク．やや難　『**申楽談儀**』は世阿弥の芸談を次男の元能が筆録したもので 1430 年に成立。当時の能芸や世阿弥の姿が具体的に記述してあり，貴重な史料。

⑤ケ．磨耗・損傷した銭や粗悪な私鋳銭を嫌う**撰銭**が横行して貨幣流通の障害となったので，15 世紀末以降，幕府や戦国大名は撰銭を禁止し，良銭と悪銭の交換率（混用率）を定めた撰銭令を出した。

　コ．**割符**は中世の遠隔地取引に使われた米や金銭の預かり証書のことで，現在の為

替手形と同様なものと考えてよい。

⑥サ．**障壁画**には襖絵・衝立絵・壁画などがあり，これに屏風絵を合わせて障屏画という。平安時代の寝殿造からあるが，城郭建築が隆盛した安土桃山時代から江戸時代初期が全盛期であった。

シ．**狩野派**は正信・元信父子が水墨画に大和絵を融合させて室町幕府御用絵師となり，元信の孫の永徳が織田信長・豊臣秀吉の保護を受けて豪快な筆致の濃絵作品を制作し，新たな装飾画を大成した。永徳の孫の探幽は江戸幕府御用絵師となっている。

⑦ス．検地帳に登録されて田畑・屋敷を所持し年貢を負担する百姓のことを**本百姓（高持百姓）**，検地帳には登録されず年貢を負担しない百姓のことを水呑（水呑百姓，無高百姓）といい，本百姓だけが村政に参加できた。

セ．検地帳に登録された田畑・屋敷に賦課される税を本途物成（本年貢）というのに対し，山林・原野・河海などの用益やその産物・副業に賦課される雑税を**小物成（小年貢）**という。

⑧ソ．天保改革期の1843年に出された**人返しの法（人返し令）**は強制的帰農を意図したが，町奉行の反対により，新規に江戸の人別帳に登録することを禁止し，出稼ぎを領主の許可制とするに留まった。

タ．寛政改革期の1791年に創設された**七分積金（七分金積立）**は，町入用の節約分の7割を江戸町会所に積み立てさせ，困窮地主層に低利で融資を行って没落を防ぐ一方，窮民に救 米を施した。

⑨チ．中山みきの**天理教**，川手文治郎の金光教，黒住宗忠の黒住教など，江戸後期から幕末期という行き詰まった社会の転換期に救済を願う民衆に応えて創始された民衆宗教は，急速に広まった。これらのなかから13派は，1882年以降明治政府に公認されて教派神道といわれた。

ツ．1867〜68年のええじゃないかは，お札降りを契機に民衆が「ええじゃないか」とはやしたてて乱舞するもので，それまでの一揆・打ちこわしという世直しへの要求が宗教的な形で現れたと考えられる。

⑩テ．やや難 コレラが日本で最初に流行したのは1822年。その後，明治時代に猛威を振るった。コレラへの恐怖・不安と当局の強制措置への不満が高まり，各地でコレラ騒動が起こっている。

ト．やや難 明治期に衛生行政を管掌した官庁といえば**内務省**である。1873年の創設時は，軽工業・農業を中心とした殖産興業政策の推進や，地方行政・警察行政などを担当したが，のちに衛生行政が加わった。1938年に厚生省が分離して，公衆衛生，社会福祉，社会保障を管掌することになった。

37 奈良〜昭和戦後期の政治・経済・外交・文化

（2006年度 第2問）

> エの『曽我物語』（軍記物語）とツの溝口健二（映画監督）はやや難しいが，他はすべて基本事項なので高得点をめざしたい。

①ア．駅家は都と地方の国府を結ぶ主要道路の30里（のちの4里で約16km）ごとに置かれ，一定数の駅戸と駅馬が配されて，駅鈴をもった公用の役人だけが利用できた。

イ．正丁3〜4人から1人の割合で徴発された兵士は諸国の軍団で訓練を受けた後，一部は都に上り，衛士として衛門府や左右衛士府に配属されて1年交代で宮門の警備などにあたった。

②ウ．流鏑馬は間隔をおいて立てた3つの板的を，疾走する馬上から矢継ぎ早に鏑矢で射る武芸で，笠懸・犬追物とともに騎射三物といわれた。

エ．やや難 『曽我物語』は曽我十郎祐成と五郎時致の兄弟が，父の仇の工藤祐経を富士の裾野で討ち取るという1193年に起きた事件を題材にした南北朝期の軍記物語である。

③オ．奈良市の柳生にある石碑には「正長元年ヨリサキ（前）者，カンヘ（神戸）四カンカウ（箇郷）ニヲキメ（負目）アルヘカラス」という文字が刻まれており，郷民たちが正長元年に負債の破棄を宣言したことがわかる。

カ．正長の土一揆のときは私徳政が中心で，幕府は徳政令を出してはいない。6代将軍足利義教の死を機に起こった1441年の嘉吉の土一揆で，幕府は初めて山城に一国平均（すべての階層が対象）の徳政令を出している。

④キ．『今川仮名目録』は今川氏親が1526年に定めた仮名目録33条と，子の義元が1553年に定めた仮名目録追加21条からなり，東国の分国法としては初期のものに属する。

ク．伊達氏の『塵芥集』は稙宗（政宗の曽祖父）が1536年に定めたもので，171条からなり分国法では最多の条文数である。

⑤ケ．木綿（綿花）は日本に在来種はなく，室町時代に朝鮮から大量に輸入されるようになり，戦国時代から国内での栽培が始まった。それまでの麻・苧より軽くて暖かいので，江戸時代に広く庶民層にまで普及した。

コ．高機は高く腰掛け足を上下して布を織る機織具で，これに先行するのが低く腰掛け足を前方に動かして織るいざり機（地機）である。京都西陣の高機の技術は江戸時代後期には各地に伝えられ，上野の桐生や下野の足利における絹織物の発展に寄与した。

⑥サ．**仲買**には問屋から買って小売に卸す者と，生産者から買い集めて問屋に売る者とがあった。

　シ．**青物市場**では江戸の神田，大坂の天満，魚市場では江戸の日本橋，大坂の雑喉場（ざこば）が有名である。

⑦ス．**寺内正毅**は長州出身の軍人・政治家で陸相・朝鮮総督などを歴任，1916年に首相となったが，シベリア出兵に伴う米騒動で1918年に辞職した。

　セ．**アメリカ**は1918年7月，チェコスロヴァキア軍の救出を目的として日本との共同出兵を提案した。

⑧ソ．**台湾銀行**は1899年に設立された特殊銀行で，植民地台湾で兌換銀行券を発行する中央銀行であると同時に，普通銀行の業務も行った。

　タ．明治憲法下の緊急勅令は天皇大権の一つで，議会の審議を経ずに国務大臣の輔弼によって制定されるが，**枢密院**への諮詢が必要であった。憲政会の第1次若槻礼次郎内閣による外交政策に不満をもつ枢密院は，台湾銀行救済の緊急勅令案を否決した。

⑨チ．黒澤明監督は1950年に制作した『**羅生門**』で，翌1951年のヴェネチア国際映画祭でグランプリを受賞し，その後も『影武者』などで国際的な賞を獲得した。

　ツ．やや難　**溝口健二**監督は『西鶴一代女』で1952年のヴェネチア国際映画祭の国際賞を受賞している。

⑩テ．1949年のドッジ＝ラインで1ドル＝360円の単一為替レートを採用したが，その後のドルの価値の低落により，1971年には1ドル＝308円に円が切り上げられ，1973年からは**変動為替相場制**に移行した。

　ト．いわゆる**高度経済成長**は，1955年から1973年のオイル＝ショックまでで，その間に神武景気，岩戸景気，オリンピック景気，いざなぎ景気，列島改造ブームがあった。なお，1950〜53年の特需景気は含まれないので注意しよう。

解　答

ア．駅家（駅制）　イ．衛士　ウ．流鏑馬　エ．曽我物語　オ．柳生

カ．嘉吉　キ．今川仮名目録　ク．伊達　ケ．木綿（綿花）　コ．高機

サ．仲買　シ．青物　ス．寺内正毅　セ．アメリカ　ソ．台湾銀行

タ．枢密院　チ．羅生門　ツ．溝口健二　テ．変動為替相場制

ト．高度経済成長

38 弥生〜昭和戦後期の社会・文化・政治・経済
(2005 年度 第 2 問)

> イの放射性炭素、セの高山彦九郎は、やや難問。タの『厚生新編』は、いずれの教科書にも記載がない難問である。テの『サザエさん』、トの手塚治虫は記載されていない教科書もあるが、常識の範囲であろう。

①ア．鉄は貴重品であり、弥生前期の鍬や鋤は**木製**だった。後期になると刃先が鉄製のものが使用されるようになり、それまでの湿田に加えて乾田での耕作が可能となった。

イ． やや難　弥生初期の土器に付着していた炭化物を**放射性炭素年代測定法**で分析した結果、紀元前 10 世紀前後のものであるということが、2003 年に国立歴史民俗博物館から発表された。そうなると、弥生時代の開始が 500 年以上もさかのぼることになるが、中国でもまだ鉄器を使用していない時期であり、分析方法を含めてさまざまな批判・反論が出ている。

②ウ．『日本書紀』によれば、武烈天皇の死により応神系の血統が絶えたため、大伴金村により越前から**継体天皇**が迎えられたという。

エ． 古墳を飾るために作られた埴輪は、円筒埴輪と**形象埴輪**に大別され、そのうち形象埴輪は住居や倉庫をかたどった家形埴輪、武器や武具などをかたどった器財埴輪、人物埴輪、動物埴輪などに分類される。

③オ．律令制の大学において漢詩文や史学を教える学科は**紀伝道**で、その教官が文章博士であったので、のちに**文章道**ともいうようになった。これに儒教の経典を学ぶ明経道、律令・格式を学ぶ明法道、算術を学ぶ算道を合わせて四道といった。

カ． 大学別曹には藤原冬嗣が創設した藤原氏の**勧学院**のほか、和気広世（清麻呂の子）による和気氏の弘文院、嵯峨天皇の皇后橘嘉智子による橘氏の学館院、在原行平による皇族・在原氏の奨学院がある。

④キ．最澄の後継者である円仁・**円珍**は、いずれも入唐して密教を学び、帰国して天台宗の密教化（台密）を進め、それぞれ第 3 世・第 5 世の天台座主となった。なお、のちに円仁の門流が延暦寺に拠って山門派、円珍の門流が園城寺に拠って寺門派を形成することも押さえておきたい。

ク． 教王護国寺（東寺）や神護寺などの真言密教（東密）では、仏の力が金剛のように強いことを示す金剛界曼荼羅と、その力が胎内で成長していくのにたとえて示す胎蔵界曼荼羅が描かれた。この 2 つを**両界曼荼羅**という。

⑤ケ．律宗の**叡尊（思円）**は、西大寺を中心に戒律の復興と非人の救済を図って幅広

い支持を受けた。忍性はその弟子である。

コ．忍性（良観）を開基とする**極楽寺**は，忍性が1267年以降住んだ後半生の活動拠点であり，さまざまな施療施設があったことが伽藍古図で確認できる。

⑥サ．中国から伝わった**大唐米**は，多収穫で虫害や旱害にも強かったため西国中心に普及したが，味が劣るという欠点があり，近世には姿を消した。

シ．揚水機の**竜骨車**も中国から伝わったものであるが，製作が難しく破損も多かったので，近世中期には簡単な構造の踏車に代わった。

⑦ス．山県大弐は『**柳子新論**』を著して尊王斥覇を説き，幕政を批判したため，1767年の明和事件で死罪となった。また，明和事件では京都で公家に尊王思想を説いた竹内式部も八丈島に流罪となった。

セ． やや難 　林子平，蒲生君平および諸国で尊王思想を説いた**高山彦九郎**の3人のことを「寛政三奇人」という。

⑧ソ．稲村三伯らの『**ハルマ和解**』はオランダ人ハルマの蘭仏辞書を邦訳したもので，1796年に江戸で完成した。

タ． 難 　江戸幕府は1811年に蛮書和解御用を設置した。そこでフランス人ショメルの百科事典の蘭語訳をさらに邦訳させたものが『**厚生新編**』である。

⑨チ・ツ．明治になって日本領とされた**北海道**と**沖縄県**は，本土（本州・四国・九州）と比べてさまざまな面で近代化が遅れた。例えば，問題文にもあるように衆議院議員選挙法の施行は本土が1890年であったのに対し，北海道では1902〜1903年，沖縄県では1912〜1919年にかけてであった。

⑩テ．長谷川町子の4コマ漫画である『**サザエさん**』は，1949年から25年間にわたって『朝日新聞』に掲載され，テレビアニメとして現在も人気を博している。

ト．戦後の漫画界をリードした**手塚治虫**は，医学博士の学位を受けている。代表作は『鉄腕アトム』『ブラック・ジャック』『火の鳥』『ジャングル大帝』『リボンの騎士』など。

解　答

ア．木　イ．放射性炭素（^{14}C）　ウ．継体　エ．形象　オ．紀伝道（文章道）

カ．勧学院　キ．円珍　ク．両界曼荼羅　ケ．叡尊（思円）　コ．極楽寺

サ．大唐　シ．竜骨車　ス．柳子新論　セ．高山彦九郎　ソ．ハルマ和解

タ．厚生新編　チ．北海道　ツ．沖縄県　テ．サザエさん　ト．手塚治虫

39 縄文～昭和戦後期の社会・経済・外交・文化
(2004年度 第2問)

カ.『国記』を『天皇記』と区別して答えさせるのは難問である。ソの大湊も，港としての知名度は低く，受験生には難しかったであろう。これら以外は基本事項なので，正確な解答が望まれる。

①ア. 弓や矢は植物質の材料で作られたため実物が残らないから，遺跡から多く見つかるのは，矢の先端につける**石鏃**である。材料は黒曜石であることが多い。黒曜石の原産地は北海道の十勝岳，長野県の和田峠，九州の阿蘇山など限られており，石鏃の出土分布の状況から当時の交易範囲を推定することができる。

イ. **骨角器**は主として鹿などの脊椎動物の骨・角・歯牙を材料としており，釣針・銛（もり）・ヤスなどの漁労具が作られた。

②ウ. 佐賀県唐津市にある**菜畑遺跡**では，縄文晩期から弥生前期にかけての水田・住居などが発見された。問題文にあるように，最も古い水田が灌漑施設や畦畔（けいはん）（あぜ）を有していたことが注目される。

エ. 天井石と支石からなる**支石墓**は，中国東北部・朝鮮半島・九州北部に分布し，朝鮮半島では地上に板石で墓室を作る北方式と地下に埋葬施設を作る南方式があり，九州北部のものは南方式である。地下の埋葬施設には，箱式石棺・土壙墓（どこうぼ）・甕棺などがある。

③オ. 史書の編纂や冠位十二階・憲法十七条の制定など，聖徳太子と協力して政治を主導したのは，大臣の**蘇我馬子**である。なお，蘇我本宗家は稲目―馬子―蝦夷―入鹿と続いたが，645年の乙巳の変で滅亡した。

カ. 難 『天皇記』『国記』は蘇我氏のもとで保管されていたと考えられている。乙巳の変に際して蝦夷がこれらの「珍宝」を焼いたが，『国記』は持ち出されて中大兄皇子に献上されたと『日本書紀』に記されている。

④キ. **阿倍仲麻呂**は吉備真備・玄昉らとともに，遣唐使に従って717年に入唐した。753年には鑑真の渡日を要請して自らも帰国を志したが失敗し，唐で770年に没している。唐では玄宗皇帝に仕え，王維・李白らの文人とも交流があった。

ク. 僧侶に正式な戒律を授ける高僧がいなかったので，聖武天皇は留学僧に命じて**鑑真**を招請した。鑑真は742年に最初の渡日を試みたが失敗し，753年に6度目の試みで日本に到着した。翌年，彼は東大寺に戒壇を築いて当時の聖武太上天皇・孝謙天皇以下に戒律を授け，759年に唐招提寺を創建した。

⑤ケ. 院政期，平安京東北部郊外には，白河天皇の法勝寺，堀河天皇の尊勝寺，鳥羽天皇の最勝寺，待賢門院（たいけんもんいん）（鳥羽皇后，崇徳・後白河天皇の母）の円勝寺，崇徳天

皇の成勝寺, 近衛天皇の延勝寺の6つの寺院が相次いで建立された。これらを総称して**六勝寺**という。

コ. 売位・売官の一種である**成功**(じょうごう)は, 朝廷の行事や造営, 寺社の修築に際してその費用を請け負い, 請け負った者に対して位階・官職を与えることである。特に院政期には, 上皇が受領層の財力を取り込んで, 院政権の財政基盤としていたので, 成功・重任はいっそう盛行した。

⑥**サ.** 大和絵による個人の肖像画である似絵(にせえ)の名手とされるのは**藤原隆信・信実**父子である。神護寺蔵の「伝源頼朝像」「伝平重盛像」が藤原隆信の代表作であるとされてきたが, 近年は美術史学的見地から異論が出されている。

シ. 禅僧の肖像画である**頂相**(ちんぞう)は, 正しく法を継いだという証明として師から弟子に授けられた。

⑦**ス.** 種々の産地の茶を飲み分ける競技は**闘茶**で, 本茶(栂尾(とがのお), のち宇治)とその他の非茶を飲み当てて賭物を争った。鎌倉末期から南北朝にかけて武家・公家・僧侶の間で流行したが, 侘茶の発達でしだいに廃れた。

セ. 15世紀後半に禅の精神を取り入れた侘茶が, 奈良出身の村田珠光によって創始され, これが16世紀前半に堺の豪商**武野紹鷗**(たけのじょうおう)に継承され, 16世紀後半の千利休によって今日の茶の湯の基本スタイルが確立された。

⑧**ソ.** 難 伊勢国南部の**大湊**(おおみなと)は, 伊勢神宮の外港として中世～近世に繁栄し, 戦国時代には廻船問屋などからなる老分(おいわけしゅう)衆が自治を行っていた。

タ. 津軽半島西部の**十三湊**(とさみなと)は, 岩木川河口の十三湖の水戸口に発達した港で, 鎌倉時代には安藤氏の本拠として発展した。14～15世紀には蝦夷地と日本海海運の拠点として「三津七湊」の一つに数えられたが, 江戸時代には土砂の堆積によって港の機能が悪化して衰退した。

⑨**チ.** 初代文部大臣は薩摩出身の**森有礼**である。森は幕末期にイギリスへ留学して, ロシア・フランス・アメリカにも滞在し, キリスト教の影響を受けた。帰国後, 1873年に明六社を創設, 文相として1886年に帝国大学令などの学校令を制定した。なお, 当時は森有礼の英語国語論のほか, 前島密の漢字廃止論, 西周のローマ字採用論などがあった。

ツ. 1887年に発表された二葉亭四迷の『浮雲』を最初として, 山田美妙の『夏木立』などの言文一致体の小説が発表された。

⑩**テ.** 岸信介の後に首相に就任した**池田勇人**は, 1960年に国民所得倍増計画を発表して高度経済成長政策を主導し, 1964年の東京オリンピックを実現させて引退した。

ト. 日中間の民間貿易である**LT貿易**は, 1962年に交わされた「日中総合貿易に関する覚書」に署名した廖承志(りょうしょうし)と高碕達之助(たかさき)の頭文字を取ったもので, 1972年に日中共同声明が発表されて国交が回復するまで行われた。

解　答

ア．石鏃　イ．骨角器　ウ．菜畑　エ．支石　オ．蘇我馬子　カ．国記

キ．阿倍仲麻呂　ク．鑑真　ケ．六勝寺　コ．成功　サ．藤原隆信　シ．頂相

ス．闘茶　セ．武野紹鷗　ソ．大湊　タ．十三湊　チ．森有礼

ツ．二葉亭四迷　テ．池田勇人　ト．LT 貿易

40　弥生〜昭和戦前期の社会・経済・外交・文化

(2003年度　第2問)

> ケ. シーボルトは基本事項であるが，『日本』の著者から判断するのはやや難しい。チ.
> 京釜（京城と釜山），テ. 南方熊楠は難問であるが，この3問以外で確実に得点すること
> が鍵となろう。

① **ア・イ**. 弥生文化を特色づける水田稲作は，列島の本州および四国・九州にしか伝
わらず，北海道では**続縄文文化**，琉球諸島では**貝塚文化（南島文化）**と呼ばれる
食料採取に依存した文化が継続する。

② **ウ・エ**. 古代寺院の伽藍配置の中心は，仏舎利を奉安した**塔**から，仏像を安置した
金堂へと変化する。最初の本格的な寺院である飛鳥寺（法興寺）は，塔を中央に
した一塔三金堂式となっている。塔はその後，薬師寺の段階で金堂を装飾する建
造物として2つに分かれ，東大寺では中門の外，大安寺では南大門の外に置かれ
るようになった。伽藍配置の変遷は，いわば塔が疎外されていく過程でもある。
教科書などの図版で確認しておこう。

③ **オ**. 出版文化の隆盛とともに，江戸中期以降には庶民を対象とした**貸本屋**が増加し
た。天保期（1830〜44年）の江戸で約800軒，化政期（1804〜30年）の大坂で
約300軒あったといわれる。

カ. 寛政の改革の出版統制令で弾圧されたのは，遊里を舞台にした洒落本『仕懸文
庫』の作者である山東京伝や，黄表紙『鸚鵡返文武二道』で寛政の改革を風刺
した作者の恋川春町らである。一方，天保の改革で処罰されたのは，男女の愛欲
を描いた人情本『春色梅児誉美（梅暦）』の作者である為永春水や，将軍徳川
家斉の大奥を描写したとされる合巻『偐紫田舎源氏』の作者柳亭種彦らである。

④ **キ**. 天保期に佐賀藩の改革を行ったのは，藩主の**鍋島直正（閑叟）**である。同じ頃，
薩摩藩（藩主は島津斉興）では調所広郷，長州藩（藩主は毛利敬親）では村田清
風らの下級藩士が登用されて改革を行ったのに対して，佐賀藩では藩主が自ら主
導した。

ク. 溶鉱炉の一種である**反射炉**は，炉内のアーチ状の天井に高熱の火炎を反射させ
て金属を溶かす構造になっており，燃料と金属が混ざらないという利点がある。
佐賀藩や幕府の伊豆韮山，薩摩藩，水戸藩などで築造された。

⑤ **ケ** やや難　オランダ商館医で帰国後に『日本』を著したのは，ドイツ人医師の
シーボルトである。長崎郊外に鳴滝塾を開いたことや，日本地図を持ち帰ろうと
した1828年のシーボルト事件で知られる。同じく商館医でドイツ人医師のケン
ペルは，『日本誌』を著した。

コ．**オランダ風説書**は，長崎出島に商館が移された 1641 年から開国後の 1859 年ま
　で，オランダ商館長から長崎奉行を通じて毎年，幕府に提出された。なお，1842
　年からは別段風説書がこれに加わった。

⑥**サ・シ**．**マニュファクチュア（工場制手工業）**は，技術的には従来からの家内工業
　と大差はないが，一つの作業場（工場）に労働者を集めて分業による協業で生産
　するところに特色がある。天保期に大坂周辺における綿織物業で発達し，開国後
　に最大の輸出産業となった**製糸業**でもマニュファクチュア化が進んだ。

⑦**ス・セ**．近代の**戸主**は 1871 年に制定された戸籍法で制度化され，1898 年に公布さ
　れた明治民法では，家族に対する大きな権限とともに扶養義務があった。この戸
　主の権限や義務あるいは地位・財産が**家督**で，その相続は直系の男子・年長者
　（一般には長男）が優位とされた。なお，戸主制度は，1947 年の民法改正で廃
　止された。

⑧**ソ**．**住友家**は京都で書籍・薬種業を営んでいたが，17 世紀前半に銅精錬を行う泉
　屋を興して大坂に進出した。1691 年に伊予の別子銅山を開発し，以後は銅山経
　営・銅精錬業によって発展した。

　タ．土佐藩出身の**岩崎弥太郎**は，後藤象二郎の知遇を得て同藩の海運を掌握し，廃
　藩置県後の 1873 年に三菱商会（1875 年に郵便汽船三菱会社）を設立した。その
　後は明治政府の大久保利通・大隈重信と結び，1874 年の台湾出兵，1877 年の西
　南戦争の軍事輸送を担当して大きな利益をあげた。

⑨**チ**．　難　ソウル（京城）と仁川を結ぶ**京仁鉄道**（全長 42 km），ソウルと釜山
　を結ぶ**京釜鉄道**（440 km）は，1894 年の日清戦争勃発直後の日朝暫定合同条款
　によって日本が敷設権を獲得していた。

　ツ．基隆や高雄がある台湾では，清朝時代の 1891 年に基隆と台北を結ぶ鉄道（29
　km）が開業し，植民地時代の 1908 年に南部の高雄まで延長されて西部縦貫鉄道
　（498 km）が完成した。

⑩**テ**．　難　**南方熊楠**は 1886 年に渡米，1892 年にはイギリスに行って大英博物館
　に勤務した。1900 年に帰国後は粘菌類の採集・研究に従事し，生態系保護と民
　間信仰の立場から政府の神社合祀に反対した。

　ト．**柳田国男**は農政官僚出身で，在職中から民俗研究に従事し，日本各地の民間伝
　承を蒐集・採録して 1913 年に『郷土研究』を創刊するなど，日本民俗学の基礎
　を築いた。代表的著書に『遠野物語』がある。

解　答

ア．続縄文　イ．貝塚（南島）　ウ．塔　エ．金堂　オ．貸本屋

カ．山東京伝　キ．鍋島直正（鍋島閑叟）　ク．反射炉　ケ．シーボルト

コ．オランダ風説書　サ．マニュファクチュア（工場制手工業）　シ．製糸業

ス．戸主　セ．家督　ソ．住友　タ．岩崎弥太郎　チ．京釜　ツ．台湾

テ．南方熊楠　ト．柳田国男

第 3 章　総合問題

41　古墳文化の展開，治承・寿永の乱，近現代の女性史

（2022年度　第3問）

全体として難易度の差が大きく，近現代の女性史を扱ったCにおいて，ごく一部の教科書にしか掲載されていないシ．「母性保護（論争）」や，⒁㋐「姦通罪」など，難度の高い設問が多い。総じて，空欄補充のケ・サ・シ，一問一答式の⑵・⑺・⒀・⒁㋐が難。ス・⑴はやや難である。これらの詳細な知識を問う9問では，日頃の学習の緻密さが得点差となって表れるであろう。

A

ア． 邪馬台国の女王卑弥呼は，239年に**魏**に朝貢して，「親魏倭王」の称号や金印紫綬・銅鏡100枚などを受けた。

イ． 加耶（伽耶，加羅）は，4世紀後半，朝鮮半島南部に分立していた諸国の総称であり，ヤマト政権は加耶諸国と密接な関係をもった。

ウ． 渡来人とは，古墳文化期，大陸から日本に移住した人々の総称である。**渡来人**は文筆・金属加工・製陶など多様な文化や技術を日本に伝えた。

エ． 607年，遣隋使として派遣された**小野妹子**は，「日出づる処の天子」の語句で知られる国書を隋の煬帝に提出した。

オ． 高松塚古墳は奈良県明日香村にある古墳で，1972年に石室の壁画が発見された。壁画には星宿・四神・男女群像などが極彩色で描かれている。なお，明日香村にあるキトラ古墳にも四神などの壁画が発見されているが，男女群像は描かれていない。

⑴ やや難　**百舌鳥古墳群**は，大仙陵古墳を中心とする大阪府堺市の古墳群である。羽曳野市の誉田御廟山古墳を中心とする古市古墳群とともに，2019年に世界文化遺産に登録された。

⑵ 難　古墳時代の防御用の武具には，頭部を防御する冑（かぶと），胴部を防御する短甲や挂甲がある。本問では「胴部と頭部を防御する武具」を問われているので，**甲冑**が正答である。『宋書』倭国伝に収載される倭王武の上表文に，「昔より祖禰躬ら（そでいみずから）甲冑を攪き（つらぬき）」とある一節を想起したい。

⑶ 倭の五王は，5世紀に中国の南朝に朝貢した讃・珍・済・興・武の五人の倭王の総称である。5番目の**武**は，478年に宋に遣使しており，埼玉県稲荷山古墳出土鉄剣銘に記された辛亥年（471年）当時のワカタケル大王にあたると考えられている。

⑷ 五経博士は，6世紀に百済から倭に交代制で派遣され，儒教経典である五経（『易経』『書経』『詩経』『春秋』『礼記』）を講じ，儒教を体系的に伝えた。

⑸ 飛鳥寺は6世紀末に**蘇我馬子**が建立した日本初の本格的寺院である。

B

カ. 鎌倉幕府の支配の根幹は将軍と御家人の主従関係である。源頼朝は御家人に対して先祖伝来の所領の支配を保障する**本領安堵**や，新たな所領の地頭職に補任する新恩給与を行った。

キ. **養和の大飢饉**は，1181 年前後の西日本を中心とする飢饉で，京都では餓死する者数万人に及ぶともいわれ，平氏政権にとって打撃となった。

ク・ケ. 難 源義仲は源頼朝の従弟にあたり，1180 年に以仁王の令旨に応じて信濃で挙兵し，1183 年の**倶利伽羅峠（砺波山）**の戦いで平家の大軍を破って入京したが，1184 年に源範頼・義経軍と戦い敗死した。

コ. 1183 年の**寿永二年十月宣旨**で，朝廷は源頼朝に東海道・東山道の支配権を認め，見返りとして両道の荘園・公領の年貢を元のとおりに荘園領主や国司に納めることを保障させた。

(6) 1159 年の**平治の乱**で平清盛が源義朝を倒し，平氏の覇権が確立した。義朝の子頼朝は平治の乱後，死罪を免れて伊豆国へ配流となった。

(7) 難 鎌倉は南を海，三方を山に囲まれた要害の地であったため，山を切り開いて外部への出入り口をつくった。この通路を**切通**という。

(8) 1183 年，安徳天皇を伴って平氏が都落ちした後，京都では治天の君後白河法皇のもとで**後鳥羽天皇**が即位した。

(9) 平氏滅亡後，源義経が後白河法皇に接近したため，源頼朝との関係が悪化し，義経は**奥州藤原氏**に保護を求めた。藤原泰衡は頼朝の命令に従って義経を攻めて自殺させたが，頼朝は1189 年に平泉を攻めて**奥州藤原氏**を滅ぼし陸奥・出羽二国を支配下においた。

(10) **関東御領**は，将軍（鎌倉殿）が本所として支配した荘園である。将軍の知行国である関東御分国と並ぶ幕府の経済基盤であった。

C

サ. 難 1899 年に公布された**高等女学校令**に従って，男子の中学校に相当する女子の中等教育機関として**高等女学校**の設立が進んだ。

シ. 難 **母性保護論争**は，1918 年から1919 年に『婦人公論』誌上で展開された論争であり，女性の経済的自立の必要を主張する与謝野晶子と，国家による母性保護の必要を説く平塚らいてうらが議論を戦わせた。

ス. やや難 『**女工哀史**』は，細井和喜蔵が自身と内縁の妻の紡績工場での体験などに基づいて，大正期の紡績女工の過酷な実情を記述した。なお，『**あゝ野麦峠**』は，山本茂実が1968 年に発表した，戦前の製糸女工の過酷な境遇を描いたノンフィクション文学である。混同には注意したい。

セ. 太平洋戦争勃発後の労働力不足を補うために，1943 年から**女子挺身隊**が組織さ

れた。14〜25歳の未婚の女性は工場などへ動員された。

⑾　津田梅子は岩倉使節団の女子留学生として**アメリカ**に留学した。新渡戸稲造は1884年にアメリカへ私費留学した。

⑿　『**明星**』は，与謝野鉄幹・晶子夫妻を中心とする雑誌で，ロマン主義の詩歌の発表の場となった。

⒀　難　**労働省**は，1947年に片山哲内閣によって創設された官庁であり，山川菊栄は初代婦人少年局長に就任した。

⒁あ　難　1880年に公布された刑法では**姦通罪**が規定され，夫のある女性の不貞行為に対して適用された。

い　1945年に衆議院議員選挙法が改正され，**20歳以上**の男女に選挙権が与えられた。

⒂　1950年代後半に急速に普及した**電気洗濯機**・電気冷蔵庫・白黒テレビは総称して「三種の神器」と呼ばれた。

解　答

A　ア．魏　イ．加耶（伽耶，加羅）　ウ．渡来
　　エ．小野妹子　オ．高松塚
　　⑴百舌鳥古墳群　⑵甲冑　⑶武　⑷五経博士　⑸蘇我馬子

B　カ．本領安堵　キ．養和　ク．源義仲　ケ．倶利伽羅峠（砺波山）
　　コ．寿永二年十月
　　⑹平治の乱　⑺切通　⑻後鳥羽天皇　⑼奥州藤原氏　⑽関東御領

C　サ．高等女学校　シ．母性保護　ス．女工哀史
　　セ．女子挺身（挺身，女子勤労挺身）
　　⑾アメリカ　⑿明星　⒀労働省　⒁あ姦通罪　い20歳　⒂電気洗濯機

42 菅原道真の生涯，室町時代の京都，江戸時代の農村と流通
(2021年度 第3問)

(4)は計算結果と文章を照合し，正文を選択する高度な思考力を要する新形式の設問であり，やや難。ほかには(11)が難問。また空所補充のキ・一問一答式の(2)・(17)もやや難である。それ以外は誤記に留意すべきイ・クも含めて，細心の注意で取りこぼしは避けたい。

A

ア．嵯峨天皇は**唐風**を重んじ，唐風にならって宮廷の儀式を整え，漢詩文に長じた文人貴族を政治に登用した。

イ．8世紀末に新羅からの使節の来日は途絶え，遣唐使も838年を最後に派遣されなくなっていた。そのため，「定期的な外交関係をもつ」国家は，**渤海**だけであった。渤海との使節の往来は919年まで続いた。

ウ．**民部省**は律令中央官制の八省の一つで，戸籍作成などの公民支配や，田畑・租税の管理にあたった。

エ．887年，宇多天皇から藤原基経を関白に任命する勅書が出されたとき，基経は勅書の中の「阿衡の任」という語に反発して，出仕をやめた。翌年，宇多天皇が勅書の非を認め，起草者橘広相を罰することで収拾した。この事件を**阿衡の紛議**という。

オ．**宇多天皇**は藤原基経の死後は摂関をおかず，菅原道真を公卿に抜擢した。

(1) 嵯峨天皇は文章経国思想を重んじ，初の勅撰漢詩文集**『凌雲集』**を編ませた。

(2) やや難　**除目**は，大臣以外の官職への補任者を決める公卿による人事会議である。

(3) **『令集解』**は9世紀後半に惟宗直本が編纂した養老令の私撰注釈書である。なお，**『令義解』**は833年に成立した養老令の官撰注釈書で，清原夏野が編纂した。

(4) やや難　菅原道真の詩には「八十九郷，二十万口」とあり，1郷あたり平均2247人前後ということになる。これは8世紀末に国家が把握していた1郷あたり平均1500人よりかなり多いので，まず①・③の「人数が増加した」に絞られる。次に，農民が浮浪・逃亡をすれば戸籍・計帳に登録される人数は減少するので，①は理屈としておかしい。よって，③が正答となる。

(5) 10世紀以降，人頭税から土地税への転換が進み，官物・**臨時雑役**が課されるようになった。官物は租・調・庸・出挙に，臨時雑役は雑徭・雇役に由来する。

B

カ．1392年の南北朝合一時の将軍は**足利義満**である。

キ．やや難　**北山殿（北山山荘）**は，足利義満が将軍を辞したのちに営んだ邸宅である。北山殿に建立された舎利殿が現在の鹿苑寺金閣である。

ク. **抽分銭**は，日明貿易において，幕府船の運営を請負った商人から，貿易の利益の一部を幕府が徴収したものである。

(6) 足利尊氏は，夢窓疎石の勧めで，後醍醐天皇の冥福を祈るため**天龍寺**を建立した。

(7) 『**神皇正統記**』は，後醍醐天皇の重臣北畠親房が，神代から後村上天皇までの皇位継承の経緯を述べて南朝の正統性を主張した歴史書である。

(8) 1392年，南朝の後亀山天皇が皇位と三種の神器を北朝の後小松天皇に譲り，天皇は**後小松天皇**一人となった。

(9) 嘉吉の変で6代将軍足利義教が暗殺され，7代将軍足利義勝が就任すると，「代始め」の徳政を求める**嘉吉の徳政一揆**が起き，幕府は山城国に初めて徳政令を出した。

(10) 1485年，**畠山政長・義就両軍の国外退去を求めて山城の国一揆が起きた。

(11) ［難］　真如堂は京大吉田キャンパスにほど近い場所にある天台宗の寺院で，その創建などを描いた『**真如堂縁起絵巻**』には，応仁の乱に際して略奪行為を行う足軽の姿が描かれている。

(12) 大内氏の城下町**山口**には，入明前後の雪舟や桂庵玄樹などの文化人が集まった。

C

ケ. 17世紀後半は名主など村役人による代表越訴型一揆が増えたが，17世紀末から村役人層を含む全村民が参加して集団で領主に強訴する**惣百姓一揆**が各地でみられるようになった。

コ. **国訴**は江戸時代の百姓の合法的な請願闘争である。1823年の国訴では，摂津・河内両国の1007カ村が，特権商人の流通独占に反対して，綿の自由販売を求めて大坂町奉行所に訴え，それが認められた。

サ. 元禄期頃から問屋や仲買の同業者組合である仲間の結成が進んだ。幕府は仲間を原則禁止していたが，17世紀後半から公認するようになり，幕府・諸藩から営業独占権を認められると**株仲間**と称した。

シ. **北前船**は，江戸時代中期から主に日本海航路で活動した買積を主とする廻船である。従来の廻船が運賃制で委託された商品を運んだのに対して，買積方式により，松前から上方の各地の商品価格差により利益を得た。

(13) 『**日本永代蔵**』は井原西鶴の浮世草子のうち，町人の経済生活を描く町人物の代表作である。「現金掛け値なし」の商法による三井など，実在の人物をモデルにした話を含む30の短編からなる。

(14) **藍**は日本を代表する染料で，江戸時代には阿波を中心に生産された。

(15) **在郷（在方）商人**は，17世紀末から農村内で農民身分のまま商業活動を営むようになった商人である。

(16) 大坂・江戸間の菱垣廻船の積荷を扱う問屋の連合体として，大坂の荷積問屋は

二十四組問屋，江戸の荷受問屋は**十組問屋**を結成した。

⑰ やや難　**地曳網（地引網）**は，室町時代に上方で発達し，江戸時代には全国に伝えられた。特に九十九里浜の地曳網による鰯漁が有名である。

⑱　松前藩では上級家臣にアイヌとの交易権を知行として与える商場知行制がとられていたが，18世紀に大坂などの商人の進出が進むと，藩主や家臣がもつ商場を商人が請負い，運上金を上納するようになった。これを**場所請負制**という。

解 答

A　ア．唐　イ．渤海　ウ．民部
　　エ．阿衡の紛議（阿衡事件）　オ．宇多
　　⑴凌雲集　⑵除目　⑶令集解　⑷―③　⑸臨時雑役

B　カ．足利義満　キ．北山殿（北山山荘）　ク．抽分銭
　　⑹天龍寺　⑺神皇正統記　⑻後小松天皇　⑼嘉吉の徳政一揆　⑽畠山氏
　　⑾真如堂縁起絵巻　⑿山口

C　ケ．惣百姓一揆　コ．国訴　サ．株仲間　シ．北前船
　　⒀日本永代蔵　⒁藍　⒂在郷商人（在方商人）　⒃十組問屋
　　⒄地曳網（地引網）　⒅場所請負制

43 律令国家の形成期の政治・社会，中世の仏教，江戸時代の政治・外交・文化 （2020年度　第3問）

(4)の短文記述問題は，正確な説明が求められる難問。(13)・(15)は細かい知識であり，やや難問であった。それら以外は標準レベルの用語である。

A

ア．改新政府は「改新の詔」を出して，公民制への転換を目指し，国造の支配領域をそのまま，あるいは分割・統合して**評**を設置した。大宝令の施行により評は郡と改称された。

イ．**国造**は，ヤマト政権における地方官で，多くは在地の地方豪族が任命された。律令制下では，旧国造層が郡司に任命されることが多かった。

ウ．白村江での敗北後，天智天皇は豪族領有民の確認をすすめ，670年には初の全国的戸籍である**庚午年籍**を作成した。

エ．**食封（封戸）**は，皇族・豪族・寺社などに対して支給した一定数の戸（封戸）である。封戸が納める調・庸全部と租の半分が収入となる。大化改新において，豪族の私有地・私有民を廃止した代わりに，大夫以上に与えたことに始まる。

オ．**軍団**は，律令制下で各国に置かれた兵士の集団である。

(1)　**犬上御田鍬**は，614年に遣隋使として渡海し，630年には第1回遣唐使として渡海した。

(2)　乙巳の変後の新政権では，孝徳天皇の下，中大兄皇子は皇太子，中臣鎌足は**内臣**に就任した。

(3)　律令制下で過重な負担を逃れるために，戸籍に登録された地を離れる**浮浪・逃亡**が増加した。

(4)　難　**蔭位の制**は，五位以上の子と三位以上の孫に対して，21歳になれば**父祖の位階**に応じて一定の位階を与える制度である。「官職」や「官位（官職と位階の両方をさす）」が与えられるのではないことに留意したい。

(5)　大宰少弐の**藤原広嗣**は，740年に吉備真備と玄昉の排除を求めて挙兵した。

B

カ．1180年の平重衡の南都焼打ちで東大寺の堂舎の多くが焼失した。**重源**は東大寺復興の大勧進職となり，資金や材料の調達に努め，南都仏師らを指揮して復興事業を成功させた。

キ．**律宗**は南都六宗の一つで戒律を重視する宗派である。鎌倉中期に引付衆・評定衆を歴任した北条実時が，西大寺の叡尊を鎌倉に呼んだことが契機となり，北条氏は

律宗僧侶の関東での活動を援助した。

ク．**北条（金沢）実時**は，評定衆として執権北条時頼や時宗を支えるとともに，和漢の書籍を収集し，武蔵国六浦荘に金沢文庫を開設した。

ケ．15 世紀半ば以降，日親らの布教により京都の町衆に日蓮宗が広まった。法華信仰で結束した町衆らは**法華一揆**を結び，1532 年には山科本願寺を焼打ちするなど一向一揆と対抗するとともに，自治をすすめた。1536 年には延暦寺の勢力などにより京都の日蓮宗 21 寺院が焼き払われる天文法華の乱が起き，法華一揆は壊滅した。

コ．蓮如は 15 世紀半ば以降に本願寺を興隆した僧侶で，蓮如直筆の**御文（御文章）**で一向宗の教えを平易な言葉で示し，各地の講で読み聞かせ門徒の結合を強化した。

(6)　**貞慶（解脱）**は，法相宗の僧侶で，戒律の復興に努め，法然の専修念仏停止を求める「興福寺奏状」を起草した。

(7)　**長講堂領**は，後白河上皇のもとに集積した荘園群で，のちに持明院統に継承された。鳥羽上皇のもとに集積した八条女院領と区別しよう。

(8)　**陳和卿**は，平安末期に来日した宋の工人で，重源のもとで東大寺惣大工として，大仏の鋳造や大仏殿再建に参加した。

(9)　律宗の**忍性**は，戒律の復興に努めるとともに社会事業に尽力し，奈良にハンセン病患者の救済・治療施設である**北山十八間戸**を設けた。

(10)　加賀国の守護**富樫政親**は，一向宗門徒と結んで敵対する弟の勢力を倒して，加賀一国を支配した。のちに一向宗門徒の弾圧に転じたため，1488 年に一向一揆により自害に追い込まれた。

C

サ．江戸幕府は勘定奉行の下に**郡代**と代官を置いて年貢徴収や民政・治安維持にあたらせた。10 万石以上の広域を担当する場合を郡代という。

シ．**遠国奉行**とは，長崎奉行・佐渡奉行など江戸から離れた幕府の直轄地に置かれた奉行の総称である。

ス．18 世紀末からロシアが蝦夷地に接近すると，幕府は段階的に蝦夷地を直轄化し奉行を置いた。東蝦夷地の直轄に伴い，1802 年に蝦夷奉行が置かれたが，間もなく箱館奉行と改称された。1807 年の西蝦夷地の直轄に伴い，**松前奉行**と再び改称された。本問では「蝦夷地の直轄化に伴い」とあるので蝦夷地全土の直轄と考えるのが妥当であり，松前奉行が正解である。

セ．**京都所司代**は，朝廷や西国大名の監視にあたり，老中に次ぐ要職とされた。

(11)　**佐渡金山（相川金山）**は，16 世紀後半から 17 世紀前半の日本有数の金山で，江戸幕府が直轄し，佐渡奉行を置いた。

(12)　江戸幕府は田畑・屋敷地に課す本途物成（本年貢）のほかに，山野河海などから

の収益に対して**小物成**を課した。具体例としては漆年貢，茶畑運上などがある。

⒀やや難　1808年，イギリス軍艦フェートン号が長崎湾内に侵入し，薪水・食料を強奪して退去する事件が起きた。時の長崎奉行**松平康英**は責任をとって切腹した。

⒁　徳川家康は死後，東照大権現として日光東照宮に祀られた。日光東照宮は神社建築の一つである**権現造**の代表的建築である。

⒂やや難　**竹本義太夫**は，1684年大坂に竹本座を旗揚げし，人形浄瑠璃の興行を開始した。近松門左衛門の脚本などを独特の節回しで語る義太夫節を創始し，18世紀初頭にかけて人形浄瑠璃の全盛期をもたらした。

⒃　江戸幕府は公家2名を**武家伝奏**に任じ，朝幕間の連絡などにあたらせた。

44 平安時代の寺院，室町時代の守護，近代〜昭和戦後の外交・文化・政治 （2019 年度　第 3 問）

解答としては，ほとんどが標準レベルの歴史用語であるが，ひねりのある設問文で正答しづらい(2)や(10)の(い)といった出題形式に慣れて得点につなげたい。(14)は 2000 年代の外交に関する初の出題であった。

A

ア．**藤原京**は，710 年に元明天皇が平城京に遷都する直前までの都である。藤原京にあった大安寺・薬師寺などは，平城京遷都にともなって移転した。

イ．やや難　**羅城門**は平城京・平安京の正門で，朱雀大路の南端に位置する。なお，羅生門は芥川龍之介の小説の題名などであり，誤り。

ウ．『**顕戒論**』は，最澄が大乗戒壇設立に反対する南都六宗を論駁した著書である。

エ．**受領**は，平安前期に中央政府から一国の支配を一任された国司の最上席者である。

オ．平城京の寺院で「藤原氏の庇護によって強い勢力を保った」ということを手掛かりに**興福寺**を想起する。興福寺は藤原氏の氏寺で，中世には大和国守護も兼ねた。

(1)　**両界曼荼羅**は，真言密教で金剛界・胎蔵界の仏の世界を図示した仏画である。教王護国寺両界曼荼羅は 9 世紀頃の作で大内裏の真言院で用いられたとされる。「荼」を「茶」と書き誤らないようにしたい。

(2) やや難　11 世紀前半に平安京の周辺に天皇や貴族が建てた阿弥陀堂を中心とする寺院が問われている。時期と場所から**法成寺**（ほうじょうじ）を想起する。法成寺は藤原道長によって 11 世紀前半に建立され「御堂」と称された。

(3)　平城太上天皇は藤原仲成・薬子と結んで重祚と平城京への遷都を図ったが，**嵯峨天皇**が蔵人頭をおくなどして機先を制して勝利した。

(4)　**成功**とは，朝廷が行う内裏や寺社などの造営費用を負担した者が，その見返りに官職や位階を受けることである。

(5)　8 世紀に墾田永年私財法が出されたのち，越前国糞置荘など北陸地方に東大寺領荘園が開かれた。

B

カ．建武政権は地方支配のために鎌倉将軍府と**陸奥**将軍府をおいた。陸奥将軍府は奥羽支配のため多賀城跡におかれ，義良親王と北畠顕家が赴任した。

キ．**中先代の乱**は，1335 年に北条高時の遺児時行が鎌倉幕府の再興を図って起こした兵乱である。

ク．**鎌倉公方**は，室町幕府の関東統治機関である鎌倉府の長官である。初代鎌倉公方

には足利尊氏の子基氏が就任し，その子孫が世襲した。

ケ．**奉公衆**は，室町幕府の将軍直轄軍で，全国の御料所の管理にもあたった。

(6)　**大番催促**とは，鎌倉時代の守護の職務権限の一つで，一国の御家人に対して京都大番役への勤仕を催促・指揮する権限である。

(7)　**今川貞世（了俊）**は北朝の武将で，3代将軍足利義満から九州探題に任じられ，懐良親王ら南朝勢力の制圧に功をあげた。著書『難太平記』では，南北朝の動乱を描いた軍記物『太平記』の誤りを指摘している。

(8)　室町幕府は守護に新たな権限を与えることで地方武士を動員しようとした。**使節遵行**は，守護が幕府の判決を強制執行する権限である。

(9)　**段銭**は，室町時代に田地1段ごとに賦課された税である。天皇即位・内裏造営などの行事に際して臨時に賦課され，守護が徴収を担った。

(10)(あ)　山名氏は一族で11カ国を領有し六分一衆と呼ばれたが，**山名氏清**が1391年の明徳の乱で討伐され，勢力が削減された。

(い)　やや難　1399年の応永の乱で大内義弘が討伐されたことや，日明貿易に携わったことから大内氏だとわかる。その分国法は『**大内氏掟書（大内家壁書）**』である。

C

コ．**小笠原諸島**はサンフランシスコ平和条約でアメリカの施政権下におかれたが，1968年に返還された。

サ．1951年のサンフランシスコ講和会議には中華人民共和国も中華民国も招かれなかったが，1952年に日本は中華民国と**日華平和条約**を結んだ。

シ．1972年の日中共同声明で日本は中華人民共和国と国交を正常化したが，この声明に基づき，日中間の平和関係を規定する**日中平和友好条約**を1978年に締結した。

(11)　1933年，京都帝国大学法学部教授滝川幸辰の『刑法読本』などが国体に反するとして休職処分になった。これを**滝川事件**という。

(12)　1956年の日ソ共同宣言では，日ソ間の平和条約締結後に**色丹島**と歯舞群島を日本に引き渡すとされたが，現在も未解決である。

(13)(あ)　1868年，慶応から明治に改元された。

(い)　1868年1月に始まった内戦を戊辰戦争と呼ぶことから，**戊辰**であると類推できる。

(う)　**司馬遼太郎**は，『竜馬がゆく』『坂の上の雲』など多くの歴史小説を著した。

(14)　**小泉純一郎**首相は，2002年と2004年に北朝鮮を訪問し金正日総書記と会談した。

(15)　1989年，竹下登内閣が**消費税**（税率3％）を導入した。

解　答

A　ア．藤原　イ．羅城門　ウ．顕戒論　エ．受領　オ．興福寺
　(1)両界曼荼羅　(2)法成寺　(3)嵯峨天皇　(4)成功　(5)8世紀

B　カ．陸奥　キ．中先代の乱　ク．鎌倉公方　ケ．奉公衆
　(6)大番催促　(7)今川貞世（了俊）　(8)使節遵行　(9)段銭　(10)(あ)山名氏清
　(い)大内氏掟書（大内家壁書）

C　コ．小笠原　サ．日華平和　シ．日中平和友好　(11)滝川事件　(12)色丹島
　(13)(あ)慶応　(い)戊辰　(う)司馬遼太郎　(14)小泉純一郎　(15)消費税

45 古代の陸上・海上交通，中世の日中交流，江戸時代の旗本・御家人 （2018 年度 第3問）

空所補充および一問一答式の設問とも，大半は標準的な問題である。Aの⑴「摂津国」は，京大で頻出の歴史地理的出題である。Cの⑿「定火消」はやや難である。

A

ア．聖武天皇は，仏教のもつ鎮護国家の力に期待し，741 年に国分寺・国分尼寺建立の詔を，743 年に大仏造立の詔を発した。

イ．律令国家では正丁3〜4人に1人が兵士として徴発され，諸国の軍団に配属された。その中から選抜され1年交替で上京し，宮城の警備にあたったのは**衛士**である。

ウ．律令国家は，都で謀叛を企てた者の東国への逃亡などを防ぐため，伊勢国鈴鹿関，美濃国**不破関**，越前国愛発関の三関を設けた。2004 年度第1問⑽に出題歴があるだけに，取りこぼしたくない。

エ．埴輪は，古墳文化期の素焼の焼き物で，古墳の墳丘上や周囲に配置された。

オ．沖ノ島は，玄界灘にある小島で，福岡県宗像市に属する。4〜9世紀の出土遺物や祭祀遺跡から，日本列島と朝鮮半島を結んだ海の道の中間点にあたるこの島で，海上交通の安全を祈る国家的祭祀が行われたとみられている。2017 年にユネスコの世界文化遺産に登録された。

⑴ 畿内に属する大和・山背・摂津・河内・和泉のうち，現在の大阪府と兵庫県にまたがるのは**摂津国**である。

⑵ 「律令の施行細則集」は「式」であり，三代の天皇の治世で式の編纂が行われ弘仁式・貞観式・延喜式の3法令集が完成した。そのうち 927 年の完成といえば，醍醐天皇の命で編纂された『**延喜式**』である。なお，格は「律令条文の補足や追加法」であり，同じ三代の天皇の治世で法令集編纂が進められ，延喜格は 907 年に完成した。またそれら格式を総称して三代格式というが，本問では「927 年に完成した」「律令の施行細則集」と限定しているから，『延喜格式』は誤りである。

⑶ **運脚**は，調・庸などを中央政府に運搬する人夫である。調・庸を出した戸の正丁に課され，実際に運搬する者以外は，かわりに往復の食料を負担した。

⑷ 唐僧鑑真は日本の要請に応えて苦労の末に来日し，日本に正式に戒律を伝え，759 年には**唐招提寺**を創建した。

⑸ 『三国志』魏書東夷伝倭人条には，239 年に邪馬台国の女王**卑弥呼**が魏に遣使し，親魏倭王の称号を賜ったことが記されている。

B

カ．栄西は旧仏教側の禅宗批判に対して『興禅護国論』を著し，禅宗の本質を説いた。

キ・ク．鎌倉幕府5代執権**北条時頼**は，南宋から来日した臨済僧**蘭溪道隆**に帰依し，建長寺を建立し蘭溪道隆を開山とした。

ケ．明の朝貢と倭寇禁圧の要求に応えて，1401年，足利義満は博多商人の**肥富**と，僧の祖阿を明に遣わした。

コ．足利義満が明から「日本国王」に冊封され，1404年から貿易が開始された。貿易船は明が発行する**勘合**を所持し，寧波で査証を受けることが義務付けられた。

(6) **興福寺**は藤原氏の氏寺として隆盛し，中世には大和国の守護権を実質的に担った。

(7) **五山（・十刹）の制**は南宋の官寺の制度にならい，鎌倉末期から整備が進み，足利義満によって完成された。

(8) 鎌倉時代前半の御家人社会では惣領制の下，庶子や女子に対しても所領の分割相続が行われた。しかし，所領の細分化が進み御家人の窮乏が進む鎌倉中期以降，女子への所領相続権を本人限りとする**一期分**の形が増えた。

(9)(あ) 1523年，日明貿易の主導権をめぐって大内氏と細川氏が寧波で戦い，大内氏が勝利した。この**寧波の乱**後，大内氏と博多商人が日明貿易を独占した。

(い) **陶晴賢**は大内氏の重臣で，1551年に大内義隆を自害に追い込み大内氏にかわって領国内の実権を握ったが，1555年，厳島の戦いで毛利元就に敗れた。

C

サ．**軍役**は，武士の主従関係において，主君の御恩に対して家臣が行う奉公の一つで，本来は戦時に参戦する軍事動員であった。江戸時代には，将軍から大名や旗本に対して石高に応じて軍役が課され，普請役や参勤交代も平時の軍役と位置付けられた。

シ．**足高の制**は，役職の基準となる石高を定め，それ以下の者が就任した場合，不足分の石高を役料として在職中のみ支給する制度であり，享保の改革期に人材登用と財政緊縮を目的に施行された。

ス．**札差（蔵宿）**は，旗本・御家人の禄米の受け取り・売却にあたる商人であったが，困窮した旗本らに対する金融も行った。寛政の改革では，旗本・御家人の札差からの債務のうち，6年以前のものを帳消しとする棄捐令が出された。

(10) **かぶき者**は，江戸初期に異様な風体で大道を練り歩いたり，治安を乱した無頼の徒をいう。慶安の変を契機とする牢人とかぶき者の取り締まり強化に加えて，徳川綱吉が生類憐みの令や服忌令を発令したことで，かぶき者は次第に姿を消した。

(11)(あ) **上げ米**は，享保の改革で，大名に領知高1万石につき米100石の上納を命じた政策である。交換条件として参勤交代の在府期間を半減した。

(い) 幕領では豊凶を調べて年貢率を決める検見法がとられていたが，享保の改革期に一定期間年貢率を固定する**定免法**に転換された。

⑿ <u>やや難</u>　**定火消**は，明暦の大火の翌1658年に幕府が旗本に命じて創設された消防組織である。定火消に任ぜられた旗本は，火消人足を指揮して消火に当たった。幕府の定火消と大名が設置した大名火消に加えて，享保の改革期には町奉行大岡忠相によって町火消が新設された。

⒀　老中松平定信は，**朱子学**を正学として奨励した。1790年には寛政異学の禁を出し，朱子学以外の儒学諸派を異学とし，聖堂学問所での教授を禁じた。

⒁　**山東京伝**は，天明〜寛政期に活躍した戯作者であるが，洒落本『仕懸文庫』が寛政の改革で風俗を乱すものとして絶版となり，京伝は手鎖50日の処分を受けた。

⒂　リード文の「シーボルト事件で獄死した高橋景保」がヒントとなる。1828年のシーボルト事件より以前に「通商関係の樹立を求めて長崎に来航した」外国使節は**レザノフ**だけである。なお，1792年にロシア使節ラクスマンが根室に来航した際，幕府は通商は拒否したが，長崎への入港を許可する信牌を与えた。1804年，その信牌を持ってレザノフが長崎に来航し，通商を要求したが，幕府に拒否された。

解　答

A　ア．聖武　イ．衛士　ウ．不破　エ．埴輪　オ．沖ノ島
　　⑴摂津国　⑵延喜式　⑶運脚　⑷唐招提寺　⑸卑弥呼

B　カ．興禅護国論　キ．蘭渓道隆　ク．北条時頼　ケ．肥富　コ．勘合
　　⑹興福寺　⑺五山（・十刹）の制　⑻一期分　⑼㋐寧波の乱　㋑陶晴賢

C　サ．軍役　シ．足高の制　ス．札差（蔵宿）　⑽かぶき者　⑾㋐上げ米
　　㋑定免法　⑿定火消　⒀朱子学　⒁山東京伝　⒂レザノフ

46 奈良時代の政治・社会経済，江戸時代の政治，大正・昭和初期の外交・軍事政策 （2017年度 第3問）

空所補充・一問一答式設問とも，大半は標準的な出題である。ク．修学院離宮，ケ．軍事教練はやや難問，ス．国民義勇隊は難問だが，それらを取りこぼしても合否には影響しない。

A

ア．737年の天然痘の流行で藤原4兄弟をはじめ，太政官の公卿も半数以上が死亡した。こうした状況で，光明皇后の異父兄にあたる**橘諸兄**が急遽昇進し，太政官の首班となった。

イ．律令国家では正丁3～4人に1人を兵士として徴発し，諸国の軍団に配備した。その中から選抜され京の警備にあたるものを衛士，九州の防衛にあたるものを**防人**という。防人には東国の兵士があてられた。

ウ．律令国家は戸を徴税や徴兵の基本単位とした。戸籍に記される戸は25人程度であり，実際の家族そのままではなく，複数の小家族からなっていた。戸籍上の戸を郷戸，小家族を**房戸**と呼ぶ。

エ．墾田は，口分田と同様に租が課される輸租田であった。

(1) **藤原不比等**には，武智麻呂・房前・宇合・麻呂の4人の息子のほか，文武天皇の夫人となった宮子や，聖武天皇の皇后となった光明子らの娘もいた。

(2) 律令国家は官人養成のため，式部省の管轄下に**大学**を置いた。

(3) 設問の内容に戸惑うかもしれないが，「漢字3文字」を手がかりにしたい。出挙は春に稲を貸し付け，秋の収穫時に利息とともに徴収する貸与である。国家が行う公出挙は5割の利息をつけて回収し，その利息は国衙の財源とした。一方，地方豪族らが行う私出挙の利息は10割程度であった。したがって，737年に「私出挙の禁止」を命じたのは，**公出挙**の円滑な運営により，国衙財源を確保するためであった。

(4) **隼人**は，古代の南九州居住者に対する呼称である。

(5) 740年，藤原式家の藤原広嗣が玄昉と吉備真備の排除を求めて九州で挙兵した。こうした政治情勢や天然痘・飢饉などによる社会的不安のなか，聖武天皇は山背国の恭仁京に遷都した。こののち，745年に平城京に還都するまで，恭仁京・難波宮・紫香楽宮と遷都が繰り返された。

(6) 723年に出された三世一身法では，墾田の期限付き私有が認められ，**灌漑施設（溝池）**を新設した場合は3代，従来の灌漑施設（溝池）を利用した場合は1代の私有を認めた。

B

オ. 浅井長政とお市の三女お江与（江）は，**徳川秀忠**に嫁いだ。

カ. 徳川家康は，1603年に後陽成天皇から**征夷大将軍**に任命された。

キ. 禁裏御料は近世の皇室領であり，家康によって約1万石が保障され，のち秀忠が1万石，綱吉が1万石を献じて，約3万石となった。

ク. やや難　**修学院離宮**は，現在の京都市左京区にある後水尾上皇の山荘で，比叡山を借景として雄大な庭園に数寄屋造の建物が配されている。

(7) **賤ヶ岳の戦い**は，1583年に近江国賤ヶ岳付近で発生し，豊臣秀吉が柴田勝家を破り，織田信長の後継者の地位を確立した。

(8) 浅井長政とお市の長女は豊臣秀吉の側室となり，豊臣秀頼を生んだ。一時，淀城に住んだことから**淀君（淀殿）**と呼ばれる。

(9) **方広寺**は，豊臣秀吉が建立した寺で京都市東山区にある。1614年，徳川家康が方広寺の鐘の銘文「国家安康」「君臣豊楽」について難詰したことを契機に，大坂冬の陣が起きた。

(10) 元和の武家諸法度第八条には「私ニ婚姻ヲ締ブベカラザル事」とあり，大名に対して**私婚（幕府の許可のない婚姻）**を禁じている。

(11) 1627年に起きた紫衣事件をきっかけに，後水尾天皇は幕府の同意を得ずに娘の**明正天皇**に譲位した。明正天皇は後水尾天皇と徳川秀忠の娘徳川和子（東福門院）の間に生まれ，奈良時代の称徳天皇以来，859年ぶりの女性の天皇となった。

(12) 桜田門外の変で大老井伊直弼が殺害された後，老中首座となった**安藤信正**は公武合体策をとり和宮降嫁を実現したが，坂下門外の変で負傷して老中を退いた。

C

ケ. やや難　護憲三派連立の加藤高明内閣の陸相宇垣一成は，4個師団を廃止するなど軍縮を進めた。一方，軍縮で余剰になった将校の温存などのため，1925年から中等学校以上の男子の教育機関で正規の軍事教育が行われることとなった。これを**軍事教練**という。

コ. **広田弘毅**は外交官出身で，二・二六事件で岡田啓介内閣が総辞職した後に組閣した。陸軍の発言力が強まるなか，広田内閣は軍部大臣現役武官制を復活し，日独防共協定を結びドイツとの関係を深めた。

サ. 1940年の日独伊三国同盟に続き，1941年4月に日ソ中立条約が結ばれ，松岡洋右外相を中心に日独伊ソの四国協商が企図されていた。しかし，6月に独ソ戦が始まると軍部のなかにドイツとともにソ連を挟撃しようという構想が生まれた。中立条約締結国であるソ連への配慮から，**関東軍特種演習（関特演）**の名目で約70万の兵力を満州とソ連の国境に動員した。

シ. 大学生・高等専門学校生には在学中の徴兵が猶予されていたが，1943年9月に

法文系学生に対する徴兵猶予制を停止し戦争に参加させた。これを**学徒出陣**という。

ス．　難　　太平洋戦争末期の 1945 年 3 月，本土決戦に備えて**国民義勇隊**の創設が決定された。職域・地域ごとに国民学校初等科修了以上で男性 65 歳以下，女性 45 歳以下の者を隊員とする国民の総動員組織であった。

⒀　第一次世界大戦後の海軍軍縮と太平洋および極東問題を審議するため，ワシントン会議が開かれた。1922 年に締結された**九カ国条約**では中国の主権尊重，門戸開放などの原則が定められた。

⒁　**宇垣一成**は，加藤高明内閣の陸相として，陸軍軍縮を進めた。1937 年広田弘毅内閣の総辞職後，組閣の大命が宇垣に下ったが，陸軍内部での宇垣の統制力は低下しており，陸軍が軍部大臣現役武官制を盾にとって陸相を推薦しなかったので，組閣は失敗に終わった。

⒂　ロンドン海軍軍縮条約では，補助艦の保有量が規定された。浜口雄幸内閣は兵力量の決定は，大日本帝国憲法第 12 条の編制大権に関わる内閣の輔弼事項にあたるとして調印を断行した。しかし，海軍軍令部は兵力量の決定にも海軍軍令部の同意が必要であると主張し，野党の立憲政友会や右翼とともに，浜口内閣の調印は憲法第 11 条の**統帥権の干犯**であるとして条約批准に反対した。

⒃　1931 年，関東軍は満州事変を起こして満州支配を確立し，清朝の廃帝**溥儀**を迎えて執政として，1932 年には満州国を建国した。

⒄　1937 年 7 月に日中戦争が勃発すると，10 月，第 1 次近衛文麿内閣は**企画院**を新設して戦時動員の計画・立案・調整にあたらせた。企画院の立案により 1938 年に制定された国家総動員法は，戦時統制の基本となった。

解　答

A ア．橘諸兄　イ．防人　ウ．房戸　エ．租　⑴藤原不比等　⑵大学　⑶公出挙　⑷隼人　⑸恭仁京　⑹灌漑施設（溝池）

B オ．徳川秀忠　カ．征夷大将軍　キ．禁裏御料　ク．修学院　⑺賤ヶ岳の戦い　⑻淀君（淀殿）　⑼方広寺　⑽私婚（幕府の許可のない婚姻）　⑾明正天皇　⑿安藤信正

C ケ．軍事教練　コ．広田弘毅　サ．関東軍特種演習（関特演）　シ．学徒出陣　ス．国民義勇隊　⒀九カ国条約　⒁宇垣一成　⒂統帥権の干犯。（条約締結が統帥権の干犯にあたると判断したため。）　⒃溥儀　⒄企画院

47　奈良後期～平安前期の政治, 鎌倉～室町時代の法制度・政治, 豊臣政権～江戸時代の政治・経済　（2016年度　第3問）

一部に「難」「やや難」も見られるが, 空所補充・一問一答式設問とも, 大半は標準的な出題である。

A

ア. **蔵人頭**は, 810年の平城太上天皇の変（薬子の変）に際して, 嵯峨天皇が機密保持のために置いた令外官である。

イ. **清和天皇**は, 文徳天皇と藤原良房の娘明子との間に生まれ, 1歳で皇太子に立てられ, 9歳で即位した史上初の幼帝である。

ウ・エ. 866年, 応天門への放火事件が起き, はじめ左大臣源信に嫌疑がかかったが, その後, 真犯人が発覚し, 大納言伴善男や紀豊城らが流罪となった。応天門の変を契機に藤原良房が清和天皇の正式の**摂政**に就任した。

(1)　光明皇后は仏教に帰依し, 貧窮者や孤児・病人の救済施設として**悲田院**と**施薬院**を設けた。

(2)　東北では, 奈良時代末から蝦夷との戦闘が続いていたが, 征夷大将軍坂上田村麻呂が蝦夷を帰順させ, 802年には鎮守府を多賀城から**胆沢城**へ移した。

(3)　平安時代前期, 漢詩文を通じて国家の隆盛をめざす文章経国思想が広まるなか, 貴族は一族の子弟の教育のために大学別曹を設けた。**勧学院**は9世紀初期に藤原冬嗣によって創立された。

(4)　空海は9世紀初頭に唐から真言密教を伝え, 現和歌山県の高野山に**金剛峰寺**をひらいた。

(5)　**在原業平**は, 平城天皇の孫にあたる。和歌にすぐれ, 六歌仙の一人に数えられ, 『伊勢物語』の主人公とされている。

B

オ. **連署**は鎌倉幕府の執権を補佐する重職で, 執権北条泰時が叔父の時房を任命したのが最初である。連署は, 文書に執権と連名で署判することからこの名がある。

カ. 北条時頼の政治刷新要求をうけて, 後嵯峨上皇の院政下に**院評定衆（評定衆）**が置かれた。院評定衆は廷臣で構成されたが, 人選には幕府の承認が必要とされ, 幕府の朝廷に対する影響力が強化された。

キ. **綸旨**は, 天皇の意志を蔵人がうけて書いた文書である。後醍醐天皇はすべての土地の所有権の確認に綸旨が必要であるとしたため, 武士の反感を招いた。

(6)　北条時頼は, 幕府の評定衆の会議である評定の下に**引付**を置き, 御家人たちの所

領に関する訴訟を担当させ，公正迅速な裁判の確立につとめた。

(7) 難 　**陳状**とは，中世の裁判制度において，訴人（原告）の訴状の内容に対して，論人（被告）が自己の主張を記して問注所に提出した文書のことである。

(8) 　承久の乱を契機に畿内や西国への地頭補任が拡大し，地頭と荘園領主の間の紛争が増加した。下地中分は荘園領主と地頭との紛争解決手段の一つであり，**荘園領主と地頭が現地の土地や荘民を分割し，相互の支配権を認め合うこと**である。

(9) 　**高麗**は13世紀後半にはモンゴルの支配下に入り，文永・弘安の役の際には元の日本遠征の基地となり軍事的，経済的に負担を担わされた。

(10) 　**平頼綱**は，執権北条貞時の下で御内人の筆頭である内管領をつとめ，1285年の霜月騒動では貞時の外祖父で御家人の安達泰盛を滅ぼし幕府の実権を握った。

(11) 　**『建武年間記』**は，『建武記』『建武二年記』とも呼ばれ，建武政権の法令や，「二条河原落書」を載せている。

(12) やや難 　室町幕府は，14世紀末に洛中と近郊の土倉・酒屋を掌握し，土倉役・酒屋役の納入を義務付けた。**納銭方**は，土倉・酒屋の有力者によって組織され，土倉役・酒屋役を徴収して幕府に納入した。納銭方は政所に属したため，政所と解答しても正答になるであろう。

C

ク．近世の村には二つの側面があった。一つは中世の惣村以来の自治組織としての側面であり，もう一つは幕藩領主の支配の最末端という側面である。幕藩領主は村の自治に依存してはじめて，年貢・諸役を割りあて収納し，農民を掌握することができた。このような方式を**村請制**という。

ケ．**為替**は，遠隔地間の金銭の輸送・貸借を，為替手形で決済する金融方式であり，鎌倉時代から始まり，江戸時代には高度に発達した。

(13) 　豊臣秀吉は，朝鮮出兵の兵站基地として，現在の佐賀県北西部に**名護屋城**を築城した。

(14)(あ) 　**京枡**は，京都とその周辺で用いられていた枡で，豊臣秀吉の太閤検地の際に公定枡として採用された。

　(い) やや難 　石盛が上田なら，面積と分米は比例するので，比を利用して計算すればよいが，1反は10畝，1畝は30歩という単位換算を知っている必要がある。つまり，上田6畝20歩＝200歩，上田1反4畝＝420歩であり，200：420＝1：x となり，$x = 2.1$ 石＝**2石1斗**となる。

(15) やや難 　**青蓮院流**は，鎌倉時代の尊円法親王を開祖とする書の流派である。

(16) 　**貝原益軒**は，『大和本草』で日本の本草学を大成したほか，『養生訓』や『和俗童子訓』などの実践的な道徳書を著した。

(17) 　上方から江戸への輸送は，当初，菱垣廻船の独占状態であったが，18世紀前半

から，小型で荷積みが早い酒荷専用の**樽廻船**が就航するようになり，菱垣廻船を圧倒した。

⒅　房総半島の九十九里浜で地曳網を用いる漁法で収獲された鰯は，**干鰯**に加工され，上方の綿花栽培で肥料として多量に使用された。

⒆ やや難　「波線部(s)の記述に対応させて」説明することがやや難しい。波線部(s)に細かく対応させると，「上方の蔵屋敷で売却した蔵物の販売代金を江戸屋敷での経費として送金」と説明する必要があるが，「**上方で売却した蔵物の販売代金**」ということを端的に示せばよいだろう。

解　答

A　ア. 蔵人頭　イ. 清和　ウ. 応天門　エ. 摂政　⑴悲田院，施薬院
　　⑵胆沢城　⑶勧学院　⑷金剛峰寺　⑸在原業平

B　オ. 連署　カ. 院評定衆（評定衆）　キ. 綸旨　⑹引付　⑺陳状
　　⑻荘園を荘園領主と地頭とで分割し，相互の支配権を認め合うこと。
　　⑼高麗　⑽平頼綱　⑾建武年間記　⑿納銭方（政所も可）

C　ク. 村請制　ケ. 為替　⒀名護屋城　⒁㋐京枡　㋑二石一斗
　　⒂青蓮院流　⒃貝原益軒　⒄樽廻船　⒅干鰯
　　⒆上方で売却した蔵物の販売代金。

48 古代の近江国，江戸時代の歴史書，第一次世界大戦後の国際関係
(2015 年度 第3問)

空所補充・一問一答式設問とも，比較的易しめの問題である。Bの江戸時代の文化史で得点に差が出るだろう。

A

ア．「継体天皇」が在位し，「群集墳」が築かれた時代は6世紀の古墳時代後期である。前・中期古墳では竪穴式石室が中心であったが，後期になると**横穴式石室**が一般化する。追葬が可能となったことで，古墳が家族墓としての性質をもつようになり，副葬品も土器などの生活用品が増加した。

イ．庚午年籍は，670年に天智天皇の下で作成された日本最初の全国的戸籍で，豪族の支配下にあった人民をも中央政府が直接的に把握することになり，徴兵や徴税が容易となった。また，氏姓を正す根本台帳として永久保存された。

ウ．律令政府は全国を畿内と七道に区分し，その下に国・郡・里の行政区画を置いた。**東山道**は現在の滋賀県にあたる近江国から中部地方・関東地方の内陸を経て東北地方全域を含む。

エ．聖武天皇は，仏教の鎮護国家思想に期待を寄せ，741年には恭仁京で国分寺建立の詔を出し，743年には紫香楽宮で**大仏造立の詔**を発令した。その後，都は平城京に戻り，752年に東大寺で大仏開眼供養が行われ，孝謙天皇・聖武太上天皇・光明皇太后をはじめ文武百官が参加した。

オ．比叡山延暦寺は，近江国と**山城**（794年以前の表記は**山背**）国の国境付近に位置する天台宗の総本山である。最澄が延暦寺の原点となる草庵を結んだのは785年であり，最澄死後の823年に「延暦寺」の勅額を賜った。

(1) 6世紀初めの武烈天皇の死後，後継者がいなかったため，大連の大伴金村は応神天皇の5代目の子孫と称する継体天皇を即位させた。継体天皇の朝廷に対して，527年に筑紫国造**磐井**が新羅と結んで反乱を起こした。1年半後に磐井の乱が鎮圧されると，ヤマト政権は地方支配を強化した。

(2) 天智天皇の死後，大海人皇子と大友皇子の間の皇位をめぐる対立から，672年に**壬申の乱**が起きた。勝利した大海人皇子は天武天皇として即位し，大友皇子側についた有力豪族の没落を背景に，絶大な権力を掌握して，律令国家建設を進めた。

(3) **庸**は，京での労役である歳役に対して代納物を納める負担で，成人男子に賦課された。京・畿内では全額免除された。

(4) やや難 藤原仲麻呂（恵美押勝）は孝謙天皇が即位すると，叔母にあたる光明皇太后の信任を背景に政治的地位を上昇させ政権を掌握した。その後，仲麻呂は淳仁

天皇を擁立し、淳仁天皇から「恵美押勝」の名を賜り権勢をふるった。しかし、760年に光明皇太后が亡くなると、仲麻呂は孝謙太上天皇が寵愛する道鏡を排除しようとして764年に反乱を起こして敗死し、淳仁天皇も廃された。したがって、仲麻呂と淳仁天皇の関係は、終始、仲麻呂の方が主導権を握っており、「後ろ盾」とは言い難い。よって、正答は光明皇太后（光明子）である。

(5) **条里制**は古代の耕地の土地区画で、1辺1町（約109m）の方格の区画を基本とする。都城制の京域における条坊制と区別したい。

B

カ. 『**本朝通鑑**』は、林鵞峰が幕府の命をうけて編纂した日本史の通史であり、父林羅山の草稿に修正を加えて完成させた。

キ. **徳川光圀**は、江戸前期の水戸藩主である。1657年に藩主就任前の光圀の命によって開始された『**大日本史**』の編纂は長い年月を要し、1906年にようやく完成をみた。この編纂を通じて形成された尊王論は、尊王攘夷思想に発展し、幕末の政情に大きな影響を与えた。

ク. やや難 **頼山陽**は、江戸後期の儒学者で、著書『**日本外史**』は源平の2氏から徳川氏に至る武家の時代を代表的な家別に記したもので、幕末の志士らの歴史観に大きな影響を与えた。

(6) **日光東照宮**は現在の栃木県にある神社である。1616年に徳川家康が没すると、駿河国久能山に葬られ、翌年、日光東照宮に改葬されたのち、朝廷から「東照大権現」の神号を賜った。

(7)(あ) **朱子学**は、南宋の朱熹によって体系化された儒学の学派で、日本には鎌倉時代に伝わった。朱子学では、封建的秩序を自然秩序と同じように定まったものと考え、**君臣関係など上下の秩序を重んじた**ので、封建社会を維持するための教学として、幕府や藩に重んじられた。

(い) **懐徳堂**は、大坂の町人が出資して、1724年に三宅石庵を学主として設立された。『出定後語』で既成宗教を批判した富永仲基や、『夢の代』で無鬼論を説いた山片蟠桃らを輩出した。

(8) やや難 **慶長勅版（慶長版本）**は、文禄の役の際、朝鮮から伝わった印刷技術をもとに、後陽成天皇の勅命で慶長年間につくられた最初の活字本である。

(9) やや難 **彰考館**は、徳川光圀が開設した『大日本史』の編纂局である。

(10) 江戸幕府4代将軍**徳川家綱**は、1663年に代替わりの武家諸法度を発した際、口頭で殉死の禁止を命じた。この政策は、武士に対して、主人個人への奉公ではなく、主家への奉公を求めたものである。

(11) 1808年、イギリス軍艦**フェートン号**が長崎湾内に侵入し、食料・薪水を強奪した。この事件を機に、幕府は列強への警戒を強めた。

C

ケ. パリ講和会議に日本が派遣した5人の全権のうち，元首相は**西園寺公望**である。このとき西園寺は首席全権であった。ほかに，元外務大臣の牧野伸顕が次席全権であった。

コ. **ウィルソン**は，アメリカ第28代大統領で，第一次世界大戦終結にあたり，14カ条の平和原則を示し，国際連盟の設立などを提唱した。

サ. **五・四運動**は，1919年5月4日から中国で高揚した反日国民運動である。中国が求めた二十一カ条要求解消がパリ講和会議で拒否されたことを契機に，日本商品不買運動などが展開された。

シ. 第一次世界大戦後の日本の太平洋・中国への進出，中国民族運動の高揚，列強の建艦競争の激化に対応するため，アメリカ大統領ハーディングの提唱で，1921年末に**ワシントン会議**が開催された。

ス. **四カ国条約**は，太平洋の領土保全と安全保障に関する条約で，日本・アメリカ・イギリス・フランスの間で1921年に締結された。これにより，日英同盟の廃棄が決定した。

⑿ **鈴木商店**は神戸を拠点とし，台湾で砂糖・樟脳事業を展開した総合商社である。1927年の金融恐慌の際，鈴木商店が台湾銀行からの多額の債務を抱えて倒産した。第1次若槻礼次郎内閣は台湾銀行を緊急勅令で救済しようとしたが，協調外交を不満とする枢密院の拒否にあい，総辞職した。

⒀ **原敬**は，盛岡藩家老職の次男として生まれたが，のち分家して平民籍となった。1918年，立憲政友会総裁として政党内閣を組織すると，華族の爵位をもたない最初の首相であることから，「**平民宰相**」として人気を得た。

⒁ 満州事変勃発後，国際連盟は**リットン調査団**を現地と日中両国に派遣した。リットン調査団がまとめた報告書は，日本の軍事行動を自衛措置ではないとし，満州国の正当性を否定したが，日本の経済的権益は容認する妥協的な内容であった。しかし，1933年，国際連盟の臨時総会でリットン報告書が採択されると，日本は国際連盟を脱退することになった。

⒂ **漢冶萍公司**は，中国湖北省にある製鉄会社で，漢洋製鉄所・大冶鉄山・萍郷炭鉱によって構成される。1915年，第2次大隈重信内閣が袁世凱政権に行った二十一カ条の要求では，漢冶萍公司の日中共同経営を求めた。

⒃ **加藤友三郎**は，安芸国（広島県）出身の海軍軍人で，ワシントン海軍軍縮条約の首席全権をつとめた。主力艦の保有比率について，対英米6割での調印に踏み切り，英米両国との建艦競争に歯止めをかけた。

解　答

A　ア．横穴　イ．庚午年籍　ウ．東山　エ．大仏造立　オ．山城（山背）
　　(1)磐井　(2)壬申の乱　(3)庸　(4)光明皇太后　(5)条里制

B　カ．本朝通鑑　キ．徳川光圀　ク．頼山陽　(6)日光東照宮
　　(7)(あ)君臣関係など上下の秩序を重んじたため。　(い)懐徳堂
　　(8)慶長勅版（慶長版本）　(9)彰考館　(10)徳川家綱　(11)フェートン号

C　ケ．西園寺公望　コ．ウィルソン　サ．五・四　シ．ワシントン
　　ス．四カ国　(12)鈴木商店　(13)平民宰相　(14)リットン調査団　(15)漢冶萍公司
　　(16)加藤友三郎

49　飛鳥〜奈良時代の仏教，鎌倉時代の公家政権，江戸時代の三都

(2014 年度　第3問)

空所補充・一問一答式の設問とも，標準的知識があれば合格点に達することができるが，文化史学習の習熟度で得点に差が出るだろう。

A

ア．飛鳥寺釈迦如来像は，銅に金メッキを施した金銅像であり，本問で問われている主な材料は**銅**である。

イ．『三経義疏』は厩戸皇子（聖徳太子）の撰とされている3つの経典の注釈書で，『**法華経義疏**』『**勝鬘経義疏**』『**維摩経義疏**』の総称である。

ウ．鑑真により戒律が伝えられると，正式の官僧になる受戒の場である戒壇が大和国東大寺に建立された。その後，遠国の受戒者のために筑前国**観世音寺**・下野国薬師寺にも置かれた。

(1)　憲法十七条の「篤く**三宝**を敬へ。三宝とは仏法僧なり」の文言を想起すれば正答できる。

(2)　**塔**の語源は梵語のストゥーパであり，仏舎利（釈迦の遺骨もしくはそれに擬した貴金属など）を安置する建物である。日本では飛鳥文化期には寺院の中で塔が最も重視されていたが，次第に本尊を安置する金堂が重視されるようになった。

(3)　蘇我馬子が蘇我氏の氏寺として建立した飛鳥寺（法興寺）は，平城遷都とともに外京に移転し，寺名を**元興寺**とした。

(4)　**鞍作鳥**（止利仏師）は百済系の渡来人で，飛鳥文化を代表する仏師である。飛鳥寺釈迦如来像や法隆寺釈迦三尊像は北魏の仏像の様式に近いと言われる。

(5)　**校倉造**は，断面が三角形の木材を井桁状に組み重ねて壁面を構築する建築様式で，東大寺正倉院宝庫などに採用されている。

(6)　律令国家では正式な僧侶になるには，国家試験を受け受戒する必要があった。国家の許可なく自ら僧となる**私度僧**の中には課役を逃れることを目的とする者もいた。

(7)　**道鏡**は法相宗の僧侶で，称徳天皇の信任をうけ，太政大臣禅師から法王に昇進した。宇佐八幡の神託と称して皇位をねらったが失敗し，称徳天皇の死後は下野薬師寺に左遷された。

B

エ．承久の乱に勝利し朝廷より優位に立った幕府は，仲恭天皇を退位させ**後堀河天皇**を擁立し，このののちも皇位継承に介入した。

オ．幕府の推挙により即位した**後嵯峨天皇**は，退位後に院政を行い，5代執権北条時

頼の要求をうけ，宗尊親王を6代将軍として鎌倉に下向させた。

カ．3代執権北条泰時は有力御家人など11人を評定衆に任命し，執権・連署と評定衆による合議によって幕政を運営した。一方，5代執権北条時頼は朝廷に対する影響力を強め，後嵯峨上皇に求めて朝廷の合議機関として**院評定衆**を新設させた。

(8)　1156年の鳥羽上皇の死後，後白河天皇と崇徳上皇の対立や，摂関家の藤原忠通と藤原頼長の対立から**保元の乱**が起こった。敗北した崇徳上皇は讃岐に配流され，その地で没した。

(9)　平治の乱後，**平清盛**は後白河上皇を武力で支え，太政大臣にまで昇進を遂げたが，清盛と後白河法皇の近臣との間に対立が生じ，1177年には後白河法皇の近臣らが平氏打倒を図り失敗する鹿ヶ谷の陰謀が起こった。1179年，清盛は後白河法皇を鳥羽殿に幽閉し，院政を停止した。

(10)　鎌倉時代には，朝廷の儀式や先例を研究する有職故実の学が盛んになった。『**禁秘抄**』は，順徳天皇が著した有職故実書である。

(11)　宗尊親王が下向した1252年当時の鎌倉幕府は，5代執権北条時頼が政治を主導していた。時頼は南宋から来日した蘭溪道隆に帰依し，鎌倉に**建長寺**を建立した。

(12)　1285年の**霜月騒動**では，有力御家人で得宗北条貞時の外戚でもあった安達泰盛が，内管領平頼綱によって滅ぼされた。

(13)　鎌倉時代中期以降，皇室では後深草天皇の系統である**持明院統**と，亀山天皇の系統である大覚寺統の間で皇位をめぐる対立が強まり，前者は長講堂領，後者は**八条院領**を財源とした。整理すると下記のようになる。

〔後深草天皇の系統〕持明院統―のち，光厳天皇や光明天皇が即位し，北朝に繋がる―財源；長講堂領（後白河法皇が長講堂に寄進した荘園群）

〔亀山天皇の系統〕大覚寺統―のち，後醍醐天皇が即位し，南朝に繋がる―財源；八条院領（鳥羽上皇が皇女八条院に伝えた荘園群）

C

キ．1657年に起こった**明暦の大火（振袖火事）**では全市の55％が焼け，江戸城も類焼した。大火後には火除地として広小路が設けられるなど，都市計画が進んだが，一方で復興のための出費は幕府の財政悪化の一因となった。

ク．京都の**西陣**では，応仁の乱後に高級織物である西陣織の生産が始まった。江戸時代前半に最盛期を迎えたが，江戸時代後期には西陣の技術が各地に伝播して，新たな絹織物産地が台頭し，西陣の独占的地位は低下した。

ケ．幕藩体制下，多くの大名は大坂に**蔵屋敷**を置き，財源である年貢米や特産品を販売して現金収入を得た。

(14)　江戸時代後期には庶民の間でも旅が流行し，各地の風景を描いた浮世絵が人気を集めた。歌川広重の『**東海道五十三次**』はその代表的作品である。

⒂ 1603 年，徳川家康は後陽成天皇から征夷大将軍に任命され，幕府を開設した。これにより幕府中枢の支配機構を整備する必要が生じ，工事が本格化したのである。

⒃ 俵屋宗達は 17 世紀前半に活躍した京都の町衆出身の画家で，『風神雷神図屏風』などの装飾的な作品を残した。

⒄ 開帳とは，寺社が普段は非公開の仏像などを信者に拝観させることである。江戸時代後期には娯楽的要素が強まった。

⒅ 住友家は江戸時代初期から大坂で銅の精錬業を営み，元禄年間に伊予国の別子銅山を開坑して財をなした。

⒆ 河村瑞賢は江戸の材木商で，17 世紀後半，幕命により東廻り航路・西廻り航路を整備したことは有名である。また畿内における治水事業にも尽力し，淀川河口部に安治川を開いた。

⒇ ケンペルは元禄期に出島のオランダ商館に赴任した医師で，帰国後『日本誌』を著した。19 世紀初頭，志筑忠雄が『日本誌』の一章を抄訳して『鎖国論』と題して刊行した。

解 答

A ア．銅 イ．法華経 ウ．観世音寺 ⑴三宝 ⑵塔 ⑶元興寺
⑷鞍作鳥（止利仏師）⑸校倉造 ⑹私度僧 ⑺道鏡

B エ．後堀河 オ．後嵯峨 カ．院評定衆（評定衆）⑻保元の乱
⑼平清盛 ⑽禁秘抄 ⑾建長寺 ⑿霜月騒動（弘安合戦）
⒀㋑持明院統 ㋥八条院領

C キ．明暦の大火（振袖火事）ク．西陣 ケ．蔵屋敷
⒁東海道五十三次 ⒂徳川家康が征夷大将軍の宣下を受けたため。
⒃俵屋宗達 ⒄開帳 ⒅住友家 ⒆河村瑞賢 ⒇ケンペル

50 律令支配の形成と展開，室町後期の諸相，織豊・江戸時代の朝幕関係

(2013年度 第3問)

空所補充・一問一答式設問とも，標準的知識があれば合格点に達することができる。

A

ア．**庚寅年籍**は，689年に施行された飛鳥浄御原令に基づいて690年に作成された。7世紀の造籍は天智朝の庚午年籍（670年）を端緒とするが，持統朝の庚寅年籍の作成後，6年ごとの定期的造籍が行われるようになった。

イ．**計帳**は，律令制下で毎年作成され，調・庸などを賦課するための台帳とされた。

ウ．**竪穴住居**は，地面を掘り下げて床とし，その上に屋根を葺きおろした住居で，縄文時代に出現し，奈良時代にいたっても東国などの民衆の住居は竪穴住居が基本であった。

エ．**光仁天皇**は，天智天皇の孫にあたり，称徳天皇の没後に藤原式家の百川らによって擁立されて即位した。

オ．桓武天皇は班田を励行させるため，6年一班を**12年一班**に改めた。しかし，効果はなく9世紀には班田が長期間にわたって途絶する地域が増えた。

カ．唐の衰退による対外的緊張の緩和や，兵士の質の低下をうけて，桓武天皇は，792年に一部地域を除いて兵士と軍団を廃止し郡司の子弟からなる**健児**を採用した。

(1) **兵部省**は律令官制の八省の一つで，全国の兵士の動員・管理や武官の人事などを担当した。

(2) 租は口分田などの田の面積に応じて課された税で，1段あたり2束2把で，収穫量の約3％にあたり，諸国の郡家の正倉に納められた。

(3) **軍団**は律令制下で国ごとに置かれた兵団で，国司の管轄下に置かれ，各団に最大1000人までの兵士が所属した。

(4) 律令制の税の中心は成人男子に課される課役であったため，課役を逃れようと性別や年齢を偽る**偽籍**が横行した。

B

キ．**足軽**は徒歩で戦闘などに参加した雑兵である。応仁の乱ごろから戦闘での足軽の果たす役割が高まり，戦国期には長槍隊・鉄砲隊などが編成された。

ク．**寧波**は中国浙江省にある港湾都市で，日明貿易では寧波で勘合の査証が行われた。1523年には，大内氏と細川氏との日明貿易の主導権争いから**寧波の乱**が起き，勝利した大内氏が日明貿易を独占した。

ケ．室町中期の日親らの布教により，京都の町衆の間に**日蓮宗（法華宗）**が広まった。

彼らは 1532 年に法華一揆を結んで一向一揆と対抗し，京都の自治を推進した。

(5) やや難 **足利義持**は室町幕府 4 代将軍で，1423 年に子の義量に将軍職を譲ったが，義量が 1425 年に早世したのち数年間将軍空位が続き，1428 年に義持も後継者未決定のまま死去した。同年，義持の弟たちで行われたくじ引きの結果，足利義教が 6 代将軍に就任した。

(6) **畠山氏**は政長と義就が家督を争い，応仁の乱の際東西両軍に分かれて対立した。乱の終息後も畠山氏は，南山城地方で両軍に分かれて戦っていたが，1485 年に山城の国一揆によって国外に退去させられた。

(7) 室町幕府の**侍所**は武士の統率に加えて，それまで朝廷の検非違使庁が担当していた京都の行政・警察権を掌握した。

(8) **分一銭**は，室町幕府が徳政令にあたり債権または債務額の一部を納入させた手数料。この分一銭を条件に，幕府は，債権の保護または債務の破棄を認めた。

(9) **同朋衆**は，将軍や大名に近侍して，芸能などに従事した。足利義政に仕え，慈照寺銀閣の作庭にあたった善阿弥など，阿弥号を名乗り，時宗の系譜を引くとされる。

(10) **富田林**は河内国にあり，興正寺を中心として寺内町が形成された。

(11) **喧嘩両成敗**は，理非にかかわらず喧嘩の当事者両方を処罰する規定で，多くの分国法で採用されている。私闘による紛争解決を禁じ，大名が裁判権を掌握することがめざされた。

C

コ．**足利義昭**は，室町幕府 13 代将軍足利義輝の弟で，細川氏・朝倉氏などの大名の庇護を受けていたが，1568 年に織田信長とともに入京し 15 代将軍に擁立された。1573 年に足利義昭が信長に追放されて室町幕府は滅亡した。

サ．**聚楽第**は，豊臣秀吉が平安京大内裏の故地に築いた城郭風の大邸宅である。秀吉は 1588 年に後陽成天皇を聚楽第に招き，諸大名に天皇と秀吉に対する忠誠を誓わせた。

シ．**禁中並公家諸法度**は，大坂の役後の 1615 年に徳川幕府が制定した朝廷に対する統制法である。天皇が習得すべき徳目規定，皇族・公家の序列，関白・武家伝奏による公家支配などが明文化された。

ス．**武家伝奏**は江戸時代に幕府と朝廷との取次や交渉にあたった役職であり，公家から 2 人が任命された。

セ．**太上天皇**は譲位した天皇に対する称号である。1789 年，光格天皇は実父の閑院宮典仁親王に太上天皇の尊号を宣下したいと幕府に求めたが，松平定信は名分を乱すものとして認めず，武家伝奏らを処分した。

ソ．1867 年 12 月 9 日に発せられた**王政復古の大号令**では，摂関・幕府を廃止し，仮に総裁・議定・参与の三職を置いて新政府を組織することなどが宣言された。

⑿　**石高**は，土地の生産力を米の収穫量で表したもので，1反あたりの標準生産力である石盛に面積を乗じて算出される。太閤検地以降，江戸時代を通じてすべての土地は石高で示され，石高が大名への軍役賦課や村への年貢賦課の統一基準となった。

⒀　禁中並公家諸法度には天皇の**紫衣勅許の権限**を制限する条文があるが，後水尾天皇は幕府の許可を得ずに紫衣勅許を続行していた。このため幕府は1627年に紫衣勅許の取り消しなどを求めるとともに，それに反対する大徳寺の沢庵らを配流とした。この事件により幕法が勅許に優先することが明示された。なお，1629年に後水尾天皇は明正天皇に譲位して退位したが，紫衣事件がその一因であるとされている。

⒁　1615年の元和の武家諸法度以来，第一条は大名に「文武弓馬ノ道」の励行を定めていた。しかし，徳川綱吉によって1683年に出された天和の武家諸法度では，第一条が「**文武忠孝を励し，礼儀を正すべき事**」と改定され，儒教に裏付けられた文治主義への転換がめざされた。

⒂　『**読史余論**』は，6代将軍家宣・7代将軍家継のもとで正徳の治を推進した新井白石が著した歴史書である。公家の時代の歴史変革を九変，武家の時代のそれを五変と段階的にとらえ，徳川政権の正統性を説いている。

解　答

A　ア．庚寅年籍　イ．計帳　ウ．竪穴住居　エ．光仁　オ．12年　カ．健児
　　⑴兵部省　⑵3　⑶軍団　⑷偽籍

B　キ．足軽　ク．寧波　ケ．日蓮宗（法華宗）　⑸足利義持　⑹畠山氏
　　⑺侍所　⑻分一銭　⑼同朋衆　⑽富田林　⑾喧嘩両成敗

C　コ．足利義昭　サ．聚楽第　シ．禁中並公家諸法度　ス．武家伝奏
　　セ．太上天皇　ソ．王政復古の大号令　⑿石高　⒀紫衣勅許の権限
　　⒁忠孝・礼儀を強調するようになった。　⒂読史余論

51 鎌倉末～室町時代の経済，織田信長とその時代，明治前・中期における天皇の巡幸と政治 （2012年度 第3問）

> 空所補充・一問一答式設問とも，標準的知識があれば合格点に達することができる。サの西郷隆盛，スの岩倉具視については，巡幸への同行の事実は知らなくても，時期と参議・右大臣といった役職から正答を導きたい。

A

ア．下肥（人糞尿）は人間の糞尿を肥料としたもので，牛馬などの糞尿である厩肥とともに中世から用いられた。

イ． 貨幣経済が発達するなか，各地で定期市が開催されるようになり，鎌倉時代には三斎市が，応仁の乱ごろからは**六斎市**が各地で開かれた。

ウ．車借は荷車を牛馬に引かせて物資を運搬する専門の運送業者である。山城国の木津や京都近郊の鳥羽・白河などに拠点があった。

エ． 室町時代に明銭が普及するとともに粗悪な私鋳銭も出回り，悪銭の受取りを拒否する**撰銭**が横行して流通が阻害された。幕府や戦国大名は**撰銭令**を発令し，貨幣の通用基準などを決めて流通の円滑化を図った。

(1) **大唐米**は中世に中国からもたらされた稲の品種で，虫害などに強く，収穫量が多く，西国に普及した。赤米・唐法師の別名でも呼ばれる。

(2) 中世には**和紙**の特産地が各地に生まれた。美濃の美濃紙，播磨の杉原紙，越前の鳥の子紙，讃岐の檀紙が知られている。

(3) 大山崎の油座は**石清水八幡宮**を本所とし，畿内東国10カ国で灯油に用いる荏胡麻油の販売を独占した。

(4) **為替**は遠隔地間の米や銭の取引や決済の際，割符と呼ばれる手形で決済する方法である。

(5) **町衆**は戦国時代の京都で成立した，町の正規の構成員となった富裕な商工業者である。

(6) 日明貿易で輸入され日本で流通した明銭の代表例は**永楽通宝**である。洪武通宝・宣徳通宝でも正答であろう。

B

オ．今川義元は駿河・遠江・三河を領有する大大名であったが，1560年の桶狭間の戦いで織田信長に討たれた。

カ． 織田信長は1567年に美濃の斎藤竜興を破り，その本拠地を中国の故事にちなんで**岐阜**と改称した。

キ．織田信長は1570年の**姉川の戦い**で近江の浅井長政と越前の朝倉義景の連合軍を破った。

ク．織田信長は1576～79年にかけて，琵琶湖東岸に5層7重の天守閣を備えた**安土城**を築城した。

ケ．**楽市令**は市の閉鎖性や特権的な市座を否定し，商取引の拡大・円滑化を図る法令である。織田信長は1567年に美濃加納町に，1577年には安土山下町に楽市令を発令した。

コ．織田信長は1582年に京都の**本能寺**で家臣の明智光秀の謀反にあい自刃した。

⑺ **洛中洛外図**は京都の市中や郊外を，四季の風物・年中行事・流行の風俗などを交えて描いた風俗画であり，近世初期に数多く制作された。

⑻ 福井県にある**一乗谷**は戦国大名朝倉氏の城下町で，発掘調査の結果，戦国期城下町のあり方を物語る多数の遺物が出土し，1971年には国の特別史跡に指定された。

⑼ 本願寺11世の**顕如**（光佐）は石山本願寺を拠点として，1570年から10年間にわたって，織田信長と石山戦争を展開した。1580年，正親町天皇の仲裁により顕如が石山本願寺から退去すると，全国の一向一揆は終息に向かった。

⑽ **天正遣欧使節**は，イエズス会宣教師ヴァリニャーニの勧めにより，キリシタン大名の大友義鎮・大村純忠・有馬晴信が1582年にローマ法王の下へ派遣した使節である。1613年に伊達政宗が支倉常長を正使として派遣した慶長遣欧使節と区別したい。

C

サ．鹿児島出身の参議という手がかりに加えて，1872年という時期を考慮し，前年に岩倉使節団の一員として大久保利通が渡米していることを想起して**西郷隆盛**に絞り込みたい。

シ．1874年の**台湾出兵**は明治政府の最初の海外出兵となった。この出兵は1871年に起きた琉球漁民殺害事件を機に，西郷従道が中心となって出兵が行われた。

ス．明治期に右大臣に就任したのは三条実美（1869年就任），岩倉具視（1871年就任）の二人であり，本問で問われている1876年の時点での右大臣は**岩倉具視**である。受験生としては，遣外使節派遣時の岩倉の肩書が右大臣であるという知識から類推したい。

セ．リード文によると，山形県令であった［ セ ］が翌年に隣県の県令となり，道路建設などの負担を強いたため，県民の抵抗運動が起きたとある。山形県の隣県がヒントとなり，空欄セは福島事件時の福島県令**三島通庸**であるとわかる。薩摩出身の藩閥官僚である三島通庸の圧政に反発して，1882年に福島県では自由党員を中心に抵抗運動が激化し，県会議長の河野広中が検挙されるにいたった。

ソ．埼玉県**秩父**地方は江戸時代以来，養蚕業・製糸業が盛んな地方であり，松方デフ

レの影響を強く受けた。困窮した農民らは困民党を結成して 1884 年に武装蜂起し大きな勢いを見せたが，軍隊の出動により鎮圧された。

夕．やや難　御真影とは一般的には高貴な人の肖像画や写真に対する敬称であるが，近代日本では，特に天皇・皇后の公式肖像写真に対する敬称として用いられた。教育勅語発布前後から，各学校に対して宮内省が御真影を下賜し，教育勅語謄本とともに学校儀式で礼拝の対象となった。

⑾　1946 年元旦，昭和天皇は新日本建設に関する詔書を発して，平和主義に徹して新日本を建設せよと述べるとともに，自らの神格を否定した。これを一般に天皇の人間宣言という。

⑿　1875 年に締結された樺太・千島交換条約により，千島全島が日本領，樺太全島がロシア領となった。

⒀　1878 年に暗殺された参議は大久保利通である。大久保利通は参議のほかに，1873 年に自らが中心となって設立した内務省の長官である内務卿をつとめていた。

⒁　内村鑑三は札幌農学校でクラークの薫陶を受けたキリスト教徒で，渡米して帰国後，第一高等中学校の嘱託教員となったが，1891 年，教育勅語に拝礼しなかったことを理由に依願解職となった。

解 答

A　ア．下肥（人糞尿）　イ．六斎市　ウ．車借　エ．撰銭令　⑴大唐米
　　⑵和紙　⑶石清水八幡宮　⑷為替　⑸町衆　⑹永楽通宝

B　オ．今川義元　カ．岐阜　キ．姉川の戦い　ク．安土　ケ．楽市令
　　コ．本能寺　⑺洛中洛外図　⑻一乗谷　⑼顕如　⑽天正遣欧使節

C　サ．西郷隆盛　シ．台湾　ス．岩倉具視　セ．三島通庸　ソ．秩父
　　タ．御真影　⑾（天皇の）人間宣言　⑿樺太・千島交換条約　⒀内務卿
　　⒁内村鑑三

52 平安末〜鎌倉中期の摂関家，近世の製鉄・鍛冶技術，近現代の貿易品目の推移 （2011年度 第3問）

空所補充・一問一答式設問ともに，標準的知識があれば合格点に達することができる。しかし，A・B・Cはいずれも受験生にとって盲点となりがちな範囲からの出題であり，全時代の全範囲について，手を抜くことなく学習することが求められている。⑹の種子島時堯，⒀の日本窒素肥料会社は，正確な記述に注意を要する。

A

ア．白河上皇は子の堀河天皇に位を譲って1086年に院政を開始し，出家して法皇となった後も堀河・鳥羽・崇徳の三代にわたって院政を行った。

イ．藤原頼長は藤原忠実の次男で，経書に通じ政務に厳格で「悪左府」と呼ばれたが，保元の乱で崇徳上皇とともに挙兵し敗死した。

ウ．やや難 「長男の基実は平清盛と」「三男の兼実は源頼朝と」提携，「基房の系統は提携した武将」が滅亡という箇所をヒントに，治承・寿永の乱の有力者やその対立関係を想起して源義仲に絞り込みたい。源義仲は以仁王の令旨を受けて挙兵し，平氏の都落ち後に入京したが，1184年従兄弟の源頼朝が送った討伐軍により敗死した。

エ．やや難 「九条家が…対抗する地位」をヒントに，五摂家の筆頭の近衛家を導き出したい。

オ．順徳上皇は後鳥羽上皇の皇子で，承久の乱後に佐渡に流されその地で没した。有職故実に優れ，著書に『禁秘抄』がある。

⑴ 源為義は保元の乱の際，崇徳上皇側で参戦し，乱後に長男で後白河天皇側についた源義朝によって処刑された。為義の八男で乱後に配流となった為朝と区別したい。

⑵ 『玉葉』は九条兼実の日記で，平氏政権期から鎌倉幕府成立期の一級史料である。『玉海』『後法性寺関白記』とも呼ばれる。

⑶ 『春日権現験記』は藤原氏の氏神である春日明神の霊験談を描いた絵巻物で，1309年に高階隆兼によって描かれた。『春日験記』でも可である。

⑷ 東福寺は九条道家が建立した臨済宗の寺院で，円爾弁円を開山とし，室町時代には京都五山の第4位とされた。

⑸ 北条時頼は，幕府への謀反事件に関わったとして九条頼経を京都へ追放した。その後，将軍職にあった九条頼嗣を廃し，かわって後嵯峨上皇の皇子である宗尊親王を将軍として迎えた（皇族将軍）。

B

カ. **長篠合戦**は，1575年に織田信長・徳川家康の連合軍が武田勝頼軍を破った戦いであり，鉄砲の大量使用が勝敗を決した。

キ. たたらは足踏み式の送風装置のある炉で，**たたら製鉄**はたたらに砂鉄・木炭を交互に入れて燃焼させる日本式製鉄法である。

ク. **備中鍬**は刃先が複数に分かれた鍬で，牛馬をもたない小農民にとっても深耕が可能となり，生産力の増大をもたらした。

(6) やや難 **種子島時堯**は種子島島主で，1543年に漂着したポルトガル人から鉄砲を購入し，製法も学ばせた。誤字に注意したい。

(7) 鉄砲の製造技術は急速に普及し，近江の**国友**・和泉の堺・紀伊の根来などが製造地として知られている。

(8) **反射炉**は溶鉱炉の一種で，大砲製造のため佐賀藩で建造されたのを最初として，薩摩・水戸・伊豆の韮山などでも築造された。

(9) 出雲など**中国地方**を中心に，砂鉄を原料とするたたら製鉄が発展した。

(10)(あ) **灰吹法**は，銀鉱石に鉛を合わせた含銀鉛を，骨灰を塗った炉で加熱して，不要物を除去する精錬方法である。日本には朝鮮から伝来し，石見大森銀山の産銀の激増をもたらした。

(い) 17世紀後半になると金銀の産出量が減り，かわって産出量の増えた銅が主要な輸出品となった。**別子銅山**は現在の愛媛県で1690年に発見され，住友家が経営した江戸時代最大級の銅山である。これ以外にも，**足尾銅山・阿仁銅山・尾去沢銅山**など，江戸時代に銅を産出していた鉱山ならば正答となる。

(11) **宮崎安貞**は，諸国を回り農業を研究し，1697年に日本初の体系的農書『**農業全書**』を著した。

C

ケ. **生糸**は幕末の輸出品の80％を占め，その後も1930年代まで輸出品の代表として外貨獲得に貢献した。

コ. **茶**は幕末には生糸に次ぐ第2位の輸出品であったが，20世紀初頭には輸出全体の中での比重は低下した。

サ. 1890年代以降，綿紡績業の産業革命の進展を背景に，中国やイギリス領インドからの**綿花**の輸入が増えた。

シ. 1950年代半ばから石炭から石油へのエネルギー転換が進み，1960年代には**石油**が最大の輸入品目となった。1973年には第4次中東戦争が起こり，OAPEC（アラブ石油輸出国機構）による石油輸出制限，OPEC（石油輸出国機構）の原油価格引き上げで，「その安定供給への不安」から第1次石油危機に陥った。

ス. やや難 1960年代まで**船舶**が機械類輸出の中心で，世界第1位の輸出量を誇っ

た。

⑿　**大阪紡績会社**は，渋沢栄一らの構想をもとに1883年に開業した日本初の機械紡績工場である。この成功が民間の紡績会社の設立を促した。

⒀　**日本窒素肥料会社**は，野口遵が創業し，のちに日窒コンツェルンの中核企業となった。会社名が求められている点に注意したい。

⒁⒜　**井上準之助**は立憲民政党の浜口雄幸内閣の蔵相として，1930年に金輸出解禁を断行し，為替相場の安定と経済界の抜本的整理を企図した。

　⒝　**高橋是清**は，立憲政友会の犬養毅内閣の蔵相として，1931年に金輸出再禁止を行った。これにより日本は金本位制を離脱し，管理通貨制度に移行した。

⒂　経済安定九原則の具体化のため来日したドッジ公使の指導の下，1949年に1ドル＝360円の単一為替レートが設定された。

解　答

- **A**　ア．白河上皇（白河法皇）　イ．藤原頼長　ウ．源義仲　エ．近衛
  - オ．順徳　⑴源為義　⑵玉葉　⑶春日権現験記　⑷東福寺　⑸北条時頼
- **B**　カ．長篠合戦（長篠の戦い）　キ．たたら　ク．備中鍬　⑹種子島時堯
  - ⑺国友（国友村）　⑻反射炉　⑼中国地方
  - ⑽⒜灰吹法　⒝別子銅山（足尾銅山・阿仁銅山・尾去沢銅山なども可）
  - ⑾宮崎安貞
- **C**　ケ．生糸　コ．茶　サ．綿花　シ．石油　ス．船舶（船）
  - ⑿大阪紡績会社　⒀日本窒素肥料会社　⒁⒜井上準之助　⒝高橋是清
  - ⒂360円

53 平城京と平安京，江戸時代の儒学，岸信介の事績
(2010 年度 第3問)

古代のA，近世のBは空所補充，一問一答式の設問ともに標準的なものが多い。一方，近現代のCでは夕の警察官職務執行法，(11)軍需省など難問が多い。教科書にない用語に動揺せず，標準レベルの設問で取りこぼすことのないよう解答したい。

A

ア． 平城京は唐の**長安**を手本とし，北辺の中央に宮城が設けられた。藤原京では，中国の古い文献『周礼』を参考に，京の中央に宮城が置かれたために朱雀大路が短く，儀礼空間が不十分などの短所があったが，平城京ではそれが解消した。

イ．「天子は南面する」という中国の思想に基づいて宮城（大内裏）は都の北部中央に設けられ，その中に天皇の居所である**内裏**が置かれた。

ウ． 805 年の**徳政論争**（出典である『日本後紀』は「徳政相論」とする）は軍事と造作の継続を主張した菅野真道と，これが民の苦しみとなるとして反対した藤原緒嗣の論争で，桓武天皇は緒嗣の意見を採用した。

エ． 疫神や怨霊を鎮めるための祭礼・法会が**御霊会**（ごりょうえ）で，祇園社の御霊会（祇園祭）や菅原道真を祀る北野神社の御霊会が代表的である。863 年に早良親王らの怨霊を鎮めるため，平安京の神泉苑で開催した御霊会が文献上の最初のものである。

オ． 藤原道長が晩年に建立した阿弥陀堂（御堂）が**法成寺**の始まりで，法成寺にちなみ道長のことを御堂関白，その日記を『御堂関白記』という。

(1) **薬師寺**は，天武天皇が皇后（のちの持統天皇）の病気平癒を祈願して建立を開始し，698 年に藤原京でほぼ完成した。大官大寺とともに，白鳳文化を代表する官寺である。その後，平城京遷都に伴い，右京六条二坊の現在地に移転した。

(2) **早良親王**は桓武天皇の同母弟で皇太子であったが，785 年の藤原種継暗殺事件に連坐して淡路に流される途中に絶食して亡くなった。死後に怨霊として畏怖され，のちに崇道天皇の尊号を贈られた。

(3) 京内の区画を条坊制というのに対し，京外の農地などの地割は**条里制**であり，耕地の形を整え班田収授の便を図った。

(4) 日本初の往生伝である『日本往生極楽記』の著者は**慶滋保胤**である。『池亭記』は，当時の京の様子を漢文体で綴った随筆である。

(5) **藤原元命**は，988 年「尾張国郡司百姓等解（文）」によって，郡司・百姓らから暴政について 31 カ条にわたって訴えられ，翌年，尾張の国守を解任された。

B

カ. やや難　林羅山の羅山は儒学者としての号で，法号が**道春**である。同様に羅山の子の鵞峰は法号が春斎で，孫の鳳岡は大 学 頭 (だいがくのかみ) に任官して僧籍を離れたので法号はなく，信篤は実名である。

キ. 山崎闇斎が唱えた**垂加神道**は，朱子学の理論に唯一神道や伊勢神道を融合したもので，絶対尊王の精神を説いた。

ク. **末期養子の禁**は1651年緩和され，17歳以上50歳未満の大名に限って末期養子を迎えることを認めた。

ケ. 昌平坂に湯島聖堂が創建されると，1691年，林信篤が**大学頭**に任官し，以後，大学頭は林家の世襲となった。

コ. 皇室の所領である禁裏御料は3万石のみで，宮家（親王家）も有栖川宮家など3家だけであった。そのため皇子・皇女の多くは出家せざるを得ず，皇統が途絶える危険性もあったので，新井白石は新たに**閑院宮家**を創設したのである。

サ. 君主の側に近侍して学問を講義する人を侍講という。徳川家の侍講は，家康に林羅山が仕えて以来，林家の儒学者がつとめた。6代将軍家宣・7代将軍家継には，朱子学の京学派で木門派（木下順庵の弟子の系譜）の新井白石が仕えた。**室鳩巣**は白石の推薦で幕府の儒官となった木門派であり，のちに8代将軍吉宗の信任を受けて侍講として仕え，吉宗の命で庶民教育のための『六諭衍義大意』を著した。

⑹　徳川家康が命令し，秀忠の名前で1615年に出された元和の武家諸法度を起草したのは，**金地院崇伝**である。彼は寺院法度や禁中並公家諸法度なども起草した。

⑺　勘定吟味役の荻原重秀の建策により，**貨幣を改鋳**して金の含有量を少なくした元禄金銀を1695年に発行し，その差額である出目 (でめ) を幕府の収入とした。

⑻　新井白石には著作が多く，自伝の『**折たく柴の記**』のほか，歴史書の『読史余論』，イタリア人宣教師シドッチを尋問して記した『采覧異言』『西洋紀聞』などがある。

⑼　古文辞学派の荻生徂徠が著した『**政談**』は，武士の土着を軸とした幕藩体制の秩序回復を説き，のちの経世論に大きな影響を与えた。

C

シ. **岸信介**は「A級戦犯容疑者として逮捕されたが，不起訴」，釈放され，戦後は公職追放解除後に政界復帰し，1957年に内閣総理大臣となった。しかし，アイゼンハワー大統領の訪日が中止となるほどの安保条約の改定に伴う激しい反対運動のなか，総辞職した。なお，実弟の佐藤栄作も1964〜72年にわたって首相をつとめた。

ス. 岸信介が1944年に「内閣を総辞職においこんだ」とあることから，この内閣はサイパン島陥落の責任をとって総辞職した**東条英機内閣**である。

セ. 吉田茂は1946〜47年と1948〜54年に5次にわたって首相をつとめた。吉田は第

１次内閣のときに新憲法を公布・施行し，新憲法擁護の立場をとり，岸信介とは対立した。自由党を与党としたのは 1950 年第 3 次内閣の途中から退陣までである。

ソ．自由党と日本民主党による 1955 年の**保守合同**で現在の自由民主党が誕生したが，その背景には日本社会党の左派と右派の統一や保守安定政権を望む財界の要請があった。

タ　難　・チ．**警察官職務執行法**は 1948 年に制定され，職務権限の乱用を防ぐため質問・保護・警告などを制限した。岸内閣は**日米安全保障条約**の改定に伴う反対運動を抑えるため，1958 年に同法を改正して警察官の権限を強化しようとしたが，逆に反対運動を高揚させる結果となり，改正を断念した。

(10) やや難　**森戸事件**は，東大経済学部助教授の森戸辰男が同学部の雑誌に発表した論文「クロポトキンの社会思想の研究」から起こった筆禍事件で，これが無政府主義思想の宣伝であるとして森戸と編集発行人の東大助教授大内兵衛が休職処分となり，起訴された。

(11) 難　　戦局が悪化するなかで，軍需物資の増産と軍需産業，特に航空機生産計画の一元化を図って商工省と企画院を統合した**軍需省**が 1943 年に設置された。初代軍需大臣は東条英機首相が兼任し，次官が岸信介であった。しかし，陸海軍の対立と海上封鎖による物資不足で十分に機能しなかった。

(12) 第 1 回のアジア＝アフリカ会議（AA 会議）は，1955 年にインドネシアのバンドンで開かれたので**バンドン会議**ともいう。日本を含めた 29 カ国が参加し，平和十原則が採択された。

(13) 岸内閣の後継の池田勇人内閣は，安保闘争で高まった国内の政治的危機を，経済の急速な成長によって解消しようとし，1960 年に**国民所得倍増計画**を発表し，高度経済成長のさらなる促進を図った。

解 答

A ア．長安　イ．内裏　ウ．徳政論争（徳政相論）　エ．御霊会
　　オ．法成寺　(1)薬師寺　(2)早良親王　(3)条里制　(4)慶滋保胤　(5)藤原元命

B カ．道春　キ．神道（垂加神道）　ク．末期養子の禁　ケ．大学頭
　　コ．閑院宮家　サ．室鳩巣　(6)金地院崇伝
　　(7)貨幣の改鋳（元禄金銀の発行）　(8)折たく柴の記　(9)政談

C シ．岸信介　ス．東条英機　セ．吉田茂　ソ．保守合同
　　タ．警察官職務執行法　チ．日米安全保障　(10)森戸事件　(11)軍需省
　　(12)バンドン会議　(13)国民所得倍増計画

54 原始・古代の建物，鎌倉時代の荘園・公領，大日本帝国憲法

（2009 年度 第3問）

大半が平易で基本的な問題であるが，いくつか難問も含まれる。(3)は，寺院名でなく「建物」が問われているので，「法隆寺金堂（または五重塔）」と記すべきであることに注意したい。キ・(5)・(7)はさまざまな解答が予想されるが，解答・解説に記した用語はいずれも正解となりうる。スのシュタインは，グナイストと区別しておこう。セの「予算」は一般用語でもあるが問題の本文から判断したい。

A

ア. **竪穴住居**は縄文時代から長く主要な住居であり，西日本では7世紀頃，東日本では 10 世紀頃から姿を消していく。

イ・ウ. 弥生時代の**銅鐸**は近畿地方を中心に出土し，祭器として使用されたと考えられる。一部の銅鐸には**高床倉庫**や脱穀・動物・狩猟などの様子が描かれている。

エ. 古墳に並べられた**埴輪**は円筒埴輪と形象埴輪に大別され，その形態や技法による編年は古墳の年代決定の指標となる。形象埴輪は家形埴輪・器材埴輪・動物埴輪・人物埴輪に分けられる。

オ. 竪穴住居も多くは掘立柱であるが，通常は地面を掘り下げない平地式の住居（地表より上に生活面を有する）の場合に**掘立柱建物**という。柱根が腐りやすいが，地表面が削られても柱穴が遺跡として残りやすい。

(1)(あ) **難** ・(い) 「5～6世紀の倭国で製作され」かつ「年号を含む銘文が入った」という条件から限定したい。鏡は「癸未年」と記した銘文をもつ和歌山県の**隅田八幡神社**に伝存する**人物画像鏡**，刀剣は「辛亥年」の年号を記した銘文がある埼玉県の稲荷山古墳出土鉄剣である。それぞれ 503 年と 471 年に比定されている。なお，熊本県江田船山古墳出土鉄刀や千葉県稲荷台1号墳出土鉄剣も5世紀のものと推定されるが，銘文に年号が含まれていないので不適切である。

(2) 島根県の**出雲大社**は大社造で，切妻の屋根に千木・堅魚木を載せた古代建築様式を伝えている。

(3) 奈良県の**法隆寺（斑鳩寺）**は厩戸王（聖徳太子）が7世紀初めに創建したが，当初の若草伽藍は天智天皇のときの 670 年に焼失し，**金堂・五重塔**などの西院伽藍は7世紀末から8世紀初めの白鳳期に再建されたと考えられる。

(4) **蘇我馬子**が，百済から技術者を招いて倭国初の礎石建ち瓦葺きの本格的伽藍をもつ飛鳥寺（法興寺）を創建した。

B

カ．中世の武士団で一族を統率する者が**惣領**で，その家督を相続する嫡子とそれ以外の庶子がいた。なお，惣領は一族の所領を惣じて領有するという意味である。

キ．やや難　凡下は御成敗式目の第15条では侍と対比して，永仁の徳政令では御家人・非御家人と区別して書かれており，武士以外の一般庶民のことをいう。また，地下人・甲乙人も同様の意味で使われていた。

ク．下人・所従は主家に隷属した下層民で，その身分は世襲され，相続や譲与・売買の対象とされた。

ケ．名主層で構成された村落の**寄合**は，多数決による合議制によって運営され，南北朝・室町期の惣村における自治的な協議機関となっていく。

コ．やや難　名田を所有せず請作する**小百姓**は，名主百姓や乙名百姓に対する言葉であり，小農経営の進展とともに自立した村落の構成員とされた。

(5)　開発領主の系譜を引く武士の直営地は，**門田・佃**などといわれて年貢・公事は免除されており，そこからの収入はすべて武士が取得した。

(6)　惣領制の下では**分割相続**が基本であった。しかし，これを繰り返すことで所領の細分化による窮乏が深刻化した鎌倉末期から，惣領による単独相続へと変化していった。

(7)　「兵の道」や「弓馬の道」などの武士の道徳は，武勇・献身・名誉・廉恥などの態度を重んじ，後世の武士道の起源となった。

(8)　村落の祭祀組織である**宮座**は近畿地方に多く，氏神を中心に村人たちの精神的な結合を強め，のちの惣村の運営にも主導的な役割を果たした。

(9)やや難　名主・百姓等による領主への上申文書である**百姓申状**は，鎌倉中期頃から用いられ，年貢・公事の減免や地頭・代官の罷免などを要求した。1275年の紀伊国阿氏河荘民の訴状はその代表例である。

C

サ．1880年に結成された**国会期成同盟**は，2府22県の8万7000人の委託からなり，国会開設の請願書を太政官・元老院に提出したが受理されなかった。翌1881年には，板垣退助の自由党の結成に合流している。

シ．**伊藤博文**は，長州藩士時代の1863〜64年に井上馨とともにイギリスへ，廃藩置県後の1871〜73年に岩倉遣外使節団の主要メンバーとして米欧へ，1882〜83年に憲法調査のためヨーロッパへ渡っている。

ス．伊藤博文はベルリン大学のグナイスト，ウィーン大学の**シュタイン**から，ドイツ流の憲法理論を学んだ。シュタインの熱心な指導によって伊藤は憲法の総論や，当時ヨーロッパで最先端の考え方であった君主機関説も学んだ。

セ．大日本帝国憲法において「帝国議会ノ協賛」が必要とされたのは，「法律」「予

算」であるが，「国家の歳出歳入に関し」「毎年」とあることから**予算**に限定できる。

ソ．**立憲政友会**は，1900年に旧自由党系の憲政党と官僚を中心に創立された。初代総裁には伊藤博文が就任した。

タ．**元老**となったのは次の9名である（カッコ内は在任期間）。

黒田清隆（1889〜1900年）・伊藤博文（1889〜1909年）・山県有朋（1891〜1922年）・松方正義（1898〜1924年）・西郷従道（？〜1902年）・井上馨（1904〜15年）・大山巌（1912〜16年）・西園寺公望（1912〜40年）・桂太郎（1913年）。

(10)　明治十四年の政変で政府から追放されたとき，大隈重信が**参議**であったことを想起すればよい。明治時代の参議は1869年の版籍奉還後の太政官二官六省制で設置され，左右大臣・大納言とともに太政官を構成した。1871年の廃藩置県後の太政官三院制で太政大臣・左右大臣とともに正院の三職とされたが，1885年の内閣制度の創設によって廃止された。

(11)　開拓使官有物を不当に安い金額で払い下げることは政府の一部の者しか知らなかったが，『郵便報知新聞』などにスクープされた。政府部内では大隈重信が反対しており，それで彼に機密漏洩の嫌疑がかかったのである（**開拓使官有物払下げ事件**）。

(12)　**美濃部達吉**は，大日本帝国憲法の第4条「天皇ハ国ノ元首ニシテ統治権ヲ総攬シ此ノ憲法ノ条規ニ依リ之ヲ行フ」を国家法人説に基づいて解釈し，天皇は国家の最高機関として統治権を行使するとする学説を確立した。これに対抗したのが，穂積八束・上杉慎吉の天皇主権説であり，1935年に政府は国体明徴声明を出して美濃部の学説を否定した。

(13)　1925年に普通選挙法が成立したときの首相加藤高明は，**憲政会**の総裁であった。

解　答

A　ア．竪穴住居　イ．銅鐸　ウ．倉庫　エ．埴輪　オ．掘立柱

(1)あ隅田八幡神社人物画像鏡　い稲荷山古墳出土鉄剣　(2)出雲大社

(3)法隆寺金堂（五重塔）　(4)蘇我馬子

B　カ．惣領　キ．凡下　ク．下人　ケ．寄合　コ．小百姓

(5)門田（門畠・前田・佃・正作・用作）　(6)分割相続

(7)兵の道（弓馬の道・武家のならい）　(8)宮座　(9)百姓申状

C　サ．国会期成同盟　シ．伊藤博文　ス．シュタイン　セ．予算

ソ．立憲政友会　タ．元老　(10)参議　(11)開拓使官有物払下げ事件

(12)美濃部達吉　(13)憲政会

> # 55　律令制の解体と史料の変化，江戸時代の交通・貨幣・情報，東アジアにおける冷戦体制の形成　(2008 年度　第3問)
>
> 　A～Cともに頻出テーマであるが，下線部の設問にいくつかの難問が含まれている。(5)は複数の解答が予想されるが，発掘調査の大半は開発に伴うことから考えて解答したい。⒁ SCAP は GHQ と区別しておく必要があり，⒃日米安保共同宣言は 1990 年代後半の事柄であり，新ガイドラインとの関係を理解しておこう。

A

ア．六国史の成立・天皇・範囲・編者は次の通り。

		成立	天皇	範囲	編者
①	『日本書紀』	720 年	元正天皇	神代～持統	舎人親王
②	『続日本紀』	797 年	桓武天皇	文武～桓武	藤原継縄
③	『日本後紀』	840 年	仁明天皇	桓武～淳和	藤原緒嗣
④	『続日本後紀』	869 年	清和天皇	仁明	藤原良房
⑤	『日本文徳天皇実録』	879 年	陽成天皇	文徳	藤原基経
⑥	『日本三代実録』	901 年	醍醐天皇	清和～光孝	藤原時平

イ．藤原道長は 995 年に一条天皇の内覧となってからは実質的に関白と同じ立場となり，また，1020 年に法成寺阿弥陀堂（御堂）を建立したので，御堂関白と呼ばれ，その日記のことを『御堂関白記』という。ただし，道長は関白に就任していない。

ウ．惟宗直本が 9 世紀後半に私的に編纂した『令集解』は明法家による大宝令・養老令の注釈の集大成である。清原夏野らが 9 世紀前半に編纂した養老令の官撰注釈書である『令義解』と区別すること。

エ．文字を墨書した木簡は 7 世紀前半から 10 世紀頃まで多用され，文書木簡と付札木簡などに大別される。藤原京や平城京などの古代の宮都や地方官衙から 20 万点余りが発見されており，なかでも平城京から出土した長屋王家木簡はよく知られる。

(1)　9 世紀末～10 世紀前半の醍醐天皇による延喜の治と，10 世紀半ばの村上天皇による天暦の治は，摂政・関白を置かない天皇親政の理想の時代とされるが，古代律令制国家が解体していった時期でもある。

(2)　1998 年に奈良県の飛鳥池遺跡から「富本」と表記のある銅銭約 400 点とその鋳型などが出土し，ここが富本銭の工房であったことが明らかになった。富本銭は，『日本書紀』天武 12（683）年に使用を命じたとある銅銭と考えられる。

(3)　Ⅲ．『土佐日記』は最初のかな日記で，筆者の紀貫之が醍醐天皇の命で 905 年に『古今和歌集』を編纂したことから，成立時期は判断できよう。Ⅰ．『蜻蛉日記』

の筆者藤原道綱母は藤原兼家の夫人で，その子道綱は藤原道長の異母兄にあたる。なお，その道長の娘中宮彰子に仕えた紫式部の『源氏物語』をⅡ，『更級日記』の筆者菅原孝標女が読みたいと切望していたことを想起すれば，ⅠとⅡの順番も推測できよう。実際の成立年は，『土佐日記』（Ⅲ）が 935 年頃，『蜻蛉日記』（Ⅰ）が 974 年以降，『更級日記』（Ⅱ）は 1058 年頃である。

⑷　左大臣源高明（醍醐天皇の皇子）が 969 年に，藤原氏によって大宰権帥に左遷された事件は**安和の変**である。

⑸　古都である京都は歴史的な町並みや景観を守るために都市計画法などの法令や府・市の条例によって建築が制限されており，東京や大阪のように**市街地の再開発があまり行われていない**。そのため開発に伴う平安宮の本格的な発掘調査もなく，遺跡は地下に埋もれたままである。

⑹　紙・墨の製法技術は，高句麗僧の曇徴が推古天皇に貢上したと『日本書紀』は伝える。

B

オ．**河村瑞賢**は東廻り航路・西廻り航路を整備する一方で，淀川の支流である安治川の開発も行った。

カ．**両替商**の業務は両替・預金・貸付・為替などであり，現在の銀行とほぼ変わらなかった。

キ．オランダ船入港のたびに海外情報がオランダ商館長から長崎奉行へ報告された。この報告書をオランダ通詞が翻訳して幕府に提出したものが，**オランダ風説書**である。

⑺　五街道とその付属の街道を管轄する**道中奉行**は，大目付と勘定奉行から各 1 名が兼任し，宿駅の伝馬・旅館・飛脚などを監察した。

⑻　大坂は豊臣秀吉が大坂城を築き，城下に堺・平野などの商人を集住させたことで経済の中心地となった。江戸時代になると畿内経済の発展と西廻り航路の整備を背景に，諸大名の蔵屋敷が集まり，全国から年貢米や諸国の物産が集中して活発に取り引きされる，**全国物資の集散地**として栄えたために「天下の台所」といわれた。しかし，江戸後期には江戸地廻り経済圏や各地での地域経済圏が発展して，大坂の経済的地位は低下した。

⑼　西廻り航路は，出羽最上地方の幕領年貢米を廻漕するために整備させたものであるから，その起点とされたのは酒田（現在は山形県の中核都市）である。なお，「日本海に注ぐ大河川」とは最上川である。

⑽㊕　船運は物資の大量かつ安価な輸送に適しているため，江戸時代には海路による全国流通網が形成された。

　㊋　西廻り航路は江戸中期に酒田より北の秋田・能代・松前まで延長され，蝦夷地

と大坂の間を往来する**北前船**が就航した。

⑾　上方は但馬生野銀山や石見大森銀山が近いので，**銀貨**が流通して取引の基準とな
　　った（銀遣い）。また，江戸は伊豆金山や佐渡金山が近いので，金が基準となった
　　（金遣い）。

⑿　**林子平**は『三国通覧図説』や『海国兵談』を著して江戸湾防備を説いたが，いた
　　ずらに人心を惑わすとして幕府によって版木を没収された。

C

ク．**毛沢東**は 1921 年の中国共産党の創設に参加し，1930 年代に共産党の最高指導者
　　の地位を固め，日中戦争期には華北を中心に抗日地域を拡大し，1945 年には党中
　　央委員会主席に就任した。

ケ．国共内戦に敗れた蔣介石は 1949 年に国民党の軍人その他を引き連れて**台湾**に逃
　　れ，台北に中華民国政府を存続させた。

コ．**サンフランシスコ平和条約**には日本を含む 49 カ国が 1951 年 9 月 8 日に調印した
　　が，これが発効するのは翌 1952 年 4 月 28 日であり，この日を以て占領は終了し，
　　日本は独立国としての主権を回復した。

サ．**ポツダム宣言**は 1945 年 7 月にアメリカ・イギリス・中国（同年 8 月にはソ連も
　　参加）の首脳による共同宣言として出され，その第 7 条には連合国による日本国の
　　占領の規定があった。

シ．第 3 次吉田茂内閣は，アメリカの提案する講和条約案を受け入れ，吉田茂首相み
　　ずからサンフランシスコ講和会議に参加し，平和条約に調印した。この会議には，
　　2 つに分離した中国は，どちらが中国を代表する政府であるか米ソの意見が対立し
　　たためいずれも招かれなかった。そこでアメリカの強い要請に従って翌 1952 年，
　　中華民国政府と日華平和条約を調印した。

⒀　蔣介石による北方の諸軍閥の打倒を意図した北伐は 1926〜28 年で，その間の
　　1927〜28 年に田中義一内閣は山東省の青島・済南（さいなん）の日本人居留民の保護を名目に，
　　3 次に及ぶ**山東出兵**を行った。

⒁**やや難**　1950〜53 年の朝鮮戦争における国連軍司令官はマッカーサーで，彼の役
　　職は日本に駐留する連合国軍最高司令官で，その英語名は Supreme Commander
　　for the Allied Powers なので，略語は **SCAP**（スキャップ）である。なお，GHQ
　　は連合国軍最高司令官総司令部 General Headquarters of the Supreme Commander
　　for the Allied Powers という機関名の略語なので，解答として不適切である。

⒂　サンフランシスコ平和条約は，ソ連・中国を含む日本と戦争関係にあったすべて
　　の国々と平和条約を結ぶ全面講和ではなく，**アメリカを中心とした西側諸国（資本
　　主義・自由主義陣営）**の国々とだけ結んだものであるから，これを片面講和あるい
　　は単独講和という。

⒃　1978年に福田赳夫内閣は，「有事」の際には米軍と自衛隊の共同作戦行動とする「日米防衛協力のための指針」を閣議決定したが，この略称がガイドラインである。1996年にアメリカ大統領クリントンが来日して橋本龍太郎首相と会談し，**日米安保共同宣言**を発表してガイドラインを見直すことになった。1997年には「日本周辺有事」の際の新ガイドラインを日米両政府で決定し，これに基づいて小渕恵三内閣の1999年に新ガイドライン関連法（周辺事態安全確保法など）が成立した。

⒄　1972年に田中角栄首相が訪中し，中華人民共和国を「中国の唯一の合法政府」とする**日中共同声明**を発表して日中間の国交が樹立した。その結果，1952年に結ばれた日華平和条約は失効し，台湾の中華民国（国民政府）との国交は断絶した。

解　答

A　ア．六国史　イ．藤原道長　ウ．令集解　エ．木簡　⑴延喜・天暦の治
⑵飛鳥池遺跡　⑶Ⅲ→Ⅰ→Ⅱ　⑷安和の変
⑸古都の市街地にあり，都市の再開発が行われていないから。⑹曇徴

B　オ．河村瑞賢（瑞軒）　カ．両替商　キ．オランダ風説書　⑺道中奉行
⑻全国の物資が集散する商業・経済の中心であったから。　⑼酒田
⑽㋐船運は大量の物資を安価に輸送できるから。㋑北前船　⑾銀貨
⑿林子平

C　ク．毛沢東　ケ．台湾　コ．サンフランシスコ　サ．ポツダム
シ．吉田茂　⒀山東出兵　⒁SCAP
⒂西側諸国（資本主義陣営）のみとの講和。
⒃日米安保（安全保障）共同宣言　⒄日中共同声明

56 浄土真宗の発展，享保の改革，第一次世界大戦〜満州事変の国際関係 (2007年度　第3問)

オの大和国称念寺の寺内町「今井」，(4)近江の戦国大名の分国法，(5)寺内町における商人保護の内容，(8)参勤交代半減が「恥辱」である理由，(10)延焼を防ぐための空き地，(14)朝鮮総督の任用資格の変更がやや難問・難問である。いずれも用語集の解説には掲載があるが，教科書ではほとんど触れられていない事項なので，きめ細かな学習が大切である。

A

ア・イ． 京都の東山大谷にあった本願寺が 1465 年に延暦寺衆徒によって破却されたため，本願寺派 8 世法主の蓮如は，越前の**吉崎**に御坊（道場）を建てて北陸布教の拠点とした。しかし，激化した一向一揆を忌避した彼は畿内に戻り，1479 年に山城の**山科**で本願寺を建立し，さらに，1496 年に摂津国石山（跡地が大坂城）に御坊を創建した。山科本願寺は 1532 年に法華宗徒に焼き打ちされたため，石山御坊が石山本願寺へと昇格した。

ウ． 蓮如が書いた**御文（御文章）**は，浄土真宗の教義を書簡形式の平易な文体で門徒に説いたものである。

エ． 加賀国の守護**富樫政親**は 1474 年に対立する弟の幸千代を，一向一揆勢と結んで滅ぼしたが，その後，手の平を返して一向宗門徒を弾圧したため，1488 年に一揆勢は政親を滅ぼした。それ以降は国人・坊主・門徒が加賀を支配し，1580 年に織田信長が派遣した柴田勝家が制圧するまで続いた。

オ． 〔難〕 山科や石山，大和国称念寺の**今井**（現在の橿原市の一部）のほか，河内国興正寺の富田林などが寺内町として有名である。

(1)　親鸞が著した**『教行信証』**は，**称名**念仏が真実の行であると説いている。なお，弟子の唯円が著した『歎異抄』には，親鸞の悪人正機説がわかりやすく述べられている。

(2)　**講**はもともと経典を講読する僧侶の会合のことをいい，そこから信仰者の集団も講というようになった。蓮如は惣村を基盤に講を組織し，信者の連帯意識を強めていった。

(3)　日親は室町中期に京都や中国地方・九州で日蓮宗を布教し，6 代将軍**足利義教**にも法華信仰を勧めた。将軍から激しい拷問にあって灼熱の鉄鍋を頭に被せられても説法を説いたので，「鍋かむり上人」という伝説が生まれた。

(4)　〔やや難〕 1536 年の天文法華の乱で京都の法華一揆は，延暦寺衆徒と近江国六角氏の襲撃によって壊滅状態となった。この六角氏が 1567 年に制定した分国法が『**六角氏式目（義治式目）**』である。

(5)　難　寺内町では一向宗門徒による自治が行われており，幕府や大名による商工業への規制はなく，領主である本願寺によって徳政・課税の免除や，自由販売などの特権を認められた**楽市**の状態であった。

B

カ．享保の改革では，年貢の増徴をめざして，その年の作柄状況に応じて年貢を決定する**検見法**から，豊凶に関係なく一定率を徴収する**定免法**に切り替えられた。

キ．**大岡忠相**は徳川吉宗に抜擢されて山田奉行から（江戸）町奉行となり，最終的には寺社奉行にまで昇進した。忠相もまた，青木昆陽・田中丘隅などの人材を抜擢して登用した。

ク．小石川には幕府の薬園があったが，目安箱の投書により薬園内に病人を収容して治療する**小石川養生所**がつくられた。

(6)　1715年に出された**海舶互市新例**は**長崎新令・正徳新令**ともいい，年間で清船30隻・銀高6000貫，オランダ船2隻・銀高3000貫までに貿易額を制限して金銀の流出を抑制し，銅での支払いにも制限を加えた。

(7)　**京都所司代・大坂城代**は，ともに譜代大名から任命される要職である。京都所司代は，朝廷の監察や京都町奉行らの統率に加えて，京都周辺8カ国の天領における訴訟と西国大名の監督にもあたった。大坂城代は，大坂城の守護，諸役人の統率，西国大名の監視を職務とした。

(8)　難　参勤交代は大名の経済力の削減との関係で言及されることが多いが，これは副次的な要素で，その本質は将軍と大名との主従関係の確認である。具体的には軍役賦課の予行演習である江戸への行軍という形をとり，これを以て大名の将軍に対する忠誠心の証しとしたのである。したがって，**参勤交代の在府期間を半減すれば，将軍権威の低下を招くことにつながる。**

(9)　柄井川柳の『**誹風柳多留**』は1765年に初編が刊行され，これ以後川柳の称が一般化し，流行した。

(10)　難　江戸の市街地の大半は木造家屋であり，防火用水の設備も不十分であったので，**火除地**を設けることで延焼を防いだ。

(11)　**青木昆陽**は大岡忠相に見出され，凶荒対策に甘藷（さつまいも）の栽培を説いた『**蕃藷（薯）考**』が徳川吉宗に認められて幕府に出仕した。吉宗の命により蘭学の学習を始め，『和蘭文字略考』などを著し，その知識は前野良沢に継承された。

C

ケ．1902年に締結された**日英同盟**はロシアに対抗するための攻守同盟で，日英のいずれかがある一国と交戦した場合の中立と，第三国が介入した際の参戦を義務づけている。その後の改定で1905年に適用範囲がインドにまで広げられ，1911年にア

メリカが対象から除外された。

コ．**山東半島**は 1898 年にドイツが青島を中心とする膠州湾を，イギリスが威海衛を
中国から租借していたが，1914 年に第一次世界大戦が勃発すると，日本は膠州湾
を攻略してドイツ権益を接収した。

サ．ウィルソンの提唱で 1920 年に**国際連盟**が発足したが，当初は敗戦国のドイツ
（1926 年に加盟）や共産主義国のソ連（1934 年に加盟）は加盟できず，アメリカ
は上院の反対により参加しなかった。なお，日本は当初からイギリス・フランス・
イタリアとともに常任理事国であった。

シ．**五・四運動**は近代中国で最初の大規模な反日運動で，1919 年 4 月にパリ講和会
議で山東半島の返還が拒絶されたことから起こった。運動は北京の学生を中心に各
地に拡大し，日本商品を買わない日貨排斥が行われた。

ス．**ワシントン体制**は第一次世界大戦後のヨーロッパの国際秩序であるヴェルサイユ
体制に続き，1921～22 年のワシントン会議で結ばれた条約・協定によって形成さ
れた極東および太平洋の国際秩序である。日本の勢力拡大を抑えて東アジア・太平
洋地域の安定をめざすものであったが，1931 年に満州事変が勃発して崩壊してい
った。

⑿　寺内正毅首相が私設秘書の西原亀三を通じて段祺瑞政権に行った借款のことを，
秘書の名をとって**西原借款**という。総額 1 億 4500 万円にのぼったが，段祺瑞政権
が崩壊してほとんどが未返済となった。

⒀　1907 年に締結した第 1 次**日露協約**では満州における相互の勢力範囲，1910 年の
第 2 次では満州での相互の特殊権益を擁護するための共同行動，1912 年の第 3 次
では内蒙古における勢力範囲を約し，1916 年の第 4 次では極東における軍事同盟
に発展したが，1917 年のロシア革命で廃棄された。

⒁　［難］　朝鮮総督は陸海軍大将の中から任命され，天皇に直属して総理大臣の監
督は受けない強大な権限を有していた。1919 年の三・一独立運動後には**武官制か
ら文・武官併用制**，つまり文官まで任用範囲は拡大したが，実際にはその後もすべ
て武官であった。

⒂　**四カ国条約**は日・米・英・仏の間で 1921 年に締結され，太平洋問題の平和的解
決と日英同盟の廃棄が定められた。**ワシントン海軍軍縮条約**は英・米・日・仏・伊
の間で 1922 年に締結され，主力艦（戦艦・航空母艦）の総トン数の比率が 5：
5：3：1.67：1.67 と定められた。

⒃　1931 年の**柳条湖事件**は，関東軍参謀の板垣征四郎と石原莞爾による謀略で，奉
天郊外の柳条湖で満鉄線路を爆破し，これを中国軍の行為であると偽って軍事行動
を開始した。

解 答

A ア. 吉崎 イ. 山科 ウ. 御文（御文章） エ. 富樫政親 オ. 今井
(1)教行信証 (2)講 (3)足利義教 (4)六角氏式目（義治式目）
(5)楽市の保障（諸税の免除）

B カ. 定免法 キ. 大岡忠相 ク. 小石川養生所
(6)海舶互市新例（長崎新令，正徳新令） (7)京都所司代，大坂城代
(8)軍役の半減は将軍権威の低下を招くから。 (9)誹風柳多留 (10)火除地
(11)青木昆陽

C ケ. 日英同盟 コ. 山東 サ. 国際連盟 シ. 五・四 ス. ワシントン
(12)西原借款 (13)日露協約 (14)武官から文武官併用に変更された。
(15)四カ国条約，ワシントン海軍軍縮条約 (16)柳条湖事件

57 縄文～古墳時代の石器・金属器，荘園公領制の成立，明治初期～日清戦争期の日朝関係 （2006年度 第3問）

> アの石匙，下司と公文（キ）に対する預所（ク）と雑掌の区別が細かい知識であり，セの三浦梧楼は漢字ミスに注意を要し，やや難問。ウの太型蛤刃，⑽百姓名，⑿壬辰倭乱は，難問である。しかし肝要なのは，それ以外の基本～標準レベルの問題を取りこぼさないことである。

A

ア やや難 ・**イ**．縄文時代の多様な石器のうち，動物の皮を剝ぐためのものは**石匙**，祭祀に用いられたとみられ，男性を象徴するのは**石棒**。

ウ． 難 水稲耕作の技術とともに朝鮮半島からもたらされた大陸系磨製石器には，木材伐採用の**太型蛤刃石斧**，木工用の柱状片刃石斧・扁平片刃石斧などがあった。

エ．水稲農耕とともに伝わった収穫用の磨製石器は**石包丁**であり，実った穂先だけをつみとる穂首刈りが行われた。弥生後期に鉄器が普及すると，鉄鎌による根刈りが一般的になった。

オ．**銅鐸**は裾広がりの筒状で，閉じた方の上部に吊り手（鈕）があり，揺り動かすと中に吊り下げてある舌が内面に触れて音が出る。青銅製祭器としては，近畿地方を中心に分布する銅鐸のほかに，瀬戸内海中部を中心とする平形銅剣，北部九州中心の銅矛・銅戈があり，共通の祭器を用いる地域圏の存在が推察されている。

⑴ **（縄文）海進**のピークは約6000年前で，現在よりも年平均気温は1～2℃，海面は3～5mほど高かったと考えられている。

⑵ 女性を表現した**土偶**は，その形状からハート形，ミミズク形，遮光器形などに分類され，安産や豊穣を祈るためのものとの説がある。

⑶ 島根県の**（神庭）荒神谷遺跡**では，1984～85年の発掘調査によって多数の銅剣・銅矛・銅鐸が発見された。また，近くにある加茂岩倉遺跡では，1996年に39点の銅鐸が出土している。

⑷ ヤマト政権に奉仕した職能集団である品部のうち，鉄器製作集団は**韓鍛冶部**である。同様に朝鮮半島から渡来した技術者集団には，須恵器を製作した陶（作）部，錦，綾を織る錦織部などがあった。

⑸ 埼玉県の**稲荷山古墳**から出土した鉄剣は銘文の「辛亥年」から471年に製作されたものと考えられる。また，銘文にみえる「獲加多支鹵大王」は，熊本県の江田船山古墳から出土した鉄刀にもみられ，『日本書紀』に記載された雄略天皇＝『宋書』の倭王武に比定されている。

B

カ．**田堵**は荘園や公領の田地を請作する有力農民で，10～11世紀頃に出現した。請作地は田堵の名前がつけられて名（名田）と呼ばれ，請作を継続して名に対する権利を強化した田堵は，12世紀頃から名主と呼ばれるようになった。

キ・ク．やや難　荘園を管理する荘官には，現地の開発領主から任命された下司や**公文**，預所代などの下級荘官と，領主から派遣された**預所**や雑掌などの上級荘官があった。

ケ．**下人・所従**は，荘園・公領内の荘官・地頭・名主層に隷属して，佃（正作）などの直営地を耕作した下層農民で，世襲や売買の対象ともなった。

(6)　国衙の実務を担った役人のうちで，最初は地方豪族の出身者を在庁，介（次官）以下の国司を官人と称したが，国守の目代が統括する留守所制が一般化する12世紀には両者の区別はなくなって**在庁官人**とされた。

(7)　太政官符や民部省符によって租税が免除される不輸の権を得た荘園（官省符荘）であっても，国衙の使者の立ち入りは可能であったので，荘園領主はこれを拒否できる**不入の権**を太政官に求めたのである。

(8)　1069年に太政官管轄下に設けられた**記録荘園券契所（記録所）**は，証拠書類である券契が不分明な荘園を停止した。一方，書類が整っている場合は正式な荘園と認められ，周囲の公領との境界が明確になった。

(9)　**大田文（図田帳）**は一国内の荘園・公領ごとに田地の面積や，荘園領主・地頭などの領有関係を記した土地台帳で，鎌倉幕府も作成を命じている。

(10)　難　**百姓名**は平民名・土民名ともいい，荘園・公領における荘官名や地頭名とは区別された一般の有力農民が所有・経営している名田のことで，家族や下人・所従が耕作したり，他の農民（作人）に請作させた。

(11)　**免田**は荘園・公領において年貢・公事などの負担を免除された田地のことで，それらの免除分は荘官・地頭などの給与になることから**給田**ともいった。

C

コ．1863年に即位した朝鮮国王の**高宗（李太王）**であったが，政権は実父の大院君が掌握し，1873年の大院君失脚後は，閔妃一族に政権を握られた。1895年に閔妃が殺害されると高宗はロシア公使館に逃れ，1897年に大韓帝国皇帝となったが，1907年のハーグ密使事件で，日本の圧力により強制的に退位させられた。

サ．閔氏はその一族の女性（閔妃）が高宗の王妃（明成皇后）になったことで，大院君から実権を奪った。当初は親日派と結んで近代化を進めたが，のちに清やロシアと結んで親日派を弾圧した。

シ．**日朝修好条規（江華条約）**は1875年の江華島事件の翌1876年に，日本側から黒田清隆・井上馨らが派遣されて調印された。これは朝鮮が釜山・仁川・元山の開港，

日本の領事裁判権や関税免除を認めた不平等条約である。

ス. **金玉均**は朝鮮高官として1882年の壬午軍乱の前後に3度来日して親日派となり，独立党の指導者として朴泳孝らと1884年に甲申事変を起こしたが失敗，日本に亡命ののち，1894年に上海で暗殺された。

セ. やや難　　**三浦梧楼**は長州出身の軍人・政治家で，三国干渉後の1895年に駐朝公使となり，親露派の閔妃の殺害を主導した。「梧楼」の漢字ミスに注意したい。

⑿　難　　日本では豊臣秀吉による1592年からの朝鮮出兵を，当時の年号により文禄の役，1597年からの出兵を慶長の役というが，朝鮮では干支によってこれらを**壬辰（の）倭乱**，丁酉（の）倭乱という。

⒀　長崎近郊の**浦上**の隠れキリシタンが，1865年に大浦天主堂が落成した際にフランス人宣教師に信仰を告白した。その後の明治政府も彼らを弾圧して各地に配流した（浦上信徒弾圧事件）ので，欧米諸国から抗議を受け，1873年にキリシタン禁制の高札を撤廃することになった。

⒁　開化・親日派の閔氏政権に対し，1882年に守旧派の大院君が軍隊の支持を得て起こしたクーデタは**壬午軍乱**である。清国が出兵して鎮圧されたが，日本は済物浦条約を結んで公使館警備の軍隊駐留権を獲得した。

⒂　壬午軍乱後に閔氏と開化派の一部は清に接近して事大党を結成し，これに対抗する金玉均らの独立党が1884年に**甲申事変**を起こした。これによって日清関係は悪化し，その打開のため翌1885年に天津条約が結ばれた。

⒃　**東学**は西学（キリスト教）に対する民衆宗教で，崔済愚が創始した。幹部の全琫準が農民を率いて1894年に反乱を起こし，これが甲午農民戦争（東学党の乱）となった。

解　答

A　ア. 石匙　イ. 石棒　ウ. 太型蛤刃　エ. 石包丁（石庖丁）　オ. 銅鐸
　⑴海進（縄文海進）　⑵土偶　⑶（神庭）荒神谷遺跡　⑷韓鍛冶部
　⑸稲荷山古墳

B　カ. 田堵　キ. 公文　ク. 預所　ケ. 下人・所従　⑹在庁官人
　⑺不入の権　⑻記録荘園券契所（記録所）　⑼大田文（図田帳）　⑽百姓名
　⑾免田（給田）

C　コ. 高宗（李太王）　サ. 閔　シ. 日朝修好条規（江華条約）　ス. 金玉均
　セ. 三浦梧楼　⑿壬辰倭乱　⒀浦上　⒁壬午軍乱　⒂甲申事変
　⒃東学（東学党）

58 古代の土地制度と支配の転換，江戸時代の飢饉と 百姓一揆，近代の高等教育機関 （2005年度　第3問）

(1)の「公田」，(5)の「院宮王臣家」の説明と，ソの森戸事件は，やや難問。また，スの 陸軍士官学校（海軍兵学校）は難問である。それ以外は標準的な問題なので，確実なとこ ろから得点に結びつけたい。

A

ア. 1年を限って田地を賃貸借することを賃租といい，借りた方は収穫の2割程度の 賃料（地子）を払った。律令の規定では，春の耕作前に支払うことを賃，秋の収穫 後に支払うことを租とした。

イ. 本籍地（本貫）から離れた流浪先で戸籍に登録され，調・庸を納める者を浮浪， 所在が不明で調・庸を納めない者を逃亡というが，実際にはこの区別は明確ではな く，浮浪・逃亡と一括されることが多い。

ウ. 端的にいえば私的な所有地が荘園で，8～9世紀段階では律令国家権力を行使す る有力な貴族・寺院が領主であった（初期荘園）。問題文にあるように，9世紀後 半には地方豪族や有力農民が院宮王臣家と結んで，その私営田を荘園とし，その権 威を背景に国司・郡司の命令を拒否して租税の納入を免れようとしたのである。

エ. 戸籍・計帳によって農民を個別に把握し，主に成年男子に課税することが困難と なったので，公領の田地を名（名田）という単位に再編して，そこから徴税を行う こととなった。つまり，課税対象を人から土地へと転換したのである。

オ. 名（名田）の耕作は田堵と呼ばれる有力農民に請け負わせ（請作），かつての 租・調・庸・雑徭などに相当する官物や臨時雑役を徴収した。官物は主として米， 臨時雑役は特産物や手工業品，労役などをさす。

(1) やや難　　口分田や位田・職田などを班給した後の剰余の田を公田，または乗田と いう。

(2) 課役とは調・庸・雑徭のことで，そのうち，「少丁は免除」という条件に合うの は庸である。なお，それぞれの負担額は次の通り。

	正丁 （21～60歳）	老丁（次丁） （61～65歳）	少丁（中男） （17～20歳）
調	絹・糸など特産物	正丁の1/2	正丁の1/4
庸	布2丈6尺	正丁の1/2	なし
雑徭	年60日以内の労働	正丁の1/2	正丁の1/4

(3) 『万葉集』にみえる「貧窮問答歌」の作者で知られるのは<u>山上憶良</u>である。

(4) 師から戒を授かって正式の僧侶になることを得度といい，これには官許が必要であったが，僧侶になると課役を納める必要がなくなるので，勝手に僧侶となる<u>私度僧</u>が多かった。

(5) <u>やや難</u>　院宮王臣家の院は太上天皇（上皇），宮は太皇太后・皇太后・皇后の三宮と中宮・東宮，王臣家は親王・内親王・諸王や五位以上の有力貴族をさす。しかし，ここではそうした語句を逐一説明する必要はなく，**特権的な皇族や上級貴族である**ことを述べればよい。

B

カ．寛政の改革を主導した松平定信は<u>白河藩主</u>で，8代将軍徳川吉宗の孫にあたる。天明の大飢饉に際して，領内に一人も餓死者を出さなかったといわれ，その手腕を見込まれる形で老中に推挙された。

キ．佐倉惣五郎や磔　茂左衛門の伝承に代表される江戸前期の**代表越訴型一揆**では，年貢減免などの経済的な要求が主であり，規模は小さい。これに対して，江戸中・後期の惣百姓一揆や世直し一揆になると，代官の罷免など政治的な要求も加わり，規模も大きくなる。

ク．江戸時代の農村では，年貢の納入を村全体の責任で行わせる**村請制**がとられ，この業務を担当したのが名主や庄屋などと呼ばれた村役人たちであった。

ケ．村請制では，年貢や村入用をめぐって村役人による不正が行われたり，地主制の進展の結果，富農と貧農との金銭貸借の問題が起こったりすると，貧しい小前百姓が村役人や富農を領主に訴えた。これが**村方騒動**であり，18世紀後半に増加していった。

コ．平田篤胤門下の国学者であった<u>生田万</u>は，1837年，大坂で起こった大塩平八郎の乱に刺激され，越後柏崎の代官所を襲撃して敗死した。

(6) 1641〜42年の寛永の飢饉は，江戸時代始まって以来の全国的な大飢饉であった。その折に幕府は本百姓が土地を手放して水呑へと没落するのを防ぎ，本百姓経営を維持させるために1643年に**田畑永代売買の禁令**を出した。

(7) 享保の大飢饉のときに，江戸で初めて起こった打ちこわしでは，米を買い占めて米価を高騰させたとして，有力な**米問屋**が襲撃された。江戸時代の打ちこわしの多くは飢饉に際して起こり，米商人や質屋，酒屋などの富商が襲われるものであった。

(8) 天明の大飢饉後，諸藩でも殖産興業に努めるとともに藩校を整備するなどの藩政改革を行った。藩校では秋田藩の**佐竹義和**による明徳館の設立，米沢藩の上杉治憲（鷹山）による興譲館の再興，天明の大飢饉前だが熊本藩の細川重賢による時習館の設立も押さえておきたい。

(9) 天保の大飢饉中には一揆が頻発したが，1836年の三河の**加茂一揆**，甲斐の郡内

騒動は，幕領で起こった大規模な世直しを求める一揆であり，幕府は衝撃を受けた。

⑽　1837 年に大坂で反乱を起こした大塩平八郎は，**大坂町奉行所**の元与力だった。元幕臣の蜂起であったために幕府首脳部の衝撃は大きく，天保の改革が行われる要因となった。

C

サ．1886 年の帝国大学令は，同時に制定された小学校令・中学校令・師範学校令とともに学校令と総称される。なお，当時の文相は森有礼である。

シ．1918 年の大学令に基づき，1920 年には東京商科大学（現在の一橋大学）などの**単科大学**が設置された。

ス．　難　　将校（少尉以上の軍人）養成の教育機関として，**陸軍士官学校**および**海軍兵学校**があった。なお，陸軍大学校・海軍大学校は高級軍人官僚を養成する機関で，隊付経験 2 年以上の中尉・大尉クラスが学んだ。

セ．**西田幾多郎**は西洋哲学の研究と参禅の体験から 1911 年に『善の研究』を発表し，日本独自の哲学を構築した。

ソ．　やや難　　1920 年，東京大学助教授森戸辰男が発表した「クロポトキンの社会思想の研究」が危険思想だとみなされ，編集発行人の東大助教授大内兵衛とともに大学を休職処分となり，起訴されて有罪となった（**森戸事件**）。

⑾　文官は右図のように分かれており，天皇に奏上して
から任命される奏任官は最初，帝国大学卒業者は無試
験であったが，1893 年制定の**文官任用令**で文官高等
試験の合格者に限定した。また，親任官（各大臣，陸
海大将，大審院長など）を除く勅任官は自由任用であ

	勅任官	親任官
高級官吏		勅任官
	奏任官	
下級官吏	判任官	

ったが，第 2 次山県有朋内閣による 1899 年の改正で試験に合格した奏任官から任命されることにし，政党員の登用を制限した。

⑿　太平洋戦争の激化にともない，1943 年 10 月に理工医および教員養成系諸学校を除いた文系学生に対する徴兵猶予が廃止され，多くの学生が陸海軍へ入隊した。これを**学徒出陣**という。

⒀　1937 年，広田弘毅内閣が軍部と政党との対立を調整できずに総辞職し，陸軍の巨頭で穏健派の宇垣一成に組閣の大命が下った。しかし，宇垣が 1920 年代に軍縮を行ったことに対する反発から，陸軍の主導部は**軍部大臣現役武官制**を盾に陸相を出さず，宇垣内閣は組閣に失敗した。

⒁　ドイツ人医師ベルツは 1876 年に来日し，東大医学部などで内科・産科を講義，1905 年に帰国した。在日中の『ベルツの日記』は明治期の日本を知る上で重要な史料である。

⒂　統治権は法人である国家にあり，天皇はその最高機関であるとする美濃部達吉の

[58] 2005年度 第3問 **179**

天皇機関説（国家法人説）は，明治末以来の学界の定説であったが，1935年には
軍部や右翼らを中心に反国体的学説とする非難の声が強まり，岡田啓介内閣は国体
明徴声明を出して，天皇機関説を否認・排撃した。

解 答

A ア．賃租　イ．浮浪・逃亡　ウ．荘園　エ．名（名田）　オ．臨時雑役
(1)口分田などを班給した残りの田地で，乗田ともいう。　(2)庸
(3)山上憶良　(4)私度僧　(5)特権を有する皇族や上級貴族。

B カ．白河　キ．代表越訴型一揆　ク．村請　ケ．村方騒動　コ．生田万
(6)田畑永代売買の禁令　(7)米問屋　(8)佐竹義和　(9)加茂一揆
(10)大坂町奉行所

C サ．1886　シ．単科大学　ス．陸軍士官学校（海軍兵学校も可）
セ．西田幾多郎　ソ．森戸事件　(11)文官任用令　(12)学徒出陣
(13)軍部大臣現役武官制　(14)ベルツ　(15)天皇機関説（国家法人説）

59　摂関政治とその時代，室町幕府の東国支配，江戸時代の出版

（2004年度　第3問）

　A～Cともに基本的なテーマであるが，いくつか難問も含まれている。(6)・(9)の国名や県名は，歴史地理の知識が要求されている。クの『好色一代男』は基本用語であるが，西鶴の最初の作品はと問われると答えに窮する。(17)蔦屋重三郎は江戸出版界では著名な人物であるが，文化史まで手が回っていない受験生にはやや難しいだろう。

A

ア．道長の子の**藤原頼通**は，父の後を受けて1017年に後一条天皇の摂政となり，1067年までの50年間も摂政・関白として天皇政治を後見した。

イ．後一条・**後朱雀天皇**の母は藤原彰子，後冷泉天皇の母は藤原嬉子で，いずれも道長の娘，頼通の姉妹である。

ウ．**外戚**とは母方の親族のことだが，その範囲は一般に，生母の父（外祖父）・兄弟（伯叔父）を指す。上記の3人の天皇でいえば，道長が外祖父，頼通が伯叔父となる。当時の婚姻形態や貴族社会の慣行によって，天皇は生母の実家，すなわち道長の家で養育されたため，外祖父である道長や伯叔父である頼通は天皇への強い発言力をもったのである。

エ．光源氏を主人公とする『源氏物語』の作者の紫式部は，一条天皇の中宮彰子に仕えた。これに対し，『枕草子』の作者である清少納言は，同じく一条天皇の皇后定子（道長の兄道隆の娘）に仕えている。

オ．諸国の郡司や百姓が国司の圧政を訴えた代表的な例が，988年の「尾張国郡司百姓等解（文）」である。ここでは当時の尾張国守藤原元命の在任3年間に及ぶ悪政を31カ条にわたって列記している。

(1)　藤原実資の邸宅を小野宮といい，彼が右大臣であったことから，その日記のことを『小右記』という。実資（957～1046年）は，道長（966～1027年）とほぼ同時代に生きた人物であり，977～1040年頃に書かれた日記は，摂関政治全盛期の政治・社会状況を知る上で，第一級の史料である。

(2)　**藤原公任**（966～1041年）もまた，道長・実資と同時代の公卿・歌人である。政治より学問・芸能の分野で多才な人で，和漢の詩集・歌集から朗詠に優れた作品を集めて編纂した『和漢朗詠集』や，有職故実書である『北山抄』などの著作があり，三十六歌仙の一人にも数えられている。

(3)　**目代**は，国司の四等官（守・介・掾・目）の最下級である目の代理という意味で，最上級の守に代わって，任国の留守所で在庁官人を指揮して執務にあたった。なお，現地に赴任しない国司のことを遙任という。

(4) 藤原元命は，オの解説にも述べたように，任国の尾張で強引な収奪を行い私腹を肥やしたとして 988 年の「尾張国郡司百姓等解（文）」による告発をうけて，翌年，国司を解任された。また，『今昔物語集』には，「受領は倒るるところに土をつかめ」という言葉で知られる信濃国守藤原陳忠の強欲ぶりが描かれている。

(5) 阿弥陀如来が死者を迎えに来て西方の極楽浄土に往生することを願う浄土教が広まり，仏像では阿弥陀如来像が盛んに作られた。このような多くの仏像需要に応える形で，定朝が寄木造の技法を完成し，仏像の大量生産が可能となった。

B

カ．初代の鎌倉公方は尊氏の子である**足利基氏**である。その後は，氏満・満兼・持氏と世襲した。

キ．1416 年，前年に関東管領職を退いていた**上杉禅秀（氏憲）**が，かねてから不和であった鎌倉公方足利持氏に反乱を起こした（上杉禅秀の乱）。一時は持氏も鎌倉から逃れたが，幕府は駿河・越後の軍勢に援軍を命じ，翌 1417 年に氏憲は鎌倉で自殺して反乱は終結した。

(6) 鎌倉府の当初の支配地域は，関東 8 カ国および**伊豆・甲斐**である。なお，関東 8 カ国とは，武蔵・相模・安房・上総・下総・常陸・上野・下野のことで，江戸時代の関八州，近代以降の関東地方（東京・埼玉・神奈川・千葉・茨城・群馬・栃木の 7 都県）となる。

(7) 『難太平記』は，その名の通り『太平記』の誤りに訂正を加えながら今川氏の家系や功績を記したもので，今川了俊（貞世）が子孫のために書き残した（成立は 1402 年）。

(8) 正長の土一揆が 6 代将軍義教の代始めに起こった徳政一揆（代始めの徳政）だということを想起できれば，この「義持の死」は 1428 年のことだとわかる。よって，翌年に起こった「守護家臣の国外追放を主張する一揆」とは 1429 年の播磨の土一揆であり，そのときの播磨国の守護は**赤松氏**（赤松満祐）である。

(9) 上杉憲実は 1439 年に円覚寺の僧快元を初代庠主（校長）に迎え，漢籍を寄進して足利学校を再興した。校名に足利とあるように，所在地は現在の**栃木県足利市**である。学校は以後も発展し，16 世紀後半にはイエズス会宣教師フランシスコ＝ザビエルが「坂東の大学」と呼び，ヨーロッパに紹介した。

(10) 鎌倉公方持氏が 1438〜39 年の永享の乱に敗れて自殺したのち，その子の成氏が下総で**古河公方**を，8 代将軍義政の兄弟の政知が伊豆で堀越公方を名乗って，鎌倉公方は 2 つに分裂した。なお，堀越公方は政知の子の茶々丸が北条早雲に滅ぼされ，古河公方は成氏の子孫が早雲の孫の氏康に追放された。

(11) 「ある戦国大名」とは越後の長尾景虎（上杉謙信）である。長尾氏はもともと守護代であったが，景虎は春日山城を拠点とし，1561 年上杉憲政から上杉の名跡と

関東管領職を受け継いだ。城下町の**春日山**は，現在の新潟県上越市である。

⑿ 後北条氏初代の北条早雲（伊勢新九郎長氏）は，室町幕府政所執事の伊勢氏の流れを汲む。その家訓が『**早雲寺殿廿一箇条（早雲寺殿二十一箇条）**』で，日常の生活態度や奉公の心得などを記している。

C

ク．井原西鶴は西山宗因門下の談林派の俳諧師として活躍していたが，1682 年に『**好色一代男**』を発表して浮世草子作者に転じ，好色物のほか，『**日本永代蔵**』『**世間胸算用**』などの町人物，『**武道伝来記**』『**武家義理物語**』などの武家物の作品を残した。

ケ．**人形浄瑠璃**は，琵琶や三味線を伴奏にした語り物の一種である浄瑠璃に，操人形が結びついて江戸初期に成立した人形芝居である。元禄期の竹本義太夫は諸流派を統合し，近松門左衛門の脚本を独特の節回しで上演して義太夫節を完成させた。

コ．庶民教育機関である**寺子屋（手習所）**は，江戸時代には都市から農村にまで広く普及し，18 世紀以降は増加の一途をたどった。寺子の学力や職業に応じた個別学習を原則とし，読み・書き・そろばんなどを教えた。

サ．吉田光由の『**塵劫記**』は江戸初期に刊行され，和算の平易な入門書として広く読まれた。また，関孝和は 1674 年に高等数学の書である『**発微算法**』を著した。

⒀ イエズス会の宣教師ヴァリニャーニが伝えた活字印刷術は，日本語をポルトガル系ローマ字で印刷するもので，『**天草版平家物語**』『**天草版伊曽保物語**』などの**キリシタン版（天草版）**が出版された。なお，豊臣秀吉の朝鮮出兵によって朝鮮から伝えられた活字印刷術は，日本語を漢字で印刷するものであったが，キリシタン版とともに江戸時代には普及しなかった。

⒁ 江戸初期の文芸であるから，室町時代からの御伽草子の系譜を引く**仮名草子**である。仮名草子とは，平明な仮名文字で書かれた啓蒙・娯楽・教訓を中心とした小説類のことで，井原西鶴はこれを発展させて浮世草子を確立した。

⒂ 「往来物」とは，平安時代〜近代初頭に出版された手習いの教科書で，「書簡往来」が原義であり，往復の手紙一対を集めて編集されている。近世にも流通した古往来の代表的なものが『**庭訓往来**』で，書式の模範や社会生活に必要な単語を収録している。

⒃ 難　いわゆる女訓書（女子用教訓書）として知られる『**女大学**』は貝原益軒の『**和俗童子訓**』をもとに書かれたものだが，著者についてははっきりしていない。『女大学』で説かれている「三従」「七去」などの教えは，近世の女子教育の典型とされている。ちなみに，『和俗童子訓』では女子三従の教えが次のように記されている。「父の家にありては父にしたがひ，夫の家にゆきては夫にしたがひ，夫死しては子に従ふを三従といふ」。

⑰ やや難　18 世紀後半に活躍した出版業者の**蔦屋重三郎**は，大田南畝・山東京伝・滝沢馬琴・喜多川歌麿・東洲斎写楽・葛飾北斎などの著名な文人・画家と交際があった。寛政の改革の洒落本統制で，1791 年に山東京伝は手鎖 50 日，蔦屋は身上半減（財産の半分を没収）の処罰を受けた。

⑱　同じく寛政の改革の出版統制で，1792 年に林子平は禁錮の処罰を受け，江戸の防備を説いた著書『**海国兵談**』が地理書の『三国通覧図説』とともに「虚構妄説」として版木が没収された。

解　答

A　ア．藤原頼通　イ．後朱雀　ウ．外戚　エ．光源氏　オ．郡司　⑴小右記
　　⑵藤原公任　⑶目代　⑷藤原元命　⑸阿弥陀如来像

B　カ．足利基氏　キ．上杉禅秀（氏憲）　⑹伊豆国・甲斐国　⑺難太平記
　　⑻赤松氏　⑼栃木県　⑽古河公方　⑾春日山　⑿早雲寺殿廿一箇条

C　ク．好色一代男　ケ．人形浄瑠璃　コ．寺子屋（手習所）　サ．吉田光由
　　⒀キリシタン版（天草版）　⒁仮名草子　⒂庭訓往来　⒃女大学
　　⒄蔦屋重三郎　⒅海国兵談

60 清和源氏と桓武平氏，江戸幕府の職制，明治天皇の生涯

(2003年度　第3問)

用語集にも掲載されていない⑽巡見使と，⒁(い)木戸幸一は難しいが，このような難問に気をとられず，基本問題を確実に得点することを心がけよう。⑿西郷隆盛は，本問のように明治六年の政変と民撰議院設立建白書の関係から問われることがある。

A

ア．10世紀の平将門の乱が一族の平貞盛らによって鎮圧されたので，東国はそのまま平氏の地盤であった。1028～31年の3年にわたる反乱で房総地方を荒廃させたのは，**平忠常の乱**であり，これを源頼信が平定したことで，源氏が東国に進出することになった。

イ．前九年の役（1051～62年，関白藤原頼通の時代）は，陸奥の俘囚（服属した蝦夷）の長の安倍氏が起こした反乱であり，このとき源頼義に協力したのは，**出羽の俘囚の長であった清原氏**である。清原氏はこの乱の平定後，安倍氏の旧領を得て奥羽にわたる勢力を確立した。

ウ．**北面の武士**は院御所の北面に詰めたことからこの名があり，白河上皇によって設置されて院の主要な武力となった。平正盛（清盛の祖父）は伊賀の私領を寄進し，北面の武士に採用された。

エ．源義家は前九年の役・後三年の役を平定して武名を高めたが，12世紀初めには子の**源義親**が出雲で反乱を起こした。これは平正盛によって鎮圧され，源氏の勢力は一時衰退した。

⑴　**押領使・追捕使**はともに，凶党追捕のために置かれた国衙の軍事力である。令外官であり，国司が国内の候補者を推挙し，太政官符によって任命された。当初は臨時の官として置かれたが，承平・天慶の乱の後に常置されるようになった。東国や山陰・西海道諸国では押領使，畿内近国では追捕使が多く，それ以外の諸国では両者が混在する傾向がある。

⑵　安倍氏の反乱である前九年の役を記した『**陸奥話記**』は，公文書に基づく同時代性の高い軍記物語である。乱後まもなく成立し，源頼義・義家の戦功を中心に描いている。

⑶　奥羽にわたる勢力を確立した清原氏一族の内紛が高じて1083～87年に後三年の役が起こった。この乱で勝利を収めたのが藤原（清原）清衡である。清衡は奥羽を支配する奥州藤原氏の祖となり，本拠地の平泉に**中尊寺**を建立した。その金堂には清衡・基衡・秀衡の藤原氏三代の遺体が安置されている。なお，基衡は毛越寺，秀衡は無量光院を造営した。

(4)　白河上皇が「天下三不如意」として嘆いたのは，「**賀茂川の水**」「双六の賽_{(すごろく)(さい)}」「山法師」である（『源平盛衰記』）。すなわち賀茂川の氾濫，双六による博打，延暦寺僧兵の強訴を指す。

(5)　平忠盛が肥前国神埼荘（鳥羽院領）の荘官となり，日宋貿易に従事した。子の清盛は，摂津国の**大輪田泊**（現在の神戸港）を修築して貿易をさらに推進した。

B

オ．江戸幕府の寺社奉行・（江戸）町奉行・勘定奉行のことを**三奉行**というが，寺社奉行は譜代大名から任命されたのに対して，町奉行・勘定奉行は旗本から任命されており，寺社奉行が最も格上である。

カ．**京都所司代**は朝廷・公家の監察および西国大名の監視を任務とし，江戸幕府では老中に次ぐ重職。一般に大坂城代から京都所司代，さらに老中へと昇進するのが譜代大名の出世コースであった。

キ．老中や寺社奉行・町奉行など，江戸幕府の役職には複数名が任命され，職務は**月番制**で勤められた。

ク．一つの役職では決定できない重要な案件や管轄がまたがる訴訟は，老中・三奉行・大目付などから構成される**評定所**で処理された。老中は傍聴するにとどまり，実質的には三奉行が主役（評定所一座）となって評議を行った。

(6)　知行高 1 万石未満の旗本・御家人は，将軍直属の家臣団（直参）を構成した。**旗本は将軍に謁見（御目見得_(おめみえ)）を許される者，御家人は謁見が許されない者**のことをいう。

(7)　勘定奉行の職務は，**天領からの租税徴収や幕府財政の運営，関八州の私領および天領の訴訟**などであった。享保の改革期に，財政・民政を扱う勝手方と訴訟を扱う公事方に分けられた。

(8)　江戸を離れた主要な直轄地に設けられた奉行のことを総称して**遠国奉行**といい，京都・大坂・駿府には城代とともに町奉行が，伏見・奈良・長崎・佐渡・山田・日光・下田などには奉行が置かれた。

(9)　幕府公用の通信手段は**継飛脚**で，各宿場に常備された人馬を継ぎ立てて江戸〜上方を往き来した。その他の通信手段として，大名による大名飛脚，三都の町人が経営した町飛脚などがあった。

(10)　〔難〕　将軍の代替わりごとに諸国に派遣された役人のことを**巡見使**というが，教科書には記載されていない用語で難問である。

C

ケ．明治天皇の父は，**孝明天皇**である。孝明天皇は攘夷を主張して1858年の日米修
好通商条約の勅許を認めなかった。のちに幕府の公武合体策に同調して和宮の降嫁
を認め，尊攘急進派を抑えた。

コ．近代の**太政官制**は1868年の政体書による改革で設置され，太政官の下での三権
分立をとっていた。1869年の版籍奉還にともなって神祇官と併置されて二官六省
制となり，1871年の廃藩置県後は太政官三院制となった。

サ．**統帥権**とは軍隊の指揮・命令（軍令）権で，軍隊の編制・維持（軍政）とは区別
される。軍令機関の（陸軍）参謀本部・（海軍）軍令部は，軍政機関の陸・海軍省
からは独立して天皇に直属した。1889年に公布された大日本帝国憲法第11条でも，
統帥権は天皇大権の一つとされている。

シ．日露戦争後の頽廃的な風潮と個人主義・社会主義の台頭に対し，第2次桂太郎内
閣は1908年に**戊申詔書**（ぼしん）を発布した。これは勤労・勤倹を勧めて奢侈（しゃし）を戒めたもの
で，翌年から内務省が主導して行われた地方改良運動の中で国民に浸透していった。

(11)　1868年1月の鳥羽・伏見の戦いから始まった戊辰戦争は，1869年5月に**箱館**の
五稜郭の戦いで榎本武揚が降伏して終結した。

(12)　1873年の明治六年の政変で，征韓論派の**西郷隆盛**・板垣退助・後藤象二郎・江
藤新平・副島種臣5人の参議が下野した。そのうち西郷は帰郷して私学校をつくり，
鹿児島士族の子弟の教育にあたった。他の4人はいずれも翌1874年の民撰議院設
立建白書に名を連ねている。

(13)　1881年の明治十四年の政変で参議を罷免された大隈重信は，翌1882年に**立憲改
進党**を結成した。同党は1881年に板垣退助が結成した自由党とともに，自由民権
運動や初期議会において中心的な役割を果たした。

(14)(あ)　初代内大臣の**三条実美**は，幕末には急進派の公家として尊王攘夷運動に参加
した。1863年の八月十八日の政変で失脚したが，のちに復活，1871年の廃藩置
県後は太政大臣の職にあった。

(い)　難　最後の内大臣の**木戸幸一**は，木戸孝允の孫にあたる。近衛文麿ととも
に「革新貴族」として台頭し，1940年に内大臣に就任，昭和天皇の側近として
実権を握った。戦後はA級戦犯で終身禁固，のちに仮釈放となった。

(15)　**海軍の軍備拡張予算**（軍艦建造予算）をめぐって政府と議会が対立し，第2次伊
藤博文内閣は1893年に天皇の建艦詔書（和衷協同（わちゅうきょうどう）の詔書）により妥協を図った。
その内容は天皇からの下賜金と官吏の俸給の一部を建艦費とするから，議会は政府
に協力せよというものであった。

解　答

A ア．平忠常　イ．出羽　ウ．北面の武士　エ．源義親
 　(1)押領使（追捕使も可）　(2)陸奥話記　(3)中尊寺　(4)あ．賀茂川の水
 　い．山法師　(5)大輪田泊

B オ．三奉行　カ．所司代（京都所司代）　キ．月番制（月番交代）
 　ク．評定所　(6)旗本は将軍に拝謁できるが，御家人はできない。
 　(7)幕府財政の運営，関八州と天領の訴訟，天領からの租税徴収より2つ
 　(8)遠国奉行　(9)継飛脚　(10)巡見使

C ケ．孝明　コ．太政官　サ．統帥権　シ．戊申　(11)箱館　(12)西郷隆盛
 　(13)立憲改進党　(14)あ三条実美　い木戸幸一
 　(15)海軍の軍備拡張予算（軍艦建造予算）

第 4 章　論述問題

61 (1)モンゴル襲来後～足利義満政権期の日中関係 (2)19世紀初頭～天保年間の幕府の対外政策の展開

(2022年度 第4問)

(1) 政治史（鎌倉後期→南北朝期→足利義満政権期）を時間軸にして，主題の日中関係史を展開する。経済的影響は中国銭，文化的影響は禅僧の往来に注目して説明しよう。

(2) 幕府の対外政策の基本をおさえつつ，19世紀初頭にロシアとの関係で示された方針（文化の撫恤令）が，「イギリスの動向との関わり」で変化していく。その経緯を順序立ててまとめていくことに徹したい。

(1)

設問の要求

〔主題〕モンゴル襲来後～足利義満政権期の日中関係について。
〔条件〕政治・経済・文化などの面に留意する。

　論述問題で日本と中国との関係を考える際には，中国の王朝名と，正式な国交の有無に注意する必要がある。本問では，中国の王朝が元から明へと交替したのに伴って民間貿易から正式な国交の下での朝貢貿易へと変化したことを示すことになる。国交の有無の変化を記すことによって，国家間に生じる政治的な諸関係，つまり国際政治について指摘することになる。また国内の政治面では，鎌倉幕府から建武政権・南北朝の内乱期をへて足利義満政権へと推移するから，これを時間軸に用いながら全体を展開していけばよいだろう。経済面では，中国銭が輸入されて貨幣経済が発展したこと，文化面では禅僧の往来を通じて大陸文化の受容が進んだことを記したい。一見，書きやすそうに見えるが，字数内に収めることが難しい。個別の事例や，明との貿易は勘合の所持を義務付けられたことなどを網羅的に説明する余裕はないだろう。経済・文化面の影響は，当該期間全体を通じて言えることに絞って，末尾にまとめて記すといった構成上の工夫が必要である。

▶中国との正式な国交

　まず，中国との正式な国交とは何か。古来，中国には自らを文明の優れた中華（中心）とし，周辺地域を中国に服属し徳化を受けるべき野蛮な地域と考える中華思想（華夷秩序）があり，漢代には中国皇帝を中心とする東アジアの国際秩序として体現されていった。中国皇帝の徳を慕う周辺諸国の首長からの朝貢に対して，中国皇帝は国王の地位を認める称号を授与する（冊封する）とともに，朝貢への返礼として文物を下賜する。この中国を中心とする東アジアの国際秩序を冊封体制と呼び，中国との正式な国交とは，冊封を受けるか，少なくとも朝貢を行う関係を指す。

原始からの日中の国家関係を概観すると,『漢書』に記された紀元前1世紀以来,5世紀の倭の五王の遣使に至るまで,倭は断続的に中国に朝貢し,奴国王や卑弥呼・倭の五王は中国皇帝の冊封を受けた。しかしその後,隋・唐とも正式な国交をもったが,日本は隋・唐に対し臣従しない形式で冊封は受けなかった。だが遣隋使・遣唐使は実質的には朝貢の使者であった。

その後,10世紀初頭に唐が滅亡すると日中間の正式な国交は断絶した。10世紀後半に宋が中国を統一したが,日本は東アジアの動乱や中国中心の外交関係(朝貢関係)を避けるために,宋と正式な国交を開こうとはしなかった。しかし,宋の民間商船の来航による日宋間の私貿易や僧侶の往来は,宋が滅亡するまで活発に行われた。

▶モンゴル襲来と日元貿易

13世紀後半に元を建国したフビライ=ハンの朝貢要求を日本が拒否したため,文永の役・弘安の役の2度のモンゴル襲来がおきた。その後も<u>フビライが3度目の遠征を計画していたこともあり</u>,軍事的緊張が続いた。一方,元は貿易を国家管理しなかったうえに,日本船は元の支配が弱体な旧南宋の江南に通交し続けたこともあり,<u>13世紀末のフビライ死後は徐々に緊張も緩み</u>,**日元間の民間貿易は活発**に行われた。その事例として14世紀前半,鎌倉幕府が建長寺の再建費用を得るために**建長寺船**を派遣したこと,また14世紀半ば,室町幕府初代将軍足利尊氏が後醍醐天皇の冥福を祈るために天龍寺の建立を企図し,**天龍寺船**を元に派遣したことが挙げられるだろう。これらは日元間に正式な国交がないため,幕府が派遣しても民間貿易である。どちらか一方でも解答に盛り込みたい。また鎌倉末期から南北朝の動乱期にかけて,<u>倭寇と呼ばれる海賊集団が朝鮮半島や中国大陸沿岸を荒らし回った</u>。倭寇の侵略被害は高麗が最も甚大であったが,元においてもその弱体化を招いたから,倭寇に関する言及は必要である。

▶足利義満と日明貿易

1368年に足利義満は室町幕府の3代将軍に就任した。同じ年,漢民族の王朝である明が建国された。明は民間の中国人が海外へ渡航することを禁じた(海禁政策)。また冊封体制の回復を志向し,東アジア諸国に使節を派遣して朝貢を求め,入貢した諸国の主権者に皇帝が「国王」の称号を授け,その国王の朝貢貿易のみを許可した。<u>明は日本にも**朝貢と倭寇の禁圧**を求めたが</u>,当時この要請を受け交渉にあたったのは大宰府を掌握していた南朝の懐良親王であった。懐良親王は1371年に使節を明に派遣した。一方,足利義満は今川了俊を九州探題に命じ南朝勢力の征討にあたらせたため,明と懐良親王の交渉は頓挫した。その後,足利義満が明に2度使者を派遣したものの,義満は日本国王ではないとして拒否された。そこで南北朝合一後,義満は将軍を辞し太政大臣に就任,さらにそれも辞して出家し,日本国内の最高権力者として

1401年，明に使節を派遣した。翌年，義満が明の皇帝から「日本国王」に冊封され，日明間の正式な国交が成立した。ここまで，義満が明皇帝から冊封されるまでの経緯を説明したが，もちろん懐良親王に関する叙述は本問では不要である。また，この時点で明が義満を冊封した背景には，明国内での内乱という事情もあるが，「南北朝合一」という室町幕府の政治的安定も影響しているので，政治面としてその点を答案に盛り込んでもよい。こうして1404年に正式な国交の下で日明貿易が開始された。貿易船は明皇帝が発給する勘合の所持を義務付けられ，寧波で査証を受けた後，明の都北京で朝貢形式の貿易が行われた。

▶経済・文化との関係

　経済面では，すでに日宋貿易による銅銭の輸入により貨幣経済が活発化していたが，日元・日明貿易を通じて大量の銅銭が輸入されて，貨幣経済がさらに浸透していった。室町時代には年貢の代銭納が一般化するとともに，高利貸業者に課された土倉役・酒屋役，通行税である関銭など，銭で納入させる種々の課税も行われた。

　文化面では，商船に便乗する方法で禅僧の往来が大変盛んで，彼らを通じて大陸文化が日本にもたらされたことを指摘したい。例えば，13世紀末に元皇帝の使者として来日した一山一寧は，日本に抑留されたのち北条貞時らの帰依を受け，建長寺・南禅寺に迎えられ，朱子学の普及に貢献したほか，書画にも精通し日本の書道史・絵画史に影響を与え，五山文学隆盛の基礎も築いた。また，日本から建国直後の明に渡った絶海中津は帰国後，五山文学に優れた作品を残した。このように禅僧の往来を通じて，禅宗のみならず朱子学，漢詩文や書，水墨画，喫茶といった様々な大陸文化が日本に将来された。

論述のポイント

□鎌倉後期〜南北朝期の日元関係：
- 軍事的緊張関係が続く
- 私貿易は盛ん→鎌倉幕府の建長寺船・室町幕府の天龍寺船（事例は1つで可）
- 倭寇が中国沿岸を襲う

□足利義満政権期までの日明関係：
- 明が倭寇禁圧と入貢を要求
- 義満が遣使→国交を開く（「日本国王」に冊封される）
- 朝貢貿易（勘合貿易）を開始

□経済面・文化面：
- 大量の銅銭の流入→貨幣経済の発展
- 禅僧が大陸文化を将来→朱子学・漢詩文・水墨画・喫茶など（事例は1つで可）

(2)

　問われているのは，19 世紀初頭から天保年間における江戸幕府の対外政策の展開について，イギリスの動向との関わりを中心に論じることである。実際には 18 世紀後半（田沼時代）から天保期までに，日本に接近する列強はロシア・イギリス・アメリカなどがあり，それぞれとの関係が複雑に絡んでくるが，本問では「イギリスの動向との関わりを中心に」という条件があるため比較的まとめやすいだろう。イギリスの動向と幕府の対応について，高校教科書の記載を中心に年表にまとめると，下記のようになる。

	イギリスの動向		幕府の対応
		1806	文化の撫恤令（来航した異国船に薪水を与えて帰国させる方針）
1808	フェートン号事件	1810	白河・会津藩に江戸湾防備命令
1818	イギリス人ゴルドンの通商要求		全国各地の海岸線に台場設置
1824	イギリスの捕鯨船員，常陸・薩摩などに上陸	1825	異国船打払令
1840	アヘン戦争勃発（〜1842）	1841	高島秋帆による軍事演習
		1842	天保の薪水給与令

▶幕府の基本方針

　現在，私たちは 17 世紀中頃に成立した江戸幕府の外交体制を「鎖国」と表現しているが，「鎖国」という言葉は，1801 年に志筑忠雄がケンペルの著書『日本誌』を抄訳して『鎖国論』と名付けたのが初出であり，江戸幕府はその言葉を用いていない。幕府が意識的に自らの外交体制を定義したのは，19 世紀初頭になってからであった。つまり 1792 年のロシア使節ラクスマンの来航につづき，1804 年にレザノフが長崎に来航・通商要求したために，幕府はその返書を書くにあたり，「清国・オランダを通商国，朝鮮・琉球を通信国とし，これら以外の新規の外国との通交が『祖法』で禁止されている」という観念を確立した。これが「19 世紀初頭から天保年間」という本問の指定時期における幕府の対外政策の基本方針である。そのため，それを脅かすイギリスなどの外国に対しては警戒姿勢をとって，この方針を堅持しようとした。なお，この基本方針が崩れるのは，ペリー率いる黒船の軍事的圧力を背景にアメリカ大統領の「日本皇帝」宛国書を受理した（＝通信国でないのに通信した）1853 年（嘉永 6 年）になってからである。

▶イギリスの接近と異国船打払令

　上に述べた基本方針をとる幕府は1806年に，清国・オランダ・朝鮮・琉球以外の異国船が渡来した場合は，なるべく穏便に帰帆させるよう諸大名に諭し，特に漂流船には薪水を与えて帰国させるよう命じる文化の撫恤令（薪水給与令）を発した。しかし1808年，イギリスの軍艦フェートン号がオランダ船を追って長崎に入り，商館員を捕らえて人質にし，薪水・食料を強要して退去した。この**フェートン号事件**に衝撃を受けた幕府は，白河・会津の両藩に江戸の防備を命じた。なお，18世紀末以来，幕府はたびたび海防の強化を命じている。これも，幕府の対外政策の一つではあるから答案に書いてもよいが，その場合は，逐一細かに書くのではなく，「海防強化に努めた」といった簡潔な書き方でよい。

　フェートン号事件後，年表に挙げたゴルドンの通商要求以外にも*イギリス・アメリカ船は日本近海に出没した*。中でも1824年にはイギリス捕鯨船の船員が常陸大津浜と薩摩宝島に上陸して紛争が起きたことに幕府は警戒を強めた。そこで，1825年に**異国船打払令を出し，オランダ船以外のヨーロッパ船の撃退**を命じた。この法令を出した幕府の真の目的は，キリスト教などの西洋文化に日本人が触れる機会を絶つことにあった。しかしこれが原因で1837年，アメリカ商船への砲撃事件であるモリソン号事件が発生した。

▶アヘン戦争と薪水給与令

　アヘン戦争（1840〜42年）を契機に幕府の対外政策は変化した。18世紀末ごろからイギリスがインド産アヘンを清国に持ち込んでいたため，1839年，清国がアヘンの密輸の取締りを強化すると，イギリスは清国の不当な貿易体制打破を大義名分として遠征軍を派遣しアヘン戦争が始まった。1842年8月，清国は敗北を認め南京条約を締結して，香港の割譲，上海など5港の開港，賠償金の支払いなどを認めた。**アヘン戦争で清国がイギリスに敗れた**ことで，欧米諸国の軍事的脅威に対する危機感を強めた幕府は，1842年7月に異国船打払令を改め，**天保の薪水給与令**を発した。これは「文化三年異国船渡来の節，取計ひ方の儀ニ付仰せ出され候趣ニ相復し候様ニ仰せ出され候」というから，文化の撫恤令で命じた対応に戻す，というものである。**欧米諸国との摩擦の回避に努めつつ，あくまで鎖国体制は維持する方針**であったから，この点は答案に明記すべきである。なお，薪水給与令の発令はアヘン戦争の終結より少し前のことなので，「イギリスの勝利」ではなく「イギリスの優勢」といった表現でもよい。

論述のポイント

□ 19 世紀初頭の幕府の基本方針：
- 外国船は薪水などを与えて退去させる（文化の撫恤令）穏健策をとる

□ イギリス船の接近事件：
- イギリス軍艦フェートン号の長崎侵入事件
- その後もイギリス船の出没が相次ぐ

□ 異国船打払令の発令：
- 外国船を打ち払う強硬策に転換

□ アヘン戦争以降：
- アヘン戦争でイギリスが勝利・清の敗北
- 天保の薪水給与令：穏健策にもどす
- 列強との紛争は回避・鎖国体制を維持

解答例

(1)元との緊張関係は続いたが，鎌倉幕府が建長寺船を派遣するなど民間商船に
よる私貿易は盛んに行われた。その後，倭寇の活動が活発化するなか元にか
わり建国した明は，倭寇禁圧と入貢を要求した。足利義満はそれに応じて遣
使し，皇帝から日本国王に冊封されて正式な国交を開き朝貢貿易を開始した。
日元・日明貿易で輸入された大量の銅銭により貨幣経済の進展が促され，禅
僧の往来によって朱子学や水墨画などの大陸文化が伝えられた。

(2)幕府は清・オランダ・朝鮮・琉球以外の外国船が来航した場合は薪水などを
与えて退去させる穏健策をとっていたが，イギリス軍艦フェートン号の長崎
港侵入事件以後，イギリス船の出没が相次いだため，異国船打払令を出して
外国船の撃退を命じる強硬策に転じた。しかしアヘン戦争でのイギリスの勝
利を知った幕府は，異国船打払令を撤廃して天保の薪水給与令を出して穏健
策に戻し，列強との紛争を回避しつつ，鎖国体制の維持に努めた。

62 (1)徳川家綱の時代
(2)第一次世界大戦中〜太平洋戦争開戦の日米関係

（2021 年度　第 4 問）

(1)　徳川家綱時代の幕政が文治主義的傾向を強めた点を中心に述べつつ，その影響をうけ
た藩政の刷新，社会・文化の状況などにも目配りし，全体として「どのような時代であ
ったか」を矛盾なく結論づけたい。
(2)　設問文中に日中関係と日米関係が出てくるが，あくまでも主軸は「日米関係」である
ことを見失わないように注意したい。「日本の中国における勢力拡大→アメリカの対
応・日米関係」といった因果関係で結べるように整理してから書き出すとよい。

(1)

設問の要求

〔主題〕徳川家綱の時代はどのような時代であったか説明せよ。
〔条件〕政治を中心に他分野の動向もふまえる。

　京都大学では，本問のような特定の人物の時代を多面的に考察させる問題が過去に
も出題されている。「天武天皇の時代はどのような時代であったか。いくつかの観点
から具体的に述べよ」（2000 年度）と，「足利義満の時代はどのような時代であったか。
いくつかの側面から論ぜよ」（2010 年度）である。このような特定の時代の多面型の
論述問題の答案作成における基本姿勢は，内政・外交・社会経済・文化に目配りをす
ることであり，内政だけで 200 字を費やすなど一分野に偏った答案では，高得点は望
めない。

　ただ，2021 年度の問題は過去の 2 回とは設問の表現が異なっている点に注意が必
要である。条件①「政治を中心に」とあるので，政治面に多くの字数を使いながらも，
ただ政策を羅列するのではなく，結論として「どのような時代であったか」が導ける，
最適な事柄を選んで示す必要がある。次に条件②「他分野の動向もふまえて」の「ふ
まえて」に注意したい。「他分野にも目配りして」といった表現なら，家綱時代にお
きた出来事をある程度，何を書いてもよいだろう。しかし本問は，「ふまえて」なの
で，家綱時代の政治を中心とする特徴と関連した他分野の動向を厳選して取り上げる
ことが求められている。

▶徳川家綱の時代とは

　前述の通り，やみくもに書き出すことなく，まず「結論」を見据え，次に「その結
論を導くのに適合する政治・社会などの事象」を厳選する，といった手順で効率的に
答案を仕上げよう。徳川家綱の時代に関して，山川出版社『詳説日本史B』には，

「平和と秩序の確立」という見出しが付いており，実教出版『日本史B』では，「平和が到来し政権が安定した」とまとめている。結論として導くべき「この時代がどのような時代か」を表現する言葉は，「平和」「秩序」「安定」ということになるだろう。

▶ 政治の動向

　次に，「平和」「秩序」「安定」といった時代像をもたらした家綱時代の出来事を選定するため，「政治の動向」を書き出すと，以下の9点ほどが挙げられるだろう。

　Ⅰ．大名・武士にかかわる動向

　　a．慶安の変　　b．末期養子の禁の緩和　　c．殉死の禁

　　d．寛文印知…全大名への領知宛行状の発給

　　e．諸藩の改革…儒学者を登用し藩政を刷新

　Ⅱ．寺社や民衆支配にかかわる動向

　　f．寺請制度の整備（全国化）　　g．諸宗寺院法度・諸社禰宜神主法度

　　h．分地制限令　　　　　　　　i．「かぶき者」の取り締まり強化

それではⅠから選定していこう。「a．慶安の変」については，家綱の将軍就任以前の事件であり，割愛してもよいだろう。むしろこれをきっかけに，幕府は牢人の増加が社会不安を増すことを悟り，その対策として「b．末期養子の禁の緩和」を打ち出し，改易を減らすことで社会不安の要因となっていた牢人の発生を防止し，大名家を容赦なく改易にする政策を改めた。「c．殉死の禁」は，将軍と大名，大名と家臣との関係において，主人への奉公から主家への奉公への転換を求めたもので，これにより下剋上は否定された。これらb・cについてはぜひ叙述したい。そして，幕府政治が「武力を背景とした武断政治から，儒教思想に基づく徳治主義をとる文治主義的傾向が強まった」という基調を示すことが最大のポイントである。なお「d．寛文印知」について書いてもよい。従来は，領知宛行状をまちまちに発給していたが，家綱は大名への領知宛行状を一斉に給付することで，将軍と大名との関係が個別的な人的関係ではなく，体制的な関係であることを示した。

　また幕政の文治主義的傾向を背景に，「e．諸藩の改革」も行われた。儒学者を顧問にして藩政を刷新した大名として，会津藩の保科正之，水戸藩の徳川光圀，岡山藩の池田光政，加賀藩の前田綱紀らがいる。本問は「政治を中心に」の条件があるが，それは幕政に絞るものではなく，「家綱の時代」を多面的に述べるのだから，eにも言及したい。

　Ⅱの「f．寺請制度の整備」は，幕府が幕領などに限って実施してきた宗門改めを，1664（寛文4）年に，キリシタン宗門改役の設置を全大名に命じたことから，諸藩でも全領民を対象に宗門改めが実施されるようになったことである。これは幕藩領主が領民を掌握し統制する手段となり，民衆支配の安定につながった。「g．諸宗寺院法度・諸社禰宜神主法度」は寺社統制の確立を意味している。「h．分地制限令」は，

幕藩体制を支える貢租確保のため，田畑の零細化を防いで**本百姓経営の安定**を図った
政策であるから，叙述したい。また社会秩序を乱す「ⅰ.**『かぶき者』の取り締まり
強化**」も例示してよい。つまり幕藩体制の安定と深くかかわる政策で，「家綱時代」
だとわかれば答案に盛り込んでもかまわない。ただ，法令名や事項だけを羅列しても
意味はない。それが「平和と秩序（安定）の時代」とどうかかわるか説明できるもの
に限定しよう。

▶社会・経済・文化・対外関係の動向

Ⅲ．社会・経済の動向

ｊ．明暦の大火　　ｋ．東廻り航路・西廻り航路の整備

Ⅳ．文化の動向

ｌ．儒学の発展　　ｍ．黄檗宗の伝来　　ｎ．野郎歌舞伎の隆盛

Ⅴ．対外国（異民族）の動向

ｏ．清の政情の安定　　ｐ．シャクシャインの蜂起

Ⅲの社会的事件といえば「ｊ.明暦の大火」が想起されよう。これが原因で幕府は
復興費用を支出し財政難に陥りもしたが，それだけ大規模な江戸の改造・再開発をし
たと評価できる。武家屋敷・寺院の分散，町人地を新造成し拡大，火除地・広小路の
設営などにより，江戸の市域は巨大化した。土木建築の下働きなど日雇（日用）仕事
が急増し，結果的に町人人口は激増し，江戸はいっそう繁栄した。よって「明暦の大
火が起こったが，その後は復興した」点まで書くこともよいだろう。経済面では「ｋ.
東廻り航路・西廻り航路の整備」に注目したい。幕府は，明暦の大火で材木を買い占
めて巨富を得た河村瑞賢に命じて，奥羽米を江戸・大坂に直接廻送するため東廻り航
路・西廻り航路を整備させた。これによって全国的な商品流通網が成立し，経済発展
が促進された。

Ⅳの文化面では，「ｌ.儒学の発展」に触れたい。その場合「この時代の文化は」
と，前段と切り離して書き出してもよいし，諸藩で学者を招くなど藩政の安定が図ら
れた，という政治面の出来事と関連づけてスムーズに論を展開してもよいだろう。山
崎闇斎が会津藩主保科正之に，熊沢蕃山が岡山藩主池田光政に，木下順庵が加賀藩主
前田綱紀に仕えるなどの事例が想起できよう。ただ，字数制限を考慮すれば例示の必
要はないだろう。「ｍ.黄檗宗の伝来」，「ｎ.野郎歌舞伎の隆盛」という事象もまた，
「平和と秩序（安定）の時代」が到来した要因と直接結びつく説明は困難なので，取
り上げる必要はない。

Ⅴの対外国（異民族）の動向については，「平和」をもたらした背景として，中国
情勢に触れてもよいだろう。1644年の清王朝の成立以降も明の残存勢力や台湾の鄭
氏の抵抗が続いていたが，1660年代前半には「ｏ.清の政情が安定」した。国内で
も1637〜38年の島原の乱を最後に戦乱は終焉していた。東アジアに平和が到来する

なかで，徳川家綱は将軍と大名，大名と家臣の間の主従関係を安定（固定）させることで，戦国からの遺風を遮断し武家社会に秩序をもたらした，国内情勢の背景として説明することも可能である。一方，蝦夷地でおきた「p．シャクシャインの蜂起」は，「平和と秩序（安定）の時代」と直接結びつけて書くのは困難であり，書かないほうがよいだろう。

論述のポイント

□**政治の動向**
- 幕府は末期養子の禁の緩和・殉死の禁止
  →幕政が文治主義的傾向を強める
- 諸藩が儒学者を登用し藩政刷新

□**文化・社会経済の動向**
- 儒学の発達
- 分地制限令→本百姓経営の維持を図る
  （明暦の大火後の復興，寺請制度の整備，かぶき者の取り締まり強化，の指摘も可）
- 東廻り航路・西廻り航路を整備→全国的な商品流通網の成立

□**徳川家綱の時代の特徴**
- 幕藩体制が安定，平和，秩序が確立（などの意があればよい）

---

(2)

設問の要求

〔主題〕第一次世界大戦中から太平洋戦争開戦までの間，日本の中国における勢力拡大が日米関係にどのような影響を与えたのか。

　かなり長期間の推移を問う問題であるうえ，単なる日中関係ではなく，「日本の中国における勢力拡大は日米関係にどのような影響を与えたのか」を示すことが主眼であることを見失わないように書き進めなければならない。よって，当該期間の知識を概観し，書くべきポイントを取捨選択して，コンパクトにまとめる工夫が必要である。

▶**第一次世界大戦中**

　1914年，第一次世界大戦が勃発すると，日本は日英同盟の情誼を理由にドイツに宣戦し，中国におけるドイツの根拠地青島と山東省の権益を接収した。①翌年，日本は中国の袁世凱政権に二十一カ条の要求を行い，山東省のドイツ権益の継承，南満州などの権益強化などを承認させた。さらに1917年，日本は段祺瑞政権に借款を供与し，同政権を通じた日本の権益確保を意図した。これにより，アメリカは日本の中国進出への警戒を強め日米関係は緊張した。しかし，②アメリカは1917年，第一次世界大戦の参戦にあたり，太平洋方面の安定の確保を重んじ，日本と石井・ランシング

協定を結んで日本の中国における特殊権益について妥協した。よって，①日本が二十一カ条の要求で中国に権益を拡大したため日米関係悪化，②のちに妥協が成立という2点が書ければよいだろう。

▶第一次世界大戦後～1920年代

③パリ講和会議において，日本が山東省の旧ドイツ権益を継承することについて，中国全権は署名を拒否したが，最後は<u>アメリカも妥協して，米・英・仏・伊・日本がヴェルサイユ条約</u>に調印して認められた。しかし中国ではこれに憤慨した民衆の反日運動である五・四運動がおきた。その後④1921年に，アメリカ大統領ハーディングの提唱でワシントン会議が開催され，翌年，<u>中国の主権尊重・門戸開放・機会均等を約束する九カ国条約</u>が結ばれ，日本も調印した。これにより石井・ランシング協定が廃棄され，また日本は九カ国条約の主旨に沿って，中国と山東懸案解決条約を結び，<u>山東省の旧ドイツ権益を還付</u>した。ワシントン会議以降，日本は協調外交を外交の基軸とし，米英との協調・中国の内政不干渉による中国権益の保護を図った。本問の要求と字数から考えると，ワシントン会議後は，日本の中国進出は抑制され，日米は協調姿勢をとったことが示せるとよい。

▶満州事変以後～日米開戦まで

⑤1931年に関東軍が満州事変を起こし満州国を建国すると，アメリカは日本の一連の行動に対して不信任宣言を発した。⑥1937年に勃発した<u>日中戦争が長期化</u>すると，アメリカは重慶の国民政府を支援し，援蒋ルートを通じて物資援助を行った。1938年11月，近衛文麿首相が，日中戦争の目的は日・満・華による東亜新秩序建設にあると声明した。それは東アジアにおける日本の排他的支配権の確立をめざすものであったから，アメリカは米中間の貿易を排除しようとする日本の挑戦だとみなした。そこで1939年，<u>アメリカは日米通商航海条約廃棄を通告，翌年廃棄の発効によって経済制裁を進めた</u>。

⑦1940年9月，日本が，日独伊三国同盟を締結するとともに，日中戦争打開をめざして北部仏印への進駐を開始すると，アメリカは屑鉄を，翌41年7月の南部仏印進駐に対しては石油の対日輸出を禁止した。一方で日米戦争回避のため，1941年4月から日米交渉も行われたが，国内の強硬論もあり交渉は難航した。また<u>アメリカの対日石油輸出禁止に日本の軍部は危機感を強め</u>，9月に帝国国策遂行要領を決定した。11月には日米交渉でアメリカはハル=ノートを提示したが，これは日本に「満州事変以前の状態に戻れ」と要求する強硬な内容で，<u>日本は拒絶</u>した。そして1941年12月に<u>開戦</u>を決定した。

この時期については，日本は満州事変以降，中国進出を再開し，日中戦争さらに南進策と膨張を続けたことを明示したうえで，アメリカは対日経済制裁を強化，さらに

日米交渉の決裂で，日本が開戦を決意したことを記したい。

論述のポイント

□第一次世界大戦中～終結
- 日本が二十一カ条の要求で中国権益を拡大→日米関係緊張
- アメリカはのちに妥協（＝石井・ランシング協定）
- ヴェルサイユ条約でも承認

□ワシントン会議
- 日本は山東省権益を還付，日米協調路線に転じる

□満州事変～太平洋戦争の開戦
- 日本が満州事変以後，中国進出を再開，日中戦争の長期化
  →アメリカは反発，対日経済政策強化（＝日米通商航海条約の廃棄）
- 日本の南進策→アメリカはハル=ノート提示
- 交渉決裂→日本が開戦を決意

解答例

(1)徳川家綱が末期養子の禁を緩和して牢人の発生を減らし，殉死を禁止して下剋上を否定するなど，幕政は儒教思想を重視した文治主義的傾向を強めた。諸藩でも大名が儒学者を登用して藩政を刷新したり学問を振興したりしたことを背景に，儒学を中心に諸学問も発達した。また幕府は分地制限令で本百姓の経営維持を図り，東廻り航路・西廻り航路を整備させ全国的な商品流通網が成立した。こうして幕藩体制の秩序が安定した時代であった。

(2)第一次世界大戦中，日本が二十一カ条の要求で中国権益を拡大すると日米関係は緊張したが，アメリカはのちに妥協しヴェルサイユ条約で承認した。ワシントン会議で日本は山東省の権益を還付して，日米協調に転じた。満州事変以降，日本が中国進出を再開するとアメリカは反発し，日中戦争の長期化に対し対日経済制裁を強めた。さらに日本が南進策をとるとアメリカは日米交渉でハル=ノートを提示したが，日本は拒絶して開戦を決めた。

63 (1)田沼時代の財政政策 (2)明治・大正期の社会主義運動の展開

(2020年度　第4問)

(1)　基本方針の部分で，享保の改革と田沼の財政政策の違いを明確に打ち出したい。あとはその基本方針にそった具体的な財政政策を選んで述べればよい。

(2)　社会主義運動が勃興する時代背景から書き起こし，停滞後に運動が活発化する背景にも言及しつつ，着地点となる大正末年の弾圧法令の制定までの展開を概観しよう。

(1)

設問の要求

〔主題〕田沼意次の財政政策について，基本方針と具体的政策を述べる。

〔条件〕享保の改革との違いにも着目しながら。

　問われているのは「田沼意次の財政政策」について，①基本方針，②具体的政策を述べることであり，③享保の改革との違いに着目する，という条件が付されている。田沼時代の財政政策は論述問題では頻出のテーマである。なお，京都大学では2013年度第4問(1)で「18世紀半ば以降，江戸幕府が直面した財政難の構造的要因と，財源確保のために採用した政策について述べよ」という類似した問題が出題されている。

　①田沼意次の財政政策の基本方針は，③享保の改革との違いを示すことがポイントである。享保の改革では年貢増徴策を基本方針としたのに対し，田沼は年貢だけではなく，町人の経済力を積極的に幕府財源とする方針をとった。その違いを明確に述べたい。②具体的財政政策としては，商人資本の活用という点から，株仲間奨励策・専売制の実施・長崎貿易の拡大といった政策を中心に説明したい。

▶享保の改革の財政政策

　江戸幕府の財源の第一は年貢収入であった。しかし，17世紀後半以降の貨幣経済・商品経済の発展により，農民の階層分化が進み，年貢米の安定的な徴収が困難となっていた。また幕府には鉱山収入と長崎貿易からの収入もあったが，直轄鉱山では採掘量が減少し，長崎貿易では金銀の流出が大きくなっていき，元禄の末年（1704年）頃から幕府財政は困窮し始めた。さらに富士山噴火（1707年）後の復興のための出費や，都市での商品需要の増大による諸物価高騰などもあいまって，幕府財政は悪化していった。

　そのため享保の改革の最重要課題は財政再建策であり，その基本方針は，定免法の採用や新田開発などによる<u>年貢収入増加</u>に置かれていた。実際，享保の改革直後の宝暦期（1751〜64年）には，幕領の年貢収納率が江戸時代を通じて最高となった。そ

れは同時に，宝暦期をピークにその後は減少し始め，再び幕府財政が悪化していくことを意味した。年貢収納が行き詰まるなか，新たな財源確保に乗り出す必要に迫られていたのである。

▶田沼意次の財政政策の基本方針

　田沼意次は，新田開発をすすめるなど享保の改革の年貢増徴策も継承した。しかし，年貢だけに頼らず，<u>民間の経済活動を活性化させ，そこで得られた富を幕府の財源に取り込もうとした。</u>

▶田沼意次の財政政策の具体的政策

　仲間は商工業者の同業者組合であるが，江戸幕府は当初一部の例外を除いて仲間を認めていなかった。享保の改革では，物価の高騰を抑制するために仲間を公認する方針をとった。幕府や諸藩が公認した仲間には株札が交付されたので，株仲間といい，営業上の種々の特権を保証された。田沼意次は<u>都市や農村の商工業者を株仲間として積極的に公認し，運上や冥加を上納</u>させ幕府の財源とした。また，<u>銅・鉄・真鍮・朝鮮人参などの座を設けて幕府の専売</u>とし，特定の商人に専売権を与えるかわりに運上を納めさせた。さらに貿易でも積極策をとった。俵物役所を設置して独占的な集荷体制を整えて，<u>長崎貿易で銅や俵物の輸出を拡大して，金・銀の輸入増加</u>をめざした。

　田沼意次の財政政策ではほかにも，俵物の増産に関連して蝦夷地開発計画，ロシアとの交易計画などが商人資本の利用による財政政策といえよう。株仲間奨励策，専売制，長崎貿易政策を書いた上で字数に余裕があれば，答案に盛り込んでもよいだろう。ただし，商人資本を利用した印旛沼・手賀沼の新田開発計画については，年貢収益の増加を目論んだものであり，享保の改革の基本方針と同じものなので，書かないようにしたい。

論述のポイント
- □享保の改革の基本方針：年貢増徴
- □田沼の基本方針：商人資本の利用
- □田沼の具体的経済政策：株仲間の奨励 → 運上・冥加の増徴
　　　　　　　　　　　　　専売制の座（銅・鉄・朝鮮人参など）の設置
　　　　　　　　　　　　　長崎貿易の拡大＝銅・俵物の輸出増加 → 金・銀輸入の増加

(2)

設問の要求

〔主題〕明治・大正時代の社会主義運動の展開。

　社会主義や労働運動は，多くの受験生の学習が行き届かない分野である。しかし，明治・大正期とはいえ，現実的には19世紀末から20世紀前半のおよそ30年弱の短い時期の展開を述べるのだから，基本的な社会背景や政党・政治結社の結成，弾圧法令とその影響，といった概観を正確に述べたい。

　明治時代については，日清戦争後に社会主義政党の結成が始まるが，治安警察法によって結社禁止処分となり，明治末の大逆事件を契機として「冬の時代」といわれる停滞期に入ったことを記す。大正時代については，ロシア革命などを契機として社会主義運動が再び活発化し，非合法ではあるが日本共産党が結成されたことなどを記した上で，治安維持法によって急進的な社会主義運動は抑圧されていくことにまで言及したい。

▶明治期

　19世紀前半，資本主義が発達する西ヨーロッパで，資本主義の生み出す諸矛盾を解消して労働者を中心に平等・公正・友愛に基づく社会を実現しようとする思想が生まれた。これが社会主義である。以下，やや詳しく明治期・大正期の社会主義運動の展開をみていこう。

　日本では日清戦争前後の産業革命の進展に伴って賃金労働者が増加するなか，低賃金と長時間労働にあえぐ労働者による労働運動が起こってきた。そして労働運動などの社会運動の発展とともに社会主義運動が始まった。1898年に安部磯雄・片山潜・幸徳秋水らは社会主義研究会を結成，1900年に社会主義協会と改称し，1901年には日本最初の社会主義政党である社会民主党を結成した。社会民主党は合法的・平和的な社会主義をめざして結社届けを提出した。しかし，政府は1900年に社会主義や労働運動などを取り締まるために治安警察法を制定しており，社会民主党は治安警察法により解散を命じられた。1903年には，幸徳秋水・堺利彦が平民社を設立し，『平民新聞』を発行して社会主義の宣伝や日露反戦論を展開したが，度々の政府による発禁命令などのため1905年1月に廃刊となった。

　1906年に堺利彦・片山潜らが「国法の範囲内に於て社会主義を主張」することを方針にした日本社会党を結成・許可された。こうして最初の合法社会主義政党として活動したが，翌1907年になって，渡米してアナーキズムに傾斜した幸徳秋水が直接行動論（議会に頼ることなく労働者の直接行動を重視する急進派）を主張すると，党内の議会政策派（議会を中心とした活動を主張する穏健派）と対立が生じ，直接行動派が党内で優位を占めるなかで，1907年に治安警察法により結社を禁止された。そ

して直接行動派の中心人物である幸徳秋水らが 1910 年に大逆罪で起訴され，翌年に死刑となる**大逆事件**が起きると，社会主義運動は「冬の時代」と呼ばれる停滞状態となった。

▶大正期

　第一次世界大戦後の世界的な民主主義の潮流やロシア革命・米騒動の影響などを背景に，社会主義運動は再び活発化した。1920 年には社会主義者や労働運動家らの大同団結が図られ，**日本社会主義同盟**が結成されたが，翌 21 年には解散が命じられた。これ以後，発起人であった無政府主義（アナーキズム）の大杉栄と，共産主義（ボルシェビズム）の堺利彦・山川均らの運動は分離していった。そして 1922 年にはコミンテルンの日本支部として堺や山川らによって**日本共産党**が非合法のうちに結成された。一方，1923 年 9 月の関東大震災直後に大杉栄が殺害され（甘粕事件），無政府主義は衰退した。そうしたなか 1925 年には治安維持法が制定され，国体の変革や私有財産制度を否認することを目的とした結社およびそれへの加入・援助を厳重に禁止すると規定された。つまり共産主義を否定し，急進的な社会主義運動の抑圧もめざす同法によって，今後は弾圧が強化されていくのである。

　なお，〔解答例〕には入れていないが，普通選挙法の制定を契機に議会を通じての社会改造をめざす無産政党が結成されたことに言及してもよい。無産政党とは，当時の情勢から「社会主義」政党と称することをはばかって用いられた言葉で，合法的な社会主義政党である。1925 年に結成された農民労働党が，共産党との関係があるとして即日禁止されたので，共産党系を除いて 1926 年に労働農民党が結成されたが，まもなく分裂した。

論述のポイント

□**明治期の展開**：
- 運動開始の背景：労働運動の発展（産業革命の進展）
- 社会民主党・日本社会党の結成 → 治安警察法で解党
- 大逆事件 → 運動停滞

□**大正期の展開**：
- 運動活発化の背景：世界的な民主主義の風潮・ロシア革命・米騒動など
- 日本社会主義同盟 → 解党・非合法の日本共産党の結成
- 弾圧をめざす治安維持法の制定

解答例

(1)享保の改革では年貢増徴による財政政策を基本方針としたのに対して，田沼
意次は，民間の経済活動を活発にし，その富を幕府財源に取り込む財政政策
を基本とした。そのために都市や農村の商工業者を株仲間として広く公認し，
運上や冥加の増収を図った。また銅や鉄などの座を設け，特定の商人に専売
権を与えて運上を上納させた。俵物の集荷体制を整え，長崎貿易で銅や俵物
の輸出を拡大して，金・銀の輸入を進めて収益の増加を図った。

(2)日清戦争後，労働運動の発展を背景に社会民主党を結成，平民社も『平民新
聞』で社会主義を宣伝したが，治安警察法により解党・廃刊となった。日露
戦争後，日本社会党は公認されたのち結社禁止となり，大逆事件を機に運動
は停滞した。大正期にロシア革命や米騒動の影響で運動が再燃し，日本社会
主義同盟が結成されたが翌年解散を命じられた。非合法に日本共産党が結成
されると，急進的な社会主義を弾圧する治安維持法が制定された。

64 (1)執権政治確立過程の北条時政・義時の役割
(2)石高制の成立過程と石高制に基づく大名統制・百姓支配

（2019 年度 第 4 問）

(1) 北条時政・義時の関わった戦乱・事件を具体的に示しながら，それによって幕府の政治のあり方や執権の地位がどのように変化したかを明確に述べたい。事績の羅列にとどまらず，役割という点をうまく表現したい。

(2) 「成立過程」を述べるには，成立以前の状況も示す必要がある。また太閤検地の歴史的意義は多岐にわたるが，「石高制に基づく大名統制・百姓支配」に限定して述べるという，問題要求にそった答案に仕上げるという点に留意したい。

(1)

設問の要求

〔主題〕執権政治の確立過程における，北条時政・義時の役割。

　設問要求は，執権政治の確立過程において，北条時政・義時が果たした役割を説明することである。「執権政治の確立過程において果たした役割」に焦点を絞って答案を構成することが必要である。そのために，**執権政治の定義**を意識してほしい。鎌倉幕府の政治は，初期には源頼朝の独裁により運営されていたが，頼朝の死後，<u>有力御家人の合議制</u>へと移行する。そして有力御家人のなかから頭角を現し，<u>権力を強化した執権北条氏を中心とする有力御家人の合議体制</u>を執権政治と呼んでいる。その観点からみると，承久の乱の扱いに注意したい。承久の乱における勝利は，朝幕関係の視点からは，朝廷に対する幕府の優位性が確立し，幕府の西日本支配が強化された大きな画期である。しかし，本問では執権政治の確立という幕府内部の政治運営のあり方が問われているので，朝幕関係の点を言及しても得点にはつながらない。あくまでも，承久の乱の勝利が執権政治の確立においてどのような意味をもったのか，という視点で答案をまとめることが重要である。

▶北条時政の時代

　1199 年に源頼朝が死去すると，2 代将軍頼家の親裁を抑え，<u>有力御家人 13 人の合議</u>によって訴訟の裁決などが行われるようになった。その有力御家人のなかから頭角を現したのが，源頼朝の妻政子の父・北条時政である。時政は，頼家が重病になると，頼家の子に将軍職を継がせず，北条氏が後見してきた実朝を後継将軍の座につけようとした。それに反発した頼家の外戚にあたる有力御家人比企能員は，時政討伐を企てたが，1203 年，逆に時政によって滅ぼされた（<u>比企能員の乱</u>）。さらに時政は頼家を幽閉して，<u>実朝を 3 代将軍に擁立</u>した。同年，時政は**政所の別当に就任**し，将軍の補

佐を名目として政治の実権を握った。この地位を執権と呼び，<u>時政は北条氏による執権政治への道を切り開いた</u>。

▶北条義時の時代

北条時政の失脚後，その子の**義時**が執権を継承した。1213年，義時は挑発にのり挙兵した侍所別当和田義盛を滅ぼした（**和田義盛の乱**）。これによって義時は，<u>政所と侍所の別当を兼任し，幕府の民政・軍事にわたる要職を独占することで執権の地位を確立した</u>。1219年，実朝が頼家の遺児公暁に暗殺され源氏将軍が断絶すると，義時は北条政子とともに，後鳥羽上皇の皇子を将軍に迎えようとしたが，上皇から拒否され，摂関家から九条道家の子頼経を将軍候補として鎌倉に迎えた。ただ鎌倉に下向した際，九条頼経はまだ2歳の幼児であり，将軍に就任するのは執権北条泰時の時代である（1226年）。だから頼経を将軍候補として迎えることは，本来，武家の棟梁たる征夷大将軍が，**ゆくゆくは摂家が将軍となる道をひらいた**という点で，**実質，将軍を形式化したと評価されている**。泰時時代以降，**「政治権力をもたない将軍の下で有力御家人による幕府運営」**という執権政治の形態が完成する，そのきっかけを義時がつくり出したのは事実である。だが答案に盛り込む場合は，事実誤認とうけとられないように（「頼経を将軍として擁立した」などと書かぬよう）注意したい。

その後，後鳥羽上皇が北条義時追討の命令を下し，承久の乱が起こった。義時は，息子の泰時・弟の時房に幕府軍を率いさせて朝廷方に圧勝した。乱後の処理では，後鳥羽上皇を隠岐に流すなど3上皇を配流，仲恭天皇を廃位にした。それは幕府の実権者である執権が，<u>朝廷の主導者たる治天の君をも上回る政治権力をもつことを示した</u>のである。これによって，将軍頼家・実朝時代の「有力御家人13人の合議制」とは異なり，<u>政治権力を強化した執権北条氏を中心とした有力御家人による合議政治としての執権政治が確立した</u>といえよう。

ところで，京都大学では2008年度第4問(1)で「鎌倉幕府における将軍のあり方の変化とその意味について，時代順に具体的に述べよ」という問題が出題されている。その骨子は，源頼朝の時代の将軍独裁から，頼家・実朝の源氏将軍，摂家将軍，皇族将軍へと移行するにつれて，将軍は政治権力をもたない名目上の存在になっていき，執権政治や得宗専制政治が展開される，というものであった。本問とあわせて確認しておきたい。

論述のポイント

□北条時政の事績：
- 将軍頼家の親裁を制限 → 有力御家人の合議制の開始
- 比企能員を討つ
- 政所別当職に就任 → 初代執権に就任

□北条義時の事績：
- 和田義盛を討つ
- 政所・侍所の両別当職を兼任 → 執権の地位を確立
- 承久の乱に勝利 → 執権の権力拡大で執権政治が確立

(2)

設問の要求

〔主題〕石高制の成立過程，および石高制に基づく大名統制と百姓支配について。

　①近世の石高制の成立過程，②石高制に基づく大名統制，③石高制に基づく百姓支配について，述べることが求められている。①そもそも**石高制**とは何だろうか。土地の生産力を米の収穫量で換算して表示したのが石高である。全国の土地すべて（実際には米がとれない畑や屋敷地も）が石高で表示され，その石高を基準にして編成された社会体制を石高制という。それが確認できれば，石高制は豊臣秀吉の行った太閤検地によって成立したと判断できただろう。その上で，どこから書き始めるかだが，「成立過程」を述べるには，「成立以前の状況から書き始める」のが鉄則である。つまり，以前は戦国大名や織田信長も採用した貫高制だったことを明らかにしよう。次に，太閤検地について，(i)秀吉自らが獲得した領地で実施した検地と，(ii)全国の大名に検地帳と国絵図の提出を命じ知行の石高を決定したこと，の2段階に分けて書くか，(i)のみを扱うかである。本問の要求は「石高制の成立過程」なので，2段階に分けて書くほうがベターかもしれないが，一部の高校教科書では(ii)に言及されていないので，必須ではないだろう。そして石高制の機能である，②大名統制としては，大まかに述べれば，石高制に基づく統一的な知行・軍役賦課体系が実現したこと，③百姓支配としては，石高制に基づく年貢賦課基準が確立したことを説明していけばよい。

▶石高制の成立過程

　戦国大名や織田信長は，**指出検地**を実施して，土地の規模を年貢の銭納額で表示した貫高を自己申告させた。そしてその貫高を，家臣への軍役や農民への課役の賦課基準とした**貫高制**をとっていた。豊臣秀吉は，それまでの指出検地と違って，各地に検地奉行を派遣し，統一した度量衡の基準で実地調査する**太閤検地**を行った。面積表示は1段（反）＝300歩とする町段畝歩制をとり，枡の大きさは京枡に統一した。また，

1段あたりの米の生産力により石盛（斗代）と呼ばれる等級を定めた。その上で，<u>田畑・屋敷地すべての土地一区画ごとに面積・等級を実測調査して，石高を算定した</u>（石高は石盛×面積で算定）。それらを記載した<u>検地帳を村ごとに作成し，村の総石高である村高を設定</u>した。また，秀吉は全国統一後の1591年，天皇に献納するためと称して，全国の大名に対してその領国の検地帳と国絵図の提出を命じた。これにより，<u>すべての大名の知行の石高（知行高）が正式に定まり，石高制が全国的に整備された。</u>

▶石高制に基づく大名統制

武士の主従関係では，古来，主君が家臣に対して土地の支配を保障する御恩と，それに対して家臣が武装を整えて出陣する軍役をはじめとする奉公をともなった。戦国大名や織田信長は，家臣の領地の規模を銭に換算した貫高という基準で統一的に把握し，家臣の土地支配や収入を保障するかわりに，彼らに貫高を基準として軍役を賦課した。この貫高制は，統一的な基準に基づく知行・軍役賦課体系の画期となったが，全国的なものではなかった。

豊臣政権は基準を貫高から石高に変えたが，統一的な基準に基づく知行・軍役賦課体系というシステムは継承した。豊臣政権やそれを継承した江戸幕府は，<u>大名に石高に見合った知行地を与え，石高に応じた軍役を賦課し，大名との主従制構築の基礎とした。</u>江戸幕府では，平時の軍役にあたる（御）手伝普請役や参勤交代が石高を基準に賦課されたのである。

▶石高制と百姓支配

石高は，幕藩領主が百姓から年貢・諸役を取り立てる際の統一的基準となった。この際，村ごとに一冊作成された<u>検地帳に登録された百姓</u>に対して，<u>村の総石高である村高に応じて年貢・諸役が賦課</u>されたのである。とてもシンプルな答えにみえるが，言い換えれば，検地帳に登録されなかった水呑百姓や名子・被官といった隷属農民には，年貢・諸役が賦課されなかったのである。また，年貢・諸役は村請制なので，個々の百姓に賦課されるのではない，ということである。よって正確を期して「検地帳に登録された百姓」に「村高に応じて賦課」されたことを明記したい。

なお，太閤検地の際，一地一作人の原則で土地一筆ごとに年貢負担者（名請人）を確定したことで，従来からの重層的な土地の耕地権や中間搾取が否定され，荘園公領制が消滅した。また，検地帳作成にあたって村の境界が画定され（村切），行政の末端組織としての性格をもつ，近世の「村」が成立した。これらも太閤検地の意義ではある。しかし，「石高制に基づく百姓支配」という観点からはズレているから，得点には繋がらないだろう。

論述のポイント

□近世の石高制の成立過程：
- 従来の状況：土地の規模を年貢の銭納額で表示する貫高制
- 太閤検地の方法：土地の面積・等級を統一基準で実測
- 石高制の説明と成立：全国の土地の生産力を米の収穫高で表示した石高制が成立

□石高制に基づく大名統制：
- 大名には領地の石高（知行高）に応じた軍役を賦課

□石高制に基づく百姓支配：
- 百姓には村高に応じた年貢・諸役を賦課

解答例

(1)源頼朝の死後，将軍頼家の親裁は制限されて有力御家人の合議政治に移った。北条時政は比企能員を討って源実朝を将軍に擁立し，政所別当に就任して初代執権となった。息子の義時は和田義盛を滅ぼし，政所と侍所の別当を兼任して執権の地位を不動のものにした。実朝死後は摂関家の九条頼経を将軍候補に迎え，後鳥羽上皇が起こした承久の乱に勝利して，強大な権力を握った執権を中心とした有力御家人の合議による執権政治が確立した。

(2)戦国大名は指出検地で，土地の規模を年貢の銭納額で示した貫高を申告させ，それに応じた軍役や年貢を賦課する貫高制をとった。豊臣秀吉は土地の面積・等級を統一基準で実測し石高を算定する太閤検地を実施した。その結果，全国の生産力を米の量で表示する石高制が成立した。そこで大名には石高に見合った知行地を与え，知行高に応じた軍役を賦課した。検地帳に登録された百姓には，村請制のもと村高に応じた年貢・諸役を賦課した。

65 (1) 9世紀の文化と 10・11 世紀の文化の特色
(2)幕末期の薩摩藩の動向

（2018年度　第4問）

(1)　9世紀と10・11世紀の文化の名称をそれぞれ指摘し，各期の文学や仏教などの相違点を具体的に列挙し，そこから明らかになってくる両文化の特色を的確に表現したい。

(2)　薩摩藩の政治方針は，公武合体路線から始まり，薩英戦争で藩論を転換させ，反幕府路線へと変化した。その間の薩摩藩と長州藩との関係の変化にも目配りして論じたい。

(1)

設問の要求

〔主題〕9世紀の文化と10・11世紀の文化の特色。

〔条件〕対比的かつ具体的に述べる。

　論述問題において，設問文での要求がなくとも，あえて隠されている歴史用語を指摘することは鉄則である。よってまず，9世紀の文化は弘仁・貞観文化，10・11世紀の文化は国風文化であることを示そう。次に「対比型」の論述問題だから，9世紀の文化と，10・11世紀の文化について，「具体的に」いくつかの項目で両者を対比した表を作成するとよい。書き忘れの防止にもなる上に，細かい相違点（例えば仏教では，「現世利益を願う」のか「来世を願う」のか，など）も明確になる。

	9世紀の文化（＝弘仁・貞観文化）	10・11世紀の文化（＝国風文化）
文学	文章経国思想の広まり → 漢文学が発達 　『凌雲集』など勅撰漢詩集の編纂	仮名文字の普及 → 和歌・物語などの国文学の発展 　『古今和歌集』など勅撰和歌集の編纂
書道	三筆（嵯峨天皇・空海・橘逸勢）など唐風の書が好まれる	三跡（蹟）（小野道風・藤原佐理・藤原行成）など和様の書が好まれる
仏教	密教の貴族社会への広がり → 加持祈禱による現世利益を願う	末法思想の流行 → 浄土教の庶民層までへの広がり → 来世での極楽往生を願う
芸術	密教絵画（曼荼羅・不動明王像），一木造技法による密教彫刻 唐絵が描かれる	浄土教芸術（来迎図・阿弥陀堂建築・寄木造技法による阿弥陀如来像） 大和絵が発達

　このように対比できる相違点は多く，「具体的に」の条件から多くの事例を列挙しがちだが，用語の羅列に終わってはいけない。本問の核心が「文化の特色」に言及することなので，「9世紀が唐風文化」「10・11世紀が国風文化」であることを最も端的に示す「文学」の項目と，変化の大きな「仏教」は必須項目である。なお，本テーマの類題に，2011年度第4問(1)「平安時代の浄土教の発展・広まり」，2006年度第4

問(1)「9世紀前半の政治と文化」がある。あわせて確認しておくとともに，こうした類似テーマの問題が短いスパンで出題されていることにも，注意しておきたい。

▶9世紀の文化

　魏の初代皇帝文帝が著した『典論』の一節にある「文章は経国の大業なり」とは，漢詩文が作られ文学が栄えることで国家経営の大業につながるという意味である。そこから，文は単なる意思伝達手段にとどまらず，国家を経営し，国家隆盛を担う政治的役割をもつ，と主張するのが**文章経国思想**である。この思想は9世紀初頭に広まり，ことに嵯峨・淳和天皇の時代は，宮廷の遊宴や行幸のたびに詩を作り，__『凌雲集』『文華秀麗集』『経国集』の勅撰漢詩集__があいついで編纂されるなど，漢文学が興隆した。そしてこれらの漢詩文は唐人の詩に比肩するものも少なくないと評されるように，中国文化の模倣から進んで，その文化を自己のものとして表現できるようになっていった。詩文を通じた唐風文化への憧れから，宮中の殿舎や諸門の名称を唐風に改め，宮廷儀式も唐風を採用するなどした。貴族層は漢詩文の教養が前代以上に重視されたため，大学での学問の主流は，儒教を学ぶ明経道から，中国の歴史・__文学を学ぶ紀伝道（文章道）__に移っていった。書道でも唐風の書に秀でた__三筆（嵯峨天皇・空海・橘逸勢）が出た__。また，宮廷や貴族の邸宅は，中国の故事や風景を描いた**唐絵**で飾られた。

　これらから，9世紀の弘仁・貞観文化の特色は，「唐文化の摂取が進み，自己のものに消化した文化」や，「唐文化の強い影響をうけた唐風文化全盛の文化」などと表現するとよいだろう。日本では7世紀後半の白鳳文化から，8世紀の天平文化，9世紀の弘仁・貞観文化まで，一環して唐文化の影響を受けた文化が展開したから，単に「唐風の文化であった」では不十分で，「その受容・消化が進んだ」などの表現を加えたい。

　仏教では，空海が唐から真言宗を伝えたことにより密教が伝わった。最澄が伝えた天台宗にも，弟子の円仁・円珍によって本格的に密教が取り入れられた。__密教は加持祈禱によって鎮護国家や個人の除災招福を祈るもので，__**現世利益を求める**皇族や貴族に広く浸透した。密教の広がりとともに神秘的な密教芸術が発展し，密教の世界を構図化した曼荼羅や不動明王像などが描かれた。

▶10・11世紀の文化

　漢詩文の隆盛に並行して，9世紀以降，平仮名・片仮名といった**仮名文字**が発達し，11世紀の初めには広く普及していった。その間の9世紀末からは宮廷での歌合せが始まり，10世紀初頭には醍醐天皇の命によって__『古今和歌集』__が成立したのを初めとして，**勅撰和歌集**の編纂が開始された。そして宮廷の女性たちが日記・随筆・物語などの仮名文学を数多く創作して，国文学が発達した。書道も，__和様__といわれる流麗で優美な書風がさかんとなり，__三跡（小野道風・藤原佐理・藤原行成）__の書がもては

やされた。絵画でも，9世紀後半に巨勢金岡が唐風の絵画を日本化した**大和絵**の様式を創始したとされ，10世紀には唐絵とともに，<u>日本の風物を題材とする大和絵が描かれる</u>ことが多くなった。このように，国風文化は10世紀になって突然生まれたわけではなく，9世紀の中頃から文化の国風化がみられ，10世紀にはその傾向が強まったのである。よって10・11世紀の文化である<u>「国風文化」</u>の特色は，<u>「大陸文化の消化・吸収の上に日本人の嗜好を加味して生まれた文化」「唐文化を消化して新しく生み出された日本的な文化」</u>などと表現できればよい。

　言うまでもないが，「遣唐使派遣が停止され，中国の影響がなくなったから国風文化が生まれた」のではない。遣唐使は，唐との正式国交の下で派遣され，朝貢に対する下賜の形で唐の文物を入手したが，8世紀には約20年に1回と派遣回数も少なく，請来する文物に制限があった。むしろ渤海や新羅との公的な使節の往来や民間商人の頻繁な往来で大陸の文物は大量に入ってきていた。9世紀以降は，唐の商船の博多への来航による民間貿易も活発化し，唐の滅亡後，五代十国期を経て宋による統一後も中国商船は頻繁に博多に来航して大量の文物をもたらした。つまり，大陸との交流は途絶えてはいない。

　仏教では，10・11世紀になっても天台・真言の2宗が大きな力をもち，密教の加持祈禱が貴族社会に定着した。一方で，<u>末法思想の流行を背景に</u>**浄土教**が広まった。浄土教は阿弥陀如来を信仰して**来世での極楽往生を願う教え**である。10世紀半ばに空也が京の市中で念仏を庶民に勧め，源信が『往生要集』を著すと，<u>貴族をはじめ庶民の間にも浄土教は浸透した</u>。浄土教芸術では，阿弥陀如来像をまつる阿弥陀堂が建てられ，阿弥陀如来が来臨する様子を示した来迎図が描かれた。

論述のポイント

□ **9世紀の文化**：
- 弘仁・貞観文化
- **特　色**：唐文化の摂取・消化が進んだ文化
- **具体例**：文学：漢文学の発達 → 勅撰漢詩集の編纂
　　　　　　仏教：現世利益を願う密教が広がる
　　　　　　その他：三筆など唐風の書，唐絵，紀伝道の重視，曼荼羅など

□ **10・11世紀の文化**：
- 国風文化
- **特　色**：唐文化の消化の上に，日本の風土や日本人の嗜好にかなった文化
- **具体例**：文学：仮名文字の普及 → 勅撰和歌集の編纂
　　　　　　仏教：来世の極楽往生を願う浄土教が広がる
　　　　　　その他：三跡（蹟）など和風の書，大和絵の発達，来迎図など

(2)

設問の要求

〔主題〕1863 年から，徳川慶喜の将軍就任までの間における薩摩藩の動き。
〔条件〕薩摩藩の動きの背景にある政治方針の変化に言及する。

　本問の要求は，薩摩藩の動きについて説明することである。設問文には，1862 年
に一橋慶喜が将軍後見職に就任したのは「薩摩藩の推挙による」とあり，この時期に
は薩摩藩と慶喜の関係は良好であったが，1866 年に将軍となった慶喜に，「薩摩藩は
敵対した」と示されている。さらに，良好な関係から敵対関係への変化の背景となる
薩摩藩の政治方針の変化を明記することが条件である。以上の諸点から，薩摩藩の政
治方針は，文久の改革時は「公武合体論による幕藩体制の維持・安定をめざす方針」
であり，途中で「天皇を中心とする雄藩連合政権の実現」という方針へと変化したこ
とを示す。そして，薩摩藩の動きとして，長州藩との間で起こった事件や，薩英戦争
の影響も交えて答案をまとめたい。

▶幕藩体制の維持

　1860 年の桜田門外の変で大老井伊直弼が暗殺され，幕閣の独裁による政治運営は
不可能であることが明らかになった。幕政の中心となった老中安藤信正は，幕府の権
威を挽回するため，朝廷と幕府が提携することで政局の安定をめざす公武合体策をと
った。しかし安藤は和宮降嫁を実現したものの，坂下門外の変で襲われ失脚した。こ
の事件で幕府の権威はさらに低下し，幕府主導の公武合体策による政局安定も実現し
なかった。

　かわって独自の公武合体論を推進したのが薩摩藩であった。薩摩藩主の父島津久光
の公武合体策は，①安政の大獄で処分された一橋派の公家，親藩・外様大名らの処分
解除と政界復帰，②彼らを朝廷・幕府の最高の役職につけて，③朝廷と幕府の協調に
よる国政運営をめざすものであった。そこで，久光はこの策を朝廷に建言し，勅命を
奉じた勅使とともに江戸に下り，幕政改革を求めた。幕府はその勅命を受けて，一橋
家の慶喜を将軍後見職，越前藩主松平慶永を政事総裁職に任命し，公武合体策に基づ
く文久の改革を実行していった。本問では 1862 年の文久の改革に言及する必要はな
いが，1863 年時点での薩摩藩の政治方針が，公武合体策に基づく雄藩の幕政参画に
よる幕藩体制の維持であったことを押さえておきたい。

　一方，京都では，尊王攘夷を藩論とする長州藩が急進派の公家と結んで朝廷の主導
権を握った。そして 14 代将軍徳川家茂を上洛させ，攘夷の決行を求めた。朝命に逆
らえず，幕府は 1863 年 5 月 10 日以降の攘夷決行を諸藩に命じたが，攘夷を決行した
のは長州藩だけであった（長州藩外国船砲撃事件）。

　こうした動きに対応して薩摩藩は，1863 年に会津藩や公武合体派の公家らととも

に八月十八日の政変を起こし，長州藩士や尊攘派公家を京都から追放した。これで公武合体派が政局の主導権を回復した。さらに1864年には，京都に攻め上った長州藩を相手に，薩摩藩は会津・桑名藩などとともに戦い，それを敗走させた（**禁門の変**）。

▶政治方針転換の契機

1863年7月薩摩藩は，前年の生麦事件の報復として鹿児島湾に侵入したイギリス艦隊と交戦した。この**薩英戦争**で，勝敗は決しないまま和議を結んだものの，<u>薩摩藩は欧米の軍事力を痛感し開明策に転じた</u>。イギリスも薩摩藩の実力を評価した。翌1864年，西郷隆盛・大久保利通らが藩政を掌握すると，イギリスに接近して洋式軍備の充実を図るなどの改革を進めた。そして，西郷・大久保らは「共和政治」つまり，<u>天皇を中心とする雄藩連合政権を</u>，幕府にかわるものとして構想するようになった。

他方，禁門の変後，朝敵とされた長州藩は，1864年8月，幕府による長州征討が命じられた直後に，四国艦隊による下関への砲撃をうけた。そのため長州藩は，四国艦隊に降伏し，恭順派が主導権を握り幕府に謝罪したので，第1次長州征討は戦わずして終わった。しかし攘夷の不可能を悟った高杉晋作らは，列国に対抗するため朝廷を中心とする強力な国家の形成の必要を感じ，1865年には恭順から倒幕へと藩論を転換させ，イギリスに接近していった。またイギリスも，<u>同年パークスが公使となると，幕府の弱体化を見抜き，天皇を中心とする雄藩連合政権の実現を期待して，薩長両藩の支援にのりだした。</u>

1864年に着任したフランス公使ロッシュが，幕府に接近・支援する外交を展開したことなどを背景に，<u>幕府は権力を再び強化し徳川家を中心とした中央集権体制を作る構想を持ち始めた</u>。そして幕府は1865年5月頃から，抗幕に転じた動きを察して長州再征を具体化していった。だが開明策をとっていた薩摩藩は，この幕府の専断に反発し，イギリス貿易商からの武器購入の仲介援助などを通じて密かに長州藩を支援した。そして1866年1月に土佐藩出身の坂本龍馬らの仲介で，<u>薩摩藩は長州藩と，幕府が長州再征を行った場合の軍事同盟の密約（**薩長同盟・薩長連合**）を結び，**幕府と対抗する姿勢を固めた**</u>。ただこの時点では，両藩ともに武力倒幕までは考えてはいなかった。1866年6月，幕府が出した第2次長州征討の出兵命令を，**薩摩藩は拒否**した。幕府は戦闘を開始したが，洋式軍備を整えた長州藩に完敗した。そうしたなか8月に14代将軍徳川家茂が急死し，幕府はそれを理由に戦闘を停止した。そして12月，徳川慶喜が15代将軍に就任した。

なお，薩摩藩の政策転換の契機には他にも説があり，高校教科書によっても若干表現に差がある。八月十八日の政変後，朝廷は政局の安定を図るため，公武合体派大名の一橋慶喜・松平慶永・松平容保・島津久光ら6名を参与に任命した。これらの6名が朝廷の会議に参加することは，久光が当初構想した公武合体に基づく雄藩連合の制

度化であった。しかし，ここに至って公武合体路線のなかで，慶喜の主張する幕府主導型と，久光の主張する雄藩勢力主導型の 2 派が対立し，参与会議はわずか 3 カ月で分解，薩摩藩の政治方針の転換を招いたというのが近年有力な説である。本問では薩摩藩と慶喜との関係に焦点をあてているので，こちらの見解も是であろう。ただ教科書にこうした事情の記載はないため，受験生に求められる解答としては前述の通りである。

論述のポイント

□幕藩体制の維持：
- 薩摩藩は公武合体派＝幕藩体制の維持・安定をめざす
　　　　　　　　　　＝朝廷における尊攘派の台頭 → 八月十八日の政変・禁門の変
　　　　　　　　　　→ 長州藩を追放

□政治方針の転換：
- 薩英戦争 → 開明派に転換・天皇を中心とした雄藩連合政権をめざす
- 四国艦隊下関砲撃事件 → 長州藩の尊攘派挫折
- 薩長同盟の締結 → 第 2 次長州征討に反対＝幕府と対抗

解答例

(1) 9 世紀の弘仁・貞観文化は，文章経国思想の影響で漢文学が興隆して勅撰漢詩集が編纂され，三筆の唐風の書法が好まれるなど唐文化の摂取・消化が進んだ。仏教では貴族層に現世利益を求める密教が広まった。10・11 世紀の国風文化は，仮名文字の普及で国文学が発達し勅撰和歌集が編まれ，三跡が和様の書法を完成するなど，唐文化の消化の上に日本独自の文化が形成された。仏教は来世での極楽往生を願う浄土教が庶民にも広まった。

(2) 薩摩藩は公武合体の方針をとり，幕藩体制の安定をめざしたが，朝廷では長州藩を中心とする尊攘派が主導権を握ったため，八月十八日の政変や禁門の変で尊攘派を追放した。しかし薩摩藩は薩英戦争で，長州藩は四国艦隊下関砲撃事件で攘夷の不可能と軍備の近代化の必要を痛感すると開明策に転じ，天皇を中心とする雄藩連合政権の実現をめざした。薩摩藩は薩長同盟を結び，幕府の第 2 次長州征討に反対して幕府と対抗する方針を固めた。

66　(1)鎌倉時代の荘園支配の変遷
(2)田沼時代〜幕末期の幕府の仲間政策

(2017 年度　第 4 問)

(1)　荘園支配の「変遷」が主題であるから，「変化」に注目して，まず時期区分を考えよう。幕府による地頭補任だけではなく荘園領主の存在も意識してまとめよう。地頭請と下地中分には必ず言及した上で，悪党の横行にも目配りしたい。

(2)　幕府の仲間政策の推移・展開について問われている。政策の変化に注目して，田沼時代・天保の改革・幕末期の 3 期を中心に構成したい。各期の政策の背景や結果として，地方市場の変化や物価動向について目配りしたい。

(1)

設問の要求

〔主題〕鎌倉時代における荘園支配の変遷。

〔条件〕幕府・地頭の動向に留意する。

条件の幕府・地頭の動向については，鎌倉幕府が成立期に御家人を地頭に補任したことを記した上で，地頭の職務についても言及したい。職務について，地頭は荘園領主の下で荘園の管理にあたったこと，なかでも年貢の徴収や納入にあたったことは，その後の地頭による年貢横領と関わるので必ず指摘したい。次に，承久の乱後の幕府の勢力拡大にともない，年貢横領などの地頭の非法が増え，荘園領主との対立が激化したことを述べる。解決策として**地頭請**と**下地中分**が行われたことは誰しも想起できるだろう。荘園支配というテーマと関わるので地頭請と下地中分の内容も簡潔に記しておきたい。地頭請や下地中分の結果，地頭の荘園支配が強化された点を指摘できるかどうかは差の出るところである。鎌倉時代末期について，悪党が横行したことで終わらず，それにより荘園支配が動揺したことにも言及したい。

なお，テーマは荘園支配であるから，鎌倉時代を通じて地頭が設置されない本所一円地が存続したことや，蒙古襲来を契機に幕府が本所一円地への支配を強めたことを書いてもよい。

▶鎌倉時代初期

源頼朝は東国御家人を地頭に補任し本領安堵する一方，平氏などの謀叛人からとりあげた没官領に御家人を地頭として補任した。地頭の職権は下司などの荘官の権限を引き継ぐのが原則で，治安維持と，年貢を徴収して荘園領主へ納入することが基本であった。しかし，西国では荘園領主の力が大きく，地頭の権限は制限された。

▶承久の乱後

　承久の乱に勝利した幕府は，上皇方から没収した 3000 余カ所もの所領に新補地頭を補任し，西国への支配を強めた。そうしたなか，幕府の権限強化を背景に，地頭の非法が増加した。なかでも地頭による年貢横領は荘園領主の財源を圧迫したため，荘園領主は預所や雑掌を現地に派遣して荘園管理にあたらせたり，幕府に地頭の非法を訴えるなどして荘園を維持しようとした。幕府の調停もあって解決策として**地頭請**や**下地中分**が行われるようになった。地頭請は地頭に荘園の下地管理を委ねるかわりに毎年一定額の年貢納入を請け負わせる契約である。下地中分は荘園の下地そのものを荘園領主と地頭で折半して，両者たがいの領分には干渉しない方式である。地頭請や下地中分を通じて，地頭の荘園支配が強化され，地頭が実質的支配権をもつ荘園が現れた。その一方で，依然として幕府支配の外にあり地頭が設置されていない荘園も存続した。そのような荘園を本所一円地という。

▶元寇に際して

　幕府は蒙古襲来という危機を背景に，文永の役の後には「本所一円地の住人」，つまり，非御家人をも守護の指揮下に動員できる権限（2010 年度第 1 問史料 A 参照）と，本所一円地からの物資徴発権を朝廷に認めさせた。これにより本所に納入される年貢などの物資を兵粮米として幕府が徴収できることになり，とくに西国に多かった本所一円地にまで幕府支配が伸張することになった。ただし，この本所一円地の非御家人の動員権と物資徴発権獲得については，一部の教科書や参考書にしか記載がないので，必ずしも言及できなくともよい。

▶鎌倉時代末期

　鎌倉時代末期，畿内やその周辺では，荘園領主や幕府に反抗する悪党が出現した。悪党は，年貢横領や荘園への不法乱入などの狼藉を行ったので，荘園の支配は動揺していった。悪党と呼ばれた人々は，商品流通の発達とともに成長した新興武士や荘官・名主層など多様な人々であった。

論述のポイント

□**鎌倉時代初期**：幕府による地頭（荘園領主への年貢納入・治安維持が任務）の設置
□**承久の乱後**：地頭の非法による荘園領主との紛争激増
　　　　　　　解決策＝地頭請・下地中分→地頭の荘園支配強化
□**元寇時**：本所一円地からの非御家人動員権と物資徴発権の獲得→幕府の荘園支配強化
□**鎌倉時代末期**：悪党の横行→荘園支配の動揺

(2)

設問の要求

〔主題〕田沼時代から幕末までの三都における幕府の仲間政策について。
〔条件〕地方市場や物価の問題に留意する。

　設問要求に従い，田沼時代から順に幕府の仲間政策を概観すれば，「田沼時代＝仲間の積極的な公認・奨励，天保の改革＝株仲間解散令→失敗→株仲間再興令」という流れは想起できるだろう。さらに，田沼時代の仲間政策の結果，化政時代に地方市場が発展し，商品流通のあり方が変化した。それらを具体的に指摘し，天保の改革における幕府の仲間政策と関係させて書く工夫が必要である。

　天保の改革では，株仲間解散令が江戸の物価高騰の抑制を目的に出されたが，結果として逆効果となったため，のちに仲間を再興した点を記す。

　そして幕末期については，開港・貿易開始で，在郷商人が横浜へ輸出品を直送したため流通構造の変化が生じ，江戸では物価が高騰した。そのため幕府は五品江戸廻送令を出したことを中心に書けばよい。なお，設問に「三都における」とあるのは，農村で結成された仲間は含まないという意味である。

▶田沼時代

　大前提として「仲間」とは，商人・職人が結成した同業者組合で，営業上の独占を図ったものである。幕府は，享保の改革において初めて仲間を公認した。18世紀初頭頃からの「米価安の諸色高」対策として，物価引下げのため，商工業者や米・水油など生活必需品を扱う商人に仲間をつくらせ，仲間を通じて物価と商品流通の統制を企図したのであった（なお，公認された仲間を「株仲間」という）。以上は，田沼期以前の状況であり，確認事項である。

　さて，享保期の年貢増徴による幕府財政再建が限界に達するなか，田沼意次は，仲間の結成を積極的に公認して営業と商品流通の独占を認め，運上・冥加の上納による幕府財政の増収を図った。また，全国の農村で活発化してきた商品生産にともなって，在郷商人たちが新たな流通網を形成しつつあった。幕府は株仲間を結成させて，商品流通を再編成し，新たな流通網も統制しようと企図していたのである。

▶化政時代

　江戸時代の流通・経済のありかたを遡ってみてみたい。17世紀後半に河村瑞賢が，出羽の酒田から赤間関（下関）を通り，大坂を結ぶ西廻り海運を整備したことで，大坂は京都を凌ぐ全国物資の集散地となった。大坂に集められた全国の物資は，南海路に就航した菱垣廻船・樽廻船で，大消費地江戸へ輸送されたが，この流通の大動脈は，大坂の二十四組問屋や江戸の十組問屋などの問屋仲間が独占した。このように江戸の

経済は，大坂・京都などの上方からの移入品「**下り物**」に大きく依存していた。しか
し，18 世紀半ば頃から，状況は大きく変化していった。

　まず，田沼時代の重商主義政策をうけて，関東周辺での農産物や木綿・醤油などの
加工品生産が活発化し，18 世紀後半頃から，「**地廻り物**」の江戸流入が増加した。ま
た同時に地廻り物を直接集荷し，江戸の仲間商人を介さずに独自の流通経路を開いた
在郷商人が台頭した。つまり①**江戸地廻り経済圏**の発展により，三都の仲間を介さな
い新たな流通経路が形成された。

　また大坂周辺では，仲間による流通独占に反発する農民らの**国訴**という訴願運動も
行われるようになった。特に 1823 年には，大坂の仲間商人による価格と販売の独占
に対し，摂津・河内の 1007 カ村の農民らと在郷商人たちが，綿や菜種の自由売買を
求め大坂町奉行所に訴訟を起こした。②この結果，幕府は農民の主張を認め，仲間に
よる独占を緩和し，農民たちは仲間外商人への自由販売を実現した。

　さらに，③諸藩が財政補填のために行う藩専売も増加し，藩が直接消費地に売買す
る産物が増加していった。④蝦夷地の商品を買い込んだ**北前船**，瀬戸内海と伊勢湾や
江戸を結んだ**内海船**など，新興廻船が各寄港地で特産物の買い入れと積荷の販売を活
発に行うようになった。

　①～④の経済・流通の変化によって，三都の仲間商人らの手を経ない商品流通が盛
んになり，その集荷力が低下したのである。これらのうち，「幕府の仲間政策」とい
う観点に鑑み，②の国訴の結果，幕府が仲間の独占を緩和したことを指摘できればよ
い。だが，国訴は一部教科書には説明がないため，地方市場の活発化と在郷商人・新
興の廻船業者の台頭により，三都の仲間の集荷力が低下した点を書いてもよいだろう。

▶天保の改革

　水野忠邦は，仲間による流通独占が江戸の物価騰貴の理由であると考え，1841 年
に**株仲間解散令**を出した。しかし実際の物価騰貴の原因は，上記①～④で示した新た
な流通経路の形成・発展により，大坂の仲間商人の集荷力が低下し，江戸への商品流
入量が減少していたことにあった。したがって株仲間の解散で流通網はいっそう混乱
し，江戸への商品流入がさらに減少し逆効果となった。そのため幕府は 1851 年に仲
間を再興させた。

▶幕末期

　安政の五カ国条約にもとづき，1859 年に外国との貿易が開始されると，横浜から
の生糸輸出などが活況を呈した。在郷商人は生糸など輸出品を横浜へ直送したため，
江戸の仲間の集荷力は低下し，江戸の物価が騰貴した。1860 年，幕府は**五品江戸廻
送令**を出し，生糸・雑穀・水油・蠟・呉服を産地からいったん江戸に送るよう命じ，
江戸の物価統制と，問屋仲間から開港場へ輸出品を送らせることで仲間の保護，およ

び貿易統制を行おうとした。しかし，外国側は自由貿易をうたった修好通商条約をたてに強く抗議し，在郷商人たちも反対して効果はあがらなかった。

論述のポイント
□田沼時代：仲間を広く公認，運上・冥加の増収と流通統制をねらう
□化政時代：
　• 大坂周辺で流通の自由を求める国訴→幕府は仲間による独占を緩和
　• 江戸地廻り経済圏の発達，藩専売，内海船など新興廻船の台頭
　　→地方市場を直接結ぶ新たな流通網の形成→仲間の集荷力の低下
□天保の改革：仲間の集荷力低下で江戸の物価騰貴
　→（原因は仲間の流通独占と考え）仲間を解散させる→流通混乱で逆効果
　→のちに再興させる
□幕末期：開港・貿易開始で，在郷商人が横浜に商品直送→流通混乱→江戸の物価高騰
　→幕府は仲間保護・物価統制のため五品江戸廻送令を出す→効果なし

解 答 例

(1)鎌倉幕府は御家人を謀叛人所領などの地頭に補任し，荘園領主の下で年貢徴収などにあたらせた。承久の乱後，新補地頭が補任されるなど幕府の勢力が拡大すると，地頭が年貢横領などの非法を行い荘園領主との対立が深まった。幕府の調停により，地頭に年貢納入を請負わせる地頭請や，荘園の土地を折半する下地中分が実施された結果，地頭の荘園支配が強化された。鎌倉時代末，荘園領主に反抗する悪党の横行により荘園支配は動揺した。

　別解　鎌倉幕府は御家人を地頭に補任し，荘園領主への年貢納入や治安維持などにあたらせた。承久の乱後，新補地頭補任など幕府勢力の拡大を背景に，地頭は年貢横領などの非法を行い荘園領主との紛争が激増した。そのため地頭請や下地中分が実施されると，地頭の荘園支配は強化された。元寇に際し幕府は本所一円地からの物資徴発権を獲得し，荘園支配を強めたが，鎌倉末期には幕府や荘園領主に反抗する悪党が横行して荘園支配は動揺した。

(2)田沼意次は仲間を広く公認し，冥加の増収と流通統制を図った。在郷商人が地方市場を結ぶ新たな流通網を形成するなか，化政期に流通の自由を求める国訴が起こると幕府は仲間の独占を緩和した。仲間の集荷力低下で物価が上昇したが，天保期に仲間を解散させて逆効果となり，のちに再興させた。幕末の開港で在郷商人が商品を横浜に直送し流通が混乱すると，幕府は仲間の保護と物価統制のため五品江戸廻送令を出したが効果はなかった。

67 (1)南北朝・室町時代の禅宗 (2)第 1 次近衛文麿内閣の政策 (2016 年度 第 4 問)

(1) 禅宗と幕府の関係は，五山派と林下に分け，それぞれの活動について説明したい。禅宗の影響をうけた文化は，具体的な用語をあげつつ簡潔に述べたい。

(2) 対中国政策については，日中戦争の勃発と，戦争が長期化するなかでの政策の変化について述べる。国内政策については，経済統制面と精神面で総力戦体制の構築が図られたことを説明したい。

(1)

設問の要求

〔主題〕南北朝・室町時代における禅宗について。
〔条件〕①幕府との関係，②文化への影響，に触れる。

　論述問題では，まず，指定されている時期を正確に把握する必要がある。本問では「南北朝・室町時代」となっている。一般に「室町時代」は，足利尊氏が建武式目を制定した 1336 年から，織田信長が足利義昭を追放した 1573 年までを指すが，始期を 1392 年の南北朝合一にする説もあるため，本問では念入りに「南北朝・室町時代」と表現したのであろう。

　条件①の「幕府との関係」に注目すると，室町時代の禅宗は，幕府の保護・統制をうけた臨済宗の五山派と，五山に属さない臨済宗と曹洞宗の禅宗諸派の林下に分けられるということを想起したい。五山派については，足利尊氏や足利義満との具体的関係，禅僧が幕府の外交・政治顧問をつとめたことを記したい。林下の活動も，時期に注目しつつ言及しよう。

　条件②の「文化への影響」を分類すると，禅宗とともにもたらされた漢詩文・朱子学・水墨画などの大陸文化と，禅宗の隆盛とともにその影響をうけて発展した書院造や枯山水・侘茶などの生活文化に二分できるが，答案としては，代表的な文化のジャンルを 2 つか 3 つ，例としてあげた上で，「大陸の影響をうけた文化の発展」もしくは，「禅宗の影響をうけた生活文化の形成」や「今に存続する伝統文化の形成」といった形でまとめるとよい。

　最後に，本問の答案の基本的な構成であるが，200 年以上の期間を対象とする設問であり，教科書でも，戦国期には幕府の弱体化とともに五山派は衰退し，かわって林下の禅の活動が活発化したことが説明されているので，時期区分して推移・展開タイプの構成にしてもよい。しかし，あえて時期区分せずに多面的説明タイプの答案にまとめてもよい。

▶五山派

　まず，中世では臨済宗と曹洞宗は思想も組織も混在していた。中世の禅宗は室町幕府の保護・統制をうけた官寺である**五山**（叢林）と，五山に属さず自由な活動を求めた林下に区分される。

　足利尊氏が臨済宗の**夢窓疎石**に帰依したことから，疎石門下の春屋妙葩・義堂周信・絶海中津らが足利義満の保護をうけた。義満は南宋の官寺の制度である五山・十刹の制を導入し，禅宗寺院の寺格を定めた。また，五山派寺院の管理機関である僧録を設置し，春屋妙葩をこれに任じた。僧録は，住職の任免をはじめ僧侶の取り締まりにあたる役職で，僧録の事務所を僧録司といった。

　五山僧は，中国語の高い語学力と漢詩文の創作能力をもって，外交文書の作成や遣明使節の正使をつとめるなど，外交顧問としての役割を担った。また宋学（朱子学）などの教養もそなえていたことなどから，政治顧問として幕府に重く用いられた。

　広大な寺領を経営し，祠堂銭を元本に金融業を営むなど豊かな経済力をもった五山寺院に対し，幕府は住持任命にあたって官銭を賦課したり，将軍の参詣にあたって献物・献銭を徴収した。このように五山寺院は，幕府財政を支える側面もあった。

　しかし応仁の乱後，幕府の全国支配の崩壊とともに五山派も衰退した。

▶林下

　五山（叢林）に属さない禅宗諸派を林下といい，地方での自由な普及活動を重視した。五山派の衰退後，戦国大名や民衆の支持をうけて各地に広がった。林下の禅を布教したのは，臨済宗の大徳寺・妙心寺，曹洞宗の永平寺・総持寺などであり，僧としては大徳寺の一休宗純が有名である。

▶文化への影響

　鎌倉時代から南北朝期には南宋からの渡来僧である蘭渓道隆・無学祖元や，元からの一山一寧らがおり，また中国に留学した僧も多く，禅宗寺院では中国語や**漢詩文**創作，**宋学**の研究が盛んであった。明の海禁政策にともない渡来僧が途絶えたのちも，禅寺では中国風の文化が保持され，**義堂周信**や**絶海中津**らを中心に五山文学が栄えた。鎌倉時代に禅宗とともに伝わった**水墨画**は室町時代に発達し，如拙・周文・雪舟らの画僧が活躍した。また，禅宗の浸透とともに，生活文化にも禅の精神の影響がみられるようになった。例として，建築では慈照寺東求堂同仁斎にはじまる**書院造**，作庭では禅の閑寂幽玄の精神を表現した**枯山水**，村田珠光が禅の精神を取り入れて創出した**侘茶**をあげることができる。

> **論述のポイント**
> □**五山派**：
> - 足利尊氏→夢窓疎石に帰依，臨済宗を保護
> - 足利義満→五山・十刹の整備，僧録を設置し管理
> - 五山僧→幕府の外交・政治顧問，五山官銭は幕府財源
> - 戦国時代に衰退
>
> □**林　下**：
> - 五山派以外の禅宗諸派
> - 戦国時代以降に地方の武士・民衆に広まる
>
> □**文　化**：
> - 水墨画・漢詩文・宋学など中国文化の導入と発展
> - 書院造・枯山水・侘茶など新たな生活文化を形成

(2)

> **設問の要求**
> 〔主題〕第1次近衛文麿内閣がとった政策について。
> 〔条件〕①対中国政策，②国内政策，の両面から述べる。

　①・②のどちらかに偏りすぎないように，バランスよく答案をまとめたい。第1次近衛文麿内閣の政策については，国内外とも書くべきポイントが多い。そのなかで字数との兼ね合いを考えて取捨選択する必要がある。

▶対中国政策

　1937年7月7日，北京郊外の盧溝橋で日中両軍の衝突事件が発生した。いったん現地では停戦協定が成立したが，近衛文麿内閣は軍部の強硬派に押し切られ派兵を決定し，宣戦布告がないまま日中は全面戦争状態に突入した。中国側は，同年9月に国民党と共産党の提携が再び実現し（第2次国共合作），抗日民族統一戦線を成立させて抵抗を続けた。

　1937年12月，日本は国民政府の首都南京を占領したが，国民政府は首都を重慶に移して抗戦を続けたので，戦争は長期戦となった。日本は1937年10月からドイツを通じた和平工作を試みていたが，南京占領で強気になった近衛首相は，1938年1月に「国民政府を対手とせず」との声明を出し，国民政府との和平交渉を打ち切った（第一次近衛声明）。この声明には中国に親日政権を樹立する方針も示されている。同年11月，近衛首相は再び声明を出し，戦争目標が日・満・華の3国連携による東亜新秩序の建設にあるとし，国民政府の要人汪兆銘を重慶から脱出させた。なお，米内光政内閣期の1940年，日本は，南京に汪兆銘を首班とする傀儡政権を樹立したが，汪政権は弱体で，日本の戦争終結策は失敗に終わった。

▶国内政策

　総力戦とは，第一次世界大戦により生まれた戦争形態で，軍事作戦による戦闘だけでなく，経済力，工業力，労働力など国力のすべてを動員することで戦争の勝敗を決するという考え方である。日本では日中戦争の勃発を契機に総力戦体制の形成が進んだ。

　1937年に臨時資金調整法や輸出入品等臨時措置法を制定して，資金や輸入資材を軍需産業に集中して配分する措置をとった。同年，戦争遂行のための物資動員計画にあたる**企画院**を設立し，経済統制の中心的機関とした。1938年，日中戦争が全面化するなか，企画院の立案による**国家総動員法**を制定した。同法により，議会の承認なしに，勅令により政府が人的物的資源を統制・運用できることになった。それを機に，同年から政府は労働者の動員を促進するため，労働組合を解消して職場ごとに労働者を産業報国会に組織して，労使一体の国策協力を図った。

　また，1937年8月から国民を戦争協力に動員するため，**国民精神総動員運動**を開始した。当初は式典や行事を通じて「挙国一致，尽忠報国，堅忍持久」をスローガンに戦意高揚を図る運動であったが，のちに郵便貯金や国債購入を促したり，金属回収など，総力戦のため物心両面から国民を戦争に協力させた。その一方で，人民戦線事件や，矢内原事件など，社会主義や自由主義に対する弾圧も強めた。

論述のポイント

□**対中国政策**：
- 盧溝橋事件を契機に日中戦争が勃発→長期化
- 国民政府との和平交渉を打ち切り
- 中国に親日政権を樹立する方針に転換
- 東亜新秩序の建設をめざす

□**国内政策**：
- 総力戦体制の構築を企図
- 国民精神総動員運動の展開
- 企画院の設立
- 国家総動員法の制定
- 産業報国会の結成，学問・思想の統制強化

解 答 例

(1)足利尊氏が夢窓疎石に帰依し，足利義満が五山・十刹の制を整備して臨済宗
五山派は室町幕府の保護・統制をうけ発展し，五山僧は幕府の外交・政治顧
問として重用された。戦国期には幕府の衰退とともに五山派は衰えたが，五
山に属さない禅宗諸派の林下の禅が地方の武士や民衆の間に広まった。文化
面では，漢詩文や水墨画など中国風の文化を発展させる一方，禅の精神を取
り入れた書院造・枯山水・侘茶などの新たな生活文化を形成した。

(2)盧溝橋事件を契機に，宣戦布告のないままに日中戦争を拡大した。戦争が長
期化するなか，近衛声明を発して国民政府との和平交渉を打ち切り，中国に
親日政権を樹立する方針をとって東亜新秩序建設をめざした。国内では総力
戦体制の構築を図り，国民精神総動員運動を通じて国民の戦争協力を促し，
企画院を発足させ，国家総動員法を制定して政府が物資や労働力を動員する
権限を握った。国策協力機関として産業報国会の結成を進めた。

68 (1)鎌倉〜安土桃山時代の銭貨の流通
(2)1610年代〜40年代の幕府のキリシタン政策

(2015年度 第4問)

(1) 「銭貨」の定義に注意して，指定時期全体にみられる共通事項を指摘した上で，各時期の税制や銭貨の特色に関しても叙述したい。

(2) 「黙認→禁教・迫害」といった変化点に注目し，それと連動した対外政策も精選して説明したい。島原の乱後は「鎖国体制の完成」で終わらず，禁教徹底のために設けられた制度に言及することが重要である。

(1)

設問の要求

〔主題〕鎌倉時代から安土桃山時代の銭貨の流通について。

〔条件〕税制や鋳造の面にも留意する。

　本問は，貨幣全般を扱う貨幣史ではなく，あえて「銭貨の流通」が問われていることに注意したい。つまり本問における「銭貨」は，銅を主原料とした鋳造貨幣で商品交換の媒介物としての流通貨幣を指す。ゆえに贈答用の金銀貨などは考察の対象外であり，豊臣政権が鋳造した天正大判などについて触れる必要はない。したがって，鎌倉時代から安土桃山時代の銭貨の鋳造や流通に共通する事項は，<u>日本では国家的な銭貨の鋳造は行われておらず，中国からの輸入銭が流通していた</u>，という点を指摘したい。

　以上の基本事項を踏まえた上で，流通した銭貨の種類，税目や課税のあり方や政策など，各時期の特色をまとめよう。

▶鎌倉時代

　鎌倉時代には，中国との貿易によって大量に輸入された**宋銭**が流通し，貨幣経済が浸透していった。税制については，荘園の生産物を市で貨幣にかえて領主に送る**年貢の（代）銭納**も多くなった。なお，本問の主題や問題要求からはずれる，三斎市・見世棚といった商業の発達や金融業者の借上の存在には触れない。また，字数制限を考えれば，遠隔地取引の際，銭貨のかわりに為替が用いられたことにも触れる余地はない。

▶室町時代

　室町時代には，宋銭に加えて日明貿易で<u>永楽通宝</u>などの<u>明銭</u>の輸入量が著しく増大し，銭貨の流通はさらに進展した。税制については，<u>年貢の銭納が一般化する</u>一方，

室町幕府は段銭・棟別銭・関銭など多様な税を銭貨で納入させた。

　戦国時代，諸大名は領国内の土地を年貢の銭納高で統一的に表示し，この貫高を家臣の軍役や農民の年貢賦課の基準とした（**貫高制**）。また，粗悪な私鋳銭の流通を背景に，悪銭の受け取りを拒否する撰銭が横行すると，幕府や戦国大名は**撰銭令**を発し，良銭の基準や貨幣間の交換率などを定めて，銭貨流通の円滑化に努めた。

▶安土桃山時代

　織豊政権でも銭貨の鋳造は行われず，依然として輸入銭・私鋳銭が入り交じって流通していた。余談だが，こうした状態は，江戸時代前期の 17 世紀後半まで続いた。江戸幕府は 1636 年に寛永通宝の鋳造を開始したが，大量発行の体制を整え，古銭の通用禁止を命じた 1670 年になってやっと，輸入銭・私鋳銭が排除されたのである。なお，貫高制に言及したとはいえ，豊臣秀吉が石高制を採用したことは，問題要求からはずれるので触れてはいけない。石高制は土地の価値を米量に換算するものであり，本問の主題である銭貨の流通と関係はないので，答案に書く必然性はない。貫高制から石高制への転換の背景には，豊臣政権下でも国家的な銭貨鋳造が行われず，銭貨に対する信用が不足していたことがあり，本問の要求と深く関わるものの，高校の学習内容を超えている。この背景を指摘せずに，単に貫高制から石高制への転換のみを指摘するだけでは，本問の答案として意味がない。

論述のポイント

□鎌倉・室町時代：
- 幕府・朝廷は銭貨を鋳造せず
- 宋銭・明銭の流通→貨幣経済発展
- 年貢の銭納が普及
- 室町幕府は多様な税を銭貨で徴収

□戦国時代：
- 戦国大名は貫高制を採用
- 私鋳銭の流通→撰銭の横行→撰銭令を発布

□安土桃山時代：
- 織豊政権は銭貨鋳造せず
- 輸入銭・私鋳銭の流通が続く

(2)

設問の要求

〔主題〕1610 年代から 1640 年代にかけての幕府のキリシタン政策。

〔条件〕その変遷を，対外政策と連動させつつ段階的かつ具体的に述べる。

　本問の主たる要求は，「幕府のキリシタン政策」である。対外政策に関しては，キリシタン政策と「連動」する出来事を取捨選択したい。さらに，いわゆる「鎖国体制の形成過程」の叙述だけで終わらせないことにも注意したい。

　1610年代から1640年代の政策の「変遷」を問われているから，書き始める前に時期区分を考える必要がある（以下の年表を参照）。それによって，キリシタン政策と対外政策を連動させながら「貿易奨励・キリスト教黙認→禁教・信徒追放・貿易統制強化→島原の乱→鎖国完成・絵踏強化・寺請制度・宗門改めの実施」といった流れが把握でき，説明の方針が立てられるだろう。

鎖国への過程　目的：キリスト教の禁止と幕府による貿易統制

将軍	禁教政策	ヨーロッパとの関係
家康	＊キリスト教を黙認	1600　オランダ船リーフデ号漂着（豊後）
秀忠	1612　幕領に禁教令 1613　全国に禁教令 1614　高山右近らマニラに追放 1622　元和の大殉教	1609　オランダ商館の設置（平戸） 1613　イギリス商館の設置（平戸） 1616　ヨーロッパ船の寄港地を平戸・長崎に限定 1623　イギリス，自主退去
家光	＊このころ，長崎で絵踏を開始 1637　島原の乱（～1638） ＊絵踏の強化 1640　寺請制度・宗門改め	1624　スペイン船の来航禁止 1633　奉書船以外の海外渡航禁止 1635　日本人の海外渡航と帰国の全面禁止 1639　ポルトガル船の来航禁止 1641　オランダ商館を長崎出島へ移す

▶開幕期

　この時期には，ポルトガル船が中国産生糸の日本への持ち込みをほぼ独占していたが，ポルトガルは旧教（カトリック）国のため，貿易はキリスト教の布教と一体化していた。このようななか，徳川家康は貿易奨励策をとったため，**キリスト教を黙認**していた。

▶1610年代〜30年代半ば

　布教を行わない新教（プロテスタント）国のオランダやイギリスとの貿易が始まり，中国産生糸の供給確保の目途がついたこともあり，幕府はキリシタン迫害政策に転じ

た。まず，**幕府直轄領に禁教令を**（1612年），翌年には**全国に禁教令を出し**，次いで**改宗を拒む者を国外追放処分とした**（1614年）。さらに**元和の大殉教**（1622年）のような激しい迫害策を講じた。また細かい知識であるが，長崎では1629年ごろから「絵踏」によるキリシタンの摘発も始まった。

ここで，ポルトガル・スペインとの貿易を継続すれば，禁教政策は不徹底となる。そこで禁教政策を推進するために貿易を制限する方向に転換した。まず，**ヨーロッパ船の寄港地を平戸・長崎に限定**（1616年），**スペイン船の来航を禁止した**（1624年）。そして日本人には，朱印船が宣教師潜入の手段になっていたことを重くみて，**奉書船以外の海外渡航禁止**（1633年），**日本人の海外渡航と帰国の全面禁止**（1635年）など，制限を強化した。ただし，字数制限を考えると簡潔にまとめる必要がある。

▶島原の乱後

幕府のキリシタン政策と対外政策の大きな画期となったのは，1637年に起きた**島原の乱（島原・天草一揆）**である。島原の乱では，キリシタンの牢人・百姓を中心とする強い結束の前に，幕府が苦戦を強いられ，老中松平信綱の指揮の下，九州の諸大名を動員した大軍でようやく鎮圧した。キリスト教への警戒を強めた幕府は，**ポルトガル船の来航を禁止し**（1639年），**オランダ商館を長崎出島に移転**させ（1641年），長崎奉行の監視下で貿易を継続する，いわゆる「鎖国体制」を完成した。

本問は「鎖国体制の形成」を問う問題ではないから，さらにここから踏み込んで，キリシタン根絶政策にも言及したい。**絵踏**は九州各地で実施され，また寺請制度の下，寺院に一般民衆を檀家として所属させ，檀那寺にキリシタンではなく檀徒であることを保証させた。さらに幕領には宗門改役を置き（1640年），民衆を宗門改帳（宗旨人別改帳）に登録する**宗門改め**も開始された（ただし，諸藩に宗門改役が設置され，宗門改めが全国的に実施されるのは1664年であるから，「全国的に宗門改めが実施された」などの叙述は避けたい）。

論述のポイント
- □**開幕期**：貿易奨励→キリスト教黙認
- □**1610年代～30年代半ば**：
  - キリスト教禁教策＝禁教令→信徒の国外追放・迫害
  - 貿易制限＝ヨーロッパ船の寄港地を平戸・長崎に限定，スペイン船の来航禁止，日本人の海外渡航・帰国の禁止
- □**島原の乱後**：
  - 貿易制限＝ポルトガル船の来航禁止，オランダ商館の長崎出島移転
  - キリシタン根絶策＝絵踏の強化・寺請制度・宗門改め

解 答 例

(1)鎌倉・室町時代に幕府や朝廷は銭貨を鋳造せず，宋銭や明銭が大量に輸入さ
　れて貨幣経済が発展し，年貢の銭納が普及した。室町幕府は段銭・棟別銭な
　ど多様な税を銭貨で徴収した。戦国大名は，土地を年貢の銭納高で表示した
　貫高を基準に，年貢や軍役を賦課した。また，私鋳銭の受け取りを拒む撰銭
　を制限する撰銭令を発して，銭貨流通の円滑化を図った。織豊政権も銭貨は
　鋳造せず，依然として明銭などの輸入銭や私鋳銭の流通が続いた。

(2)幕府は当初，貿易奨励策をとりキリスト教を黙認した。1610年代初めに禁教
　令を出して改宗を強制し，国外追放や処刑などキリシタン迫害策に転じた。
　その後，宣教師の潜入を警戒してスペイン船の来航を禁じ，日本人の海外渡
　航・帰国を禁止した。島原の乱後，ポルトガル船の来航を禁止し，オランダ
　商館を出島に移し監視下で貿易を継続した。その一方で，絵踏や宗門改めを
　実施し，寺請制度を整備するなどキリシタンの根絶を図った。

69 (1)9～10世紀の財源確保や有力農民への課税方法の変遷
(2)2つのニクソン・ショックの内容と日本の対応

(2014年度 第4問)

(1) 10世紀における税制の転換は論述問題の頻出テーマである。本問の要求に応じて，財源確保や課税方法の変遷を焦点に答案をまとめたい。
(2) 2つのニクソン声明が出された「背景」と，その「目的」を明確にしながら，声明の「内容」を説明しよう。

(1)

設問の要求

〔主題〕9世紀から10世紀の財源確保や有力農民に対する課税の方法の変遷。
〔条件〕10世紀初めの変化に留意する。

　9世紀から10世紀に律令政府がとった，中央の財源確保のための方法や，有力農民に対する課税方法の変遷を説明することが求められている。そこでまず，9世紀の課税方法がどのようなものであったかを明確に示そう。次に，設問文に「財源確保に様々な方法がとられた」とあるので，9世紀の直営田方式の採用にも言及したい。

　ところで，留意すべき「10世紀初めの変化」とは何を書けばよいのだろうか。班田の途絶に言及してもよいが，主たるテーマが財源確保や課税方法の変遷であることを考えると，国司制度の転換のほうがより重要である。朝廷が国司の長官である受領に一国の支配を委任し，税の納入を請け負わせたことを記したい。そして問題要求に沿って，10世紀における有力農民への課税方法のあり方について簡潔に説明したい。なお，10世紀の国司制度・課税方法の変化は，日本史論述の頻出テーマの一つである。論述問題の慣れ・訓練の差が如実に出る問題であろう。

▶9世紀

〔課税の原則と実態〕9世紀には律令制の原則どおり，戸籍・計帳に登録された成人男子に調・庸などを課税する方式がとられていた。しかし，浮浪・逃亡や偽籍の横行により人頭税の徴税が困難となった。

〔財源確保のための政策〕財政の維持が困難になった政府は，直営田による新たな課税方式に乗り出した。大宰府管内に公営田（823年）を，畿内に（元慶）官田（879年）を設置して，有力農民に耕作を委ね，その収益を政府に納めさせて財源にあてたのである。

　詳述すれば，公営田は，その全収穫から必要経費を差し引いた残りを太政官に納めた。官田は，半分は直営地として収穫の全てを収公する方式，半分は収穫の1/5を地

子として納めさせる請作方式で，いずれも中央政府の財源不足を補うものであった。これらの直営田方式は，人別賦課であった調・庸などが，土地に賦課されるきっかけにもなったのである。

▶10世紀

〔実態〕醍醐天皇は延喜の荘園整理令で違法な土地所有を禁じ，班田の励行を図った。しかし，すでに戸籍・計帳の制度は崩れており，10世紀初頭に班田も途絶した。律令制の原則に従った課税方式では国家財政を維持することができなくなったのである。

〔財源確保のための政策・有力農民への課税方法〕10世紀初め，政府は任国に赴任する国司のうち最上席者である受領に一国内の統治を委任し，そのかわり**受領に一定額の税の納入を義務づけて財源を確保**する体制へと転換した。

　そして受領は，領内の口分田などの公田を，**名**という課税単位に分け，**有力農民（田堵）に一定の期間を限って耕作を請け負わせ，その面積に応じて官物・臨時雑役という税を徴収**するようにした。

　なお，官物とは，従来の租・庸・調・公出挙の利稲の系譜を引く税であり，臨時雑役とは従来の雑徭などの系譜を引き臨時に賦課するものの総称である。いずれも**名の面積に応じた土地税**として課税された。このように，国衙によって把握された有力農民（田堵）は，その耕作する名の租税を請け負ったので「負名」と呼ばれた。こうして，成人男子中心に課税する律令制の原則は崩れ，有力農民の経営する土地に課税する体制となっていったのである。

> **論述のポイント**
> □**9世紀**：律令税制の原則を維持＝戸籍・計帳に登録された成人男子に課税
> 　　　　　　　　→浮浪・逃亡・偽籍の横行で徴税困難
> 　　　　　様々な方法＝公営田・官田を設置→有力農民を利用した直営方式の採用
> □**10世紀**：受領に一定額の税の納入を義務づけ財源確保→受領は土地（名）に課税
> 　　　　　　＝名の耕作を請け負った有力農民（田堵）から官物・臨時雑役を徴収

(2)

設問の要求

〔主題〕２つの「ニクソン・ショック」の内容と日本の対応。

　問われているのは下記の４点である。
　　①外交問題に関する声明の内容
　　②外交問題に関する声明に対する日本の対応
　　③経済問題に関する声明の内容

④経済問題に関する声明に対する日本の対応

さらに，それぞれの声明の「背景」や「目的」を明確にする必要がある。

また本問は，京大日本史の論述問題としてはめずらしく，1970 年代が出題された。問われているのは現代史の外交・経済史分野についての標準的な知識であるが，当該期までの論述対策が不足していては対応できなかっただろう。現代史分野の論述対策もおろそかにできないことを示す問題でもあった。

▶①外交問題に関する声明の内容

〔背景〕アメリカが 1965 年に本格介入して以来，<u>ベトナム戦争は長期化し，巨額の戦費支出がアメリカ財政を圧迫し，ドル危機が深刻化</u>していた。これに加えて，世界的なベトナム反戦運動の高まりで，<u>アメリカの国際的威信が低下</u>していた。

〔目的〕アメリカは，ベトナム戦争の早期解決をめざし，その最大の梃子として中華人民共和国（以下，中国）を利用しようと考えた。アメリカは中国と敵対し，国交を樹立していなかったが，中国の国連代表権獲得の可能性が濃厚となる情勢変化（1970年秋の国連総会では代表権獲得支持が過半数を占めたが，日本などの反対で未成立）をうけて，米中関係を改善させ，<u>中国を通じて北ベトナムとの和平</u>（ベトナム戦争の早期解決）<u>を引き出すこと</u>を企図した。

一方，中国はソ連との対立が激化していた（1969 年 3 月に中ソ国境の珍宝島〈ソ連名：ダマンスキー島〉をめぐる 2 度の軍事衝突があった）ため，ソ連の圧力を弱めるためにアメリカや日本との友好を求めていた，という事情があった。

〔内容〕1971 年 7 月，<u>ニクソン大統領は，中国訪問を計画していることを発表</u>した。知識に自信がなければ「米中関係改善の方針」としてもよいだろう。なお，ニクソンの発表では「中国との国交樹立」や「中国を唯一の合法的政権とする」とは明言していないことに注意したい。

▶②外交問題に関する声明に対する日本の対応

米中の接近を予測していなかった日本は衝撃をうけた。しかし，こうした変化をうけて，1972 年，<u>田中角栄首相は中国を訪問</u>し，周恩来総理と会談し<u>日中共同声明に調印し，国交を正常化</u>した。これにより，日本は<u>中華人民共和国を中国で唯一の合法政府として認めること</u>になり，<u>台湾の国民政府との外交関係は断絶</u>した。なお，日中平和友好条約の締結については 1978 年ということもあり，本問で書く必然性はない。

▶③経済問題に関する声明の内容

〔背景〕第二次世界大戦後，35 ドルで金 1 オンスと交換されるドルを基軸通貨とし，各国通貨とドルの交換比率を固定する固定相場制がとられていた（ブレトン＝ウッズ体制）。しかし，アメリカはベトナム戦争への軍事支出の膨張や，西側諸国に対する

多額の経済援助，西ドイツ・日本などとの貿易赤字の急増で，1960年代には国際収支が慢性的に赤字となった。巨額のドルが海外に流出し，もはや<u>ドルと交換できる金の準備額を上回る</u>ようになっていた。これを<u>ドル危機</u>という。

〔目的〕国際収支の悪化防止（ドル防衛）が目的であることを明記したい。

〔内容〕1971年8月，ニクソンは<u>金とドルの交換停止</u>を発表した。日本や西ドイツに為替レートの引き上げを要求したことを書いてもよいが，字数の余裕はないだろう。

▶④経済問題に関する声明に対する日本の対応

日本は円の為替レートを<u>1ドル360円から308円に切り上げ</u>た。数値を記すことが字数の制限で難しい場合は，円の切り上げが明記できていればよい。

なお詳述すれば，暫定的な変動相場制に移行したのち，1971年12月の10カ国蔵相会議の結果，1ドル＝308円に円を切り上げることとなった。このときは，各国ともに上下の変動幅をつけた固定相場制にかえた（スミソニアン協定）が，<u>1973年</u>にはドル不安が再燃し，日本や西欧諸国は**変動為替相場制に移行**し，ブレトン＝ウッズ体制は崩壊した。

論述のポイント

□**声明の背景**：
- ベトナム戦争の戦費負担・西側諸国への経済援助・貿易赤字→ドル危機
- 国際的威信の低下

□**外交問題に関する声明**：
〔目的〕中国にベトナム戦争終結の仲介を期待
〔内容〕中国訪問を発表

□**日本の対応**：
- 田中角栄首相の訪中→日中共同声明＝国交正常化（台湾政府とは断交）

□**経済問題に関する声明**：
〔目的〕国際収支の悪化防止（ドル防衛）
〔内容〕金とドルの交換停止

□**日本の対応**：
- 1ドル＝308円に円を切り上げ（固定相場制を維持）
- その後，変動相場制へ移行

解答例

(1) 9 世紀には，律令制の原則に従い戸籍・計帳に登録された成人男子に課税していたが，浮浪・逃亡や偽籍により徴税が困難となった。政府は公営田や官田を設け，有力農民を利用した直営方式で収益を確保した。10 世紀初め，政府は国内統治を委任した受領に一定額の税の納入を義務づけ財源を確保する体制に転換した。受領は領内の公田を名という課税単位に分け，耕作を請け負った有力農民から名の面積に応じて官物・臨時雑役を徴収した。

(2) ベトナム戦争の戦費負担や対外援助などでアメリカ経済が悪化し，ドル危機が深刻化するなか，中国を介してベトナム戦争の早期解決をめざしたニクソン大統領は，中国訪問を発表した。米中接近をうけて田中角栄首相が訪中し，日中共同声明を発表して日中国交正常化を実現した。またニクソンはドル防衛のため，金・ドル交換停止を発表した。日本は 1 ドル＝308 円に切り上げて固定相場制を維持し，その後，変動為替相場制に移行した。

別解　ベトナム戦争の負担，対外援助，日本や西ドイツなどによる対米輸出の急増でドル危機が深刻化するなか，ニクソン大統領は中国訪問を発表し，中国を介したベトナム戦争の早期終結をめざした。この米中接近をうけて田中角栄首相も訪中し，日中共同声明を発表して日中国交正常化を実現した。またニクソン大統領が，金・ドル交換停止を発表すると，日本は円を切り上げて固定相場制の維持につとめたが，のちに変動為替相場制へ移行した。

70 (1) 18世紀半ば以降の幕府財政難の構造的要因と財源確保政策
(2) 明治時代の初等教育制度
(2013年度 第4問)

(1) 18世紀半ば以降に直面した幕府の財政難を考察するのが本問の核である。そのためにまず，本来の幕府の財政構造を把握し，それがなぜ成り立たなくなったのかを示そう。次に，幕府が採用した財源確保政策を複数示したいが，新たな収支構造の構築を実現した政策への言及は必須である。

(2) 明治時代の初等教育について，「制度」と「普及」の変遷を述べる論述問題である。いくつかの時期に区分して答案をまとめることが必要である。

(1)

設問の要求

〔主題〕18世紀半ば以降の幕府財政難の構造的要因と，財源確保政策について。

設問の要求である① 18世紀半ば以降，②江戸幕府が直面した財政難の構造的要因，③財源確保のために採用した政策の3点について，それぞれ確認していこう。

▶ 18世紀半ば以降とは

① 「18世紀半ば以降」を正確に把握したい。徳川吉宗が将軍職を引退し享保の改革が終わるのが1745年である。その後9代将軍家重が就任するが，吉宗は大御所として政治を後見（吉宗は1751年に亡くなる）したので，表面上は安定した状況が続いた。その後，1767年に10代将軍家治の側用人として田沼意次が就任すると，彼は同時に政策の立案・審議機関である評定所の最上位にも就いたので，ここから田沼が失脚する1786年までの約20年間が田沼時代と呼ばれる。

これらから，本問で問われている「18世紀半ば以降」の時期は，享保の改革終了後，田沼時代の始まり以降であると考えられる。

▶ 幕府が直面した「財政難の構造的要因」

まず，江戸初期以来の幕府の財源について確認しよう。幕府財源の最たるものは，直轄地（幕領）からの年貢収入であり，享保期には幕府の全歳入のうち約64％を占めたことが図説集などからわかる。ほかには直轄鉱山からの収入，三貨の鋳造や長崎貿易からの利益などだが，いずれもその割合は少ない。

この最大の財源である年貢収入は，田畑を所有し検地帳に登録された本百姓が負担したものである。しかし18世紀半ばは，この本百姓体制が崩れる画期となった。

幕府の年貢収納高は，江戸初期には概ね100万石程度だったが，享保の改革初年の1716年に138万9570石，改革が終わるころの1744年には180万1855石とピークに

達し，以降は減少した。享保の改革での定免法の採用・新田開発・年貢増徴策などが功を奏し，急増した反面，強引な年貢増徴策に反発する百姓一揆が幕領各地で続発し，年貢増徴は行き詰まっていたのである。

重い貢租負担や貨幣経済に巻き込まれて困窮した百姓らは，田畑を質流れというかたちで手放し，小作人になったり，都市に流出して年季奉公や日用稼ぎ，さらには無宿人など都市の下層民となった。一方で，村役人層などの有力農民は，田畑を集積して小作人に土地を貸す地主に成長したり，商品作物・加工品の生産・集荷にあたる在郷商人となり，金融にも乗り出した。このように農村の階層分化が進むにつれ，農村からの下層民流入で，都市人口が増加し，商品需要が高まって，諸物価が上昇した。

諸物価の上昇により幕府の支出は増える一方だが，本百姓体制の動揺で農村人口が減少し，手余地（耕作が放棄された耕地）の増加や百姓一揆の続発などで年貢収入は低迷したため，年貢米を換金することで収入を得ていた幕府財政は悪化した。

▶財源確保のための政策

③財源確保については時期区分をしながら，具体的政策の例を1，2あげ，財源確保策の特徴や目的にも言及したい。政策の羅列だけでは高得点は望めない。

〔田沼時代〕田沼意次は，年貢収入だけに頼らず商品経済やその流通に新たな財源を見出した。具体策としては，株仲間の積極的な公認によって運上・冥加を徴収したこと，銅座・鉄座・人参座などの座を設けて専売制を実施したこと，銅や俵物などの輸出を拡大し，金銀の輸入増加をめざしたこと，こうした重商主義的な積極政策で幕府財源の確保をめざしたこと，が特徴である。また，商人資本による新田開発（印旛沼・手賀沼の干拓）も試みており，これは洪水により挫折したものの，言及してもよい。

〔寛政の改革〕天明の飢饉が起きたことで，大量の没落農民が都市に流入し，農村の荒廃が進んだ。つまり，幕藩体制の根幹である本百姓体制の動揺が顕著となった。寛政の改革では，本百姓体制の再建による財源確保がめざされた。具体策としては，旧里帰農令を出して，江戸に流入した農村出身者の帰農を奨励し，農村人口の確保をめざしたこと，人口減少が激しい東北・北関東などで出稼ぎを制限したこと，などがあげられよう。

論述のポイント

□**幕府財政難の構造的要因：**

農村の階層分化→貧農の都市流入┬→都市人口が増加→諸物価の上昇→幕府の支出増大
　　　　　　　　　　　　　　　　└→農村人口が減少→幕府の年貢収入が停滞

　⇨幕府の財政難＝年貢収入の停滞にもかかわらず，諸物価上昇で支出が増大した

□**財源確保のための政策：**

田沼時代　：商品生産や流通に新たな財源を確保

　　　　　　　　→株仲間の積極的公認で運上・冥加を徴収，専売制の強化，

　　　　　　　　　長崎貿易の拡大，商人資本による新田開発

寛政の改革：農村人口の確保（本百姓体制の再建）をめざす

　　　　　　　　→旧里帰農令，出稼ぎ制限

---

(2)

設問の要求

〔主題〕明治期における初等教育制度とその普及について。

〔条件〕教育法令の変遷と，男女の就学率に留意する。

　初等教育制度について「教育法令の変遷」を軸に述べる問題である。法令が掲げる教育理念，構築された制度と普及（＝就学率）を，時系列に示せばよい。まず，明治期の初等教育について，教科書の情報を年表で整理してみよう。

1871年	文部省設置
① 1872年	**学制**＝国民皆学・功利主義的教育観・フランス式の学校制度に倣う
	• 画一的学区制で学校設立→学校設立費用・授業料は保護者負担
	（就学率）1873年に男子 39.9%，女子 15.1%
② 1879年	**教育令**＝学区制廃止・アメリカ式の自由主義的教育方針
	• 学校の設置や管理を地方に移管・就学義務を緩和
	（就学率）低下・学校建設の中断など混乱
③ 1880年	**教育令改正**＝小学校教育に対する政府の監督責任強化
④ 1886年	**学校令**＝学校体系が確立・教科書検定制度・教育目的の国家主義的傾向
	• 小学校令で尋常小学校 3〜4 年を義務教育とする
⑤ 1890年	教育勅語＝忠君愛国を学校教育の基本理念に
⑥	小学校令改正＝尋常小学校 3〜4 年の義務教育を明確化
	（就学率）1892年に男子 70%，女子 36%
⑦ 1900年	小学校令改正＝**義務教育の授業料無償化**
	（就学率）1902年に男女とも 90% を超える
⑧ 1903年	小学校教科書の国定化（国定教科書制度）→教育内容の国家統制強化
⑨ 1907年	小学校令改正＝**義務教育を 6 年とする**
	（就学率）1911年に 98%

▶明治初年

最初に，教育行政を担当する文部省が設置されたが，「法令の変遷」に留意する点から，必ずしも書く必要はないだろう。**学制**（①）は，学ぶ目的を「学問ハ身ヲ立ルノ財本」として功利主義的な教育観を示し，国民皆学を謳い，初等教育の普及をめざした。そのため，全国画一の学区制で小学校を 5 万 3760 校も設立すると計画したが，建設費がかさむ上，授業料などの経済的負担が重く，就学率は高まらなかった。その後，**教育令**（②）で学区制を廃止し，経済負担軽減のために学校建設を町村単位とし，就学義務を大幅に緩和（最低就学期間を 16 カ月に）した。しかしかえって教育現場は混乱し，就学率も低下した。そこで翌年には**教育令が改正**（③）され，再び政府による就学や教育内容などへの統制が強化された。つまり制度がしばしば変わった①→②→③までが，明治政府の「初期的教育行政の試行錯誤的な段階」だったことがわかる。ここまでは，国民皆学をめざしながらも，就学率は容易に向上しなかった。

▶明治中期

1886 年制定の**学校令**（④）は，帝国大学令・師範学校令・中学校令・小学校令の総称である。ここで，帝国大学を頂点とする学校体系が確立し，太平洋戦争の敗戦まで続いた。そして小学校令において初めて小学校の就学が義務制となった。小学校は尋常科・高等科各 4 年で，尋常科の 3 〜 4 年が義務教育とされた（1890 年の小学校令改正で明確化（⑥））。学校令（またはその改正時）における義務教育の確立については指摘しておきたい。また，小中学校は国家への義務を担う「臣民」教育の場とされ，教科書を検定制とするなど，教育目的の国家主義的傾向や教育の国家統制が強まった。

1890 年に発布された**教育勅語**（⑤）は，天皇の勅語で「忠君愛国」を教育理念として発布したことで神聖視され，教育目的が国家主義重視へと転換するとともに，以後の教育・思想統制を強めることになった。

1900 年の小学校令改正では，**義務教育期間の授業料を無償化**（⑦）したことで，遅れていた女子の就学率が向上して，男女とも就学率が 9 割を超えた。「男女の就学率」について留意する，という観点から，必ず指摘しておきたい。国定教科書制度の導入（⑧）は，④・⑤で打ち出された国家による教育内容の統制がいっそう強化されていったことを示す。よって④・⑤の記述部分に含める形とし，直接の言及を避けてもよいだろう。

▶日露戦争後

1907 年に**小学校令が改正**され，**義務教育は 6 年に延長**（⑨）された。これは，日露戦争の結果，近代戦を担う兵士にとって，義務教育年限は 4 年間だけでは不足である，と判断されたためであった。したがって，小学校令改正の直接的要因も示すこと

になる「日露戦争後」という時期区分が適切である。そして，1911年の就学率は98％に達したから，「明治末年には就学率はほぼ100％に達した」とか「初等教育の普及はほぼ達成された」と結論づければよい。

論述のポイント

□明治初年：学制で国民皆学・啓蒙主義的な教育目的を掲げる＝就学率伸びず
　→教育令で地方の自主性を重視＝就学率低下→教育令改正で政府の統制強化

□明治中期：
　• 学校令（のなかの小学校令）で尋常小学校3〜4年を義務教育に（改正で明確化）
　• 学校令・教育勅語で国家主義的な教育目的に転換
　• 小学校令改正で授業料無償化＝女子も就学率が上昇

□日露戦争後：
　• 小学校令改正で義務教育が6年に延長
　• 明治末年＝男女の就学率ほぼ100％に

解答例

(1)農村の階層分化が進むにつれ貧農が都市に流入し，本百姓体制が動揺した。都市人口が増加して商品需要が高まり，諸物価は上昇して幕府の支出は増えたが，年貢収入の停滞で年貢を財源とする幕府財政は悪化した。田沼時代には，専売制の強化や株仲間の積極的公認で運上・冥加を増徴するなど，商品生産やその流通に新たな財源を見出した。寛政の改革では，出稼ぎ制限や帰村を奨励する旧里帰農令を出し，農村人口の回復をめざした。

(2)明治初年に政府は，啓蒙主義的な学制で国民皆学を掲げたが就学率は低かった。教育令で教育の地方自主性を認めたが就学率が低下し，教育令改正で政府の統制を強化した。明治中期に尋常小学校を義務教育とした小学校令と教育勅語で，教育目的を国家主義重視に転換した。その後，授業料無償化で女子の就学率も上昇し，日露戦争後には小学校令改正で義務教育4年が6年に延長され，明治末年の就学率は男女ともほぼ100％に達した。

71 (1)縄文〜古墳時代初期の墓制の変遷
   (2)平安時代末〜鎌倉時代末の日中関係と日本が受けた影響

(1) 各時代の墓や墓地の変遷を，貧富・身分の差の発生や社会の発展と関連づけて，時代ごとの明確な段階差を示すように文章を構成しよう。その際，6 つの指定語句は適切な時代に配置し，説明を加えて使用しよう。

(2) 日中関係に関わる出来事を時系列に従って並べるだけでなく，政治・社会・文化などへの影響を多面的に考察したい。

(1)

設問の要求

〔主題〕縄文時代から古墳時代のはじまりまでの，墓や墓地の変遷を述べる。

〔条件〕①6 つの指定語句をすべて使うこと。

②貧富の差，身分の区別の発生，社会の発展と関連づけること。

③使用した指定語句には下線を引くこと。

　考古学は遺跡や遺物を通して各時代の様相を推察する学問であるから，各時期の墓制の特徴を述べた上で，そこから推察できる社会の発展状況を述べる，という構成で答案を作成したい。そこでまず，縄文時代から古墳時代のはじまりまでを期間区分して，各時代の「墓制」からわかる「社会」について，因果関係で結べるような大筋のメモを作成してみよう。

	墓制の変遷	社会の発展
縄文時代	墓制に差がない	貧富・身分差がない
弥生時代前期	特定の墓に副葬品	貧富・身分差の発生
弥生時代後期	地域性の強い大型墳丘墓の出現	地域的統合の進展
古墳時代初期	西日本一帯で画一的な墓制の成立	ヤマト政権の成立

　次に，6 つの指定語句を各時代に配置しながら，各時代の墓制の特徴や社会の発展状況を書き込み，説明を膨らませ答案を仕上げていこう。

▶縄文時代

　縄文時代は，集落の一隅に共同墓地が形成された。墓は土に穴を掘っただけの土壙墓で，墓の大きさには大小の差がなく，富の蓄積を示すような副葬品を伴わないから，貧富・身分の差のない社会であったことがわかる。また埋葬の方法は，手足を折り曲げる屈葬が行われた。

　縄文時代は，狩猟・漁労・採集経済であったが，食料獲得の技術の進歩もあって縄

文前期には安定した定住生活が営めるようになり，集落も形成された。そうした集落の指導者とか，同族意識を持つ周辺集落も含む集団の統率者といった立場の者はいたが，貧富の差や身分差はまだない社会であったと推定されている。

　ところで屈葬をアニミズムと関連づけて書く必要があるだろうか。アニミズムも社会の一面ではあるが，本問では「社会の発展」と関連づけて説明することが求められている。縄文時代のアニミズムが，弥生・古墳時代にどのように発展するかを書くことは難しい。また本問の「社会の発展」とは，統合の進展を指すものと考えられる。ゆえにアニミズムには言及せず，単純に墓制の変化として縄文時代の屈葬が弥生時代には伸展葬に変わることを指摘すればよいだろう。

▶弥生時代

　弥生時代前期には，集落の近くに共同墓地が営まれ，墓に大小の差が出現し，北部九州では特定の甕棺墓にだけ副葬品を伴うことから，貧富の差・身分の区別が発生したことが見てとれる。

　弥生時代後期には，畿内から東西に分布が広がった方形周溝墓，山陰地方から北陸にかけての四隅突出型墳丘墓，瀬戸内地方の方形台状墓などのように，地域的特性が強い墳丘墓が築かれたことから，地域的統合の進展がうかがわれる。またこのような，共同墓地から離れた場所に築かれた大型の墳丘墓や，多量に副葬品を伴う墓は，いくつかの集落を統率する小国の首長墓とみられる。

　弥生時代は水稲農耕の普及で農業生産力が増大して，余剰＝富が生み出され，貧富の差や身分の区別も発生した。弥生前期の墓制は，この段階の社会状況を示している。そしてさらに富や水利・耕地などをめぐる集落間の抗争が激化して，支配する集落と支配される集落という，共同体間の支配と隷属関係が契機となって，いくつかの集落（共同体）を統合したクニが誕生し，クニを支配する首長（王）の成長や階級の分化が起こっていったと考えられている。弥生後期の墓制は，こうした社会状況を反映ししているのである。

▶古墳時代

　弥生時代後期の墳丘墓は地域的差異が大きく，また弥生時代最大の墳丘墓である楯築墳丘墓（岡山県）ですら，直径約40mで2つの突出部を含めた現存の全長は72m程度である。それに対し，3世紀中ごろに西日本一帯に出現した墓制は，前方後円墳という墳丘の形，長大な木棺を竪穴式石室に納めた埋葬施設，多数の銅鏡や玉類など呪術的な副葬品といった，きわめて画一的な特徴を持っている。また出現期古墳で最大の箸墓古墳（奈良県）の墳丘長は約280mであり，弥生時代の墳丘墓とは隔絶した規模である。このことから，大和地方を中心とした西日本一帯に豪族の政治連合，つまりヤマト政権が出現したと考えられる。このように，前方後円墳の出現はヤマト政

権の成立を意味することを明示することが肝要である。

論述のポイント

	墓制の特徴	社会の発展	その他
縄文時代	共同墓地の墓に大小の差がない 副葬品がない	貧富・身分差 がない	埋葬形態 →屈葬
弥生時代前期	共同墓地の墓に大小の差がある 特定の甕棺墓に副葬品	貧富・身分差 の発生	埋葬形態 →伸展葬
弥生時代後期	地域的特性を持つ 大型墳丘墓の出現	地域的統合の 進展 首長の出現	畿内中心 →方形周溝墓 山陰～北陸 →四隅突出型墳丘墓
古墳時代初期	大和地方中心の西日本一帯に画 一的な墓制の出現	ヤマト政権の 成立	墳丘の形 →前方後円墳 埋葬施設 →竪穴式石室 副葬品 →銅鏡など呪術的副葬品

(2)

設問の要求

〔主題〕平安時代末期以降，鎌倉時代末に至る時期の①日本と中国との関係，②日本が中国から受けた影響。

　本問では日中関係に関わる出来事を時系列に従って並べるだけでなく，政治・社会・文化などへの影響を多面的に考察できるかが得点差につながる。答案の構成としては，宋・元との関係を時系列に書き進めてもよいし，厳密に時期区分をして書くと煩雑になると判断された場合は，大きくまとめて書いてもよいだろう。一方，鎌倉後期の蒙古襲来についても忘れずに言及したい。

▶日本と中国との関係

〔日宋関係〕平安後期から1279年に南宋が滅亡するまで，日本は宋と正式な国交を結ぶことなく，民間貿易がさかんに行われた。日本からの輸出品は金・硫黄・刀剣などであり，宋からは宋銭・絹織物・典籍などが輸入された。日宋貿易の担い手は，商人以外にも，大輪田泊を修築するなど日宋貿易を積極的に行った平氏政権や，寺院・貴族らであった。

　入宋者は，栄西・道元といった禅僧や，東大寺勧進職となった重源，律宗の俊芿などの僧があげられる。また，南宋からは，鎌倉初期に東大寺再建に尽力した陳和卿や，蘭溪道隆・無学祖元などの禅僧らが来日した。

〔日元関係〕鎌倉後期以降の元とも，日本は正式な国交を結ばなかった。フビライからの朝貢要求を拒否してから，蒙古襲来とその後しばらくの間は，軍事的緊張関係が続いた。しかし鎌倉末期には，鎌倉幕府の建長寺船派遣など民間貿易が再開し活発に展開した。

　日元間を往来した人物には，外交使節として来日し，臨済宗や五山文学の発展に貢献した一山一寧などの禅僧がいるが，詳細な知識であり想起できなくてもよい。

　つまり日宋・日元関係は，その大部分の期間で，活発な民間貿易と僧侶の往来が展開したので，この点はまとめて書くほうが効率的であろう。そして，蒙古襲来とその前後の期間は軍事的緊張関係が生じたと指摘できる。

▶日本が中国から受けた影響

　日宋・日元貿易によって大量に輸入された宋銭によって貨幣経済が発達した。また商業の発展が促され，鎌倉時代には年貢の（代）銭納が始まり後期にかけて普及した。

　禅宗（臨済宗・曹洞宗）の移入とともに，禅僧らは宋学（朱子学）や，頂相・水墨画といった禅画，禅宗様といった建築様式などの禅宗文化の移入にも寄与した。

　そのほか，東大寺の再建に採用された宋の建築様式である大仏様，宋・元の影響で発展した瀬戸焼や備前焼などの製陶技術などがあげられる。

　ところで，蒙古襲来による影響について考えてみたい。蒙古襲来という軍事的緊張を背景に，鎌倉幕府は非御家人の動員権を朝廷から獲得するなどして全国政権化した。一方で，御家人は過重な負担にもかかわらず恩賞が不十分であったため窮乏し，奉公に対する御恩を基礎とする御家人制は動揺した。これらを「日本が中国から受けた影響」として書くべきか否かで迷うかもしれない。宋銭や禅宗などは中国から日本にもたらされた文物であり，蒙古襲来という軍事的緊張の中で起きた日本社会の内部での変化とは，かなり様相は異なる。

　しかし，以下の理由から言及すべきである。第一に，本問の要求である「鎌倉末期までの日中関係」は，「活発な民間貿易が展開した平時の関係」と，「蒙古襲来とその前後の軍事的緊張関係」の2点である。ゆえに，それぞれが日本に与えた影響について書く，というアプローチが考えられる。

　また何よりも，蒙古襲来が日本の政治・社会に与えた影響を書くことこそが，出題意図だとくみ取られるのである。実際，「宋銭の流入」を指摘しただけでは，もたらされた文物を単純に書いたにすぎない。しかし，宋銭の流入によって，「貨幣経済が進展した」とか「年貢の（代）銭納が普及した」と，経済面における日本社会の影響まで書くことが，本問の要求にかなっていると考えられる。翻って，蒙古襲来による

影響にも言及すべきだろう。

論述のポイント

□日本と中国との関係：
- 宋・元とも正式な国交はないが，民間貿易や僧侶の往来が活発
- 貿易には平氏政権や鎌倉幕府も積極的に参加
- 蒙古襲来とその前後は軍事的緊張関係

□日本が中国から受けた影響：
- 経済面＝大量の宋銭が流入→貨幣経済が進展→年貢の（代）銭納が普及
- 文化面＝禅宗・宋学や建築・製陶技術などの移入や浸透
- 政治・社会面＝幕府の全国支配が強化・御家人制の動揺

解 答 例

(1)縄文時代，死者は共同墓地に<u>副葬品</u>を伴わずに<u>屈葬</u>され，貧富の差はなかったとわかる。弥生時代は伸展葬が普及する一方，共同墓地の特定の<u>甕棺墓</u>に<u>副葬品</u>を伴うため，身分の区別が確認される。後期には地域性の強い<u>墳丘墓</u>の出現から，地域的統合の進展や首長の成長が見てとれる。古墳時代初めに<u>巨大な前方後円墳・竪穴式石室・銅鏡などの副葬品</u>という画一的な墓制が西日本に出現したことから，ヤマト政権の成立が推定できる。

(2)日本は宋・元と国交を結ばなかったが，商人に加えて大輪田泊を修築した平氏や，建長寺船を派遣した鎌倉幕府や寺社も参入して民間貿易がさかんに行われた。大量の宋銭が輸入され貨幣経済が進展し，年貢の代銭納も普及した。僧侶の往来も活発で，禅宗や宋学などの文化や建築・製陶などの新技術も移入された。鎌倉後期の蒙古襲来という軍事的緊張を背景に幕府の全国支配が強化される一方，恩賞の不十分などにより御家人制が動揺した。

72　(1)平安時代の浄土教の発展・広まり
　　(2)江戸時代初期に幕府が出した法度

(2011年度　第4問)

(1)　浄土教の展開を，僧侶の活動時期，寺院を建立した人物，京都から地方への普及の過程などに注目しながら，時期区分して説明しよう。

(2)　多面的に説明させるタイプ。江戸初期に幕府が出した法令すべてを列挙するのではなく，「法度」に限定して説明することが肝要である。

(1)

設問の要求

〔主題〕平安時代における浄土教の発展・広まりについて。
〔条件〕段階的かつ具体的に述べること。

　「段階的に」という条件は，時期を区分し，各時期の特色を示すことと考えてよい。そこで時期区分は，僧侶の活動時期や寺院を建立した人物，浄土教を受容した人々など，それ以前の時期とは変化があった点を画期にしよう。

　各時期の特色としては何を書けばよいのか。高校日本史からの出題であるから，教義の深まりといった観点は必要ない。はじめは京都を中心に浸透した浄土教が，院政期には地方へ広まった点を軸として答案を作成すればよいだろう。

　次に，「具体的に」という条件だが，僧侶や寺院名などの羅列にならないよう，浄土教の発展・広まりを説明する上で必要不可欠な具体例を厳選したい。論述問題における具体性とは，多くの具体例を列挙することではなく，最も適切な例を示し，その意味するところを叙述することである。

　以上の点をふまえて，書くべきポイントをメモにまとめると，次のようになる。

	発展・広まり	具体例
平安中期 (京都が中心)	空也・源信の活動 ↓ 京都を中心に広まる 上級貴族による阿弥陀堂建立	空也が市で布教(市聖) 源信が『往生要集』を著す 平等院鳳凰堂
平安後期 (地方に普及)	聖(民間布教者)の活動 ↓ 地方に阿弥陀堂建立	 中尊寺金色堂など

　このメモをもとに答案をまとめただけでは，200字に満たないだろう。では何を書くべきか。藤原道長・藤原頼通の阿弥陀堂建立，定朝の寄木造，富貴寺大堂などについてふれることも可能である。また，浄土教とはどのような教えかを示し，浄土教が広まった社会背景を考えることも必要である。

▶ 10世紀

浄土教は, 現世を穢土（煩悩・苦しみで汚れた世）とし, 阿弥陀仏の救済によって, 死後は極楽浄土に生まれ（往生）, 悟りを開くことを願う信仰である。日本には7世紀ころには伝えられたが, 9世紀半ばに天台宗の円仁が本格的にもたらした。

末法思想は, 釈迦の死後2000年たつと, 仏の教えが廃れ世の中が乱れるとする予言的思想で, 日本では1052年に末法に入るとする説が広まった。

〔背景〕10世紀になると, 律令体制の変質が進むなかで治安の悪化や争乱, 天災や疫病の流行などの社会不安が増大した。そうした現世を, 末法の世と重ね合わせた人々が, 来世を強く意識するようになった。

10世紀半ばに出た**空也**は, 死者のために唱えると考えられていた念仏を, 自分自身の極楽往生につながるのだと発想を転換し, 念仏の功徳を説いた。空也が京都の市で念仏を人々に勧めたことで, 浄土教は京都の民衆や中下級貴族に広められた。

10世紀後半には, 天台宗の**源信**が『往生要集』を著した。多数の経論から往生の要文を抜粋して, 念仏による極楽往生を体系的に理論づけた『往生要集』は, 上級貴族層に往生の指南書として愛読され, 浄土教が発展していく画期となった。

また, 源信と深い交流をもった慶滋保胤が, 往生をとげたと信じられた人々の伝記を集めた『日本往生極楽記』を著したのをはじめ, 数々の往生伝が撰集された。

▶ 11世紀

上級貴族層の間で, 往生の場面を描いた来迎図の製作や, 造寺・造仏, ことに阿弥陀仏の住む極楽世界を表現する阿弥陀堂の建立が盛んになった。11世紀前半には藤原道長が法成寺の御堂（無量寿院）を, 11世紀中ごろには藤原頼通が平等院鳳凰堂を建立した。

▶ 12世紀

既存の仏教教団に所属しない僧侶である聖が, 各地で念仏を勧める布教活動を展開したことで, 浄土教は地方へも普及した。その結果, 都の文化にあこがれをもつ地方の有力豪族による阿弥陀堂の建立があいついだ。奥州藤原氏の藤原清衡による中尊寺金色堂, その一族による白水阿弥陀堂, 豊後の富貴寺大堂などが建立された。

論述のポイント
- □**背　景**：社会不安の増大と末法思想の流行→人々は来世での極楽往生を願う
- □**10世紀**：中ごろ＝空也が都で念仏を勧める→庶民・中下級貴族に広まる
　　　　　　後半＝源信が『往生要集』で浄土教を体系化→上級貴族層に広まる
- □**11世紀**：藤原頼通の平等院鳳凰堂など阿弥陀堂の建立や造寺・造仏が盛んに
- □**12世紀**：聖らの地方布教→全国に伝播・奥州藤原氏の中尊寺金色堂建立など

(2)

設問の要求

〔主題〕江戸時代初期，幕府が出した主要な法度。
〔条件〕その対象と内容について述べること。

　一見，用語の列挙と簡単な説明さえできれば答案を作成できそうな設問であるが，要求・条件に関して，注意すべき点が2点ある。

① 「法度」の範囲。法度とは法令のことだが，設問文であえて「法度」の語を使っているので，名称に「法度」が含まれるものに限定してよい。

② 「江戸時代初期」とはどの時期を指すのか。教科書では江戸時代初期の文化を「寛永期の文化」といい，初代将軍徳川家康時代から3代徳川家光時代（1623〜51年）までを指す。したがって，4代徳川家綱期（1651〜80年）以降は対象とならないと考えられよう。

　以上の2点から，本問では，一国一城令・田畑永代売買の禁令・禁教令などの法令や，4代家綱期以降に出された諸宗寺院法度・諸社禰宜神主法度（いずれも1665年）については書く必要がない。そして，書くことが求められているのは，1615年の豊臣家滅亡後に出された禁中並公家諸法度と武家諸法度，1601〜16年にかけて各宗派ごとに出された寺院法度（諸宗諸本山法度）の3つに限定される。

▶禁中並公家諸法度

　天皇・公家に対する統制法令である。内容は天皇・公家の行動や生活を規制したものであり，天皇に対しては学問専念を求め，紫衣勅許を制限するなどし，公家には席次・服制・昇進などまで規制を加えた。200字の字数の範囲で，いくつか具体例を示すとよい。紫衣事件を引き起こすきっかけにもなった紫衣勅許の制限など，想起しやすいものをあげればよかろう。

▶武家諸法度

　大名統制法令である武家諸法度は，幕府が政権を維持するため大名の行動に制限を加えたものである。元和令の内容を中心に書くべきであり，居城の新築・無断修理の禁止，私婚の禁止などがあげられよう。また，時期設定から考えて寛永令で参勤交代が制度化されたことを書いてもよいだろう。

▶寺院法度

　寺院法度は，江戸幕府が，1601〜16年にかけて真言宗・天台宗などといった仏教の各宗派ごとに出したものである（総称して諸宗諸本山法度）。これによって本山の地位を保障して末寺を組織・支配させる仕組み（本山末寺の制）を整えたことを示し

たい。

　一方，寺請制度や檀家制度など民衆支配に関わる制度の整備が進んだのは 4 代家綱期であり，寺院を対象とする寺院法度とは無関係である。

　まとめれば，これらの法令によって，幕府が朝廷・大名・寺院という中世以来の支配層を統制することが可能となったのである。

論述のポイント

法度名	対　象	内　　容
禁中並公家諸法度	朝廷 （天皇・公家）	天皇や公家の行動や権限を規制 （学問専念，紫衣勅許の制限など） 朝廷統制の基準を明示
武家諸法度	大名	大名が守るべき義務を規定 居城の新築・無断修理や私婚などの禁止
寺院法度	寺院	本山末寺の制を整備

解答例

(1)社会不安が増大するなか，末法思想の影響もあり，阿弥陀仏を信仰し極楽往生を願う浄土教が広まった。10世紀中ごろ空也が京都市中で念仏を勧め，10世紀後半に源信が『往生要集』を著し浄土教を体系化すると，庶民や貴族層にまで浸透し，11世紀には平等院鳳凰堂などの阿弥陀堂が建立された。12世紀には教団に属さない聖らの地方布教によって浄土教は全国に伝播し，奥州藤原氏の中尊寺金色堂など地方豪族が盛んに阿弥陀堂を建立した。

(2)江戸幕府は，朝廷に対して禁中並公家諸法度を定め，天皇に学問専念を求め，紫衣勅許を制限するなど，天皇や公家の行動や権限を規制した。大名には元和の武家諸法度で城の新築・無断修理や私婚を禁じ，寛永令で参勤交代を制度化するなど大名の行動を制限した。寺院には宗派ごとに寺院法度を出し，本山の地位を保障して末寺を組織・支配させた。これらの法度で幕府は朝廷・大名・寺院という中世以来の支配層の統制が可能になった。

73 (1)推古朝の政策とその特徴
(2)足利義満の時代

(2010年度　第4問)

(1) 推古朝の「政策」は，内政と外交についてあげよう。推古朝の「特徴」は，歴史の流れのなかで，前後の時代との関連や比較から見えてくるさまざまな点を指摘していこう。

(2) 足利義満の内政・外交・文化などの事績を指摘し，総括として「義満の時代」が室町幕府の時代のなかでどのように位置づけられるか述べよう。

(1)

設問の要求

〔主題〕推古朝の政策とその特徴。
〔条件〕具体例をあげながら述べること。

　推古朝の政策については，まず政治の主導部が，厩戸王と蘇我馬子による共治体制であったことを明記しよう。内政では冠位十二階と憲法十七条の制定，外交では遣隋使の派遣を具体例としてあげ，その内容・意義を述べること。

　次に「その特徴」とは，個々の政策についてではなく「政策全体について」と考えるべきである。「特徴」をとらえる場合，その前後の時代との関連や比較によって浮かび上がってくる共通点・相違点から明確になってくる諸点を指摘しよう。そこで，推古朝の政策は「緊迫する東アジア情勢のなかで，中央集権国家の形成に向けてのものであった」という形でまとめるとよい。

▶政権構成

　朝廷の財政権を掌握した蘇我氏は，6世紀後半に勢力を強め，587年には大臣の蘇我馬子が対立する大連の物部守屋を滅ぼし，豪族層の頂点に立つ地位を確立した。そして592年には崇峻天皇をも暗殺した。男子による皇位（大王位）が定まらないなかで，敏達天皇の后で馬子の姪でもある推古天皇（女帝）が即位した。そして推古天皇を補佐したのが，甥の**厩戸王**（用明天皇の子。聖徳太子）と，実力者の大臣**蘇我馬子**であった。推古天皇のもと，実質は<u>厩戸王と蘇我馬子の共同統治体制</u>であったと考えられている。

▶冠位十二階

　厩戸王と蘇我馬子は，603年に冠位十二階を定めた。12の冠位は，<u>才能や功績に応じて個人に与えられるもの</u>で，<u>昇進可能で世襲されず一代限り</u>であった。氏姓制度に基づき官職や地位を世襲するこれまでの政治を改め，渡来人や新興勢力などの<u>人材の登用を図ったもの</u>である。また，冠位十二階は，この後たびたびの改定を経て，律令

の位階制に受け継がれていった。その意味で，律令官僚制度の原点とも評価されるのである。

▶憲法十七条

604年に定められた憲法十七条は，第一条で「和を以て貴しと為し，忤ふること無きを宗と為よ」，第二条で「篤く三宝を敬へ」，第三条で「詔を承りては必ず謹め」と続き，第十七条で「夫れ事は独り断むべからず」に終わる。これらから，**豪族たちに官吏として守るべき規則（訓戒）を示したもの**であり，仏教や儒教道徳に基づいて作成されているとわかるだろう。そして，どの条文も官吏としては初歩的なこと，当たり前の内容ばかりであるから，なおさら当時はまだ中央集権的な政治制度が整っていなかったことが読み取れる。このようにして豪族たちを冠位によって序列化し，天皇を中心とした階級関係のなかに位置づけると同時に，官吏としての心構えを重んじたのである。

▶遣隋使

隋の統一にともなう東アジア情勢の変化をうけて，倭の五王以来途絶えていた中国との国交を約120年ぶりに開き，600年に遣隋使を派遣した。607年に派遣された第2回遣隋使の小野妹子は，「海西の菩薩天子，重ねて仏法を興すと。故，遣して朝拝せしめ，兼ねて沙門数十人，来りて仏法を学ぶ」として，**派遣は仏法を学ぶためだ**と説明した。また，持参した国書に「日出づる処の天子，書を日没する処の天子に致す」と記されていたと『隋書』にある。ここから，倭の五王の時代のように，中国皇帝に臣属する（冊封体制下に入る）のではなく，「天子」と「天子」という**対等な立場を要求**していることがわかる。そして隋からの答礼使裴世清が帰国する際に派遣した608年の遣隋使には，留学生の高向玄理や学問僧の旻，南淵請安ら8名が新知識を学ぶために同行した。彼らが直接学んだ統治体制や新たな文化は，大化の改新に始まる国政改革に必要なものであった。

▶政策の特徴

こうした推古朝の諸政策は，当時の東アジア情勢の変化に対応したものであった。朝鮮半島では562年に新羅が伽耶諸国（加羅）を併合した。伽耶諸国を「任那」と呼び，そこから権益を得ていたヤマト政権にとっては，その回復が課題となった。

中国では隋が589年に南北朝を統一すると，新羅・百済はあいついで臣下の礼をとり冊封をうけた。一方，高句麗は新羅・隋と対抗し，特に隋との軍事的緊張が増すなかで，恵慈（厩戸王の仏教上の師）らの僧侶を遣わすなどして倭に接近した。また百済も新羅と対峙する上で，倭との関係を親密にしていった。

そうしたなか推古政権は，600年に遣隋使を派遣した。新羅を牽制するために，倭

が朝鮮諸国から朝貢をうける極東の小帝国であることを隋に承認させようとしたもの
と考えられている。しかし120年余りも中国との国交を持たなかった倭の使者は，身
分を示す冠位もなく，国書も持たず，成文法もないなど，その後進性を指弾されたと
みられる。その使者が帰国すると，推古政権は冠位十二階・憲法十七条の制定といっ
た内政の充実を急いだ。そして607年に大礼の冠位を帯びた遣隋使小野妹子に，国書
を付して派遣した。煬帝に「天子」の称を用いて対等な立場を要求していたことで不
興を買ったものの，これ以降も，新知識・制度の摂取のために遣隋使を派遣していく
ことになった。こうして隋の統一と朝鮮半島諸国への影響を注視しながら，積極的に
新知識や諸制度を受容して中央集権的国家体制の整備を推進していったのである。

> **論述のポイント**
> □**政権構成**：推古天皇のもと厩戸王と蘇我馬子の共治体制
> □**冠位十二階の制定**：個人に冠位を授与→世襲制打破と人材登用
> □**憲法十七条の制定**：官吏としての訓戒，政治理念として仏教・儒教重視
> □**遣隋使の派遣**：対等外交と新たな政治制度・仏教・学問の受容
> □**特徴**：緊迫する国際情勢に対応し，中央集権国家の形成をめざす

(2)

> **設問の要求**
> 〔主題〕足利義満の時代はどのような時代であったか。
> 〔条件〕いくつかの側面から述べること。

　「どのような時代であったか」といった形式の問題では，いくつかの観点から当該
期の具体的な政策や出来事を指摘していき，最後にその時代全体の特色や性格，それ
らが持つ意味を述べるとよい。

　足利義満の時代の内政については，①南北朝の動乱を終息，南北朝の合一を実現さ
せた時期であり，その間に②幕府機構が整備されるとともに，③動乱期に成長した守
護大名の勢力を削減して将軍権力の強化が進んだ時期である，ということを押さえて
おこう。その上で，④公武両界の支配者となって朝廷諸権能も吸収したこと，⑤外交
では明の冊封体制下に入り日明貿易を開始したこと，⑥経済では京都の土倉・酒屋に
課税し，日明貿易の莫大な利益も獲得したこと，⑦文化では禅宗寺院を保護・統制し
たこと，に言及しておきたい。なお，設問文に「いくつかの側面から」とあるが，一
般に内政と外交の2つか，政治・外交・経済・文化の4つに分けられる。

▶南北朝の合一

　足利義満が第 3 代将軍に就任した 1368 年当時，征西将軍懐良親王が大宰府を占拠するなど九州では南朝勢力が頑強に抵抗していた。そこで九州探題として今川貞世（了俊）を 1371 年に派遣した結果，約 20 年間の戦いの末，ほぼ九州全域を制圧した。こうして南朝勢力が衰えるなか，義満は南朝と交渉し，南朝の後亀山天皇が北朝の後小松天皇に譲位する形で，1392 年に南北朝の合一を実現させた。これは幕府の全国支配の達成をも意味する。

▶幕府機構の整備

　将軍を補佐する職は，初代将軍足利尊氏のころは「執事」高師直であった。それが 2 代将軍義詮時代に「管領」と称されるようになり，義満時代に足利氏一門の 3 氏（細川・斯波・畠山）から選ばれるようになった（三管領）。また，侍所の長官である所司に任命される家柄も，四職（赤松・一色・山名・京極）と定まるなど，幕府機構が整えられた。

▶守護大名の勢力削減

　南北朝の動乱の間に，諸国の守護は使節遵行や半済などの権限を獲得して領国支配を強め守護大名に成長していった。なかでも土岐氏や山名氏，大内氏は何カ国もの守護を兼任し，幕府権力を脅かす存在になっていた。そこで足利義満は 1390 年に土岐康行を，1391 年に山名氏清を（明徳の乱），1399 年に大内義弘を（応永の乱），武力でもって滅ぼし，それら一族の守護領国を削減し，戦闘で功績をあげた武将に配分するなどした。こうして実現した強大な将軍権力は，そのあとをうけた 4 代将軍義持から 6 代将軍義教が嘉吉の乱で暗殺されるまでは行使されたといえよう。そうした意味からも，義満・義持・義教の 3 代は室町幕府の最盛期といわれている。

▶公武両界の支配者

　足利義満は朝廷において異例のスピードで昇進をとげ，1383 年には准三后（皇后・皇太后・太皇太后に準ずる）の宣下をうけ，南北朝の合一後の 1394 年には太政大臣に就任した。これによって公武にわたる支配者の地位を確立したことになる。その間に，それまで朝廷が保持していた京都の市政権，つまり警察・裁判権や商業課税権をも幕府が吸収することになった。警察・裁判権は平安時代から検非違使庁の管轄であったが，これを侍所が掌握した。また，酒屋・土倉には保護のかわりに税を徴収する権利も獲得した。さらに諸国に段銭を賦課する権限や外交権といった朝廷の諸権限をも掌握した。義満は 1395 年には太政大臣を辞任して出家するが，それも世俗の天皇や将軍といった序列を超越する立場に立とうとしたのだとみられ，従来通り幕府の実権は維持し続けた。

▶外交

公武両界の支配者となり，朝廷の保持した外交権をも獲得した義満は，1401年に准三后として祖阿と肥富を明に派遣し進貢した。翌年，義満は明皇帝から「日本国王」の称号を授けられ（冊封をうけ），正式に国交を開き，1404年には第1回の勘合船が派遣された。明との貿易は日本からの朝貢形式であり，これは明を中心とした東アジアの支配体制（冊封体制）に日本が組み込まれたことを意味する。同時に，義満の地位が「日本国王」であると国際的に認知されたことも示していた。また，明が重視した倭寇の禁圧に対しても，義満はそれに応え，倭寇の活動も15世紀に一旦は終息した（義満による日明貿易開始以前の倭寇を前期倭寇といい，大内氏滅亡で日明貿易が途絶した16世紀後半以降に活動するのが後期倭寇である）。したがって義満は外交権のみならず海上の軍事権も掌握したのだった。なお，日明貿易はその後，4代将軍義持の1411年に中断されたが，6代将軍義教の1432年には再開され，紆余曲折はあるが16世紀半ばまで継続した。

▶経済

幕府の財源としては，約200カ所にのぼる幕府直轄領である御料所からの収入があった。さらに京都の市政権を獲得した幕府は，金融活動で潤う土倉・酒屋にも課税し，1393年には倉役・酒屋役を課すことを制度化した。また，日明貿易の利潤も義満時代からの新たな財源となった。例えば，1407年に明の国王から義満に贈られた返礼には銅銭だけで一万五千貫，この年の遣明船のもたらした利益は二十万貫にものぼったといわれる。この莫大な利益を義満は独占し，幕府財政を潤したのである。

▶文化

足利義満は五山・十刹の制という，禅宗寺院の官寺（幕府が住持を任免したり，幕府から経済的恩恵などの保護をうけるかわりに活動を制限される）の制度を整備した。一方，花の御所に近い相国寺に僧録を置いて禅宗寺院の管理・統制も図った。

また義満は1398年に北山山荘に舎利殿（金閣）を造営した。これは三層の楼閣建築で，一層が寝殿造，二層が和様，三層が禅宗様からなっており，公家文化と武家文化など，さまざまな要素を融合したこの時代の文化（北山文化）の象徴といえる。解答には，この点を盛り込んでもよいだろう。

▶総括

ある時代の特色は，その前後の時代と比較することで明確になる。朝廷は義満の死後，「太上法皇」の号を贈ろうとした（4代将軍足利義持が辞退）が，これもまた義満が公武両界に君臨する最高の支配者であったことを示す。しかしその権力は，嘉吉の変で6代将軍義教が殺害されると急速に低下し，応仁の乱後には幕府の威令は山城

国とその周辺にしか及ばなくなった。それゆえに，絶大な権力を持ち得た義満の時代は，幕府が全国支配権を確立した室町幕府の最盛期であったといえよう。

論述のポイント

□政治：南北朝の合一→全国支配の達成
　　　　幕府機構の整備（三管領・四職の確立）
　　　　守護大名の抑圧（土岐康行の乱，明徳の乱，応永の乱）→将軍権力の強化
　　　　太政大臣就任→公武の支配者の地位確立→朝廷の諸権限を吸収
□外交：国際的に「日本国王」の地位を確立，日明貿易を開始
□経済：土倉・酒屋に課税，日明貿易の利益を独占し，幕府財政を強化
□文化：禅宗寺院の保護・統制，北山文化の展開
□総括：全国的支配権を確立，室町幕府の最盛期

解答例

(1)推古天皇のもと厩戸王が蘇我馬子と協力して改革を進めた。冠位十二階を制定し，冠位を個人に与え世襲制の打破と人材の登用を図り，仏教や儒教を政治理念として取り入れた憲法十七条を制定し，豪族に官吏としての訓戒を示した。また遣隋使を派遣して中国との対等外交を求めるとともに，新たな政治制度や学問・仏教の受容に努めた。これらの政策は隋の統一で緊迫する東アジア情勢に対応し，中央集権国家の形成をめざすものであった。

(2)南北朝の合一を実現した足利義満は，有力守護大名の勢力を削減して将軍権力を強化した後，太政大臣に就任して公武両界の支配者となった。その間に朝廷の諸権限を掌握し幕府機構も整備した。外交面では日本国王として日明貿易を開始し，経済面では日明貿易の利益や土倉への課税で幕府財政を潤した。また五山・十刹の制を整えて禅宗寺院の保護・統制を図った。このように義満の時代は，全国的支配権を獲得した幕府の最盛期であった。

74 (1) 8〜11世紀の国司制度の変遷
(2) 江戸幕府の蘭学政策とその影響

(2009年度 第4問)

(1) 国司制度の変容は，定番の10世紀に加えて，11世紀に一般化する変化にも言及する。さらに，国司制度の変容に伴う，郡司の出身階層や職務の変化にも注目して述べたい。

(2) 学問史として蘭学の成果を叙述するのではなく，あくまでも幕府の蘭学政策にからめて，「蘭学興隆の契機→発展→弾圧」の段階に分けて叙述しよう。

(1)

設問の要求

〔主題〕8世紀から11世紀における国司制度の変遷。
〔条件〕郡司との関連をふまえること。

　国司制度の変遷を問う問題だが，2つの特色がある。①10世紀の変容にとどまらず，11世紀についても論じさせる点と，②「郡司との関連」をふまえる点である。

　まず「変遷・推移」を問う論述問題なので，国司のあり方が変化する画期を見極めて時期区分を考えれば，「律令制下→10世紀→11世紀」となるだろう。その段階ごとに，郡司もどのように変質していったかを考えよう。

▶律令制の国司と郡司

　律令制の国司は，中央政府が諸国を治めるために，中央の貴族・官人を一定の任期（6年，のち4年）で派遣した地方官で，守・介・掾・目の四等官で構成されており，国の行政・徴税・司法・軍事・警察を司った。

　郡司は，もとの国造クラスの在地の有力豪族から任命され，任期はなく終身で，その地位は世襲された。国司は郡司を指揮・監督し，戸籍・計帳などの文書の作成や租税の徴収や運搬などの実務を行わせた。中央から派遣され任国の実情に疎い国司は，郡司のもつ伝統的な支配力を利用することで律令制の地方支配が実現できたのである。

▶ 10世紀の国司・郡司の変容

　9世紀には，戸籍・計帳に基づく個別人身支配による班田収授や租税徴収の体制が解体していき，とうとう班田は10世紀初頭が最後となった。こうした状況のもと，10世紀に入ると中央政府は国司制度に大幅な変更を加え，任国に赴任する国司の長官（ふつうは守）に大きな責任を負わせるかわりに，税の徴収や一国の支配権限を大幅に委任した。このような権限の強化された国司の長官を受領と呼んだ。

　そして受領は，新たな土地支配を基軸にした徴税制度を構築していった。国内の田

地（口分田や墾田など）を名という徴税単位に分け，有力農民である田堵に名の耕作と納税を請け負わせた。名の耕作を請け負った田堵は，官物・臨時雑役という税の納入も請け負ったので「負名」と呼ばれた（負名体制）。やがて負名体制が確立すると，受領は定額の税を中央に納入すれば，残りは自らの収入にすることが可能になった。また租税の課税率も独自に決定できたので，高額の租税を徴収して私腹を肥やす受領も出現した。988 年の「尾張国郡司百姓等解（文）」によって訴えられた尾張国守藤原元命がその代表例である。

　このころから，朝廷の儀式や寺社の造営にかかる費用を受領が負担し，その見返りとして希望する官職に任じてもらう成功や，同じ官職に再任してもらう重任が行われるようになった。これらは一種の売位売官であるが，とりわけ収入が大きい受領の地位を望む者が多く，それが受領を過酷な収奪へ向かわせる背景にもなった。

　受領は都から一族・郎党を率いて現地に下向し，彼らを指揮して徴税を強化した。その結果，受領以外の国司（任用国司〈介・掾・目〉）は国衙の実務から排除され，在来の勢力であった郡司の力も以前に比べると縮小した。「尾張国郡司百姓等解（文）」によると，郡司とともに「百姓」が受領の苛政を訴えている。つまり，名を請作する有力農民である田堵が郡司に比肩する勢力にまで成長していたとみることもできる。

▶ 11 世紀の国司と郡司

　11 世紀半ばに公領における官物の税額が国ごとに固定化し，受領が従前のように課税率を変更することができなくなった。11 世紀後半には，受領も交替のとき以外は任国に赴かず，現地の国衙（留守所）には，目代を派遣して国務を処理させ，国司としての収入だけを受け取るという遙任の風潮が一般化する。目代は留守所で在庁官人を指揮して国務を執行した。

　後三条天皇が即位し，1069 年に延久の荘園整理令が出される。この荘園整理令は従来とは異なり徹底的に行われたので，貴族・寺社の支配する荘園と国司の支配する公領（国衙領）との境界が明確になった。国司は公領の再編成を行い，国内を郡・郷・保などの新たな行政区画に分割した。そして開発領主ら新興の豪族や旧郡司らの豪族を，郡司・郷司・保司に任命し，徴税を請け負わせた。また，彼らは，国衙の在庁官人を兼ねて，目代のもと留守所で実務を担当した。

　こうして 11 世紀後半以後は，再編された公領の郡において徴税を請け負う郡司に任命されたのは，おもに開発領主層など新興豪族であり，彼らは在庁官人として留守所の実務を担った。

論述のポイント

□**律令制下**：国司は中央から一定の任期で派遣され，地方の政務を司る

　　　　　　　郡司は旧国造クラスの地方豪族で，国司のもとで地方支配の実務を担当

□**10世紀**：国司の長官が権限強化され受領に

　　　　　　受領は徴税請負人化し郎党らを使い徴税強化

　　　　　　→任用国司は国衙の実務から排除，郡司は権限縮小・没落も

□**11世紀**：受領の遙任が一般化，受領は目代を留守所に派遣

　　　　　　開発領主出身の新興豪族が郡司に→在庁官人として留守所の実務を担当

---

(2)

設問の要求

〔主題〕江戸幕府の蘭学政策とその政策が蘭学に与えた影響。
〔条件〕享保期以降，開国以前の時期を対象に述べること。

　蘭学者やその著書などを羅列するだけでは高得点をとることはできない。まず幕府の政策との関わりで，対象となる時期の画期を考えてみよう。

　対象となる時期は「享保期以降」であるから，享保の改革で「漢訳洋書輸入の禁の緩和」が行われたことが蘭学興隆の契機になった，という書き出しは想像できるだろう。次に，「開国以前」までを範囲とすることから，19世紀前半の「蛮社の獄」といった蘭学者の弾圧事件を着地点とすればよいことがわかる。これによって「契機→発展→弾圧」という道筋をつけることができるが，この発展と弾圧との間には，外圧の高まりを背景として，幕府が海外情報や軍事技術の摂取の面を重視し，蛮書和解御用を設置して蘭学の政治利用（官学化ともいわれる）を始めた画期があった。したがってその画期を含め，「享保の改革が蘭学興隆の契機→蘭学の発展→幕府が蘭学を政治利用→蘭学の統制・弾圧」といった4期に分けて，幕府の蘭学政策とその影響を叙述していきたい。

▶蘭学興隆の契機〜発展

　鎖国政策の実施で西洋の貿易相手国はオランダのみとなったため，西洋の知識・学問は，オランダ語を通じて学ばれ，蘭学と呼ばれた。元禄期に『華夷通商考』を著し，鎖国後に海外の事情を最も早く紹介した西川如見や，密入国したイタリア人宣教師シドッチを尋問して『采覧異言』『西洋紀聞』を著した新井白石らがその先駆者である。ただし，この部分は本問における要求の範囲外である。

　享保の改革期に8代将軍徳川吉宗は，実学奨励の立場から，それまでの禁書令（1630年に発布）をゆるめ，漢訳でキリスト教に関係しない洋書であれば輸入を許可した（1720年）。また青木昆陽・野呂元丈に命じてオランダ語を学ばせたことが，

蘭学興隆の契機となった。

　田沼期に入り，西洋医学の解剖書『ターヘル＝アナトミア』が，**前野良沢・杉田玄白**らにより**『解体新書』**として翻訳・出版されると，蘭学はまず医学の分野で発展した。寛政の改革のころには，大槻玄沢が蘭学の入門書である『蘭学階梯』を，その門人稲村三伯が蘭日辞書『ハルマ和解』を刊行してオランダ語の習得に貢献した。また宇田川玄随が『西説内科撰要』で西洋内科を紹介し，西洋天文学・暦学を学んだ高橋至時は幕府天文方に登用されて寛政暦をつくった。19世紀初頭には，志筑忠雄が『暦象新書』で地動説を紹介し，伊能忠敬が天文・暦学・測量を学び『大日本沿海輿地全図』を作成するなど，<u>蘭学は医学・蘭語学・天文学・暦学など多分野で著しい成果をあげた</u>。

▶為政者の蘭学に対する意識

　<u>18世紀後半以後，列強の接近にともなう対外的危機を背景に</u>，海防問題などが幕府にとって重要な課題となっていった。そうしたなか，1811年に高橋景保の建議をうけて<u>幕府は天文方に蛮書和解御用を設けた</u>。ここでは大槻玄沢らを登用して<u>翻訳</u>を担当させ，<u>外国地理や軍事技術・海外情報の収集につとめた。つまり幕府が蘭学を政治に利用するようになったのである</u>。

　一方で，松平定信が『宇下人言』で，「寛政四五［1792・1793年］のころより紅毛の書を集む。蛮国は理にくはし。天文地理又は兵器あるは内外科の治療，ことに益も少なからず。されどもあるは好奇の媒となり，またはあしき事などいひ出す。さらば禁ずべしとすれど，禁ずれば猶やむべからず。況やまた益もあり。さらばその書籍など，心なきものゝ手には多く渡り侍らぬやうにはすべきなり」と述べているように，蘭書を制限する考えもあった。

　それが現実のものとなったのが，シーボルト事件と蛮社の獄である。1828年に起こったシーボルト事件では，禁制の『大日本沿海輿地全図』を国外に持ち出そうとしたシーボルトが国外追放，地図を渡した高橋景保は処罰された。また，モリソン号事件に対する幕府の処置を批判した高野長英・渡辺崋山が，<u>1839年に処罰されたのが蛮社の獄である</u>。蘭学を通して西洋の政治・思想や世界情勢への認識を深めた蘭学者たちが，<u>幕府の封建的な政治体制や対外政策を批判することを，幕府は厳しく弾圧した</u>のである。こうして幕府が蘭学に対する統制を強めたので，<u>民間での蘭学研究は，医学・兵学・天文学など実用の分野に限定されていった</u>。

論述のポイント

□享保期：徳川吉宗が漢訳洋書の輸入を緩和→興隆の契機

□田沼期：『解体新書』の刊行など，医学・天文学など多分野で発展

□対外的危機：幕府
- 蘭学を政治に利用＝蛮書和解御用を設置し海外情報を摂取
- 蘭学者の幕政批判は弾圧＝蛮社の獄など
  →蘭学は医学・兵学などに限定

解 答 例

(1)律令制下の国司は，中央から貴族が派遣され，在地豪族出身の郡司に実務を担当させ，政府の命に従い任国支配を司った。10世紀に律令税制が破綻すると，政府は国司の長官である受領に一国支配を委任し，定額納税を請け負わせた。受領は郎党を指揮して徴税を強化したため，郡司の役割は低下した。11世紀には受領が現地に赴任せず，目代を留守所に派遣する遙任が一般化し，開発領主出身の郡司らが在庁官人として国衙の実務を担った。

(2)享保期に徳川吉宗が実学奨励のため漢訳洋書輸入の禁を緩和し，青木昆陽らに蘭語を学ばせたことが蘭学興隆の契機となった。田沼期に『解体新書』が刊行されて以降，蘭学は医学や天文学など多分野で隆盛した。対外的危機が迫ると，幕府は蘭学の政治利用を図り海外情報の摂取をめざし，蘭書の翻訳局である蛮書和解御用を設置する一方，蘭学者の幕政批判は蛮社の獄などで弾圧した。その結果，蘭学の発展は医学・兵学などに限定された。

75 　(1)鎌倉幕府における将軍のあり方の変化とその意味
　　(2)明治維新から日清開戦までの日清関係

（2008 年度　第 4 問）

(1)　鎌倉幕府の政治体制が，「将軍独裁→執権政治→得宗専制」と移り変わることと，将軍が「源頼朝→源頼家・実朝→摂家将軍→皇族将軍」と代替わりすることの対応関係から，「将軍のあり方」と「その意味」がどのように変化したかをとらえたい。

(2)　日本と清は，当初の「対等関係」から，琉球帰属問題・朝鮮問題で紛糾し，衝突を避けながらも「対立」が深まり，日清開戦へともつれこむ。その間の事件や締結した条約などの情報を適切に取捨選択して簡潔に述べたい。

(1)

設問の要求

〔主題〕鎌倉幕府における将軍のあり方の変化とその意味。
〔条件〕時代順に具体的に述べること。

　「将軍のあり方の変化」は，幕府の政治体制が，将軍独裁→執権政治→得宗専制と推移するから，「独裁的な将軍・実権のある存在」から「名目的な地位」へと変化した，と大筋はつかめるだろう。それでは，源氏将軍の断絶後，執権北条氏が幕府の実権を握っても，摂家将軍・皇族将軍を迎えた「その意味」は何か。北条氏にとって何が目的であったかといえば，「幕府の権威づけ」として必要であった，ということである。こうしたことを時代順に述べていきたい。

▶源氏将軍

　1192 年に征夷大将軍に任命された<u>源頼朝の権力基盤は，東国を中心とした御家人との堅固な主従関係</u>である。頼朝は，清和源氏の嫡流で武家の棟梁でもあるから，1180 年の挙兵以来，東国武士団の中の反平氏勢力が彼の下に結集し，同年には鎌倉を根拠地にして御家人を統率する侍所を設置した。頼朝は彼らの所領を安堵してその支配を保障したり（本領安堵），新たな所領を与えたり（新恩給与）することで主従関係を深めていった。朝廷からは，1183 年に東海・東山両道の支配権を承認され（寿永二年十月宣旨），平氏滅亡後の 1185 年には諸国に守護，荘園・公領に地頭を設置する権利を獲得し，ここに武家政権としての鎌倉幕府が確立した。1192 年の将軍就任は，頼朝の権力を朝廷が追認したということであった。

　幕府における初代将軍源頼朝は，<u>強固な主従関係で結ばれた御家人を厳格に統制</u>し，自らの命に背いた者は義経・範頼のように一族であっても追討した。また<u>領主間の紛争なども頼朝が裁断</u>するなど，<u>独裁政治</u>を行った。

　頼朝が1199年に死去すると，嫡子の頼家が将軍に就任するが，その親裁は停止され，有力御家人の合議による集団指導体制となった。1203年に北条時政が比企能員を滅ぼし，頼家を幽閉して実朝を将軍にたてて，自らは政所別当となり政治の実権を握った。さらに1213年には北条義時が和田義盛を滅ぼし，政所別当と侍所別当を兼務して，幕府の民政・軍事にわたる長官の地位を独占して執権の地位を確立した。1219年に実朝が殺されて源氏将軍が途絶えたので，義時は幕府の権威づけに皇族を将軍に招こうとしたが後鳥羽上皇に拒否され，頼朝の遠縁で摂関家出身の数え年2歳の藤原（九条）頼経を鎌倉に迎え，承久の乱後の1226年に9歳の頼経は将軍宣下を受けて正式に就任したが，将軍としての実権は持たなかった。

▶摂家将軍・皇族将軍

　源頼朝の権力基盤が御家人との主従関係であったように，成人した将軍藤原頼経は源頼家の娘を妻として源氏との関係を深め，御家人との主従関係を固めて，政治的自立をめざして反北条氏勢力を形成していった。そこで4代執権北条経時は，1244年に頼経の将軍職を解任し，頼経の子で6歳の藤原頼嗣を将軍とした。しかし，頼経は将軍を退いた後も鎌倉に残り，影響力を保持した。1246年に頼経は北条氏庶家の名越光時らと謀って5代執権に就任した北条時頼の排除を謀ったが，失敗し，光時は伊豆へ流罪，頼経は京都へ送還された（宮騒動）。

　1247年執権北条時頼は，宮騒動に関わっていたとして三浦泰村一族を滅ぼした（宝治合戦）。これで北条氏嫡流の得宗家には，対抗する北条氏庶家も御家人もいなくなった。さらに，1252年には将軍頼嗣を退位させ，京都から後嵯峨上皇の皇子宗尊親王を将軍に迎えることを決定した。これは評定による合議を経ず，執権・連署の独断専決で行われたものであった。つまりこのころから，得宗の私邸で開かれる「寄合」が始まり，執権政治の中心的合議機関であった評定会議の空洞化が進んでいくのである。そして時頼は執権を退いてもなお幕府の実権を握り続けたことから，得宗が幕府権力を掌握する得宗専制政治は時頼の時代に始まったとみられている。当然こうした政治体制下にあって，皇族将軍は4人とも幼年で迎えられ，実権を持たず名ばかりの存在であり，将軍在位期間が長期になると退位させた（守邦親王だけは，幕府滅亡に伴う辞任）。それは成年に達した将軍が権力の伸長を図って，御家人との主従関係を結ぶことを危険視したためである。なお，参考のために摂家将軍および皇族将軍の生没年・将軍在位・就任年齢・退位年齢を示しておく（年齢はすべて数え年）。

	将軍在位	就任年齢	退位年齢
藤原頼経	1226〜1244	9 歳	27 歳
藤原頼嗣	1244〜1252	6 歳	14 歳
宗尊親王	1252〜1266	11 歳	25 歳
惟康親王	1266〜1289	3 歳	26 歳
久明親王	1289〜1308	14 歳	33 歳
守邦親王	1308〜1333	8 歳	33 歳

論述のポイント

□初代将軍源頼朝：御家人との主従関係をもとに将軍の独裁政治
□頼朝死後：源氏将軍の親裁停止→執権政治（北条氏中心の有力御家人による合議）
□源氏将軍断絶後：摂家将軍＝将軍に実権なく幕府の権威づけ
　　　　　　　　　将軍が権力の伸長を図ると交替させる→執権政治
□宝治合戦後：皇族将軍＝将軍に実権なく幕府の権威づけ
　　　　　　　将軍が権力の伸長を図ると交替させる→得宗専制政治

(2)

設問の要求

〔主題〕明治維新から日清開戦にいたる，日本と清国との政治・外交関係の推移。

　設問要求は，日本と清国との「政治・外交関係の推移」であるが，「政治関係」という点に戸惑ったかもしれない。日本では「外交」という言葉は多義的に用いられているが，欧米では狭義に「国家間の交渉」だけを指し，「外交政策」とは区別がなされているようである。本問では「日清間の外交交渉」のみならず，「国家間に存在する政治的な諸関係である，権力関係や通商関係や利害調整」など，さまざまな要素を含む「国際政治」といった内容についても言及を求めているため，「政治・外交関係」と表現したのだと考えられる。

▶近世の日清関係

　中国の明（1368〜1644 年）・清（1616〜1912 年）は，周辺諸国の首長に朝貢させて君臣関係を結び，自国を<u>東アジアの盟主</u>とする冊封体制をとった。また，両国とも倭寇などの防止策として<u>海禁政策</u>をとり，自国民の海外渡航と貿易を禁止・制限し，朝貢貿易のみを許した。徳川家康は，豊臣政権による朝鮮出兵で険悪となった日明間の関係を修復して国交を結ぼうとしたが明に拒絶された。続く清も，徳川政権とは断絶したままであったが，明の再興運動を続けていた鄭氏が滅ぶと 1684 年に海禁は緩和された。しかし幕府は，来航する中国船の激増による金銀の流出を懸念して，長崎で

の貿易制限（定高貿易仕法）を始めた。こうした経緯から，幕末にいたるまで日清間では，長崎に来航する清商人との私貿易は継続したが，正式な国交は樹立していなかった。

▶幕末～明治初年

　1840～42年のアヘン戦争に続き，1851～64年の太平天国の乱や1856～60年のアロー戦争で，清は列強の半植民地と化し，東アジアの盟主としての地位が揺らいだ。それに対して日本は，清を反面教師として，開国・維新によって欧米列強に対峙できる近代的軍事制度の確立を急いだ。そのような状況下で結ばれたのが1871年の日清修好条規である。これは，「両国ニ属シタル邦土モ各<ruby>各<rt>おのおの</rt></ruby>礼ヲ以テ相待チ，聊<ruby>聊<rt>いささかも</rt></ruby>侵越スル事ナク，永久安全ヲ得セシムベシ」と友好を謳い，相互に領事裁判権を認めるという，両国が外国と結んだ初めての対等条約であった。

▶琉球帰属問題

　国力が衰えたとはいえ清は東アジアの大国であった。琉球・朝鮮は清と冊封関係を結んでおり，清は宗主国という立場を保持していた。日本はその宗主権を否定するというかたちで琉球と朝鮮をめぐり，清と対立した。江戸時代から琉球は，薩摩藩（島津氏）の支配をうけながら，明・清に朝貢するという両属関係にあった。これを日本領にしようとする明治政府は，1871年の廃藩置県に際して琉球を鹿児島県に編入し，翌1872年には琉球藩を設置して尚泰を藩王とした。これに対して清は，琉球への宗主権を主張して認めなかった。そこで日本政府は，台湾で1871年に起こった琉球漁民殺害事件を名目に，1874年に台湾出兵を行った。この結果，清は「琉球王国の人民が日本の属民であること」を承認し，賠償金を支払うことで妥結した。日本政府はこれをもって両属問題は解決したとみなし，1879年に軍隊を派遣して琉球藩・藩王を廃し，沖縄県の設置を強行した（琉球処分）。清はこれに強く抗議し，アメリカ前大統領グラントの仲介による解決案も出されたが妥結にいたらず，最終決着は日清戦争を待たねばならなかった。

▶朝鮮問題

　一方，明治初年の日本は，近隣地域が強大国の支配下に入ると，日本の安全が脅かされるからこれを避けねばならないと考えていた。その焦点が朝鮮問題であり，朝鮮がロシアの支配下に入ることを危惧したが，のちには日本の朝鮮併合という目標にかわっていった。明治政府は王政復古以来，朝鮮に開国交渉をしてきたが，鎖国政策を続ける朝鮮は拒絶した。そこで1875年の江華島事件を機に，翌年日朝修好条規（江華条約）を締結させ，朝鮮を開国させた。これは「朝鮮国ハ自主ノ邦ニシテ，日本国ト平等ノ権ヲ保有セリ」と，清の宗主権を否定する一方，領事裁判権を認めさせ，関

税自主権を奪うなど，朝鮮にとって不平等な条約であった。

　これ以後，朝鮮国内では，国王高宗の妻の閔氏一族が日本と接近して開化路線を進め，国王の父の大院君一派は従来からの清に依存した保守路線を通そうとして両者は対立した。1882 年に，反日反閔氏政権を叫ぶ兵士たちが大院君を擁立して蜂起したため，日清ともに派兵したが，兵力の勝る清が大院君を拘禁した（**壬午軍乱**）。それ以後，清は朝鮮への影響力を強化し，閔氏政権（事大党）は清に接近し，金玉均などの開化派（独立党）は日本に頼って改革を進めようとした。

　1884 年には，独立党が日本の支援を得てクーデタを起こしたが，清国軍の救援で失敗した（**甲申事変**）。事変後，日清間の緊張が高まったため，翌 1885 年に伊藤博文が李鴻章と**天津条約**を結び，日清両軍の朝鮮からの撤兵などを規定し，当面の衝突を回避したものの，経済・政治両面で朝鮮における清の優位が確立した。

▶日清戦争へ

　甲申事変後，朝鮮における日本の影響力が弱まったことで，日本国内では福沢諭吉が 1885 年に「脱亜論」を発表するなど，清・朝鮮に対する強硬論が高まった。こうしたなか，ロシアの東アジア進出という新たな局面が生じ，1890 年の第1回帝国議会で山県有朋首相は主権線（国土）だけでなく，利益線（朝鮮）も確保しなければならないと演説し，軍備拡張予算の承認を求めた。1894 年に朝鮮で**甲午農民戦争（東学の乱）**が起こり，各地に拡大した。朝鮮政府はこの反乱の鎮圧を清に要請し，日本も対抗して出兵した。まもなく農民反乱は沈静化したが，日本は朝鮮に内政改革を要求し，同年 7 月には，日本軍が清国軍を奇襲攻撃（豊島沖海戦）し，8 月 1 日に日本は清に宣戦布告して日清間の本格的な戦争へと突入した。

論述のポイント

□**日清修好条規**：日清間は対等
- 琉球帰属問題→清は琉球の宗主権を主張
　　　　　　　　日本は琉球漁民殺害事件を口実に台湾出兵→清が謝罪→琉球処分
- 朝鮮問題→清は朝鮮の宗主権を主張
　　　　　　　日本は日朝修好条規で進出→壬午軍乱・甲申事変の失敗→影響力後退

□**天津条約**：日清間の衝突を回避

□**日清戦争**：甲午農民戦争→日清両国の出兵

解答例

(1)初代将軍源頼朝は，御家人との強固な主従関係を基盤に幕府政治を独裁的に行った。彼の死後に将軍の独裁は停止され，執権北条氏を中心とした有力御家人の集団指導体制となった。源氏将軍の断絶後は摂家将軍を迎え，宝治合戦後に北条氏の嫡流である得宗が幕府権力を掌握し専制化が進展するなか，皇族将軍を迎えた。両将軍ともに幕府の権威づけのためであり実権はなく，成人して御家人と主従関係を結び権力の伸長を図ると交替させた。

(2)明治初年，日清両国は日清修好条規を結び対等関係となったが，清が宗主権を主張する琉球・朝鮮をめぐり対立した。日本は琉球漁民殺害事件を口実に行った台湾出兵で清から謝罪を引き出して琉球を日本領とした。朝鮮には日朝修好条規を機に進出したが，壬午軍乱・甲申事変の失敗で朝鮮における日本の影響力は後退し，日清関係が緊迫したため天津条約で衝突を回避した。その後，甲午農民戦争を機に日清両国が出兵し，戦争へ突入した。

76 (1)縄文時代と弥生時代の主要な生業の違い
(2)日本国憲法の制定過程 (2007年度 第4問)

(1) 縄文時代は狩猟・漁労・採集，弥生時代は水稲耕作であることを主軸に「全国一律か」「単一の生業か否か」を見極め，具体的な遺物や遺構を例示しつつ表現することがポイントである。

(2) 幣原内閣の松本試案，マッカーサー草案，それをもとにした政府原案，の3段階の作成過程を，内容も対比させつつ示していくこと。吉田内閣が政府原案を帝国議会に提出し，審議・修正可決を経て公布に至ったことを明確に示すことが重要である。

(1)

設問の要求

〔主題〕縄文時代と弥生時代の主要な生業の違い。
〔条件〕考古資料を具体的な証拠として示すこと。

　書き始める前に，注意したい点が3点ある。

　第一に，「考古資料（遺構や遺物）を具体的な証拠として示して」についてである。例えば，「石鏃が出土することから，弓矢を用いて中小動物を狩猟したことがわかる」といった文章表現が発問に対応したかたちであろう。木製のため出土しない「弓矢」を遺物扱いする「誤り」や，「打製石斧（石鍬）で掘ってヤマイモなどを採集した」を，磨製石斧（木材の伐採や加工用の石器）とすれば「事実誤認」となるから注意したい。また，遺構とは「住居跡，井戸跡，墓穴など」と例示されているので，具体的な遺跡名を示すことも避けるべきである。

　第二に「生業」の意味である。「暮らしを立てるための仕事，なりわい，職業」を表す「生業」という言葉を選んで発問している以上，それに適合した言葉で解答すべきであろう。つまり，「縄文時代は採集経済，弥生時代は生産経済である」という表現は，「経済段階」の説明にはなっているが，生業について答えたとは言えない。したがって「縄文時代の主要な生業は狩猟・漁労・採集であった」とするのがよい。

　第三に「主要な」という表現である。縄文前期からは，エゴマ・リョクトウなど有用植物の栽培や，クリ林の人為的拡大，イノシシの一次的飼育など，一種の食料生産が行われていたことが発掘の成果として明らかにされている。しかしそれらは経済的に大きな役割を果たしたものではなく，基本は自然物を獲得する段階であるから，「主要な」生業という視点から，縄文時代の食料生産については触れる必要はないだろう。一方，弥生時代には，北海道と南西諸島を除く日本列島のほとんどの地域に水稲耕作が普及した。また，単純に生業が水稲耕作に転換したと断言することはできない。弥生時代にはまだ米の生産量は少なく，雑穀類の生産や木の実などの食料採取，

狩猟・漁労も盛んに行っていたのである。こうした点にも注意しながら論述を展開したい。

▶縄文時代の狩猟・漁労・採集

完新世になり気候の温暖化に伴う環境変化のなかで誕生した縄文文化において，人々の主要な生業は，狩猟・漁労・採集であった。狩猟は，ナウマンゾウ・オオツノジカなどの大型動物が絶滅したため，シカ・イノシシ・ウサギなどの俊敏な中小動物を対象とした。そのために考案されたのが**弓矢**で，矢じりに使用された**石鏃**が全国各地の遺跡で発掘されている。また，捕獲された動物は，食肉となるばかりでなく，骨角器の材料にもなった。特にシカの角は，銛や釣針などに加工された。また，温暖化による縄文海進によって漁労が活発となった。遺物としては**骨角器の釣針・銛・ヤス**や，網につけた**土錘・石錘や丸木舟**がある。大きな魚は釣ったり突き刺したりして捕らえ，小魚の群れには網漁，丸木舟での沖合漁と，漁労の方法も環境によって使い分けられていたことがうかがわれる。また，各地に点在する**貝塚**には，貝だけでなく，獣骨・魚骨なども残存しており，多様なものを食用にしたことが判明した。

亜寒帯性の針葉樹林に代わり，東日本ではブナ・ナラなどの落葉広葉樹林が，西日本ではカシ・シイなどの照葉樹林が広がった。こうした植生の変化によって，**ドングリ・クリ・クルミ・トチなどの木の実（堅果類）**が秋に大量に採取でき，保存も容易だったので，これらを主食とした。野山では，**石鍬（打製石斧）**で掘り，**ヤマイモ・カタクリ・ユリ根などの根茎類**を採取できた。木の実類は**貯蔵穴**や**縄文土器**に保存された。ドングリやトチには渋いアクがあるため，**石皿・すり石**で砕き，**土器**に入れて水にさらしたり，さらに熱処理をしたりしてアク抜きを行った。

▶弥生時代の水稲耕作

縄文文化が広がった範囲は，現在の日本国とほぼ一致している。それに対して，水稲耕作が普及し主要な生業として定着した地域は，限定的である。北海道には稲作が伝播せず，狩猟・漁労・採集を経済基盤とする続縄文文化が続いた。沖縄などの南西諸島には，漁労を中心とした食料採取の貝塚文化が継続した。また，北海道と南西諸島を除いた地域であっても，稲作が主要な生業だとは言い切れない。

佐賀県菜畑遺跡や福岡県板付遺跡などで，縄文晩期の水田遺構や木製農具が出土したことから，北部九州で縄文晩期に水稲農耕が始まったことは明らかである。また，青森県砂沢遺跡から弥生時代前期の水田跡が出土したことで，弥生前期には東北地方北部にまで水稲耕作が伝播したことと，それが定着しなかったことも確認されている。結局，東日本に稲作が普及・定着したのは弥生中期以降であった。

とはいえ，「主要な」生業が稲作だと単純には断言できない。農耕生活の依存度をその道具である石器の組成からみてみると，弥生時代前半期の佐賀県菜畑遺跡では，

石包丁などの農耕石器が全体の 4 割，狩猟具が 2 割であった。つまり北部九州沿岸平野部では，農耕が主であり，狩猟が従である。一方，弥生時代後期の長野県橋原遺跡では，農耕石器の比率は 1 割に満たず，大部分が採集・狩猟用の石器群で占められており，東日本では縄文時代以来の生業の占める割合がなお高かったことがうかがわれる。こうした詳細なデータはさておくとしても，弥生時代には米の収穫量は少ない。また，アワ・キビ・マメ・ヒエなどの検出が裏付けるように，雑穀の生産も行っていた。狩猟は獣骨の出土以外にも銅鐸や弥生土器などに描かれた絵からも裏付けられ，漁労・採集といった食料獲得にも依存していたのである。

　翻って，弥生時代の水稲耕作普及の証拠となる考古資料は，弥生時代の水田跡や，木製の鍬・鋤，収穫具の石包丁，貯蔵用の高床倉庫の遺構，貯蔵用の壺，米を脱穀したり精米するための木臼・竪杵，炊飯用の甕などがあげられる。水田の耕作具から収穫・貯蔵を経て調理にいたる一連の道具や遺構が検出されている点は，水田耕作の重要度を示すが，本問では制限字数を考えて，取捨選択しながら簡潔に示そう。

論述のポイント

□縄文時代：狩猟・漁労・採集が生業
- 石鏃→弓矢で中小動物を狩猟
- 骨角器・土錘・貝塚など→漁労
- 土器・石皿・すり石など→採集

□弥生時代：水稲耕作中心に雑穀生産・狩猟・漁労・採集を含む複合的な生業
- 水田跡・木製農具・石包丁・木臼・土器など→水稲耕作
- 獣骨・銅鐸や弥生土器に描かれた絵→狩猟

(2)

設問の要求

〔主題〕日本国憲法について。
〔条件〕草案起草から公布に至るまでの制定過程を史実に即して述べること。

▶憲法問題調査委員会の改正試案（松本試案）

　1945 年 10 月に成立した幣原喜重郎内閣は，マッカーサーから憲法改正を指示され，松本烝治国務大臣を委員長とする憲法問題調査委員会を政府内に設置した。そのメンバーは，顧問が美濃部達吉ら 3 名，委員が宮沢俊義（東大教授）ら 7 名という構成であった。美濃部や宮沢は天皇機関説論者で委員会自体が憲法改正に消極的であったことから，憲法問題調査委員会の改正試案（松本試案）は，天皇の統治権を認め，「天皇ハ至尊ニシテ侵スヘカラス」と規定するなど，大日本帝国憲法の部分的改正に留ま

る保守的なものであった。

　1946 年 2 月 1 日，憲法問題調査委員会の松本試案がマッカーサーへの報告の前に
毎日新聞にスクープされた。マッカーサーはその案があまりに保守的な内容であった
ことに驚き，ホイットニー民政局長に松本試案の拒否を命じ，2 月 3 日にマッカーサ
ー三原則「国民主権・象徴天皇制・戦争放棄」を盛り込んだ憲法草案を作成するよう
民政局に指示した。こうした迅速な対応の背景には，同年 2 月 26 日に GHQ の上位
機関である極東委員会の発足が決まっていたということがある。マッカーサーは日本
占領には天皇制の存続は不可欠だと考えていた。しかし，極東委員会には天皇制廃止
や天皇の戦争責任や多額の賠償金を要求しそうな国も含まれていたから，こうした要
求が出されてしまうと，憲法問題を含めたマッカーサーの権限が制約され，意図通り
の日本占領が行えなくなることを危惧したのであった。したがって，それ以前に憲法
改正の骨子や方向性を決めておく必要があったのである。

▶マッカーサー草案

　1946 年 2 月 4 日から GHQ の民政局は，欧米の法典・条約や高野岩三郎らをメンバ
ーとする憲法研究会の「憲法草案要綱」などを参考にして，憲法草案の作成にあたっ
た。2 月 8 日に政府は憲法問題調査委員会による「憲法改正要綱」を GHQ に提出し
た。一方，GHQ 民政局はわずか 1 週間で原案を作成し，2 月 10 日にマッカーサーへ
提出した。若干の改訂作業がなされた上で 2 月 12 日にマッカーサーが決裁して，い
わゆるマッカーサー草案は完成した。2 月 13 日に GHQ は政府の「憲法改正要綱」
の不受理を通知し，厳しい国際情勢のもとでの天皇制存続のためには，こうした画期
的内容の憲法改正が必要であることを説き，マッカーサー草案の受け入れを要求した。

▶日本政府原案から「日本国憲法」の公布まで

　幣原内閣は，英文で書かれたマッカーサー草案を基礎に，国会が一院制とされてい
た部分を，参議院を加え二院制にするといった日本側の主張を加えるなど，GHQ と
の協議を重ね和訳したものを政府原案とし，主権在民，象徴天皇制，戦争放棄を規定
した民主主義の精神に基づく「帝国憲法改正草案要綱」を 1946 年 3 月 6 日に発表し
た。マッカーサーはこれを支持する声明を出し，国民の多くも天皇制の存続と戦争放
棄の条項に拍手を送り，国際世論もおおむね好意的であった。4 月 17 日に政府はひ
らがな口語体の「日本国憲法草案」を発表した。

　4 月 10 日に戦後初の衆議院議員選挙が行われ，5 月 22 日に第 1 次吉田茂内閣が発
足した。新憲法の制定は手続き上，大日本帝国憲法の改正という形式で行われ，草案
は 6 月 8 日に枢密院で可決された後，6 月 20 日に吉田内閣の手で帝国議会に提出さ
れた。衆議院では芦田均の発案で第 9 条 2 項の冒頭に「前項の目的を達するため」と
の字句が挿入され，8 月 24 日に衆議院で可決された。これをうけて貴族院では，自

衛のための軍隊保持が可能になるとの懸念から，第 66 条 2 項に文民条項が追加されるといった修正を行って，10 月 6 日に可決した。そこで，10 月 7 日に衆議院が貴族院の修正に同意の再可決をし，日本国憲法が成立した。10 月 29 日には枢密院が諮詢手続に基づいて可決した。そして，第 1 次吉田茂内閣の下の 1946 年 11 月 3 日に昭和天皇の名で日本国憲法として公布され，翌 1947 年 5 月 3 日から施行された。

　教科書本文では簡略にしか書かれていない日本国憲法の制定過程を，とことん詳述した。情報が多くなったが，幣原内閣が GHQ と対応しながら松本試案・政府原案を作成したこと，その両案の「保守的・民主的」な差，帝国憲法の改正の手続きで，吉田内閣が帝国議会に提出し，衆議院・貴族院での審議・修正可決を経たことを明示しよう。憲法問題調査委員会の設置や，GHQ の対応・マッカーサー草案の内容など，前半部分で書き込みすぎないよう注意したい。

論述のポイント
□幣原内閣：憲法問題調査委員会設置，改正試案（松本試案）を作成＝保守的
□ GHQ：松本試案を拒否，民政局に独自案を作成させる
□幣原内閣：マッカーサー草案を基に GHQ と協議，民主的な政府案発表
□吉田内閣：政府案を帝国議会に提出→衆議院・貴族院で修正可決→公布

解答例

(1)全国的に出土する石鏃は弓矢を用いた獣の狩猟を，貝塚や骨角器は貝類の採取や釣漁を，石皿・すり石や土器は木の実を粉砕し加熱して食用にしたことを示す。したがって縄文時代の生業は狩猟・漁労・採集であった。一方，北海道と沖縄を除く地域で弥生時代の水田跡や木製農具・石包丁が出土するため，弥生時代は列島の大部分で水稲耕作を行いながら，雑穀生産や銅鐸の絵にみられる狩猟や漁労・採集も行う複合的な生業へと転換した。

(2) GHQ に憲法改正を指示された幣原内閣は，憲法問題調査委員会を設置し改正試案を作成させたが，天皇の統治権を認めるなど保守的なものであった。GHQ はこれを拒否し，独自の草案を作成して政府に渡した。政府はこれに基づき GHQ と協議して民主主義の精神に基づく政府原案を作成した。次の吉田内閣は手続き上，帝国憲法を改正する形式で，原案を帝国議会に提出し衆議院・貴族院で修正可決された後，日本国憲法として公布した。

77 (1) 9世紀前半の政治と文化
(2) 元禄～天明年間の貨幣政策　　　（2006年度　第4問）

(1)　三筆の嵯峨天皇・空海・橘逸勢は，嵯峨天皇が政治を，空海が文化を叙述するときの指定語句だと考えればよい。橘逸勢は藤原氏北家の他氏排斥事件に関係して適切に用いることがポイントである。

(2)　元禄～天明年間に貨幣政策を主導・献策した人物と，彼らが発行した貨幣を指摘して，発行の目的・貨幣の品位・影響について言及していきたい。

(1)

設問の要求

〔主題〕9世紀前半の政治と文化。
〔条件〕「三筆」と呼ばれた3人の人物を通して述べること。

　9世紀前半の嵯峨天皇の時代は，蔵人頭・検非違使を設置したり，法制を整備するなど律令制の再建をめざす政治改革が進められた。文化では，空海が多彩な活躍をしたが，弘仁期の文化的特色を示す仏教と漢詩文を中心に述べたい。そして橘逸勢は，承和の変で排斥されたことに言及して，藤原北家の台頭に関連づけて述べるとよいだろう。文章の構成は，①時系列に述べる（嵯峨朝の政治は○○→文化では空海が活躍→承和の変で橘逸勢排斥），②項目別に述べる（政治は，嵯峨朝に○○，死後に承和の変で△△→文化では空海が活躍），という2パターンが考えられるが，事実誤認なく書けていればどちらでもよい。

▶〈政治〉律令制の再建

　桓武天皇は軍団・兵士を廃止し健児制を採用したり，勘解由使を設置するなど地方政治に重点をおいた改革を行った。それを引き継いだ嵯峨天皇は，810年の平城太上天皇の変（薬子の変）の際に藤原冬嗣らを天皇の秘書官長である蔵人頭に任命し，その役所である蔵人所を設置し天皇の機密文書を扱わせた。また，京内の治安維持のために検非違使を設置した。勘解由使・蔵人・検非違使は令外官，つまり令制に規定がなく，現実の問題に対応して新設された官司・官職である。なかでも蔵人頭や蔵人は天皇の近臣が任命され，のちには少納言・侍従の職務を吸収した。また検非違使も，やがて検非違使庁として独立した役所が設置されるに及び，弾正台・刑部省・左右京職の仕事を吸収していった。このように，令制官職の実権を失うほど，令外官が重要な役割を担うこととなった。

　嵯峨天皇は在位14年で弟の淳和天皇に譲位したが，太上天皇として約20年間にわたり隠然たる力を持ち続けた。この嵯峨朝から淳和朝にかけては，地方政策において

社会の動向に対応した政策が次々に出された。特に有名なのが，公営田の設置である。
823 年に大宰府官内で設置された公営田は，調・庸などの人別負担を土地に課税する
方式への変更であった。また，国司の治世能力が重要視され，国司に良吏を選ぶこと
が強調されるなどした。

▶〈政治〉法制の整備

　嵯峨天皇の下で法制の整備も進められた。律令を補足・修正した単行法令を格，施
行細則を式というが，既存の格式のうち現行法として利用できるものを選択・分類・
修正した弘仁格式が 820 年に完成し，830 年に施行された。こうした政治実務の便を
図った格式の編纂事業はその後も続けられ，9 世紀後半の清和天皇のときに貞観格式，
10 世紀前半の醍醐天皇のときに延喜格式が編纂され，これらを総称して三代格式と
いう。また，宮廷の年中行事や儀式を記した『内裏式』も編纂させた。さらに，次の
淳和天皇のときの 833 年には清原夏野・小野篁らによって養老令の解釈を公式に統一
した『令義解』が編纂され，翌年からは養老令にかわる，解釈つきの令法典として施
行された。つまり，格式や『令義解』は，律令にかわる法典として，重要な役割を果
たすようになったのである。

▶〈政治〉藤原北家の台頭

　嵯峨天皇の信任を得た藤原冬嗣は蔵人頭，そして左大臣に昇進した。その息子良房
は，842 年嵯峨太上天皇の死の直後，橘逸勢・伴健岑らが皇太子恒貞親王を奉じて謀
叛を企てたとして流罪とし，恒貞親王を廃太子とした。この承和の変後，道康親王
（父は仁明天皇，母は良房の妹順子）が皇太子となった。道康親王が 850 年に皇位に
就くと（文徳天皇），良房は太政大臣として権勢を振るった。さらに文徳天皇のもと
に入内させた娘明子が産んだ子が，858 年に清和天皇として即位したため，外祖父と
なった良房は人臣初の摂政として政治を主導した。このように藤原北家は天皇家と姻
戚関係を結び天皇の外戚として権力を振るうようになったのである。

▶〈文化〉漢文学の隆盛

　平安京遷都から 9 世紀末ころまでの文化を，嵯峨天皇時代と清和天皇時代の元号に
ちなんで弘仁・貞観文化と呼ぶ。その前半の嵯峨天皇の時代は，「文章は経国の大業
にして，不朽の盛時なり」（『文選』巻 52）と，文学によって国家の繁栄がもたらさ
れるとする文章経国思想が広まり，文芸が政治との関係を強めるなかで，さまざまな
文化的活動が行われた。ことに嵯峨天皇は政界に文人・学者を登用し，初の勅撰漢詩
文集である『凌雲集』，ついで『文華秀麗集』を編纂させ，淳和天皇も『経国集』と，
あいついで勅撰漢詩文集の編纂事業が行われた。また空海も漢詩文についての評論
『文鏡秘府論』や漢詩文集『性霊集』などを残した。

▶〈文化〉真言宗と密教

　仏教面では遣唐留学僧として入唐（橘逸勢も同行）した最澄と空海は，帰国後にそれぞれ比叡山延暦寺に天台宗，高野山金剛峰寺に真言宗を開いた。**真言宗は，大日如来が伝えた真実の言葉（真言）を伝授・習得して即身成仏することを目的とする密教**であり，空海は嵯峨天皇からの要請で国家のための密教の修法を行って重用されるようになり，823年に平安京の東寺を賜った。

　唐から帰国した最澄が開いた天台宗は，最初は顕教であった。最澄は比叡山延暦寺に大乗戒壇の創設をめざし，その死後に嵯峨天皇から設立を認められた。最澄の弟子の円仁・円珍は，それぞれ入唐して密教を学び，彼らが帰国してからは天台宗も密教化した。真言宗の密教を東密（東寺の密教）というのに対し，天台宗の密教は台密と呼ばれるようになった。加持祈禱を中心とした秘密の呪法を重んじる密教は，その現世利益の思想が受け入れられて，天皇家や貴族層に広まった。また，芸術面でも如意輪観音像や不動明王像などの仏像や曼荼羅などの神秘的な絵画が制作され，密教美術が展開した。なお，南都六宗や初期の天台宗は顕教であるが，これは「釈迦の顕かな教え」を記す経典を重んじる仏教のことである。

> **論述のポイント**
> □政治：嵯峨天皇
> 　　　　令外官の設置＝蔵人所・検非違使　┐
> 　　　　法制の整備＝弘仁格式の編纂　　　┘→律令制の再建策
> 　　　　藤原冬嗣が蔵人頭→良房が承和の変で橘逸勢らを排斥→藤原北家の台頭
> □文化：漢詩文の隆盛＝勅撰漢詩文集の編纂
> 　　　　空海が真言宗を開く→密教文化が開花

(2)

> **設問の要求**
> 〔主題〕元禄時代から天明年間にいたるまでの江戸幕府の貨幣政策。

　元禄時代から天明年間の貨幣政策主導者と，取り上げたい貨幣を概観すれば，次のようになる。こうした流れを示し，鋳造したねらいと結果についてまとめればよい。

徳川綱吉	新井白石	徳川吉宗	田沼意次
元禄金銀	正徳金銀	享保金銀→元文金銀	南鐐二朱銀
悪貨	良貨	良貨　　悪貨	計数貨幣の銀貨

　特に注意したいのは，元禄金銀と元文金銀では，ともに品位を下げたが，その理由が異なる点を明確にすることである。田沼意次が計数貨幣の南鐐二朱銀を鋳造したねらいは，秤量の必要をなくし利便性を追求しただけでなく，さらに一歩踏み込んで貨

幣制度の統一という点を指摘することが重要である。

▶徳川綱吉時代の元禄金銀

　4 代将軍徳川家綱の時代に起こった明暦の大火後の復興費用，5 代将軍徳川綱吉による護国寺や護持院をはじめとする寺社造営・修復費用は莫大な額にのぼった。しかし，佐渡金山などの直轄鉱山からの金銀の産出量が減少しており，幕府は深刻な財政難に陥った。そこで徳川綱吉は，勘定吟味役の荻原重秀（後に勘定奉行）の建議により，慶長金銀を改鋳して金銀の含有量の低い元禄金銀を発行し，その差額分（＝出目）を幕府の収益とした。例えば，1695 年から大量発行した元禄小判は，従来の慶長小判と形状も重さも同じだが，金の含有率を約 87％から約 57％に下げたのである。銀貨についても，慶長銀を回収して品位を下げた元禄銀に改鋳することで改鋳差益を得た。こうした元禄の改鋳によって，幕府は 500 万両ほどの収益をあげた。しかし品位の低下した金銀貨が大量に出回ることでインフレとなり，物価上昇を引き起こして庶民生活を圧迫した。

▶新井白石の正徳金銀

　6 代将軍徳川家宣時代も，当初は勘定奉行荻原重秀が財政を主導した。今度は物価騰貴を引き起こした元禄小判の改鋳をめざして，品位を慶長小判とほぼ同じに戻した宝永小判が鋳造された。しかし，重さが元禄小判の半分ほどだったので，宝永小判に交換する動きは活発化せず，貨幣制度も混乱した。こうしたなか将軍家宣の侍講新井白石は，荻原重秀の改鋳策失敗や収賄を弾劾し，1712 年に重秀を勘定奉行から罷免させた。その後，間もなく将軍家宣は病死し，幼少の家継が 7 代将軍に就任したため，新井白石の幕政における発言力は強まった。

　新井白石は物価騰貴を抑えるため，悪貨の元禄金銀にかえて，慶長金銀とほぼ同じ品位の良貨に戻そうと，1714 年から正徳金銀を鋳造した。またこの政策は，8 代将軍徳川吉宗にも受け継がれ，1716 年から 1736 年まで良貨の享保金銀を発行した。しかし，良貨策によって貨幣流通量が減少して経済活動が萎縮し，物価も大きく下落した。また短期間に貨幣交換がたび重なったので社会は混乱した。

▶徳川吉宗時代の元文金銀

　8 代将軍徳川吉宗は 1736 年に，重さも品位も下げた元文金銀の発行を開始した。この改鋳は，幕府財政の赤字補塡をめざしたものではなく，低落していた米価を通貨量の増大によって上昇させるねらいで行われた。なお，詳細は次の表を参照のこと。

名称	定量（匁）	品位（%）	名称	定量（匁）	品位（%）
慶長小判	4.76	86.79	元文小判	3.50	65.71
元禄小判	4.76	57.36	文政小判	3.50	56.41
宝永小判	2.50	84.29	天保小判	3.00	56.77
正徳小判	4.76	84.29	安政小判	2.40	56.77
享保小判	4.76	86.79	万延小判	0.88	56.77

（1匁は約3.75g）

▶田沼意次と南鐐二朱銀

　10代将軍徳川家治の下で側用人から老中となった**田沼意次**は，秤量貨幣であった銀を素材に，表示は金の単位で示した南鐐二朱銀という貨幣を発行した。金1両＝4分＝16朱であるから，南鐐二朱銀は8枚で金1両に相当する計数貨幣として使用された。当時は江戸を中心とした東日本が金遣い，京都・大坂の上方を中心とした西日本が銀遣いという二元的な通貨体系であったが，これを金中心の一元的な通貨体系に統一しようとした画期的な政策であった。しかし，結果的には金相場安，銀相場高によって物価を混乱させることになった。

論述のポイント

□**徳川綱吉時代**：勘定吟味役荻原重秀の建議
　　　　　　　　　〔目的〕品位を下げた元禄金銀に改鋳して，差額分を収益に
　　　　　　　　　〔結果〕貨幣価値の下落で物価高騰・庶民生活を圧迫
□**新井白石時代**：〔目的〕品位を慶長金銀に戻した正徳金銀で物価抑制
　　　　　　　　　〔結果〕貨幣流通量の減少で物価下落
□**徳川吉宗時代**：〔目的〕政策を継続して享保金銀→〔結果〕物価下落
　　　　　　　　　〔目的〕米価上昇のため，品位を下げた元文金銀を発行
□**田沼意次時代**：〔目的〕計数貨幣の南鐐二朱銀を発行して金銀通貨体制の統一めざす

解 答 例

(1)嵯峨天皇は，薬子の変に際し蔵人所を，その後に検非違使といった令外官を設けたり，弘仁格式の編纂を行うなど律令制の再建に努めた。また蔵人頭になった藤原冬嗣は嵯峨天皇の信任を得，子の良房は承和の変で橘逸勢らを斥けて藤原北家発展の基礎を築いた。この時代は文章経国思想が広がり宮廷で漢文学が盛んになるなか，勅撰漢詩文集が編纂された。空海が開いた真言宗は，現世利益を願う貴族層に受容され，密教文化を開花させた。

(2)幕府の財政難を克服するため，徳川綱吉は荻原重秀の献策で品位を下げた元禄金銀に改鋳して差額を収益としたが，物価が高騰した。新井白石は正徳金銀を発行して品位を慶長金銀に戻し，徳川吉宗も当初は良貨の享保金銀を発行したため貨幣流通量の減少で物価が下落した。そこで吉宗は，低品位の元文金銀を鋳造して貨幣流通量の増大と米価上昇を図った。田沼意次は計数貨幣の南鐐二朱銀を発行して，金銀通貨体制の一元化をめざした。

78
(1)室町・戦国時代の都市の発達
(2)日清戦争終結から日露開戦までの外交

(2005年度　第4問)

(1)　当該期に新たに成立した多様な都市の形態として，港町・門前町・寺内町・城下町などを指摘しつつ，その発達の要因について言及しよう。伝統的な都市では，京都における新しい展開を，町衆に注目して述べよう。

(2)　日露戦争の原因となる「ロシアの満韓進出」について，それを惹起した日本など周辺国の動向も含めて，時期区分をしながらその経緯を正確に説明しよう。

(1)

設問の要求

〔主題〕室町・戦国時代における都市の発達。
〔条件〕その要因に触れつつ，具体的に述べること。

　鎌倉時代に「都市」と呼ぶことのできたのは，平安時代からの都である京都，東大寺・興福寺の門前町である奈良，幕府が置かれた鎌倉ぐらいであった。これに対し，室町・戦国時代には，門前町・寺内町・城下町・港町など多様な都市が発達し，なかには自治組織を備えた都市も出現した。このように日本各地の多様な都市の発達に共通する背景＝「要因」は，農産物や農産加工品の商品化が進み，商品流通が発達したことにある。個々の都市発達の要因ではなく，こうした総括に触れられると，よりよい答案になるだろう。一方，個々の都市について，多くの事例をあげすぎて字数が超過しないようにしたい。なお，宿場町が本格的に発達するのは江戸時代以降のことなので，ここで触れる必要はない。

▶港町

　水陸交通の発達にともない遠隔地商業や貿易が活発になるなか，各地で港町が発展した。主な港町としては，琵琶湖沿岸の**大津・坂本**（近江―それぞれ園城寺，延暦寺・日吉神社の門前町でもある），淀川流域の**淀**（山城），瀬戸内海沿岸の**兵庫**（摂津）・**堺**（和泉）・尾道（備後），伊勢湾の桑名（伊勢）・大湊（伊勢），日本海沿岸の**十三湊**（陸奥）・**敦賀**（越前）・**小浜**（若狭），九州の**博多**（筑前）・坊津（薩摩）などがあり，船舶の出入りで賑わった。

▶門前町

　伊勢詣・善光寺詣など庶民の寺社参詣が盛んになり，大寺社の参道周辺に設けられた市が常設化して発達し門前町が形成された。代表的な門前町としては，伊勢内宮の

宇治，外宮の山田，興福寺・東大寺の奈良，善光寺の長野，延暦寺の坂本などがある。

▶寺内町

　浄土真宗の寺院を中心に形成され，門徒の商工業者が集住し，活発な経済活動をしたのが寺内町である。浄土真宗（一向宗）門徒は，他宗派や諸大名と対抗したため，寺内町は土塁や環濠をともなった防衛的性格の強い都市である。蓮如が布教の拠点とした越前の吉崎（吉崎御坊）や，山城の山科（山科本願寺），摂津の石山（石山本願寺），河内の富田林（興正寺）などが有名である。

▶城下町

　戦国大名の領国経営の拠点となったのが城下町であり，大名は家臣団や商工業者を城下に集住させて城下町づくりに努めた。城下町では楽市令が出されて自由な商業取引が行われ，領国経済の発展を促した。上杉氏の春日山（越後），武田氏の府中（甲斐），北条氏の小田原（相模），今川氏の府中（駿河），朝倉氏の一乗谷（越前），大内氏の山口（周防），大友氏の府内（豊後）などが主要な城下町である。

▶自治都市

　応仁の乱で荒廃した京都を復興したのは，酒屋・土倉などの富裕な商工業者たちからなる自治組織の町衆である。町衆のなかから選ばれた月行事が，月番制で町の自治を運営した。町衆らが団結して，戦乱によって中絶していた祇園祭を再興し，商業都市としての機能を拡大したのである。また，日明貿易で繁栄した博多では 12 人の年行司，堺では 36 人の会合衆と呼ばれる豪商が自治組織をつくり，自治都市を形成した。その他，摂津の平野，伊勢の桑名・大湊にも自治組織があった。

論述のポイント

□**都市発達の要因**：農村手工業・商品流通の発達
□**港町**：海陸の要衝に発達
□**門前町**：寺社の周辺に発達
□**寺内町**：浄土真宗の寺院を中心に形成
□**城下町**：大名の城郭中心に家臣団・商工業者を集住
□**自治都市**：富裕な商工業者が自治的に運営

(2)

設問の要求

〔主題〕日清戦争終結時から日露開戦までの日本の外交。

　帰結点が「日露開戦」なので，この間の外交について日露関係を軸に展開していくことになる。なかでも対露戦を決意する要因である，ロシアの満韓進出が重要であり，それを惹起した日本などの動向を正確に説明していきたい。そこで以下の 5 段階に時期区分して考えてみよう。

　　　①遼東半島をめぐる三国干渉
　　　②朝鮮における親露政権の成立
　　　③列強の中国分割
　　　④北清事変後のロシアによる満州占領
　　　⑤日露協商論と日英同盟論

　そして最後に情報を取捨選択するのだが，「日露関係」に限定して問われているわけではなく，あくまでも「日本の外交」を説明するのが趣旨であることに留意したい。つまり日露戦後まで展望したときに，当該期に日本が北京議定書を締結して獲得した北京駐兵権は，のちの盧溝橋事件勃発，ひいては日中戦争につながる重要なファクターであり，言及するとよいだろう。一方，下関条約で割譲をうけた台湾については，台湾総督府を設置し植民地支配を進めた，などは書くべきではない。この時点で日本の一部となった台湾についての施策は，外交ではなく内政ととらえるのが適当である。

▶①三国干渉

　日清戦争に勝利した日本は，1895 年**下関条約**を締結し，清国に対して，朝鮮の独立と，遼東半島・台湾・澎湖諸島の割譲，賠償金 2 億両の支払いなどを認めさせた。しかし，極東で南下政策をとっていたロシアは，フランス・ドイツを誘って**遼東半島の返還を要求した**（三国干渉）。これに対してイギリスは中立を表明したため，日本はこの圧力に屈し，遼東半島を清国に還付した。これをきっかけに，政府も国民もロシアに対する敵愾心を燃やし，政府は大規模な軍備拡張を進めていくことになった。

▶②朝鮮における親露政権の成立

　日清戦争後，日本は朝鮮から清の勢力を排除したものの，三国干渉に屈したために，大院君の親日政権はロシアと結んだ閔妃一派に倒された。1895 年に日本公使三浦梧楼は，大院君の擁立を図ってクーデタを起こし，閔妃を殺害したが，国王高宗がロシア公使館に逃れ，親露政権が成立した。この政権の下で 1897 年，国号を**大韓帝国（韓国）**と改称し，高宗は皇帝と称した。日本はロシアとの間で，1896 年に山県・ロバノフ協定，1898 年に西・ローゼン協定を結び，韓国における日露の政治的対等

を規定し利害の調整を図ったが，韓国をめぐる日露の対立は深まっていった。

▶③列国の中国分割

　日清戦争に敗れ，その弱体ぶりを露呈した清国は，列強の分割対象となった。なかでも日本が返還した遼東半島については，**ロシアが旅順・大連を租借し，東清鉄道南部支線（ハルビン―大連）の敷設権を獲得**するなど，露骨な南下政策が展開され，日本に危機感を与えた。アメリカは中国分割に参加せず，国務長官ジョン=ヘイが門戸開放・機会均等を列国に提案した。このような状況のなかで日本は，台湾を足場にして大陸進出をめざし，1898年には台湾の対岸にある福建省の他国への不割譲を中国に承認させた。

▶④北清事変後のロシアによる満州占領

　列強の中国分割が進み，中国民衆に排外的気運が高まるなかで，「扶清滅洋」を唱える義和団が蜂起し，1900年には北京の列国公使館を包囲した。中国政府もこれに同調して列国に宣戦布告したので，日本は英・米・露・独・仏など8カ国と連合軍を組織し，これを鎮圧した（北清事変）。翌1901年，日本を含む出兵各国は，清との間に北京議定書を締結して，巨額の賠償金と列国軍隊の北京駐兵権などを獲得した。一方，ロシアは北清事変を機に，中国東北部（満州）を占領し続け，この地域の実権を握ろうとした。こうしたロシアの南下政策（満韓進出）に対し，表面上は協調政策をとってきた日本外交も再検討を余儀なくされた。

▶日露協商論と日英同盟論

　ロシアとの関係をめぐって日本政府内には，日露協商論と日英同盟論という2つの意見があった。日露協商論は，ロシアの満州経営を承認するかわりに，日本の韓国に対する優越権を獲得しようとする（「満韓交換」）もので，伊藤博文・井上馨らの主張である。対する日英同盟論は，世界の強国イギリスと軍事同盟を結んでロシアの南下政策に対抗するという強硬方針であり，桂太郎首相・小村寿太郎外相および山県有朋らの主張である。結局，イギリスも極東政策上，日本との提携が有利だと判断したため，1902年に日英同盟が締結された。日英同盟の成立後も，ロシアは満州から撤兵しなかったので，日本は対露交渉を続ける一方で，開戦準備を進めていった。

論述のポイント

□三国干渉　　：日本は遼東半島を返還→ロシアが旅順・大連を租借
□閔妃殺害事件：朝鮮で親日政権樹立を図る→親露政権「大韓帝国」成立
□北清事変　　：日本や列国が鎮圧→北京議定書を締結→ロシアは満州を占領
　　　↓
□対露外交策の変更：日露協商論＝満韓交換を交渉→×
　　　　　　　　　　日英同盟論→日英同盟を締結しロシアと交渉継続・開戦準備

解答例

(1)農村手工業や商品流通の発達を背景に，淀や兵庫など海陸の要衝には港町が，善光寺の長野など参詣者で賑わう寺社周辺には門前町が発達した。越前の吉崎など一向宗寺院を中心に門徒が形成した寺内町や，戦国大名が家臣団を集住させた城下町では，楽市にして商工業者の経済活動を保障した。伝統都市の京都や日明貿易で栄えた博多・堺では，富裕な商工業者が台頭し，それぞれ町衆や年行司・会合衆が市政を運営する自治都市となった。

(2)日本が下関条約で獲得した遼東半島を三国干渉に屈して清国に返還すると，ロシアは旅順・大連を租借した。朝鮮では親日政権樹立を図り閔妃殺害事件を起こしたものの親露政権が成立して日露の対立は深まった。北清事変に日本や列国は出兵し北京議定書を結んだが，ロシアは事変後も満州を占領し続けたため，日露の対立は決定的となった。政府内には満韓交換による妥協を図る日露協商論もあったが，日英同盟を結んで対露戦に備えた。

79 (1) 18 世紀以降の幕府の農村・農民政策
(2) 収支面からみた近代貿易の推移

(2004 年度 第 4 問)

(1) 農民の階層分化により，本百姓体制の動揺が惹起された背景と，幕府が享保の改革・寛政の改革・大御所時代・天保の改革でどういった政策を出したかを考えよう。

(2) 時期ごとに大量に輸出入された品目をあげつつ，出超か入超かを見極め，輸出が好調であっても，その製品原料や製造機械類が輸入に依存していることで，全体として入超になることもある点などに注意しながら，情報を要領よくまとめよう。

(1)

設問の要求

〔主題〕18 世紀以降の江戸幕府における農村・農民政策の展開。

　江戸時代の幕藩体制は，社会・経済史的にみれば**本百姓体制**を基礎として支えられていた。検地帳に登録されて田畑を耕作する本百姓が，封建領主である幕府・藩へ年貢を納入することで幕藩経済は成り立っていた。この本百姓体制を維持するため，1643 年の田畑永代売買の禁止令や 1673 年の分地制限令によって一定面積の田畑所有を確保させるとともに，1643 年の田畑勝手作りの禁によって商品作物の栽培を抑えて，本百姓が貨幣経済に巻き込まれることを防止した。また，農民たちの日常の労働や生活の隅々にわたって厳しい統制を加えた。

▶享保の改革期

　8 代将軍徳川吉宗による享保の改革における中心課題は，幕府財政を再建することであった。そのため商人資本を利用した新田開発（町人請負新田）を奨励して米の増産をめざし，幕領において年貢徴収方法を検見法から定免法に改め，また，綿作などの畑地にも課税することによって年貢増徴を図った。一方，本百姓体制の維持については，質流地禁令を出して質流しという形での田畑の売買も禁止したが，越後や出羽などで質地騒動が起こったので，まもなくこれを撤回した。この結果，田畑売買を黙認することとなり，豪農や町人らの土地集積が進展することになった。

▶農村への貨幣経済の浸透

　農業技術の進歩にともなう農業生産力の増大を背景に，17 世紀後半以降，商業・流通が大きく発展し，農村にも貨幣経済が浸透していた。加えて幕藩領主による年貢増徴策や専売制の強化は，農民にとって過重な負担となり，本百姓のなかには，困窮して田畑を手放して小作に転落するものが増加し，農民の階層分化はますます進行し

た。さらに，1782〜87年の6年もの長期に及んだ**天明の大飢饉**によって東北や北関東の農村は極度に荒廃し，貧農・小作は江戸に流入して都市貧民層を形成するようになった。

▶寛政の改革

このようななかで老中松平定信が主導した寛政の改革は，農村の復興を最大の課題とし，陸奥や北関東などで百姓の他国への出稼ぎを制限したり，1789年には諸大名に対して1万石につき糒米50石の囲米を命じるとともに，各地に社倉・義倉を設けさせて備荒貯蓄を行わせたりした。また，1790年に旧里帰農令を出して，江戸に流入した貧農たちの帰村を奨励し，希望者には旅費や農具代などを支給したが，強制力はなかったので実効はともなわなかった。そのため農民が手放した荒廃地は増加する一方で，とりわけ江戸周辺の農村では，無宿者や博徒が横行して治安が悪化した。

▶大御所時代

11代将軍徳川家斉が実権を握っていた大御所時代（1793〜1841年）には，1805年に，治安の悪化した関東農村を巡回し，犯罪者の取締りなど警察活動にあたる**関東取締出役**（八州廻り）を設けた。1827年には幕領・私領・寺社領を超えた寄場組合（改革組合村）を置いて，地域の治安維持や風俗の取締りにあたらせた。

▶天保の改革期

天保の大飢饉後，12代将軍徳川家慶のもとで老中水野忠邦が改革を断行した天保の改革では，1843年に人返しの法を発して農民の出稼ぎを禁止し，江戸に流入した貧農の帰村を強制したが，これもあまり効果はなかった。

論述のポイント

□享保の改革：新田開発の奨励・定免法の採用→年貢の増徴
　　　　　　　質流地禁令の廃止→田畑売買の黙認
　＋貨幣経済浸透・専売制の強化・天明の大飢饉
　　⇨農民の階層分化・農村荒廃
□寛政の改革：農村再建策＝囲米，社倉・義倉の設置，旧里帰農令
□大御所時代：治安対策＝関東取締出役・寄場組合の設置
□天保の改革：農村再建策＝人返しの法

⑵

設問の要求

〔主題〕近代日本の貿易の推移。

〔条件〕開港期，産業革命期，第一次世界大戦期，1920 年代の 4 つの時期について貿易収
支を中心に述べること。

　4 つの時期のうち，貿易収支は開港期の「改税約書締結まで」と，「第一次世界大
戦期」だけが輸出超過，それ以外の時期は輸入超過であった。これを軸にして，そう
した貿易収支になった要因・背景，大量に輸出入された品目について，要領よく情報
を整理して文章を展開していきたい。なかでも，生糸は，開港から昭和初期
（1859〜1933 年）まで一貫して最大の輸出品であったので，開港期や第一次世界大
戦期で触れておきたい。また，産業革命を通じて輸出品に成長した綿製品（綿糸・綿
織物）については，産業革命期・第一次世界大戦期で言及したい。

▶開港期

　1858 年に日米修好通商条約，続いてオランダ・ロシア・イギリス・フランスとも
同様の条約が結ばれ，翌 1859 年から横浜・長崎・箱館の 3 港で貿易が開始された。
輸出入の取引額では横浜が圧倒的に多く，アメリカが南北戦争（1861〜65 年）のた
めに貿易に力が注げず，相手国ではイギリスが取引額の大半を占めた。通商条約第 4
条の別冊貿易章程では，輸出税が低く抑えられていたこともあって（下表参照），貿
易は大幅な輸出超過となった。日本からの輸出品の 8 割近くは生糸で，次に茶・蚕卵
紙・海産物など，農水産物が主であった。輸入品は毛織物・綿織物などの繊維製品が
8 割，次に武器・艦船などの軍需品が多かった。1866 年に改税約書が調印されると，
輸入税が平均 20 ％から一律 5 ％に引き下げられたため，今度は大幅な輸入超過とな
った。

貿易章程における関税率

輸入	無税……日本居留民の所持品
	5 ％……船具・パン・パン粉・鳥獣・石炭など
	35 ％……蒸留酒・醸造酒
	20 ％……その他のすべての品々
輸出	5 ％……金銀・貨幣以外のすべての品々

▶産業革命期

　産業革命とは，工場制手工業（マニュファクチュア）から機械制大工業への転換で
あり，日本では日清戦争の前後に軽工業の産業革命が達成され，日露戦争の前後に重
工業の産業革命が進行した。したがって産業革命期とは明治中・後期である。この時

期に，製糸業は発展し，1894年に器械製糸の生産量が座繰製糸を追い越し，輸出量
も増大していき，1909年には清国を抜いて世界最大の生糸輸出国になった。生糸は
外貨を獲得できる最大の輸出品であった。また綿関連産業は，開港期に安価で良質な
イギリス製の綿製品の大量輸入で衰退したが，この時期に急成長して輸出産業に転換
した。綿糸は，1890年に生産量が輸入量を上回り，1897年には輸出量が輸入量を凌
駕し，まず紡績業が輸出産業に成長した。一方，綿織物業は日露戦争後に，大紡績会
社の織布兼業が一般化し，豊田佐吉考案の小型国産力織機は農村の中小工場に普及し
て綿織物生産が拡大し，1909年に綿織物の輸出額が輸入額を上回った。しかし，綿
糸・綿織物の原料綿花は，中国・インドなどからの輸入に依存していたため，綿関連
産業での貿易収支は赤字であった。また，鉄鋼・造船などの重工業部門の発達も著し
かったが，鉄鉱石など資材のほとんどは輸入であり，紡績機などの軽工業部門の工作
機械の多くも輸入であったため，全体としては大幅な赤字が続いた。

▶第一次世界大戦期

　1914年の第一次世界大戦の勃発は，日本に大戦景気をもたらした。戦争によって
生産が低下したヨーロッパ諸国の輸出が後退した中国などのアジア市場に，綿糸・綿
織物などを輸出して市場を独占した。同じく戦争景気に沸くアメリカへは生糸を大量
に輸出し，ヨーロッパの連合国へは船舶・武器などの軍需品を輸出して，輸出超過と
なった。さらに，ドイツからの輸入が途絶えたため化学工業が勃興し，火薬・化学染
料・化学肥料などの輸入が抑えられた。その結果，貿易は1915年から1918年まで，
大幅な輸出超過となり，大戦前の1914年には11億円の債務国であった日本は，大戦
後の1920年には27億円以上の債権国になった。

▶ 1920年代

　しかし大戦が1918年に終結し，ヨーロッパ諸国が復興して工業製品の生産を再開
すると，アジア市場は再び彼らの手に帰し，日本の貿易収支は1919年には輸入超過
に転じ，1920年には戦後恐慌が発生した。また1923年に起きた関東大震災の復興資
材の輸入が増大したという事情も，国際収支を悪化させた。さらに戦後恐慌・震災恐
慌に続き，1927年には金融恐慌が起き，政府はそのつど日本銀行券を増発するとい
う対症療法しか行うことができず，インフレ傾向が進行したことや，重化学工業の国
際競争力不足で鉄鋼・機械などの輸入が増加したために，1920年代は輸入超過で，
国際収支は大幅な赤字が続いたのである。

　なお，この大幅な貿易赤字の是正は，困難を極めた。浜口雄幸内閣は1930年に金
輸出を解禁（金解禁）して為替相場の安定による貿易の振興と，産業の合理化による
国際競争力の強化をめざしたのだが，旧平価による円高の金解禁であったことと，折
からの世界恐慌に直面したことによって輸出は激減，正貨である金の大量国外流出を

招いて未曾有の昭和恐慌におちいったのである。

論述のポイント

	貿易収支	要因・背景	特筆すべき輸出入品目
開港期	出超→入超	改税約書で入超に転換	生糸の大量輸出
産業革命期	入超	紡績業・綿織物業の発展	綿花・機械類の大量輸入
第一次世界大戦期	出超	大戦による特需	アジア向けに綿製品を輸出 アメリカに生糸を輸出 欧州連合国に軍需品を輸出
1920 年代	入超	国際競争力不足 インフレ傾向 →輸出減少	震災後の復興資材を大量輸入

解 答 例

(1)享保の改革では，新田開発の奨励や定免法の採用によって年貢の増徴を図る
　一方，質流地禁令を撤回して田畑売買を黙認したため，農民の階層分化が進
　行した。18世紀後半には専売制の強化や貨幣経済の浸透，天明の大飢饉で農
　村が荒廃したため，寛政の改革では囲米を命じたり旧里帰農令を出して農村
　の復興を図った。19世紀には関東の農村の治安悪化をうけ関東取締出役を設
　置し，天保の改革では人返しの法によって農村の再建を図った。

(2)開港期は生糸・茶などの大量輸出で出超だったが，改税約書で輸入税が引き
　下げられると入超に転じた。産業革命期は綿糸輸出が伸びたが，原料綿花や
　機械類などの輸入が増えて入超が続いた。第一次世界大戦期はアジアに綿製
　品，交戦国に軍需品，アメリカに生糸が大量に輸出され，重化学工業品は国
　産化が進み大幅な出超となった。1920年代は国際競争力不足とインフレ傾向
　に加え，関東大震災後の復興資材の輸入増大で入超が続いた。

80 (1)法典編纂の歴史からみる律令国家の成立から終焉 (2)日明貿易の開始から断絶までの過程

(2003年度　第4問)

(1)　「過程」を説明する論述は,「時期区分」が重要だが,律令編纂の歴史の画期に注目して,7世紀後半からの法典編纂開始～確立期,8世紀の律令完成期,9世紀から10世紀前半の格式など法制整備期,の3段階に分けて考えたい。

(2)　貿易の特色は,明の要求である「入貢と倭寇の禁圧」に応じたものであった点から考えたい。過程は,「開始・中断・再開から断絶まで」を,貿易の主導権を握った人物・有力守護に注目してまとめよう。

(1)

設問の要求

〔主題〕古代律令国家の成立から終焉に至る過程。
〔条件〕その法典編纂の歴史に即して述べる。

▶法典編纂開始～確立期

　律令法を統治の基本法典とした国家が,律令国家である。日本では律令国家の形成は,645年の乙巳の変（蘇我蝦夷・入鹿の滅亡）に始まる大化改新が端緒である。改新政府では,隋・唐に学んだ高向玄理と僧旻が国博士となって,唐の律令国家を目標に,中央集権的な国家体制の形成が進められた。『日本書紀』によれば,646年に唐の律令制を範とした改革の基本方針である改新の詔が出された,とある。しかし,『日本書紀』の記述は疑わしく,書紀編纂時の現行法である大宝律令による改作がなされているとみられ,実際のところは不確かな点が多い。その後,唐・新羅連合軍による660年の百済の滅亡と,663年の白村江での敗戦は,倭国の中央政府の人々に大きな危機感をもたらした。中大兄皇子は667年に近江大津宮に遷都し,翌年天智天皇として即位し,最初の令である近江令を制定したといわれる。ただ,これは体系的な法典ではなく,単行法令が集成されたものとの説もある。最初の全国的な戸籍である670年の庚午年籍は,近江令に基づいて作成されたとも考えられる。672年の壬申の乱に勝利した大海人皇子は,飛鳥浄御原宮で天武天皇として即位した。大友皇子側に与した畿内有力豪族の没落をうけて,強大な権力を掌握した天武天皇は,中央集権国家体制の形成を進め,681年に律令の編纂を命じた。その事業は,皇后であった持統天皇の時代に完成し,689年に飛鳥浄御原令が施行された。これに基づいて翌690年に庚寅年籍が作成され,6年ごとに戸籍を作って田地を班給（班田）する制度が確立した。これは戸籍に基づいて国家が人民を個別に把握し,口分田を班給して生活を保

障し，計帳に基づいて調・庸などの租税を納めさせる律令制個別人身支配の出発点となった。また，694 年には統一国家の首都にふさわしい本格的な都城である藤原京に遷都した。

▶律令完成期

文武天皇の 701 年（大宝元年）に大宝律令が制定され，令は同年に施行，律は翌年に施行された。行政法にあたる令に遅れて，やっと刑法にあたる律も完成し，ここに中央集権的な国家体制が整った。なお，撰定メンバーは総裁・刑部親王，藤原不比等ら総勢 19 名の名だたる学者・文化人らであり，そのうちの一人粟田真人が，702 年に遣唐使として渡唐し，大宝律令の完成と，国号を「日本」と改めたことを唐に公に伝えた。日本が律令国家となったことは，東アジア世界の盟主たる唐にまで宣言されたのである。さらに元明天皇の 710 年には平城京に遷都された。粟田真人らの遣唐使が持ち帰った情報から，唐の長安に倣って，平城京の宮城（皇居や中央官庁や朝堂院などを収容した大内裏）は，平城京の北端中央に配置された。こうして律令国家の威容も整っていった。

こののち元正天皇の 718 年に，藤原不比等が編纂を主導した**養老律令**がつくられ，孫の藤原仲麻呂が政治を主導していた 757 年から施行された。養老律令は大宝律令と内容的に大差ないものであった。それ以降は，現行法としての養老律令は大切にされたが，過去の法となった大宝律令は，ほとんどが散逸してしまった。

▶法制整備期

律令法典が整備された後は，社会の変化に応じて出される追加法・修正法である格（例えば，三世一身法は「養老七年の格」，墾田永年私財法は「天平十五年の格」というように）や，それらの施行細則である式が制定・施行された。9 世紀前半の嵯峨天皇の時代には，701 年から 819 年までの格・式を分類・編集した**弘仁格式**（『弘仁格』『弘仁式』を一括して表現）が編纂された。これは単なる過去の法令を集めた法令集ではなく，弘仁格式におさめられることで，一括して天皇の裁可を得て，そのものが法として効力を持つ法典として施行（830 年）されたのである。次の淳和天皇の時代には，政府として養老令の公式解釈を示した『**令義解**』が 833 年に完成し，翌年施行された。これも，単なる律令注釈書ではなく，条文の注釈がそのまま法としての効力を持つ法典であった。つまり 9 世紀前半の弘仁格式も『令義解』も，新たな法典の編纂・整備であり，ほかにも官司の統廃合や令外官の設置などが行われて，律令制の再建が図られたのであった。また 9 世紀後半の清和天皇の時代には**貞観格式**が編纂された。しかし，9 世紀後半から 10 世紀初頭になると，戸籍・計帳制度が崩れ，班田収授も実施できなくなり，租税の徴収も困難となって，律令国家財政の維持が不可能になっていった。そうしたなかで 10 世紀前半の醍醐天皇の時代の**延喜格式**を最後

に，法典の編纂事業は終わり，古代律令国家は終焉に向かうこととなった。

> **論述のポイント**
>
> □7世紀後半：近江令・飛鳥浄御原令の制定→戸籍による人民支配の進展
> □8世紀：大宝律令・養老律令の制定→中央集権国家体制の完成
> □9世紀前半：弘仁格式・貞観格式・『令義解』の編纂→律令国家の再建を図る
> □10世紀前半：延喜格式で法典編纂は最後←戸籍・計帳制度崩壊，班田の実施不可能

(2)

> **設問の要求**
>
> 〔主題〕日明貿易の開始から断絶までの過程。
> 〔条件〕貿易の特色に触れながら具体的に述べること。

▶日明貿易の特色

　鎌倉時代末期頃から，朝鮮半島沿岸や中国大陸沿岸で略奪行為を行う海賊集団である倭寇が出没し，14世紀半ばには猛威をふるった。中国では1368年に元が滅亡して漢民族の王朝である明が成立すると，中国を中心とする東アジア秩序の回復が図られ，日本にも，たびたび倭寇の禁圧と入貢を要求した。つまり日明貿易の条件は，この2点を押さえることにある。3代将軍であった足利義満は財政難に悩んでいたこともあって，明との貿易を望んだ。しかしそのためには，中国皇帝を頂点とした国際秩序である冊封体制下に入ることが前提条件であり，中国皇帝から冊封を受けられる，一国の王・首長の地位を獲得しなければならない。そのため義満は，1394年に将軍を辞して太政大臣に任官し，公武にわたる頂点の地位を固めた。そして1401年に祖阿を正使，博多商人肥富を副使として明に進貢し，国交を開くことを求めた。これに対し明の皇帝は翌1402年，使節を派遣して義満を「日本国王」に冊封するとともに，大統暦を下賜した。こうして日明貿易は，明皇帝の臣下である日本国王が明に朝貢し，それに対する返礼という従属の形式をとった。これが日明貿易の特色の第一である。日本において，邪馬台国の卑弥呼が「親魏倭王」の称号を，倭王武（『日本書紀』の雄略天皇にあたる）が安東大将軍の称号を授与されて以来，実に900有余年ぶりに，義満が冊封体制下に入ったのである。なお，2008年度第4問(2)の「明治維新から日清開戦までの日清関係」，2010年度第4問(2)の「足利義満の時代」などでも「冊封体制」に関する理解が問われている。京大日本史において，理解を深めておきたい重要ポイントの一つである。

　次に「倭寇の禁圧対策」に注目すれば，遣明船には勘合の携帯が義務づけられていたことが，指摘すべき特色であるとわかるだろう。勘合は，倭寇と区別するための渡

航許可書であり，明皇帝の代替わりごとに新たに 100 通交付された。勘合には日本という文字を 2 つに分けた日字勘合と本字勘合があり，日本の船は本字勘合を持参し，明の受入港である寧波に到着すると，勘合底簿と照合して真偽が確認された上で，はじめて貿易が許可されるという方法であった。また，臣下が朝貢品を奉呈するのに対して，明皇帝からは国書と貢納品の何倍もの回賜品が与えられ，運搬費や滞在費は明が負担した上に，朝貢の後は交易が許され，明からの輸入品は日本では高値で売れたので，貿易の利益は莫大であった。これは特色とは言いがたいので，日明貿易開始か，中断後の再開の目的で触れればよいだろう。

▶貿易の過程

　足利義満は，<u>1404 年に日明貿易を開始</u>した。義満は倭寇を禁圧し，貿易の利益を独占した。しかし <u>4 代将軍足利義持は朝貢形式を嫌って 1411 年に貿易を中断</u>したが，<u>貿易の利益を重視する 6 代将軍足利義教が 1432 年に再開</u>した。再開後には，従来からの幕府船に加えて諸大名・寺社の船が参入した。主な輸出品は，銅・硫黄・刀剣・漆器・扇・蒔絵・屏風などであった。輸入品は，洪武通宝・永楽通宝などの銅銭，生糸・絹織物・陶磁器・書画などであった。応仁の乱後，幕府の衰退とともに貿易の実権は，堺商人と結ぶ細川氏と博多商人と結ぶ大内氏に移った。貿易の主導権をめぐって起こった <u>1523 年の**寧波の乱**以後は，大内氏が独占</u>した。1547 年に第 17 次の勘合船が派遣されたのち，<u>1551 年に大内義隆が家臣の陶晴賢に滅ぼされると，日明貿易も断絶</u>した。

論述のポイント

□ **特色**：朝貢貿易…明皇帝に日本国王が朝貢し回賜品を受け，交易も
　　　　　　勘合貿易…倭寇と区別するため明が発行する勘合を携帯

□ **過程**：15世紀初頭（1404年）…足利義満が貿易を開始
　　　　　　15世紀前半（1411年）…足利義持が貿易を中断←朝貢を嫌う
　　　　　　15世紀前半（1432年）…足利義教が貿易を再開←貿易の利益を重視
　　　　　　応仁の乱後　　　　　…〔細川氏＋堺商人〕と〔大内氏＋博多商人〕の争い
　　　　　　寧波の乱（1523年）後…大内氏が貿易を独占
　　　　　　16世紀半ば（1551年）…大内氏の滅亡で貿易断絶（1547年が最後の派遣）

解答例

(1) 7世紀後半に近江令・飛鳥浄御原令が制定され，戸籍による人民支配が進ん
　 だ。8世紀前半には大宝律令・養老律令が制定されて，中央集権国家体制が
　 整った。その後は社会の変化に応じた追加法の格，施行細則の式が制定され，
　 9世紀にはこれらを分類・編集した弘仁格式・貞観格式や，令の公的解釈書
　 の『令義解』が編纂され，律令国家の再建が図られた。籍帳支配が崩壊した
　 10世紀前半の延喜格式を最後に，法典編纂は行われなくなった。

(2) 15世紀初頭，明皇帝から日本国王に冊封された足利義満が朝貢形式の貿易を
　 開始した。遣明船は倭寇と区別するため明から交付された勘合を携帯した。
　 朝貢を嫌う足利義持は貿易を中断し，貿易の利益を重視する足利義教が再開
　 したが，実権は諸大名に移った。応仁の乱後は，堺商人と結ぶ細川氏と博多
　 商人と結ぶ大内氏が主導権を巡り争い，16世紀前半の寧波の乱後は大内氏が
　 貿易を独占した。16世紀半ばに同氏が滅亡すると貿易も断絶した。

MEMO

難関校過去問シリーズ

京大の日本史
20ヵ年［第3版］

別冊 問題編

教学社

京大の日本史20ヵ年[第3版]　別冊 問題編

第1章　史料問題

第2章　小問集合

第3章　総合問題

第4章　論述問題

第1章　史料問題

1

　次の史料（A～C）を読み，問(1)～(19)に答えよ。解答はすべて所定の解答欄に記入せよ。なお，史料の表記は便宜上，改めたところがある。

A

民部省符す　大和国司

　　まさに弘福寺に返入すべき田一町　ア　段五十六歩のこと
　　　(a)
　　　在りどころ，高市郡路東二十八条一里二十八坪，百六十一歩
　　　　　　　(注)

　　　　　　　　　　　　三十四坪，四段百十一歩

　　　　　　　三十条三里五坪，五段

　　　　　　　　　　六坪，四段百四十四歩

右，（中略）かの寺の牒を得るにいわく，謹んで案内を検ずるに，件の田，ある坪は先皇の御願により，施入せらるるところなり。明らかに図帳に載せたり。ある坪は寺家の四至の内として，領掌すること，その来れるや尚し。しかる
　　　(注)　　　　　　　　　　　　　　　　　　　　　ひさ
に，去る元慶四年，　イ　するの日，収公して百姓の戸の田に授給せら
　　　　　　　　(注)
るるなり。（中略）乞うらくは，衙，状を察し，早く言上を経て，大安寺の例に准
　　　　　　　　　　　　　　　　　　　　　　　　　　　　　(b)
じ，旧に任せて寺家に返入せられ，まさに伽藍の田とせんことを，といえり。
（中略）大納言正三位兼行民部卿藤原朝臣清貫宣すらく，勅を奉るに，請う
　　　　　　　　　　　　　　みことのり　うけたまわ　(c)
に依れ，といえり。（中略）

　　延長四年二月十三日
　(d)

　（注）　「高市郡」は，大和国の郡で，飛鳥地域を含んでいた。

　　　　「寺家の四至の内」は，寺院の敷地内ということ。

　　　　「衙」は，ここでは弘福寺が連絡した先である大和国衙のこと。

問

(1)　下線部(a)の「弘福寺」は，平安時代以降，東寺の支配下におかれた。東寺と
　　　ある寺院を行き来する際，弘福寺はほぼ中間地点にあって便利なので，空海
　　　が天皇からもらい受けたとされる。この「ある寺院」の名を記せ。

(2)　　　ア　　に入る数字を漢字で記せ。

(3)　　　イ　　に入る語句を記せ。

(4)　下線部(b)の「大安寺」の僧であった行教は，豊前国宇佐に鎮座する神を平安
　　　京南方の男山でもまつるため，新たに神社を建てた。この神社の名を漢字6
　　　字で答えよ。

(5)　下線部(c)の「勅」によって，弘福寺の申請が認可されたが，その翌年，史料
　　　Aの文書によって大和国へ指令がなされたと考えられる。この「勅」を発した
　　　天皇は誰か。

(6)　下線部(d)の「延長四年」について，

　(あ)　この年に渤海を滅ぼした国家の名を記せ。

　(い)　この翌年に『延喜式』が完成し，編纂を命じた天皇に奏上されたが，それ
　　　まで に存在した「式」を2つ挙げよ。

B

　　　　ウ　　人請状の事

一，この小兵衛と申す者，当七月より一ヶ年の間，給銀四枚にて相定め，御
　　　　ウ　　に遣し申すところ実正也。この仁，生国はよく存じ，慥かなる人
　故，我等請人に相立ち申し候。
　　(注)

一，御公儀様御法度の　　エ　　宗門にても御座無く候。宗旨は代々浄土宗に
　　(注)
　て，寺請状我等方に取り置き申し候。かつ又，御家の御作法の通り急度相勤
　めさせ申すべく候。万一何ヶ様の出入り出来候とも，我等罷り出，急度埒
　　　　　　　　(g)
　明け申すべく候。後日の為，よって件の如し。

　　　宝暦三癸酉七月　　　　　　　　　　請人
　　(h)
　　　　　　　　　　　　　　　　　　伊勢屋

　　　　　　　　　　　　　　　　　　甚兵衛(印)

　　　　　　　　　　　　　 ┌─────┐
　　　　　　　　　　　　　 │　ウ　│人
　　　　　　　　　　　　　 └─────┘
　　　　　　　　　　　　　　　　小兵衛

　　近江屋庄兵衛殿

　（注）　「請人」は，保証人のこと。

　　　　　「御公儀様御法度」は，江戸幕府が禁止しているという意味。

　　　　　「急度」は，必ずの意味。

　　　　　「出来」は，発生すること。

問

⑺　┌─────┐に入る適当な語句を漢字2字で記せ。
　　│　ウ　│
　　└─────┘

⑻　この史料は，三都のいずれかの商家に提出されたものである。下線部(e)に
　　注目したとき，三都の中で該当しない可能性が最も高い都市名を記せ。

⑼　┌─────┐に入る適当な語句を片仮名で記せ。
　　│　エ　│
　　└─────┘

⑽　下線部(f)も含めた仏教諸宗派すべてを共通して統制するために徳川家綱政
　　権が出した法度は何か。

⑾　下線部(g)について，「出入り」とは，様々なもめ事のことであり，しばしば
　　町奉行所などに訴訟として持ち込まれた。このようなもめ事の一部につい
　　て，当事者間での解決を江戸幕府が命じた法令は何か。

⑿　下線部(h)の数年後，公家たちに尊王論を説いた人物が処罰される事件がお
　　こった。その人物は誰か。

C

①　朕ここに米国および英国に対して戦を宣す。（中略）中華民国政府曩に帝国
　　　　　　　　　　　　　　　　　　　　　　　　　　　　　　　　　(i)
　の真意を解せず，濫に事を構えて東亜の平和を攪乱し，遂に帝国をして干戈
　を執るに至らしめ，ここに四年有余を経たり。幸に国民政府更新するあり。
　　　　　　　　　　　　(j)　　　　　　　　　　　　　　　(k)
　帝国は之と善隣の誼を結び相提携するに至れるも，重慶に残存する政権は米
　英の庇蔭を恃みて兄弟尚未だ牆に相鬩ぐを悛めず。米英両国は残存政権を支
　　　　　　　　　(注)
　援して東亜の禍乱を助長し，平和の美名に匿れて東洋制覇の非望を逞うせ
　んとす。（中略）事既にここに至る。帝国は今や自存自衛の為蹶然起って一切

の障礙を破砕するの外なきなり。

② 朕ここに独逸国に対して戦を宣す。（中略）朕は深く現時欧州戦乱の殃禍を憂い，専ら局外中立を恪守し以て東洋の平和を保持するを念とせり。この時に方り，独逸国の行動は遂に朕の同盟国たる大不列顛国をして戦端を開くの已むなきに至らしめ，その租借地たる　オ　湾に於てもまた日夜戦備を修め，その艦艇荐に東亜の海洋に出没して，帝国および与国の通商貿易為に威圧を受け，極東の平和は正に危殆に瀕せり。（中略）竟に戦を宣するの已むを得ざるに至る。

③ 朕ここに露国に対して戦を宣す。（中略）帝国の重を韓国の保全に置くや一日の故に非ず。是れ両国累世の関係に因るのみならず，韓国の存亡は実に帝国安危の繋る所たればなり。しかるに露国はその清国との明約および列国に対する累次の宣言に拘わらず依然　カ　に占拠し，益々その地歩を鞏固にして，終に之を併呑せんとす。若し　カ　にして露国の領有に帰せん乎，韓国の保全は支持するに由なく，極東の平和また素より望むべからず。（中略）事既にここに至る。帝国が平和の交渉に依り求めんとしたる将来の保障は，今日之を旗鼓の間に求むるの外なし。

(注)　「兄弟牆に相鬩ぐ」は，兄弟同士がけんかをすること。

「殃禍」は，災いのこと。

「旗鼓の間に求むる」は，戦いによって得ようとすること。

問

⒀ ①～③は，日本が対外戦争を開始した際に，天皇の名前で出された詔書（詔勅）の一部である。①～③を古いものから年代順に並べよ。

⒁ 下線部(i)に関して，日本政府は開戦直後の閣議決定で，この戦争を何と命名したか。

⒂ 下線部(j)に関して，これは何年を出発点として述べたものか。西暦で記せ。

(16) 下線部(k)により樹立された政権の主席は誰か。

(17) 下線部(l)の「同盟」が最初に締結された時の日本の外務大臣は誰か。

(18) ┃ オ ┃ に入る地名を記せ。

(19) ┃ カ ┃ に入る地名を記せ。

2

　次の史料(A〜C)を読み，問(1)〜(18)に答えよ。解答はすべて所定の解答欄に記入せよ。なお，史料の表記は便宜上，改めたところがある。

A

　飛鳥 清原大宮に大八州 御しし天皇の御世にいたり，潜竜，元を体り，洊雷，期に応う。夢の歌を聞きて業を纂がんことを相い，夜の水に投じて基を承けんことを知る。然れども，天時，未だ臻らずして南山に蝉蛻し，人事，共給わりて　　ア　　国に虎歩す。皇輿，忽ちに駕して，山川を凌え度り，六師，雷のごとく震い，三軍，電のごとく逝く。矛を杖つきて，威を挙げ，猛士，烟のごとく起こる。絳旗，兵を耀し，凶徒，瓦のごとく解く。(中略)歳，大梁に次り，月，俠鐘に踊りて，清原大宮にて昇りて天位に即く。(中略)是に天皇，詔す。「朕，聞く。諸家の齎てる　　イ　　と本辞と，既に正実に違い，多く虚偽を加う。今の時に当たりて，其の失を改めざれば，未だ幾ばくの年を経ずして，其の旨，滅びんとす。斯れ乃ち，邦家の経緯にして，王化の鴻基なり。故，惟みるに，　　イ　　を撰び録し，旧辞を討ね覈め，偽りを削り実を定め，後葉に流えんと欲す。」

　(注)　「潜竜，元を体り，洊雷，期に応う」は，まだ即位していない人物が，
　　　　　天子たるべき徳を備え，好機を得ていること。
　　　　「蝉蛻」は，出家して仏道修行すること。
　　　　「虎歩」は，虎のように他を威圧しながらあゆむこと。ここでは，兵を
　　　　　集めながら移動することを示す。
　　　　「絳旗」は，赤い旗のこと。
　　　　「歳，大梁に次り，月，俠鐘に踊りて」は，673年2月を指す。
　　　　「討ね覈め」は，よく調べ正すこと。

問

(1)　　　ア　　には，東，西，南，北のいずれかの文字が入る。適当な文字を

記せ。

⑵ 下線部(a)に関して，文中の「天皇」が行軍中に勝利を祈願した神は，皇室の祖先神とされた。その神を祭る宗教施設は，律令国家の神祇制度の中心に位置づけられることとなるが，この宗教施設の名称を記せ。

⑶ 下線部(b)に関して，「凶徒」の中心的な人物は，前天皇の皇子であったものの，この戦いに敗れて自害した。その人物とは誰か。

⑷ 下線部(c)に関して，この後，「清原大宮」の北西に新たな都の造営が開始された。この都は，それまでの都にはなかった特徴を備えていた。その特徴を簡潔に説明せよ。

⑸ 下線部(d)に関して，この時期に隆盛した仏教を基調とする文化を何と呼ぶか。

⑹ 　イ　 に入る適当な語句を記せ。

⑺ この史料は，712年にできた書物の序の一部である。この書物を筆録した人物は誰か。

B

一，諸国守護人奉行の事
　　右，右大将家の御時，定め置かるる所は，大番催促・謀叛・殺害人〈付たり，夜討・強盗・山賊・海賊〉等の事なり。しかるに近年，代官を郡郷に分ち補し，公事を荘保に充て課し，国司にあらずして国務を妨げ，地頭にあらずして地利を貪る。所行の企てははなはだもって無道なり。（中略）早く右大将家御時の例に任せて，大番役ならびに謀叛・殺害のほか，守護の沙汰を停止せしむべし。もしこの式目に背き，自余の事に相交わらば，或は国司・領家の訴訟により，或は地頭・土民の愁鬱によって，非法の至り顕然たらば，所帯の職を改められ，穏便の輩を補すべきなり。

　　（中略）

一，　ウ　 兵乱の時，没収の地の事
　　右，京方の合戦を致すの由，聞し食しおよぶによって，所帯を没収せらるるの輩，その過なきの旨，証拠分明ならば，その替を当給人に充て給い，本主に返し給うべきなり。これすなわち，当給人においては勲功の奉公あるの故な

り。

　次に，関東御恩の輩の中，京方に交わりて合戦の事，罪科ことに重し。よっ
(i)　　　　　　　　　　(j)
てすなわちその身を誅せられ，所帯を没収せられおわんぬ。

　　(注)　「奉行」は，この場合，職務として遂行すべき事柄の意味。

　　　　　「愁欝」は，具体的には訴訟を指す。

問

　(8)　下線部(e)の「右大将家」とは誰か。

　(9)　下線部(f)の「大番催促」とはどのようなことか。簡潔に記せ。

　(10)　下線部(g)の「所帯の職」とは何を指すか。左の史料中にみえる語句で記せ。

　(11)　　 ウ 　　には元号が入る。この元号に改元後まもなく，鎌倉に下向し，

　　のちに将軍となった人物の名を記せ。

　(12)　下線部(h)の「勲功の奉公」とは具体的にどのようなことか。簡潔に記せ。

　(13)　下線部(i)の「関東御恩の輩」を統率するために置かれた機関の初代長官の名

　　を記せ。

　(14)　下線部(j)の「京方」を統率した最高権力者が軍事力の強化のために，新たに

　　組織したのは何か。

C

「　 エ 　君と新島襄君」

　　 エ 　君は鉄道の技術師にも非ず，電気学者にも非ず，而して君が常に

鉄道電信と云々して，口に絶たざる所以んの者は，鉄道電信を愛するに非ず，
　　　　　　　　　　　　　　　　ゆえ
鉄道電信に依って成就したる物質上の文明を愛するものなり，新島君は純乎た
(k)
る僧侶に非ず，而して其基督教を主張して止まざる者は，啻に基督教の伝播を
　　　　　　　　　　　　　　　　　　　　　ただ　　　　　　(l)
欲するに非ず，基督教の主義を人事に適用せんと欲すればなり，是れに因って

知るべし，二君は実に泰西文明の二大原素を我が邦に輸入せんとするの案内者

にして，泰西表面の文明たる物質的の智識は，　 エ 　君に依って案内せら

れ，泰西裏面の文明たる精神的の道徳は新島君に於て案内せらる，（中略）

　　人或は　 エ 　君の教育を以て，無主義の教育と為す者あり，然れども其

無主義の如く見ゆるのは，即ち最も其主義の一貫したるを証すべし，勿論君が

二十年間唱道したる所の議論をば，其著述したる所のものに就て，即ち西洋事情，学問の勧め，文明論の概略，分権論，民情一新，時事小言，近くは時事新報の社説に至る迄，細に之れを点検したらば，随分自家撞着も多かるべし，然りと雖も自家撞着(注)の議論，君に於て何かあらん，何となれば君が唱道する所の者は，皆時世に応じて立てたる議論なればなり，（中略）

　何人と雖も其勢力を有することは容易なれども，其勢力を誤用せざることは甚だ難し，クロンウエルは鉄騎を有せり，然れども之れが為めに心ならずも兵隊政治を行へり(注)，　オ　は私学校を有せり，然れども之れが為めに心ならずも十年内乱の総大将となれり，又現今に於て世の所謂る壮士輩(いわゆる)の主領と仰がるる人々無きに非ず，然れども其力は能く壮士をして平和，穏当，正大の挙動を為す能はしめざるは何ぞや，職として彼らが率ゆる所の者を能く支配する能はざるに依る，独り　エ　君に至っては然らず，（中略）君が人に教ゆる所の者は，唯文明の人となり，生活社会に立って，敢て人に後れを取る無からんことを勤むるに在ればなり，

（『国民之友』第17号　1888年3月2日）

　　（注）　「自家撞着」は，同一人の文章や言動が前後で食い違っていること。
　　　　　　「クロンウエル」は，オリバー゠クロムウェル（1599-1658）のこと。

問

　⒂　　エ　　に入る人物の氏名を記せ。

　⒃　下線部(k)に関連して，

　　　(あ)　1870年に設置されて鉄道や電信を所管した省の名を答えよ。

　　　(い)　この論説が書かれた翌年に全通した東海道線はどこからどこまでか。

　⒄　下線部(l)に関連して，

　　　(あ)　明治政府は五榜の掲示によって，「基督教」にどのような方針を示したか。

　　　(い)　大日本帝国憲法では，「安寧秩序を妨げず，及(および)　　　　　　たるの義務に背かざる限に於て」（第28条）という留保付きで，信教の自由が認められた。

　　　　　　　　　　　　に入る語句を記せ。

　⒅　　オ　　に入る人物の氏名を記せ。

3

　次の史料(A～C)を読み，問(1)～(18)に答えよ。解答はすべて所定の解答欄に記入せよ。なお，史料の表記は便宜上，改めたところがある。

A

　<u>太上天皇，円覚寺に崩ず。時に春秋三十一</u>。(中略)外祖太政大臣忠仁公は，
　(a)(注)　　　　　　　　　　　　　　　　　　　　　　　　　　　　　　　　　　(b)
当朝の摂政なり。枢機は整密にして，国家は寧静たり。(中略)故に後の前事を
談ずる者，<u>貞観の政</u>を思わざるはなし。大納言伴　　ア　　の息，右衛門佐中
　　　　　(c)
庸火を行い，応天門を焼く。事の発覚するに及び，罪は<u>大逆</u>に至り，その父に
つね
(注)　　　　　　　　　　　　　　　　　　　　　　　　　　　　　(d)
相連す。しかるに　　ア　　，承伏を肯んぜず。臣下，あるいはおもえらく，
　　　　　　　　　　　　　　　がえ
罪に疑うべきありと。天皇，刑理を執持し，ついに寛仮せず。　　ア　　父
　　　　　　　　　　　　　　　　　　　　　　　　　　　(注)
子，および他の相坐する者数人，みな配流に従う。(中略)また僧正宗叡法師あ
り。<u>入唐して求法し，真言を受得す</u>。天皇に勧め奉り，香火の因を結ぶ。
　(e)

(『日本三代実録』元慶4年(880)12月4日癸未条)

　(注)　「太上天皇」は，文中の「天皇」と同一人物である。

　　　　「火を行」うとは，放火すること。

　　　　「寛仮」は，ゆるすこと。

問

(1)　下線部(a)は，「太上天皇」が数え年の31歳で死去したと述べている。この
　　人物が天皇位についた時には，数え年の何歳であったか。

(2)　下線部(b)の「忠仁公」の養子で，政治的地位を受け継いだ人物は，この記事
　　の4年後，ある重要な地位についた。その地位は何か。

(3)　下線部(c)の「貞観の政」をこの史料は賞賛しているが，貞観年間(859～877)
　　は，日本とある国家との政治的緊張が高まった時期でもあった。海峡を隔て
　　た九州北部の勢力と内通しているとも疑われた，この国家の名を記せ。

⑷ 　　ア　　に当てはまる人名を記せ。

⑸ 　下線部⒟の「大逆」を謀ることは，国家・天皇に対する，特に重大な犯罪とされた。同様の罪に「謀反」「悪逆」などがあるが，それらを総称して何と呼んだか。

⑹ 　下線部⒠に記された「入唐」は，貞観4年に行われた。その9年前に唐に渡り，台密の発達に寄与した僧侶の名を記せ（あ）。また，その僧侶の門徒（寺門派）が拠点とした寺院の名を記せ（い）。

B

　　　イ　　ヨリ後，平氏世ヲミダリテ二十六年，文治ノ初，頼朝，権ヲモハ
（注）　　　　　　　　　　　　　　　　　⒡
ラニセシヨリ父子アイツギテ三十七年，承久ニ義時，世ヲトリオコナイシヨリ
　　　　　　　　　　　　　　　　　　　（注）
百十三年，スベテ百七十余年ノアイダ，オオヤケノ世ヲ一ツニシラセ給コトタ
エニシニ，此ノ天皇ノ御代ニ，掌ヲカエスヨリモヤスク一統シ給ヌルコト，
　　　　（g）
宗廟ノ御ハカライモ時節アリケリト，天下コゾリテゾ仰ギ奉リケル。
（注）

（中略）

　　ソモソモ，彼ノ高氏御方ニマイリシ，ソノ功ハ誠ニシカルベシ。スズロニ寵
　　　　　　　（h）
幸アリテ，抽賞セラレシカバ，（中略）程ナク参議従二位マデノボリヌ。三カ国
　　　（注）
ノ吏務・守護オヨビ，アマタノ郡庄ヲ給ル。弟　　　ウ　　ハ，左馬頭ニ任ジ，
従四位ニ叙ス。昔，頼朝タメシナキ勲功アリシカド，高位高官ニノボルコトハ
乱政ナリ。ハタシテ子孫モハヤクタエヌルハ，高官ノイタス所カトゾ申伝タ
ル。高氏等ハ頼朝・実朝ガ時ニ，親族ナドトテ優恕スルコトモナシ。（中略）サ
　（i）　　　　　　　　　　　　　　　　　　　　（注）
シタル大功モナクテ，カクヤハ抽賞セラルベキトモアヤシミ申ス輩モアリケル
トゾ。

　　（注）　「ミダリテ」は，「乱して」の意味。

　　　　　　「権ヲモハラニセシ」は，「権力をほしいままにした」の意味。

　　　　　　「宗廟」は，天皇家の先祖のこと。

　　　　　　「抽賞」は，恩賞を与えること。

　　　　　　「優恕スル」は，優遇すること。

問

(7) 　イ　 に当てはまる元号を記せ。

(8) 下線部(f)に関して，頼朝の軍勢が平氏を滅ぼして源平争乱を終結させた合戦の名称を記せ。

(9) 下線部(g)の「天皇」とは誰か。

(10) 下線部(h)に関して，高氏は，彼に出陣を命じた得宗に背いて，天皇の「御方」(味方)に参入した。この得宗とは誰か。

(11) 　ウ　 には，高氏とともに二頭政治を行ったことで知られる人物の名前が入る。この人物が滅亡した，幕府の内紛は何か。

(12) 下線部(i)に「高氏等」とあるのは，高氏らの先祖を意味する。彼らの先祖である義兼は，頼朝が挙兵直後に設置した侍所において，頼朝と主従関係を結んだ。義兼は幕府においてどのような立場にあったか。漢字3字で記せ。

(13) この史料の筆者は，当時の天皇のどのような行為を批判しているのか。簡潔に記せ。

C

巻一　国民の天皇

憲法停止。<u>天皇は全日本国民と共に国家改造の根基を定めんがために天皇大権の発動によりて三年間憲法を停止し両院を解散し全国に戒厳令を布く。</u>
　　　　(j)

天皇の原義。天皇は国民の総代表たり，国家の根柱たるの原理主義を明らかにす。

華族制廃止。華族制を廃止し，天皇と国民とを阻隔し来れる藩屏（きた）（注）を撤去して明治維新の精神を明らかにす。

普通選挙。<u>二十五才以上の男子は大日本国民たる権利において平等普通に衆議院議員の被選挙権および選挙権を有す。</u>（中略）女子は参政権を有せず。
　　　　(k)

巻三　土地処分三則

私有地限度。日本国民一家の所有し得べき私有地限度は時価拾万円とす。

私有地限度を超過せる土地の国納。私有地限度以上を超過せる土地はこれを国家に納付せしむ。

徴集地の民有制。国家は皇室下付の土地および私有地限度超過者より納付した

る土地を分割して<u>土地を有せざる農業者</u>に給付し，年賦金を以てその所有たら
(1)　　　　　　　　　　　　　　　　　　(注)
しむ。

巻五　労働者の権利

<u>労働省</u>の任務。内閣に労働省を設け国家生産および個人生産に雇傭さるる一切
(m)
労働者の権利を保護するを任務とす。

労働時間。労働時間は一律に八時間制とし日曜祭日を休業して賃銀を支払うべ
し。

<u>幼年労働の禁止</u>。満十六才以下の幼年労働を禁止す。
(n)
婦人労働。婦人の労働は男子と共に自由にして平等なり。但し改造後の大方針
として国家は終に婦人に労働を負荷せしめざる国是を決定して施設すべし。

　　(注)　「藩屏」は，垣根のこと。君主を守護する者を指す。

　　　　　「年賦」は，売買代金などを毎年一定額ずつ分割して支払うこと。

問

　(14)　下線部(j)に関して，この史料の筆者から思想的な影響をうけた陸軍の青年
　　　将校らが約1,400名の兵を率いて首相官邸などを襲撃し，内大臣の斎藤実や
　　　大蔵大臣の高橋是清らを殺害した事件を何というか。

　(15)　男性に被選挙権を与える年齢を除いて，下線部(k)とほぼ同内容の衆議院議
　　　員選挙法改正を成立させた内閣の首相は誰か。

　(16)　下線部(l)に関して，

　　　(あ)　「土地を有せざる農業者」で，土地を借りて，その使用料を収穫物などで
　　　　　おさめて農業を営む者を特に何というか。

　　　(い)　1947年に行われた農地改革では，(あ)のような者に土地を与えるため，
　　　　　どのようなことが行われたか説明せよ。

　(17)　下線部(m)と同名の官庁は1947年，最低賃金や労働時間などの労働条件を
　　　定めた法律の制定に伴って設置された。この法律を何というか。

　(18)　下線部(n)に関して，1911年に制定され，12才未満の工場労働を禁じ，ま
　　　た女性と15才未満の男性の工場労働を1日12時間までに制限するなどした
　　　法律を何というか。

4

次の史料（A～C）を読み，問(1)～(17)に答えよ。解答はすべて所定の解答欄に記入せよ。なお，史料の表記は便宜上，改めたところがある。

A

　　　 ア 　　国言わく，「造薬師寺別当道鏡死す」と。道鏡，俗姓は弓削連，河内の人なり。(中略)宝字五年，保良に幸してより，時に看病に侍して，やや寵幸せらる。廃帝，常に以て言を為して，天皇と相あたり得ず。天皇，乃ち平城の別宮に還りて居る。宝字八年，大師 イ ，謀反して誅に伏す。道鏡を以て太政大臣禅師と為す。居ることしばらくして，崇むるに ウ を以てし，載するに鸞輿を以てす。衣服・飲食，もはら供御になぞらう。政の巨細，決を取らざるはなし。(中略)時に大宰主神習宜阿曽麻呂，詐りて八幡神の教えと称し，道鏡を誑耀す。道鏡，之を信じ，神器を覦覬するの意有り。(中略)宮車の晏駕するにおよび，なお威福，己によるを以て，ひそかに僥倖をおもう。御葬礼おわり，山陵を守り奉る。先帝の寵するところを以て，法を致すに忍びず。よりて造 ア 国薬師寺別当と為して逓送す。死するに庶人を以て葬る。

(『続日本紀』宝亀3年4月丁巳条)

(注) 「鸞輿」は，天皇ののる輿のこと。

　　　「誑耀」は，惑わすこと。

　　　「覦覬」は，うかがいねらうこと。

問

(1) 　 ア 　に当てはまる国名を記せ。

(2) 下線部(a)の「弓削連」は，蘇我馬子に滅ぼされた大連であった人物と同族とされる。その滅ぼされた人物は誰か。

(3) 　イ　 には，ある人物の名が入る。その人物は誰か。

(4) 　ウ　 には，道鏡が得た地位の名称が入る。その地位を記せ。

(5) 下線部(b)の「神器を覬覦するの意」とはどのようなことを指すか，簡潔に説明せよ。

(6) 下線部(c)の「宮車の晏駕する」とは，天皇が死去したことを示す。この天皇の死去をうけて，次に即位した天皇は誰か。

(7) 下線部(d)の「法」に関して，この時期に施行されていた律令は何か。

B

　英国人莫利宋なるもの，交易を乞わんため，我が漂流の民七人を護送して，江戸近海に至ると聞けり。(中略)そもそも我国外交の厳なる，海外諸国の熟知する所にして，其の証は諸地誌，また鄂羅斯のクルーゼンシュテルンの記(奉使日本紀行)・ゴローウニンの記(遭厄日本紀事)に審らか也。然れば，漂人を媒酌として，交易を乞う事の行われざる，もとより了解して来る事なれば，レザノフの旧轍を踏まざる事必定なるべし。(中略)今我が四周渺然の海，天下万国拠る所の界にして，我に在りて世々不備の所多く，其の来るもまた一所に限る事能わず。一旦事ある時，全国の力を以てすといえども，鞭の短くして馬腹に及ばざるを恐るる也。

　　(注) 「旧轍」は，古人の行為のあとのこと。
　　　　 「渺然」は，ひろびろとして果てしないさまのこと。

問

(8) 下線部(e)「英国人莫利宋なるもの」は，この文章の著者が，船の名を人の名と誤解して記したものである。

　(あ) 来航した船は，正しくはどこの国の船であったか。

　(い) この船に対する江戸幕府の対応はどのようであったか。簡潔に記せ。

(9) 下線部(f)に関連して，江戸湾に出入りする船の検査を行うための奉行所が置かれ，ペリー来航の際には交渉の場となったのはどこか。その地名を記せ。

(10) 下線部(g)「鄂羅斯」は，ある国を示す表現である。その国名を記せ。

(11) 下線部(h)に関連して，漂流民の送還を理由に来航した外国の使節から，江戸幕府に初めて公式に引き渡された漂流民は誰か。

(12) 下線部(i)と同様の危機意識から，18世紀末に書物を出版し，海防の必要を説いた人物は誰か。

C

華翰敬読。勅諭改正案御送付拝承。簡短にして主義明瞭，尤も妙と存じ候。
末文に，一国の独立を維持するは陸海軍備に基因す，幸いに目下東洋無事，隣国の関係親密云々の旨趣を一語相加え，なお一案を煩わせたく，希望にたえず候。(中略)今に予算結了に到らざる趣，誠に困り入り候，余事後鴻に譲る。
草々頓首

　　九月二十三日早天

|エ|

　　　井上顧問官殿

　　　　　　　　　　　　　　　(1890年9月23日付井上毅あて書簡)

(注)　「華翰」は，貴方からの書簡。

　　　「余事後鴻に譲る」は，残りの事柄はまた後日お便りします，という意味。

問

(13) 下線部(j)の「勅諭」は，この史料の時期にはまだ作成中であった教育勅語を指すと推定される。こうした天皇の公的な意思を示す文書(詔勅)は，国民へ向けて折々発せられたが，それに関して，

(あ) 日露戦争後に出された戊申詔書をうけて，町村財政の立て直しなどをはかった地方改良運動が本格化した。この運動を推進した，地方行政や警察などを統轄した省はどこか。

(い) 1923年の「国民精神作興ニ関スル詔書」は，同年9月に起こった大規模な災害を契機に出された。その災害を何というか。

⑭ 下線部(k)の「陸海軍備」の兵力量決定権は，帝国憲法では天皇大権に属する
と定められた。同じく天皇大権の1つで，陸軍省・海軍省からも独立した，
軍隊を指揮する権限をとくに何というか。

⑮ 下線部(l)で示される情勢認識の背景には，1885年以来，日清両国の間で
結ばれていた条約がある。その条約の主要な内容を2つ記せ。

⑯ 下線部(m)のように，難産の末決定された政府の次年度予算案であったが，
第1回帝国議会ではこれをめぐって政府と民党とが対立した。この際，民党
が政府に訴えた要求は何であったか。簡潔に記せ。

⑰ ┌─ エ ─┐ には，この書簡の差出人である，当時の首相の名前が入る。そ
の氏名を記せ。

5

　次の史料（A～C）を読み，問(1)～(17)に答えよ。解答はすべて所定の解答欄に記入せよ。なお，史料の表記は便宜上，改めたところがある。

A

言上

　条々

一　朝務等の事

　　右，先規を守り，ことに　　ア　　を施さるべく候。但し，諸国の受領等，
　　　　　　　　　　　　　　　　　　　　　　　　　　　　　　(a)
　　もっとも計らい御沙汰あるべく候か。東国・北国両道の国々，謀反を追討す
　　　　　　　　　　　　　　　　　　(b)
　　るの間，土民なきが如し。今春より，浪人ら旧里に帰住し，安堵せしむべく
　　候。しからば，来秋のころ，国司を任ぜられ，吏務を行われてよろしかるべ
　　　　　　　　　　　　　　　　　　　　　　(c)
　　く候。

一　平家追討の事

　　右，畿内近国，源氏・平氏と号して弓箭に携わるの輩ならびに住人等，
　　　(d)
　　　　イ　　の下知に任せて，引率すべきの由，仰せ下さるべく候。海路たや
　　すからずといえども，ことに急ぎ追討すべきの由，　　イ　　に仰するとこ
　　ろ也。勲功賞においては，その後頼朝計らい申し上ぐべく候。
　　　　　　(e)
（中略）

　　寿永三年二月　　　　　　　　　　　　　　　源頼朝
　　　(注)

　　　　　　　　　　　　　　　　　　　　　　　　　　（『吾妻鏡』）

　　（注）　寿永三年は1184年である。

問

　(1)　　　ア　　には，優れた政治，過去の優れた時代に戻ることを意味する語
　　　句が入る。漢字2字で記せ。

　(2)　下線部(a)の「受領」には，この当時，一国の支配を委ねられた有力者の関係

者が任命されることがあった。特定の国の支配を有力者に委ねる制度を何と
呼ぶか。

⑶ 下線部⑹の「東国・北国両道」とは，令制で規定された七道のうち，源義仲
が基盤とした 2 つの道を指す。その名称を 2 つとも記せ。

⑷ 下線部⒞の「吏務」とは国司の任務を指す。具体的にはどのようなことか。
漢字 2 字で記せ。

⑸ 下線部⒟に記されたような者は，平安後期から鎌倉前期にかけて，多数存
在していた。これに当てはまる人物を次の①〜⑤のうちから 1 つ選び，番号
で答えよ。

① 源頼家 ② 平頼綱 ③ 源頼政 ④ 平忠常 ⑤ 源高明

⑹ イ に当てはまる武将は，後に頼朝と対立し，陸奥国で殺害され
る。その武将とは誰か。

⑺ 下線部⒠について，頼朝が朝廷に対し「計らい申し上」げるとした「勲功賞」
とは，具体的にどのようなものか。漢字 2 字で記せ。

B

農人は，一日も天の時，地の利をつつしみ，従ふ事なくんば有るべからず。
耕穫収芸，みな天の時にして，暦の用なり。暦は朝廷の政事にして，民の時を
授けたまふ。(巻二)
(f)

耕作農業の事，唐土の書に多く見えたり。近代本朝の学士，農業の和書をあ
らはし，印行して， ウ といへるあり。農人これを読み見るべし。(巻
二)

唐土の風俗には，農家・商家の子も学才次第に官位に昇り進み，あるひは宰
(g)
相に至りて，天下の政道を主どり，国家を治め，万民を安泰ならしめ，名を揚
げ父母を顕す忠孝，是より大なるはなし。此故に農民・商家の子も，学文して
官を得，身を立てんとす。しかれば本朝の学はこれに異なる也。本朝にも古よ
(h)
り学者多かりしかど，庶民より出て，国家の政道を主どりし例なし。(巻三)

（出典）　この史料は，西川如見(1648-1724)が著した『百姓 囊』という書物か
　　　　　ら3カ所を抜粋したものである。

問

⑻　下線部(f)にいう朝廷の暦が不正確になったとしてこれを改定し，その後，
　　幕府の天文方となった人物は誰か。

⑼　　｜　ウ　｜　には，日本で最初に出版された体系的農書の書名が入る。その
　　書名を記せ。

⑽　次の2つの図α・βは，　｜　ウ　｜　の書物の冒頭に付された「農事図」の一
　　部である。

　㋐　図αの作業で，男性が牛に引かせている農具を何というか。

　㋑　図βの作業で，女性たちが手に持って使っている農具は，やがて労働
　　生産性を大きく向上させたものに改良された。その改良後の農具を何とい
　　うか。

図α

図β

⑾　下線部(g)にいう，庶民でも「学才次第に官位に昇り進」むことを可能とした
　　「唐土」の人材登用制度を何というか。

⑿ 下線部(h)のような状況をふまえ，西川如見が最晩年に面会した将軍のもと
で，武士身分ではない庶民が国政や民政についての意見を建白できる制度が
設けられた。

(あ) この制度のために，評定所などに設置されたものを何というか。

(い) この制度を利用して，江戸の町医者の建白で設けられた施設を何という
か。

C

九月三日

上京。暑い日を焼あとを歩いて首相官邸へ行く。（中略）総理の宮の演説原
稿の文章を書くのかと思ったら太田君に会うとそうでない。参内前でいそが
しい時間を宮の部屋へ伺うと「この度内閣参与になってもらう。しっかり頼
みます」と上を向いて笑いながら云われ，こちらはお辞儀をして退室して来
た。

九月十八日

首相宮，連合軍記者団と初会見。
　　(j)

九月二十七日

十一時少し過ぎ殿下に会い，　エ　その他の法令の廃止，暴力行為の
厳重取締につき進言。この内閣の使命が積弊をブチコワスことにあり，国民
もそれを期待すると話す。

問

⒀ 下線部(i)に関して，

(あ) 次の①〜④には，「総理の宮」が首相在任中に起こった出来事として正し
いものが1つ含まれている。その番号を記せ。

① 労働組合法の制定　　　② 農地改革の実施

③ 持株会社整理委員会の発足　　④ プレス＝コードの公布

(い) この「総理の宮」の内閣で外務大臣を務めた人物は，後に五次にわたって
内閣を組織している。その人物の首相在任中に設置された，石炭・鉄鋼・
肥料などの産業への資金供給を目的とした政府金融機関は何か。

⑭　下線部(j)に関して，ワシントンに設置されることになる対日占領政策の最
　高決定機関は何か。

⑮　　エ　　には，日清戦争後に公布され，集会・結社や労働運動・農民運
　動などの取り締まりを目的とした法令が入る。その法令名を記せ。

⑯　　エ　　公布の翌年，この法令に基づき結成直後に解散を命じられた日
　本最初の社会主義政党は何か。

⑰　史料Cの著者は，1920年代に執筆した『鞍馬天狗』や『赤穂浪士』などの小
　説で著名になった作家である。その人物は誰か。

6

　　次の史料（A～C）を読み，下記の問(1)～(19)に答えよ。解答はすべて所定の解答
欄に記入せよ。なお，史料の表記は便宜上，改めたところがある。

A

　　二十日（中略）頭弁経通（中略）また云わく，　［　ア　］　国百姓，公門に立ちて
訴訟す。しかるに国司，騎馬兵をもって追捕す。百姓，左衛門陣に来りて呼言
を放てりと云々。
　　二十一日（中略）　［　ア　］　守頼任来りて云わく，公門に立つるの百姓を搦め
しむるに依り，入道殿・摂政殿の勘当殊に重し。是れ慮外の事なり。
（『小右記』寛仁 3 年（1019）6 月条）

　　（注）　「頭弁経通」は蔵人頭・左中弁藤原経通のこと，「勘当」はお叱りのこ
　　　　　と。

問

(1)　　［　ア　］　は山城国から山陰道に入った最初の国である。その国名を記
　　　せ。

(2)　　下線部(a)の「百姓，公門に立ちて訴訟す」は，諸国の百姓が受領の圧政を上
　　　訴するため上京し，公門に立つことである。強欲な受領の典型で，「受領は
　　　倒るる所に土をつかめ」と言い放ったとされるのは誰か。

(3)　　下線部(b)の「左衛門陣」は，内裏を守った左衛門府の陣である。このころ，
　　　内裏内で天皇が主に生活した建物の名称を記せ。

(4)　　下線部(c)の「入道殿」と下線部(d)の「摂政殿」は父と息子である。「入道殿」の
　　　日記の名称を記せ。

(5)　　下線部(d)の「摂政殿」が宇治に建てた寺院の名称を記せ。

(6)　　史料Aには，百姓が受領の圧政を上訴することに対する，入道殿や摂政殿
　　　の考えがうかがえる。次の①～④から，史料Aの説明として正しいものをす
　　　べて選んで記せ。

　①　入道殿や摂政殿は，受領が圧政を上訴する百姓を追捕することを認めて
　　いた。

　②　入道殿や摂政殿は，受領が圧政を上訴する百姓を追捕することを認めて
　　いなかった。

　③　入道殿や摂政殿は，百姓が公門に立って受領の圧政を上訴することを認
　　めていた。

　④　入道殿や摂政殿は，百姓が公門に立って受領の圧政を上訴することを認
　　めていなかった。

⑺　史料Aの出来事と同じ年に，九州北部が大規模な海賊に襲われた。この事
　件を何と呼ぶか。

B

　三日(中略)近日，四辺の土民蜂起す。土一揆と号し，御徳政と称し借物を破
　　　　　　　　　　　　　　　　　(e)
り，少分をもって質物を押し請く。(中略)坂本・三井寺のあたり，鳥羽・竹
田・伏見・嵯峨・仁和寺・賀茂のあたり，物騒常篇に絶ゆ。今日，法性寺のあ
　　　　　(f)　　　　　　　　　　　　(注)
たりにこのことあり，火災に及ぶ。侍所多勢をもって防戦す。なお承引せず。
　　　　　　　　　　　　　　　(g)
土民数万のあいだ，防ぎ得ずと云々。(中略)

　今土民ら代始めのこの沙汰を先例と称すと云々。言語道断のことなり。洛中
　(h)
において警固すべし。辺土においては所々の儀，侍所成敗しがたきか。土蔵の
　　　　　　　　　　　　　　　　　　　　　(i)
財宝をもって京都に渡すべきの由，管領近日成敗す。

　　　　　　　　　　　　　　　　　　　(『建内記』嘉吉元年(1441) 9 月条)

(注)　「常篇に絶ゆ」とは異常な状態のこと。

問

⑻　下線部(e)の「土一揆」のきっかけとなったのは，ある将軍の暗殺事件であ
　る。その事件の首謀者は誰か。

⑼　下線部(f)の「嵯峨」にある五山寺院の開基となった僧は誰か。

⑽　下線部(g)の「侍所」について，これを統括する所司をつとめる大名家の者
　が，1391 年に反乱を起こした。その事件名を答えよ。

⑾ 下線部(h)について，

(あ) ここで「先例」と言われたのは，ある人物が死んだことによる政権交代の際にも，同様のことがあったからである。その人物は誰か。

(い) (あ)の人物が将軍であったとき，関東で反乱を起こした人物は誰か。

⑿ 下線部(i)の「侍所成敗しがたきか」とは，「侍所が何をするのが難しい」という意味か。史料Bから読み取って答えよ。

C

　終戦七十年を迎えるにあたり，先の大戦への道のり，戦後の歩み，二十世紀という時代を，私たちは，心静かに振り返り，その歴史の教訓の中から，未来への知恵を学ばなければならないと考えます。

　百年以上前の世界には，西洋諸国を中心とした国々の広大な植民地が，広がっていました。圧倒的な技術優位を背景に，植民地支配の波は，十九世紀，アジアにも押し寄せました。その危機感が，日本にとって，近代化の原動力となったことは，間違いありません。アジアで最初に立憲政治を打ち立て，独立を守り抜きました。日露戦争は，植民地支配のもとにあった，多くのアジアやアフリカの人々を勇気づけました。

　世界を巻き込んだ第一次世界大戦を経て，民族自決の動きが広がり，それまでの植民地化にブレーキがかかりました。この戦争は，一千万人もの戦死者を出す，悲惨な戦争でありました。人々は「平和」を強く願い，　　イ　　を創設し，不戦条約を生み出しました。戦争自体を違法化する，新たな国際社会の潮流が生まれました。

　当初は，日本も足並みを揃えました。しかし，世界恐慌が発生し，欧米諸国が，植民地経済を巻き込んだ，経済のブロック化を進めると，日本経済は大きな打撃を受けました。その中で日本は，孤立感を深め，外交的，経済的な行き詰まりを，力の行使によって解決しようと試みました。国内の政治システムは，その歯止めたりえなかった。こうして，日本は，世界の大勢を見失っていきました。

　満州事変，そして　　イ　　からの脱退。日本は，次第に，国際社会が壮絶

な犠牲の上に築こうとした「新しい国際秩序」への「挑戦者」となっていった。進むべき針路を誤り，戦争への道を進んで行きました。

　そして七十年前。日本は，敗戦しました。
　　　　　　　　　　　　(1)

（中略）

　我が国は，先の大戦における行いについて，繰り返し，痛切な反省と心からのお詫びの気持ちを表明してきました。その思いを実際の行動で示すため，インドネシア，フィリピンはじめ東南アジアの国々，台湾，韓国，中国など，
　　　　　　　　　　　　　　　　(m)　　　　　　　　　　　　　(n)
隣人であるアジアの人々が歩んできた苦難の歴史を胸に刻み，戦後一貫して，その平和と繁栄のために力を尽くしてきました。

　こうした歴代内閣の立場は，今後も，揺るぎないものであります。
　　　　(O)

問

(13)　下線部(j)の「日露戦争」の後，アメリカの鉄道王が提案した南満州の鉄道の共同経営計画を何というか。

(14)　　イ　　に入る機構の名称を記せ。

(15)　下線部(k)に関して，当時蔵相として金解禁政策を主導していた政治家は誰か。

(16)　下線部(l)に関して，戦後に連合国が日本の指導者を戦争犯罪人として裁くために開いた裁判を何というか。

(17)　下線部(m)に関して，史料Cの談話を出した首相の祖父にあたり，1957年に戦後の日本の首相として初めて東南アジア諸国を歴訪するなど，自主外交を追求した政治家は誰か。

(18)　下線部(n)に関して，1972年に発表され，日中両国の国交正常化を実現させた文書は何か。

(19)　下線部(O)に関して，史料Cの談話が出された20年前に「戦後50周年の終戦記念日にあたって」という談話が発表されている。これは首相の姓を取って何と呼ばれているか。

7

　次の歴史資料（A〜C）について，下記の問(1)〜(19)に答えよ。解答はすべて所定の解答欄に記入せよ。なお，B・C の史料の表記は便宜上，改めたところがある。

A

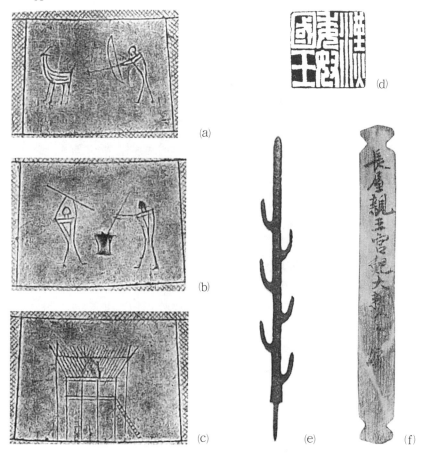

(a)

(b)

(c)

(d)

(e)

(f)

問

　(1)　図(a)〜(c)は，香川県で出土したと伝えられる銅鐸の表面に描かれた絵の一部である。

図(a)は，人物が鹿を狙う場面を描いた絵と考えられる。古代において鹿の骨を焼いて行ったうらないの名称を記せ。

(2) 図(b)は，木製の竪杵と臼を用いて，稲作に関わるある作業をする場面を描いた絵と考えられる。その作業名を漢字2字で記せ。

(3) 図(c)は，穀物などを貯蔵するための建物を描いたと考える説が有力である。このような構造をもつ建物の名称を記せ。

(4) 図(d)は，福岡県志賀島で発見された金印の印影である。この金印は，『後漢書』東夷伝に記録されている，後漢から倭のある国に与えられた「印」に比定する説が有力である。

(あ) この「印」を与えた皇帝名を記せ。

(い) この「印」が与えられた倭の国名を記せ。

(5) 図(e)は，奈良県石上神宮に伝えられた鉄剣である。この剣身に刻まれた朝鮮半島の国名を記せ。

(6) 図(f)は，ある人物に献上する鮑（あわび）につけられた荷札であると考えられる。この荷札がみつかった都城の名を記せ。

B

御当家大御所様御遷化有せ給ふによって，此の度御位につき給ひしによっ
　　　(g)　　　　(注)
て，此の度日光御参詣有なり。さて日光御参詣は三代将軍家光公より当代ま
　　　　　　　　　　　　　　　　　　　　　　　　　　　　　　(h)
で，御代替にて参代なかりしなり。是に依って，美々しく御出立有るによっ
　　　(注)
て，御供の面々格位を以て列を立給ふ也。先ず紀伊大納言様・尾張・水戸の御
　　　　　　　　　　　　　　　　　　　　　　　　　　　　　(i)
三家様，御老中にては　　ア　　を始めとし土井・堀田，其の外多くの大名・
旗本，それぞれに役割をもって御供し給ふなり。（中略）

此の度御老中　　ア　　の御計らいとして，大坂町人衆へ　　イ　　仰せ付
けさせ給ふ也。鴻池・加嶋久・三井には申すにおよばず，町々の御年寄家から
表店りっぱなる方々へ，金二千両・三千両と申付候所，早速請取て上納する家
もあれば，又見かけより出来ざる方も有りて，町々評議いたせり。（中略）

又或説に曰く，　　ア　　の御計らいとして，大坂近在河内・和泉の地に江
　　　　　　　　　　　　　　　　　　　　　　　　(j)
戸旗本の地面これ有を，御地替有て，大坂城の下に属せんと評議候なり。（中
略）　　ア　　御老中の頭なりしに，此の度雁ノ間へ御下り給ふによって，当
　　　　　　　　　　　　　　　　　　　　　　　(k)

<u>地面替の儀相成申さず候なり</u>。是によってみなみなあんどをいたしける。

(注) 「遷化」とは，死去すること。
「参代」とは，参詣のこと。

問

(7) 下線部(g)「大御所様」が幕府政治に影響力をもった時代，幕府の対外政策を批判したことで処罰された三河国田原藩家老の名を記せ。

(8) 下線部(h)「当代」に該当する人物名を記せ。

(9) 下線部(i)「水戸」の藩主は，後に安政の大獄で処罰されるが，その人物名を記せ。

(10) ｜ ア ｜ に該当する人物名を記せ。

(11) ｜ イ ｜ にあてはまる語句を記せ。

(12) 下線部(j)の実際の対象には，旗本領だけでなく，大名領も含まれるが，この法令名を記せ。

(13) 下線部(k)に関連して，｜ ア ｜ の人物が「雁ノ間へ御下り給ふ」とは，どういうことを指すか。簡潔に記せ。

C

朝鮮事件に付第六軍管々下予備軍召集いたしたき儀に付 伺（うかがい）

今般朝鮮国激徒，我公使館に対し容易ならさる挙動に及ひ候。付ては談判の為，<u>弁理公使花房義質差遣され候に付</u>，護衛の為小倉屯在歩兵一大隊出張命せ
(m)
られ候。就ては右談判之模様に由り，如何なる状況に立至るへく哉も計難きに付，準備の為 ｜ ウ ｜ 第五条中非常之事故云々之趣意に基き，<u>第六軍管々下</u>
予備軍召集 致度（いたしたし）。尤第十四師管々下之分は直に召集し，第十三師管々下之分
(n)
は状況に由り，追て召集日限相達候様 致度（いたしたし）。此段相 伺（うかがい）候也。

<u>明治十五年八月一日</u>
(o)
陸軍卿大山巌代理

<u>参事院議長山県有朋</u>
(p)
太政大臣三条実美殿

追て本文極めて至急を要する儀に付，速に御指令相成度候也。（あいなりたく）

問

(14) 下線部(l)で報告されている事件は何と呼ばれているか。その事件名を記せ。

(15) 下線部(m)の「弁理公使」に関連して，朝鮮国の首都に日本の公使が駐在するのを，はじめて認めた条約の名を記せ。

(16) ［　ウ　］には，1873年に公布された法令名が入る。その法令名を記せ。

(17) 下線部(n)の「第六軍管」に関連して，当時，第一軍管から第六軍管にはそれぞれ鎮台が置かれていた。しかし第七軍管には鎮台が置かれなかった。また，［　ウ　］も第七軍管の管轄地域の一部にしか適用されなかった。第七軍管の管轄地域はどの地方か。その地名を記せ。

(18) 以下にあげた自由民権運動関連事件の中には，下線部(o)の「明治十五年」におこった事件が一つ含まれている。その番号を記せ。

　1. 加波山事件　　　　　2. 秩父事件　　　　　3. 群馬事件

　4. 大阪事件　　　　　　5. 福島事件

(19) 下線部(p)の山県参事院議長は，史料の「伺」を太政大臣に提出したあと，さらに軍備拡張の建議を行い，翌月には岩倉具視右大臣も海軍拡張の建議を行った。その当時，政府は厳しい財政緊縮政策を実施していたが，両者の意見を入れて軍備拡張政策を採用した。この財政緊縮政策は何と呼ばれているか。その名称を記せ。

8

次の史料（A〜C）を読み，下記の問(1)〜⒇に答えよ。解答はすべて所定の解答欄に記入せよ。なお，史料の表記は便宜上，改めたところがある。

A

　御日記に云わく，（九月）二十三日庚申，この夜，殿に寝る後，侍臣ら走り叫
(a)(注)
ぶの声を聞く。驚き起きてその由緒を問うに，少納言兼家奏して云わく，火，
(b)
左兵衛陣門を焼き，消し救うべきにあらず。走り出でこれを見るに，火炎すで
に盛んなり。（中略）人代以後，内裏焼亡三度なり。難波宮，藤原宮，今

　| ア |　なり。遷都の後，既に百七十年を歴て，始めてこの災いあり。

　　（中略）

　二十九日丙寅，勧学院の倉一宇・政所板屋二宇焼亡す。已上。
(注)
　十月二日戊辰，（中略）右大将藤原朝臣奏して云わく，近日，人々，故

| イ |　の男の入京する事をいえり。右衛門督朝忠朝臣に勅し，　| ウ |

に仰せて捜し求めしむ。又，延光をして満仲・義忠・春実らに仰せしめ，同じ
(c)
く伺い求めしむ，といえり。

　　　　　　　　　　　　　　　　　　　　　　　　　（『扶桑略記』天徳 4（960）年）

　（注）　「御日記」の内容は，「已上」までである。

問

(1)　| ア |　にあてはまる語句を記せ。

(2)　下線部(a)の「御日記」は，親政を実施し，その治世が後世理想化された天皇
　が記した日記である。その天皇は誰か。

(3)　問(2)の天皇の時代に編纂された，2 番目の勅撰和歌集の名称を記せ。

(4)　下線部(b)の「少納言兼家」が摂政であった 988 年に，郡司や有力農民が受領
　の非法を書きあげ朝廷に提出した訴状の名称を記せ。

(5)　| イ |　には，下総国を根拠地とする桓武平氏の武将の名前が入る。そ

の名前を記せ。

(6)　　ウ　　にあてはまる令外官の名称を記せ。

(7)　下線部(c)の「満仲」は、清和源氏の武将である。清和源氏のように、代々武
　　芸を職業とし、五位程度の位階を有する武士の家柄を何というか、漢字4字
　　で記せ。

B

　　建久三年七月九日、蔵人頭大蔵卿宗頼朝臣、関白の使として来たりていわ
　(d)　　　　　　　　　　　　　　　　　　　　　　　　　(e)
　く、「前　　エ　　頼朝、前　　エ　　の号を改め、大将軍を仰せらるべきの
　由を申す。よって、例を大外記師直(中略)に問わるるのところ、勘申の旨、か
　　　　　　　　　　　(注)　　　　　　　　　　　　　　　　　　　　(注)
　くのごとし。いずれの号を賜るべきや」といえり。予、申していわく、「総官・
　　　　　　　　　　　　　　　　　　　　　　　(注)
　征東大将軍、近例不快。宗盛の総官、　　オ　　の征東。田村麻呂の例によ
　　　　　　　　　(f)　　　　　　　　　　　　　　(g)
　り、征夷大将軍、よろしかるべきか」といえり。(中略)

　　同十二日、大蔵卿宗頼、関白の命をうけたまわりて伝え送りていわく、「大
　将軍の号のこと、田村麻呂の例により、征夷を称すべし」。

　　(注)　「大外記」とは、儀式・官職等の先例を調べる役人。「勘申」は調べた内
　　　　　容を報告することで、ここでは「大将軍」とよばれるのにふさわしい官職
　　　　　を列挙し報告したことを意味する。「予」は「私」の意味で、この日記を書
　　　　　いた内大臣藤原忠親のこと。

問

(8)　下線部(d)の「建久三年」に関して、この年に死去した法皇が、俗謡などを集
　　成して編纂した歌謡集の名称を記せ。

(9)　下線部(e)の「関白」は、源頼朝の協力者として有名な人物である。誰か。

(10)　　エ　　には朝廷における武官の名称が入る。この官職名を記せ。

(11)　下線部(f)の「宗盛の総官」は、平清盛の後継者宗盛が、「総官」に任じられた
　　ことを意味する。これが「不快」とされた理由の1つは、頼朝追討のために任
　　じられたことにあるが、もう1つ大きな理由がある。それは何か、簡潔に記
　　せ。

(12)　　オ　　にあてはまる人物は、頼朝追討をめざして征東大将軍に就任し

た。彼は，北陸道からいち早く上洛し，平氏を京から追い落としている。この人物は誰か。

(13) 下線部(g)に関して，「田村麻呂」が征夷大将軍として下向したのと同じ地方に，頼朝も大規模な遠征を行った。この遠征は誰を討伐するために行われたものか。

C

　平和条約の締結は，連戦連捷(れんしょう)の結果，絶対的勝者の利権を収めん事を予期せる人民の意に適せず，都鄙(とひ)の各新聞は，筆鋒(ひっぽう)を揃へて，当局者及老生等を誹議(ぎ)し，人心を憤起せしめ，其余波，下等人民を誘惑激昂せしめ，不慮の騒擾(そうじょう)を惹起し，遂に都下には　|　カ　|　を施行するに到り，内外に対し，いかにも残念に存候。(中略)

　老生満州より帰京の後，満韓経営概論，並に東洋政策相認(したた)め，内閣へ差出し置候付，清覧に供候。其他

　一，戦後陸軍経営に関する意見

　一，満州の守備軍

　一，印度防御に関する　|　キ　|　同盟軍戦略

は，老生将来に関する鄙見(けん)に候。老閣の参考に供候。貴意に適し候へば，幸甚。

問

(14) 下線部(h)に「平和条約の締結」が「人民の意に適せず」とあるのは，条約中に「人民」の求める項目がなかったからであった。その項目は何か。

(15) この史料は，参謀総長である下線部(i)の「老生」が，下線部(m)の「老閣」に送った書簡の一部である。「老閣」は満州軍総司令官大山巌であるが，「老生」は誰か。その氏名を記せ。

(16) 下線部(j)の「不慮の騒擾」はある事件をさしている。その名称を記せ。

(17) 　|　カ　|　に入る法令名を記せ。

(18) 下線部(k)の「満韓経営概論」において，「老生」は，「更に一歩を進め，韓国に対する我が保護権を確立し，同国の対外関係を挙げて之を我が掌中に収むるの手段を取らざる可からざるなり」と主張している。この目的を実現する

ために結ばれた条約の名称を記せ。

⒆　下線部(1)の「戦後陸軍経営」に関連して，「老生」がこの書簡を書いてから数年後に，軍備拡張をめぐって内閣と陸軍が対立し，内閣が総辞職するという事件が起こった。その原因となった軍備問題の名称を記せ。

⒇　　キ　　に入る語句を記せ。

9

　次の史料（A～C）を読み，下記の問⑴～⑲に答えよ。解答はすべて所定の解答欄に記入せよ。なお，史料の表記は便宜上，改めたところがある。

A

　　応安元年(1368)八月二十八日，丙申。晴れ。日吉の　[　ア　]　入洛のこと，
　　(a)
今日たるべきの由，兼日治定すと云々。しかれども宿老なおあい宥（なだ）むるの旨あるにより，延引の由，今朝その聞こえあり。(中略)

　　二十九日，丁酉。晴れ。　[　ア　]　は今日入洛すること必定の由，風聞す。未刻ばかり，武士ら河原に発向し陣を取る。その勢，雲霞（うんか）の如しと云々。(中
　　　　　　　(b)
略)山徒ら帰山す。武士また引き返すと云々。今度の訴訟は続正法論のことに
　　(c)
より，南禅寺の破却，春屋妙葩和尚・定山祖禅の流罪のこと，三ヵ条と云々。
　　　(d)　　　　　　(e)
この間，公家は宿老の山徒らとご問答し，都鄙往反しあい宥むるの間，定山の流罪の一ヵ条，裁許の跡あらば，落居あるべきかの由，沙汰あり。武家に仰せ
　　　　　　　(注)　　　　　　　　　　　　　　　　　　　　　　(f)
らるるのところ，此条なお御沙汰に及ぶべからざるの由，申し切る。

　　　(注)　「続正法論」は，定山祖禅が著したとされる，諸宗を批判した書物。
　　　　　　「裁許の跡あらば，落居あるべきか」は，裁定があったならば，落着するだろうとの意。

問

⑴　下線部(a)に関して，1352 年に発布された法令がこの年に改訂され，適用範囲が拡大された。それにより武士の荘園侵略を一層促すことになった。この法令の名称を記せ。

⑵　[　ア　]　にあてはまる語句を記せ。

⑶　下線部(b)に関して，他の記録によると，武士らは「法成寺」などに陣を置いたとされる。当時，法成寺は寺院としての実態をほぼ失っていたが，この寺院を創建した人の名を記せ。

(4) 下線部(c)に関して，彼らが所属する寺院の名称を記せ。

(5) 下線部(d)の「南禅寺」について，新たに建立された相国寺を五山に加えるため，1386年，南禅寺の地位が変更された。その時，南禅寺が新たに置かれた地位を記せ。

(6) 下線部(e)の「春屋妙葩和尚」は，1379年に禅宗寺院を統轄する役職に補任された。その役職の名称を記せ。

(7) 下線部(f)に関して，この時に管領として幕政上の実権を握り，足利義満を補佐した人の名を記せ。

B

　延喜帝は，万機のまつりごとを菅公に任せ給ひ，（中略）高殿にて呑みかけておわせしところ，洛中何となく，馬術稽古の間違いにて騒がしかりければ，かくなん詠じ給ひける。

　高き屋に登りてみれば，騒ぎ立つ，民の気取り〔理解〕は間違いにけり
(g)
（中略）主上，高殿より降りさせ給ひ，菅公を召して御相談ある。

[帝]　　武芸もさる事ながら，高殿より望み見るに，大きな点違い〔誤解〕だ。かの「勇を好んで学を好まざれば，その費や乱なり」といふ所だ。そろそろ案じを付けて〔思案工夫して〕よからふ。

[菅公]　綸言〔天皇の言葉〕の趣，御もつともに存じます。私も最初より学問と存じ（中略），此節，一人探し出しましたから，早く申し渡しませ。有り合せの儒者も多くございますが（中略），　イ　の道を得ましたものはございませぬ。
(h)

[帝]　　イ　とは何の事だ。やしよくのさい〔夜食の菜，軽食〕の事か。

　　（注）　もとの文章の平仮名については，40ケ所以上を漢字に置き換えてあり，〔　〕内には用語の説明等を補っている。

　　　　　「馬術稽古の間違いにて騒がしかりけれ」は，武芸として奨励された「馬術稽古」を，人に「馬乗り」になることと誤解して，市中で騒動を起こしたことをさしている。

　　　　　「勇を好んで学を好まざれば，その費や乱なり」は，『論語』に典拠がある。

問

(8)　この史料は，『鸚鵡^{おう む}返 ^{がへしぶんぶのふたみち}文武二道』という黄表紙の一部である。黄表紙では，物語の世界に仮託して，現実の世相を戯画化し，風刺することを意図したものが多い。登場人物の「菅公」に仮託され，この物語の主たる風刺対象となっている人物は誰か。

(9)　下線部(g)の歌の本歌は，仁徳天皇の作として伝えられた次の歌であるが，この当時でも，統治者の「仁政」思想を象徴する歌としてよく知られていた。　　α　　に入る語を記せ。

　　　　高き屋に登りて見れば，　　α　　たつ，民の竈^{かまど}は賑^{にぎ}はひにけり

(10)　下線部(h)の「一人」は，物語の中では，帝と菅公の意をうけて「学校において講釈」を命じられるが，これに仮託されている「学校」では，この黄表紙の出版後まもなく講釈や学問内容の統制が強化されていった。その統制の内容を具体的に述べよ。

(11)　　イ　　に入る語は，物語の別の箇所では「天下国家を治める心得」などとも言われる。この語を平仮名4文字で記せ。

(12)　この物語では，引用部分の後，「学問の道，日々さかんになり」，「菅公」の著作が大量に出版・販売されることになる。当時の和本を製作する以下の工程において，　　β　　に入る作業を簡潔に記せ。

　　　　作者が著述する ── 本文を清書し，挿絵を画く ──　　β　　
　　　　── 和紙に刷る ── 表紙を付けて綴^とじる

(13)　この作品などから考えられる黄表紙についての説明として，次の①～⑥のうち誤っているものの番号をすべてあげよ。

　　①　もとの文章は平仮名が多いので，庶民にも読みやすく，読者層が広がった。

　　②　もとの文章は平仮名が多いが，用語や文意を理解するのに高度な教養を必要としたので，読者はほぼ武士層に限られていた。

　　③　物語に仮託した世相風刺は，迂遠^{うえん}で，当時はあまり理解されなかった。

　　④　物語に仮託した世相風刺でさえ，厳しい統制や弾圧を招いた。

　　⑤　「馬術稽古」のごときナンセンスなパロディ描写には，古典文学における叙情性の伝統がみられる。

⑥　「馬術稽古」のごときナンセンスなパロディ精神は，近代小説における文学性とはかなり異なる。

⑭　このような黄表紙と同時代に，もっぱら歌で世相風刺を試みて好評を博した，幕府家臣の名前を記せ。

C

　　ときは明治八年なり。内務卿　　ウ　　，当時交通運輸の機関創始されたる
　　　　　　(i)
も，ひとり海員に至りては，有為の材に乏しく，ことに国家有事の日，わが航
海権を委棄するの患ありとなし，駅逓頭前島密をして，その養成法を企画せし
　　　　(注)　　　　　　　　　　　　　(j)
むると同時に，補助金年額一万五千円を三菱社長岩崎弥太郎に給し，当時隅田
　　　　　　　　　　(k)
河口に繋留せる社船を養成所と定め，ここに三菱商船学校を起こさしめた
けいりゅう
り。すなはち今日の商船学校の前身なりとす。（中略）

　　後，明治十五年官立となし，管轄を　　エ　　に移すと同時に東京商船学校
と改称し，（中略）航海および機関両科の卒業生は，海軍士官の予備員に充てら
れ，なほ練習船も増加したり。

　　（注）　「委棄」は，棄ててかえりみないことを意味する。

問

⑮　下線部(i)に関して，この年の1月に行われた大阪会議によって，それまで
　　下野していた元参議が政府に復帰した。同会議はそれ以外にも，重要な結果
　　をもたらしたことが知られている。参議復帰以外のその主要な結果を2点あ
　　げよ。

⑯　　ウ　　にあてはまる人名を記せ。

⑰　下線部(j)の「前島密」が明治初期に建議し，創設に尽力した制度は何か。

⑱　下線部(k)に関して，政府の手厚い保護をうけ航路拡充をはかった三菱に対
　　抗すべく，渋沢栄一らの画策によりある海運会社が設立された。後に三菱と
　　合併するこの会社の名称を記せ。

⑲　　エ　　には，この前年に設置されたばかりの省の名が入る。その名称
　　を記せ。

10

　次の史料（A～C）を読み，下記の問(1)～(20)に答えよ。解答はすべて所定の解答欄に記入せよ。なお，史料の表記は便宜上，改めたところがある。

A

　　(貞観 5 年(863) 5 月 20 日)神泉苑において御霊会を修す。(中略)律師慧達を
延きて講師となし，金光明経一部・般若心経六巻を演説せしむ。雅楽寮の伶人
に命じて楽を作さしめ，帝の近侍の児童および良家の稚子をもって舞人とな
す。(中略)いわゆる御霊は，崇道天皇(早良親王)・伊予親王・藤原夫人(吉子)
および観察使(藤原仲成)・橘逸勢・文室宮田麻呂らこれなり。ならびに事に坐
して誅せらる。(中略)近代以来，疫病繁く発し，死亡はなはだ衆し。天下おも
えらく，この災，御霊の生ずるところなりと。

　　(注)　( )内の人名は説明のために加えたものである。

問

　(1)　下線部(a)の「御霊会」の読みをひらがなで記せ。

　(2)　下線部(b)の「慧達」は，薬師寺の僧である。同じ薬師寺の僧景戒が著した仏
　　教説話集は何か。

　(3)　下線部(c)の「早良親王」は，藤原種継暗殺事件への関与を疑われ，淡路に流
　　される途上で死去した。この政変の舞台となった都城の名を記せ。

　(4)　下線部(d)の「観察使」は，地方政治を立て直すために平城天皇が設置した令
　　外官である。同じような目的をもって，その父にあたる天皇が設置した令外
　　官は何か。

　(5)　下線部(e)の「文室宮田麻呂」は，張宝高という国際商人と取り引きを行った
　　ことがある。その当時，張宝高が仕えていた，朝鮮半島の大部分を支配する
　　王朝(国家)の名を記せ。

　(6)　この史料に記された行事は，朝廷の主催で行われた。このとき，太政大臣
　　として朝廷の実権を握っていた人物は誰か。

(7)　この史料に記された行事ののち，新たに御霊として恐れられ，北野社にまつられた人物は誰か。

B

　　伊豆国在庁北条遠江前司時政の子孫の東夷ら，　［　ア　］以来，四海を掌に
（f）　　　　　　　　　　　　　（g）
とり，朝家を蔑如し奉るのところ，頃年の間，ことに高時相模入道の一族，た
　　　　べつじょ　　　　　　　　　　　　　　　　　　　　　　　　　（h）
だに武略芸業をもって朝威を軽んずるのみにあらず，あまつさえ当今皇帝を隠
　　　　　　　　　　　　　　　　　　　　　　　　　　　　　　　（i）
州に左遷し奉り，宸襟を悩ます。(中略)早く一門の輩を相催し，軍勢を率い，
　　　　しんきん　　　　　　　　　（注）
時日をめぐらさず，戦場に馳せ参ぜしむべきの由，大塔二品親王の令旨による
　　　　　　　　　　　　　　　　　　　　　　　（j）
の状くだんのごとし。

　　　　元弘三年二月廿一日　左少将定恒　うけたまわる

　　大山寺衆徒中
（k）
　　(注)　「宸襟」は天皇の心を意味する。

問

(8)　下線部(f)の「伊豆国」で知行国主をつとめた武将は，1180年にある皇族が
　　ひきおこした反乱に加わって滅亡した。この知行国主とは誰か。

(9)　下線部(g)の「時政」は，1185年に上洛し，公武交渉や御家人の統制などを
　　担当する役職についた。その役職の名称を記せ。

(10)　［　ア　］に入る元号を記せ。

(11)　下線部(h)の「高時相模入道」は，内管領長崎円喜・高資父子らに政治を委ね
　　た。内管領を代表とする，得宗家に仕える政治勢力は何か。

(12)　下線部(i)の「当今皇帝」は，自ら政治を行うために，父の院政を停止した。
　　その父とは誰か。

(13)　下線部(j)の「大塔二品親王」は，当初僧となり，寺院勢力を組織するため
　　に，延暦寺を統括する最高の僧職についた。この職の名称を漢字4文字で記
　　せ。

(14)　下線部(k)の「大山寺衆徒」は，播磨国を拠点とし，のちに同国の守護となる
　　武将の下で戦うことになる。この武将とは誰か。

C

　　総理大臣と大統領は，特に，朝鮮半島に依然として緊張状態が存在すること
(1)
に注目した。総理大臣は，朝鮮半島の平和維持のための国際連合の努力を高く
(m)
評価し，韓国の安全は日本自身の安全にとって緊要であると述べた。総理大臣
と大統領は，中共がその対外関係においてより協調的かつ建設的な態度をとる
よう期待する点において双方一致していることを認めた。大統領は，米国の

　　　　　イ　　　　に対する条約上の義務に言及し，米国はこれを遵守するものである

と述べた。総理大臣は，台湾地域における平和と安全の維持も日本の安全に
とってきわめて重要な要素であると述べた。大統領は，　　　ウ　　　問題の平和
的かつ正当な解決のための米国の誠意ある努力を説明した。総理大臣と大統領
は，　　　ウ　　　戦争が沖縄の施政権が日本に返還されるまでに終結しているこ
(n)
とを強く希望する旨を明らかにした。(中略)

　　両者は，日本を含む極東の安全をそこなうことなく沖縄の日本への早期復帰
を達成するための具体的な取決めに関し，両国政府が直ちに協議に入ることに
合意した。(中略)また，総理大臣と大統領は，米国が，沖縄において両国共通
の安全保障上必要な軍事上の施設および区域を日米安保条約に基づいて保持す
(o)
ることにつき意見が一致した。

問

⒂　下線部(1)の「総理大臣」の氏名を記せ。

⒃　下線部(m)に関連して，この総理大臣の在任中に，韓国を「朝鮮にある唯一
　　の合法的な政府」と認める条約が締結された。その条約の名称を記せ。

⒄　　　イ　　　に入る国名を記せ。

⒅　　　ウ　　　に入る語句を記せ。

⒆　下線部(n)の「沖縄の施政権」を，米国が保有することを定めた条約の名称を
　　記せ。

⒇　下線部(o)の「米国が沖縄において保持する軍事上の施設」のうち，宜野湾市
　　にある海兵隊基地の名称を記せ。

11

　　次の史料(A〜C)を読み，下記の問(1)〜(17)に答えよ。解答はすべて所定の解答欄に記入せよ。なお，史料の表記は便宜上，改めたところがある。

A

　　山城国問民苦使正五位下守左中弁平朝臣季長の奏状に偁く，相楽郡司の解を
得るに偁く，諸郷百姓の愁状に偁く，東大寺・元興寺・大安寺・興福寺等の材
木を採る山，泉河辺に在り。或いは五六百町，或いは一千余町。東は伊賀に連
なり，南は｜　ア　｜に接す。今，大川原・有市・鹿鷺等の郷の百姓の
｜　イ　｜并びに治田・家地，多くこの山中に在り。これに因り，人民の居，
各水草を逐い，河に瀬い山を披き，群居し雑処す。子々孫々，相承けて居住
し，その年紀を推すに，百余歳に及べり。前の件の諸寺，従来，地子を勘ずる
こと無し。しかるに元興寺，仁和より初めてその地子を勘ず。興福寺またこの
例に習い，勘責することもっとも切なり。望み請うらくは，使，裁きて早く免
除せられんことを，と。(後略)

　　(注)　「治田」は墾田のこと。「地子を勘ず」は借地料を取ること。「仁和」は
　　　　885年から889年までの年号。「使」は山城国問民苦使のこと。

問

(1)　｜　ア　｜にあてはまる国名を記せ。

(2)　｜　イ　｜にあてはまる語句を記せ。

(3)　下線部(a)の「平朝臣季長」について，宇多天皇は「季長朝臣は深く公事に熟
　　しく，(中略)大器なり。昇進を憚ることなかれ。新君慎め」と，「新君」に訓
　　戒した。この「新君」とは誰か。

(4)　下線部(b)の「郡司」が郡を支配するための拠点となった役所の名称を記せ。

(5)　下線部(c)の「東大寺」には，仏教の戒律を授ける施設が置かれた。その名称
　　を記せ。

(6)　下線部(d)の「興福寺」を氏寺とする氏が，子弟の教育の場とした大学別曹の
　　名称を記せ。

B

　　権威ある将軍の専制政治の命令により，全国の大官はすべて其家族のため常住の殿邸をこゝに置き，又暫くは多衆の従臣とともにこゝに住居すべき規定(e)なれば，| ウ | は将軍の治所として非常なる広地と住民とを擁し，市民的住人は，宮中を除き，将軍と大名との軍人を除きて，百三十一万人と注せらる。されば総人口は少なくとも，百五十万人なるべし。(略)(注)

　　町司中の年長者たちは町年寄と称へ，特別の役所ありて，かゝるもの寄り集まりて，二人の知事即ち | エ | の下に隷属す。市の理財的の事務はすべて御代官及び御勘定奉行に於いて司配す。両 | エ | ・御代官・勘定奉行の他(f)に宗教事件の管理者として五人の | オ | を長官としたる特別の裁判所あり。

　　(注)　「宮」とは将軍の居城のこと。

問

　(7)　この文章は，ドイツ語で書かれた『日本』という書物の一部を，1928 年に翻訳したものである。

　　(あ)　ドイツ語の原文を書いた人物は誰か。

　　(い)　この人物は，日本を出国するに際して，ある理由から国外追放処分となった。その理由は何か。

　(8)　下線部(e)の「常住の殿邸」はある制度の必要上設けられた。この制度を何というか。

　(9)　| ウ | にあてはまる語句を記せ。

　(10)　| エ | にあてはまる語句を記せ。

　(11)　下線部(f)の「御勘定奉行」の担当する主な職務を 1 つ記せ。

　(12)　| オ | にあてはまる語句を記せ。

C

　　二日　朝鮮京城において学生等始め二三千人朝鮮 | カ | 運動のため集合せしにより解散を命じ主謀者を逮捕したる由，ただし危険の行動はなかりしも朝鮮各地にもこの種の運動あり，警戒のため軍隊をも出したる由電報ありた

り。東京においてもこの企ありて日比谷に集合せんとし解散を命じたる事あり。又主謀者を逮捕目下裁判所に送りたる者もこれありたり。要するに　キ　などの空説に促されたる事実もあらんが，それ以外にも多少原因あらんかと思はる。

　十一日　（中略）閣議において余より朝鮮騒動につき　ク　に訓令すべき趣旨を相談し，直に「今回の事件は内外に対し極めて軽微なる問題となすを必要とす。しかれども実際において厳重なる処置を取りて再び発生せざる事を期せよ。ただし外国人は最も本件につき注目し居れば残酷苛察の批評を招かざる事十分の注意ありたし」と訓電を発し，なお新聞紙等の取締をなすべき旨，床次内相に注意せり。

問

⒀　これは，この当時総理大臣であった人物の日記の記載である。

　　⒜　この人物は誰か。

　　⒤　この人物が所属する政党の名称を記せ。

⒁　　カ　にあてはまる語句を記せ。

⒂　　キ　にあてはまる，この時期に新しく国際社会において提唱されるようになった原則の名称を記せ。

⒃　　ク　にあてはまる，朝鮮統治の最高責任者の官職名を漢字2字で記せ。

⒄　この当時，日本の知識人の中にも，日本政府の朝鮮統治方針を批判した人々はいた。それらの人々のうち，

　　⒰　「憲政の本義を説いて其有終の美を済すの途を論ず」などの論説を発表し，この時期の政治思潮を代表した政治学者は誰か。

　　⒱　「民芸」の価値に注目し，朝鮮の伝統的工芸品にも関心を寄せて朝鮮民族美術館を設立した人物は誰か。

12

次の史料(A〜C)を読み，下記の問(1)〜(19)に答えよ。解答はすべて所定の解答
欄に記入せよ。なお，史料の表記は便宜上，改めたところがある。

A

八月癸未(29日)，大宰少弐従五位下藤原朝臣 ┃ ア ┃，表を上りて時政
(a)
の得失を指し，天地の災異を陳ぶ。因て僧正 ┃ イ ┃ 法師，右衛士督従五位
(b)
上下道朝臣真備を除くを以て言となす。
(注)
九月丁亥(3日)， ┃ ア ┃ 遂に兵を起して反す。勅して，従四位上大野朝
(c)
臣東人を以て大将軍となし，従五位上紀朝臣飯麻呂を副将軍となす。軍監・軍
曹各四人。東海・東山・山陰・山陽・南海の五道の軍一万七千人を徴発して東
(d)
人らに委ね，節を持して討たしむ。
(注)
　(注)　下道真備は吉備真備のこと。「節を持す」は天皇の大権を委任されるこ
と。

問

(1)　下線部(a)に関して，白村江の戦いののち，大宰府近くに築かれた朝鮮式山
城の名称を1つ記せ。

(2)　┃ ア ┃ に当てはまる人物の名を記せ。

(3)　┃ イ ┃ に当てはまる人物の名を記せ。

(4)　下線部(b)に関して，右衛士府を含めた，令で定められている宮城や京内を
警備する武官の総称を記せ。

(5)　下線部(c)の「勅」を発した天皇の遺品など，当時の最高水準を示す多数の工
芸作品が収められた施設の名称を記せ。

(6)　下線部(d)の「東海・東山・山陰・山陽・南海の五道」には，本州と四国を構
成する地域のうち，京・畿内と一道が欠けている。その一道はどこか。

B

一 諸国守護人の事　建武五・後七・廿九御沙汰，奉行　諏訪大進房円忠
(e)　　(注)

　　右，守護を補せらるるの本意は，治国安民のためなり。人のために徳ある
(f)
　者これを任じ，国のために益なき者これを改むべきの処，あるいは勲功の賞
　に募り，あるいは譜第の職と称して，寺社本所領を押妨し，所々の
　　　ウ　　職を管領し，軍士に預け置き，家人に充て行うの条，はなはだ然
　るべからず。固く　　エ　　を守り，大犯三ヶ条のほか，相綺うべからず。
(g)　　　　　　　　　(注)
　　ここに近年，引付等の奉書を叙用せず，請文に及ばずして，いたずらに旬
(h)　　　　　　　(注)
　月に渉り，多く催促をかさぬ。愁鬱の輩勝げて計うべからず。政道の違乱，
　もととしてここによる。よって違背の科条につきて，すべからく改定の沙汰
　あるべし。

　　　(注)　「後」はこの場合，閏を意味する。「相綺う」は関与すること。「叙用」は
　　　　　　この場合，命令に従うこと。

問

(7)　下線部(e)の建武5年（1338年）に，足利尊氏は北朝からある職に任じられ
　　た。それは何か。

(8)　下線部(f)の「守護」が荘園領主や知行国主の代官として，荘園・公領の年貢
　　の徴収をひきうけることを何というか。

(9)　　ウ　　にあてはまる，荘園・公領の管理者の名称を記せ。

(10)　　エ　　にあてはまる法典の名を記せ。

(11)　下線部(g)に関して，この時代の守護は従来の「大犯三ヶ条」のほかに，新た
　　な権限を与えられた。その権限を2つあげよ。

(12)　下線部(h)の「引付」は，室町幕府のなかで何をつかさどる機関であったか。
　　簡潔に記せ。

C

定款(昭和十七年二月廿七日制定　昭和十八年三月五日改正)

第一条　本会ハ　│　オ　│ト称ス。

第二条　本会ハ皇族妃殿下ヲ総裁ニ奉戴ス。

第三条　本会ハ高度国防国家体制ニ即応スル為，皇国伝統ノ婦道ニ則リ，修身

　　　　斉家奉公ノ実ヲ挙クルヲ以テ目的トス。

第四条　本会ハ前条ノ目的ヲ達スル為，左ノ事業ヲ行フ。

　　　一，<u>国体観念ノ涵養</u>，婦徳修練ニ関スル事項。
　　　　　(i)

　　　二，国防思想ノ普及徹底ニ関スル事項。

　　　三，家庭生活ノ整備刷新並非常準備確立ニ関スル事項。

　　　四，次代国民ノ育成，家庭教育ノ振興ニ関スル事項。

　　　五，軍人援護ニ関スル事項。

　　　六，<u>国防上必要ナル訓練</u>ニ関スル事項。
　　　　　(j)

　　　七，職分奉公，隣保協同ニ関スル事項。

　　　八，<u>貯蓄奨励</u>ニ関スル事項。
　　　　　(k)

　　　九，其ノ他必要ナル事項。

第五条　本会ハ<u>満二十歳未満ノ未婚者ヲ除ク日本婦人</u>ヲ以テ会員トス。
　　　　　　　(l)

第六条　本会ハ皇族及王公族ヲ名誉会員ニ推戴ス。

第七条　本会ノ中央本部ヲ東京都ニ置ク。

　　　　都道府県，郡，市区町村其ノ他適当ナル地域ニ本会ノ支部ヲ置キ，<u>町</u>

<u>内会及部落会</u>ノ区域ニ班ヲ置ク。但シ郡ニハ支部ヲ置カサルコトヲ得，
　(m)

特ニ必要アルトキハ前項ノ地域ニ拘ラス，職域ニ支部ヲ設クルコトヲ

得。

　　　　朝鮮，　│　カ　│，樺太，南洋群島ニ在リテハ各本部ヲ置キ，前項ニ

準シ必要ナル下部組織ヲ設ク。

　　　　前三項ノ各本部及支部以下ノ構成ニ関シテハ別ニ之ヲ定ム。

　　　　(後略)

問

(13)　│　オ　│にあてはまる語句を記せ。

⒁ 下線部(i)の「国体観念ノ涵養」のために，1937年に文部省が刊行した国民教化の書物の名称を記せ。

⒂ 下線部(j)の「国防上必要ナル訓練」のひとつで，空からの攻撃に対するものは何と呼ばれたか。その名称を記せ。

⒃ 下線部(k)に関連して，当時の政府が「貯蓄奨励」を推進したのは，ある経済現象を防止するためであった。その経済現象とは何か。

⒄ 下線部(l)に関連して，この「定款」が改正された翌年，国家総動員法に基づき女性の勤労協力を義務づける法令が制定された。それにより，12歳以上40歳未満の独身女性の勤労動員が可能となった。この法令に定める女性の勤労動員組織の名称を記せ。

⒅ 下線部(m)の「町内会及部落会」の下部組織は何と呼ばれるか。その名称を記せ。

⒆ 　カ　 にあてはまる語句を記せ。

13

　次の史料（A〜C）を読み，下記の問(1)〜(18)に答えよ。解答はすべて所定の解答欄に記入せよ。なお，史料の表記は便宜上，改めたところがある。

A 　　ア　　人，対馬・壱岐に襲来し，すでに合戦を致すのよし，覚恵注申するところなり。早く来る二十日以前，安芸に下向し，かの凶徒寄せ来たらば，国中の地頭・御家人ならびに本所領家 　　イ　　 の住人らを相催し，禦ぎ戦わしむべし。さらに緩怠あるべからざるの状，仰せによって執達くだんのごとし。

　　　　　文永十一年十一月一日 　　　　　　　　　　　　　　武蔵守⁽ᵇ⁾
　　　　　　　　　　　　　　　　　　　　　　　　　　　　　　相模守⁽ᶜ⁾

　　　　　　武田五郎次郎殿⁽ᵈ⁾

問

(1) 　　ア　　 に当てはまる語句を漢字二字で記入せよ。

(2) 　下線部(a)の「覚恵」は，鎌倉幕府の九州支配を担当した有力武将の法名である。彼の一族は九州を統治する機関の官職を世襲したため，その官職名を苗字とした。この機関とは何か。

(3) 　　イ　　 に当てはまる語句を漢字三字で記入せよ。

(4) 　下線部(b)の「武蔵守」は連署の役職にある人物である。では，下線部(c)の「相模守」とは誰か。その幕府内での役職とともに記せ。

(5) 　下線部(d)の「武田五郎次郎」は，この史料から，どこの国の，どの様な役職にある人物とわかるか。

(6) 　鎌倉幕府は，この時の交戦国に対し，ある寺院の建設費用を調達するための貿易船を派遣した。この貿易船を何と呼ぶか。

B

一　阿蘭陀船は肥前平戸へ着岸商売仕り候処，寛永十八年辛巳阿蘭陀船も向後
長崎 <u>ウ</u> へ着岸仕り，持渡り候 エ も割符仕るべき旨，<u>大猷院</u>
<u>様御代</u>長崎奉行馬場三郎左衛門・柘植平右衛門申渡し候。
(e)　　(f)　　　　　　　　　　　　　　　　　　　　　　(g)

　　　　（略）

一　長崎唐船入津の節，奉行所より役人並びに五ケ所より壱人づつ唐船に乗移
り，積来り候荷物・切支丹宗門の諸色御制禁の品々相改め申し候。阿蘭陀ま
かり在り候 <u>ウ</u> 御番所も，一方は公儀より御番，一方は<u>五ケ所割符仲</u>
<u>ケ間</u>より御番相勤め，御制禁の諸色其外国々より出入の者共万事相改め申し
(h)
候。只今に至り右の通り御番相勤め申し候。

（『京都御役所向大概覚書』より）

問

　(7)　下線部(e)の「阿蘭陀船」が，来航時に江戸幕府に提出した海外情報の和文報
　　告書を何というか。

　(8)　下線部(f)に関して，リーフデ号で日本に漂着し，この地にイギリス商館を
　　建築するために尽力した人物は誰か。

　(9)　 ウ にあてはまる語句を記せ。

　(10)　 エ にあてはまる語句を記せ。

　(11)　下線部(g)の人物は将軍である。

　　(あ)　それは誰か。

　　(い)　また，この将軍のとき，外国に対して初めて用いられるようになった将
　　　軍の称号は何か。

　(12)　下線部(h)に関して，どこの商人がこの仲間を構成したか。都市名をすべて
　　記せ。

C　 オ 陥落が吾輩の予想より遙かに早かりしは，同時に戦争の不幸の亦
た意外に少なかりし意味に於いて，国民と共に深く喜ぶ処なり。然れども，か
くて我が軍の手に帰せる オ は，結局如何に処分するを以つて，最も得
(i)
策となすべきか。是れ実に最も熟慮を要する問題なり。

此問題に対する吾輩の立場は明白なり。亜細亜大陸に領土を拡張すべから
ず，満洲も宜く早きに逬んで之れを放棄すべし，とは是れ吾輩の宿論なり。更
に新たに支那(j) ┃ カ ┃ 省の一角に領土を獲得する如きは，害悪に害悪を重
ね，危険に危険を加ふるもの，断じて反対せざるを得ざる所なり。(中略)

　戦争中の今日こそ，仏人の中には，日本の ┃ オ ┃ 割取を至当なりと説く
ものあるを伝うと雖も，這次の大戦も愈よ終りを告げ，平和を回復し，人心落
着きて，物を観得る暁に至れば，米国は申す迄もなく，我に好意を有する英仏
人と雖も，必ずや愕然として戄るる所を知り，我が国を目して極東の平和に対
する最大の危険国となし…(後略)

　(注)　「這次」はこのたび，の意。

問

⒀　┃ オ ┃ にあてはまる地名を漢字で記せ。

⒁　下線部(i)に関して，

　㋑　日本軍が占領した ┃ オ ┃ を租借していた国はどこか。

　㋥　日本は上記㋑の国に宣戦するさい，どの国との同盟関係を理由とした
　　か。国名を記せ。

⒂　下線部(j)に関して，日本は 1905 年にロシアから遼東半島先端部の租借権
　と，南満州鉄道および付属地の行政権を獲得した。この租借地につけられた
　名称を記せ。

⒃　┃ カ ┃ にあてはまる地名を漢字で記せ。

⒄　この史料が書かれた翌年，日本は中国へ 21 か条にわたる要求をつきつ
　け，中国での権益強化をねらった。当時の日本の首相は誰か。

⒅　この史料は雑誌『東洋経済新報』の社説であるが，筆者の「吾輩」は後年，首
　相になった。それは誰か。

14

次の史料（A～C）を読み，下記の問(1)～(20)に答えよ。解答はすべて所定の解答欄に記入せよ。なお，史料の表記は便宜上，改めたところがある。

A　二十四日，　　ア　　，公方を入れ申す。猿楽ありと云々。晩に及び屋形に喧嘩出来すと云々。(中略)公方を討ち申し御首を取り，落ち下ると云々。

　二十五日，昨日の儀，あらあら聞こゆ。(中略)猿楽初めの時分，内方とどめく。何事ぞとお尋ねあり。雷鳴かなど，三条申さるるのところ，御後ろの障子を引き開け武士数輩出でて，すなわち公方を討ち申す。(中略)管領・細川讃州・一色五郎らは逃走す。(中略)　　ア　　落ち行く。追いかけ討つの人なし。未練言うばかりなし。諸大名同心か。その意を得ざることなり。所詮，　　ア　　を討たるべき御企て露顕の間，さえぎりて討ち申すと云々。自業自得果，無力のことか。将軍，かくのごとき犬死，古来その例を聞かざることなり。

　　(注)　「とどめく」は大きな音がとどろくこと，「三条」とは公方側近の公家三条実雅のこと。

問

(1)　　ア　　にあてはまる守護家の名前を漢字2字で答えよ。

(2)　下線部(a)に関して，公方が招かれた口実は，前年に東国で起こった合戦の戦勝を祝うことにあったとされる。この合戦とは何か。

(3)　下線部(b)に関して，事件の首謀者は本領に落ち延びた。本領とはどこか，国名で答えよ。

(4)　下線部(c)の「管領」の息子は，のちに勃発した大規模な戦乱に際し，一方の主将となった。誰か。

(5)　下線部(d)に関して，混乱した幕府は，綸旨を受けて　　ア　　の追討を行った。綸旨とはどのような地位の人物が下す文書か。

(6)　下線部(e)の「自業自得果」とは，自業自得の結果という意味だが，このよ

うに称されたのは，公方が長年行ってきた政治に原因があった。どのよう
な政治か，簡潔に記せ。

(7) 下線部(f)は，「かくのごとき犬死」をした将軍は歴史上初めてとするが，
幕府の将軍が在任中に暗殺された先例はある。それは誰か。

B

　　　　定

何事によらず，よろしからざる事に百姓大勢申合せ候をととうととなへ，と
とうして，しゐてねがひ事くわだつるを　　イ　　といひ，あるひは申あわ
せ，村方たちのき候を　　ウ　　と申，前々より御法度に候条，右類の儀こ
れあらば，居むら他村にかぎらず，早々其筋の役所え申出べし，御ほうびと
して，

　　　ととうの訴人　　　　　銀百枚
　　　　イ　　の訴人　　　　同断
　　　　ウ　　の訴人　　　　同断

右之通下され，その品により帯刀・　　エ　　も御免あるべき間，たとえ一
旦同類になるとも，発言いたし候ものゝ名まえ申出におゐては，その科をゆ
るされ，御ほうび下さるべし，

一，右類訴人いたすものもなく，村々騒立候節，村内のものを差押へ，ととうに
くわゝらせず，一人もさしいださざる村方これあらば，村役人にても，百姓
にても，重にとりしずめ候ものは御ほうび銀下され，帯刀・　　エ　　御免，
さしつづきしずめ候ものどもゝこれあらば，それぞれ御ほうび下しおかるべ
き者也，

　　　　明和七年(1770)四月

　　　　　　　　奉行

問

(8) 　イ　　にあてはまる語句を漢字で記せ。

(9) 　ウ　　にあてはまる語句を漢字で記せ。

(10) 　エ　　にあてはまる語句を漢字で記せ。

⑾ この法令は，百姓を直接の対象としたものであるが，18世紀に入って主として都市で起こった民衆の闘争を何というか。

⑿ この法令が出された時に江戸幕府の実権を掌握していた人物の名を記せ。

⒀ この法令は，木札に書かれて掲げられたものであるが，この木札は何と呼ばれたか。

C　第一条　日本国ハ，｜　オ　｜国及｜　カ　｜国ノ欧州ニ於ケル新秩序建設ニ関シ，指導的地位ヲ認メ，且之ヲ尊重ス。

　第二条　｜　オ　｜国及｜　カ　｜国ハ，日本国ノ｜　キ　｜ニ於ケル新秩序建設ニ関シ，指導的地位ヲ認メ，且之ヲ尊重ス。

　第三条　日本国，｜　オ　｜国及｜　カ　｜国ハ，前記ノ方針ニ基ク努力ニ付，相互ニ協力スヘキコトヲ約ス。更ニ，三締約国中何レカノ一国カ，現ニ欧州戦争又ハ日支紛争ニ参入シ居ラサル一国ニ依テ攻撃セラレタルトキハ，三国ハ有ラユル政治的，経済的及軍事的方法ニ依リ，相互ニ援助スヘキコトヲ約ス。 (g)

　第四条　（中略）

　第五条　日本国，｜　オ　｜国及｜　カ　｜国ハ，前記諸条項カ，三締約国ノ各ト｜　ク　｜トノ間ニ現存スル政治的状態ニ，何等ノ影響ヲモ及ホササルモノナルコトヲ確認ス。 (h)

　第六条　本条約ハ署名ト同時ニ実施セラレルヘク，実施ノ日ヨリ十年間有効トス。

　右期間満了前適当ナル時期ニ於テ，締約国中ノ一国ノ要求ニ基キ，締約国ハ本条約ノ更新ニ関シ協議スヘシ。

問

⒁　｜　オ　｜にあてはまる国名を記せ。

⒂　｜　カ　｜にあてはまる国名を記せ。

⒃　｜　キ　｜に入る語句を原文どおりに記せ。

⒄　下線部(g)の「現ニ欧州戦争又ハ日支紛争ニ参入シ居ラサル一国」とはどの

国のことを想定したものか。国名を記せ。

(18) 史料Cの条約が調印された時，それにあわせるようにして，日本国は

　　　　 キ 　　　の一地域に，その軍隊を進駐させた。それはどの地域か。当時

の名称で記せ。

(19) 下線部(h)に関して，史料Cが調印された翌年，日本国は，この条約を補

完する意味をもつ新たな条約を，　　　 ク 　　　との間に結んだ。その条約名

を記せ。

(20) 同じく史料Cが調印された翌年，日本国と　　　 オ 　　　国および

　　　　 カ 　　　国は，この条約の趣旨を発展させた新たな協定を結んだが，そ

の協定における約束を最初に破ったのは　　　 カ 　　　国であった。

　　　　 カ 　　　国が約束を破ったあと，日本国はその最高国策において「絶対

確保すべき要域」を決定した。その「絶対確保すべき要域」は何と呼ばれて

いたか。

15

次の史料（A〜C）を読み，下記の問(1)〜(19)に答えよ。解答はすべて所定の解答欄に記入せよ。なお，史料の表記は便宜上，改めたところがある。

A　京及び　ア　の班田司を任ず。太政官奏すらく，「親王及び五位已上の諸王臣等の位田・功田・賜田，并びに寺家・神家の地は，改め易うべからず。便ち本地に給わん。その位田は，もし上を以て上に易えんと情願する者有らば，本田の数を計りて任に給うことを聴さん。中を以て上に換うるは，与え理むるべからず。たとい聴許すること有りとも，民の要須たらば，先ず貧家に給う。その賜田の人は先ず賜う例に入る。見に実地なくんば，所司，即ちともに処分せよ。位田もまた同じ。余は令条に依らん。その職田は　イ　，預め給うべき田数を計り，地の寛狭に随い中・上の田を取り，一分は　ア　に，一分は外国に，闕くるに随い収授し，膏腴の地を争い求めしむることなかれ。（中略）」と。並びにこれを許す。

（『続日本紀』天平元年〔729〕11月癸巳条）

問

(1)　　ア　にあてはまる行政区画を記せ。

(2)　下線部(a)の「班田」にあたり，(あ)6歳以上の良民男子に授けられる田の面積を記せ。また，(い)条里制の1坪の面積を記せ。ただし，単位はともに当時のものを用いよ。

(3)　下線部(b)の「太政官」は誰に対して奏したのか，その地位を記せ。

(4)　下線部(c)の「位田・功田・賜田」など，田租を納める田を何と呼ぶか。

(5)　下線部(d)の「令条」に関して，当時，施行されていた令の名を記せ。

(6)　　イ　にあてはまる，民政を担当した官司の名称を記せ。

B　契約す　一族一揆子細の事

　右，元弘以来，一族同心せしむるにより，将軍家より恩賞に預かり，当知行相

違なきものなり。ここに去年の秋ごろより，<u>両殿御不和</u>の間，世上今に静謐に
　　　　　　　　　　　　　　　　　　　　(e)
属さず。しこうして或いは<u>宮方</u>と号し，或いは将軍家ならびに錦小路殿方と称
　　　　　　　　　　　　　　(f)
し，<u>国人</u>等の所存まちまちたりといえども，この一族においては，武家の<u>御恩</u>
　　(g)　　　　　　　　　　　　　　　　　　　　　　　　　　　　　　　　(h)
に浴するの上は，いかでかかの御恩を忘れ奉るべけんや。しかれば早く御方に

おいて軍忠を致し，^{きゅうせん}弓箭の面目を末代に揚げんと欲す。この上はさらに二心

あるべからざるか。向後この状に背かば，衆中において内談を加え，所存を申

さるべし。もしこの条々一事たりといえども，偽り申さば，上は梵天・帝釈・

四大天王，惣じて日本国中大小神祇冥道，別しては諏訪・<u>八幡大菩薩</u>・当国吉
　　　　　　　　　　　　　　　　　　　　　　　　　　　　(i)
備津大明神等の御罰を，各の身に罷り蒙るべきなり。よって一味契約<u>起請文</u>の
　　　　　　　　　　　　　まか　　　　　　　　　　　　　　　　　　　　(j)
状くだんのごとし。

　　　　貞和七年(1351)十月二日　　　　　　　　　　　藤原俊清(花押)

　　　　　　　　　　　　　　　　　　　　　　　　　　(以下，10名省略)

問

　(7)　下線部(e)の「両殿御不和」は一般に何と呼ばれるか。

　(8)　下線部(f)の「宮方」の重臣が著した有職故実書は何か。

　(9)　下線部(g)の「国人」に関して，諸国の国人のなかには，後に室町幕府の将

　　　軍直轄軍に編成されるものもいた。この将軍直轄軍は何と呼ばれるか。

　(10)　下線部(h)の「御恩」に対して，この一族の武士たちは何によって応えよう

　　　としているか。史料中の語句で答えよ。

　(11)　下線部(i)の「八幡大菩薩」のように，神に菩薩号を付けるのはある思想に

　　　もとづくものである。その思想は何か。

　(12)　下線部(j)の「起請文」とはどのような文書のことをいうか。史料を参考に

　　　して，簡単に説明せよ。

C　諸国御料・私領宗門改帳，<u>大概寛文の頃</u>より以来，年々帳面寺社奉行にて取
　　　　　　　　　　　　　　　(k)
　り集め候筈に候。
　　　はず
　一，御料所の義は，その所の御　　ウ　　にて取り集め，<u>御勘定奉行</u>をもっ
　　　　　　　　　　　　　　　　　　　　　　　　　　　(l)

て差し出すべく候。

一，江戸町方は，町奉行にて取り集め差し出すべく候。

一，<u>遠国奉行</u>これある町方は，その所の奉行より差し出すべく候。
　(m)

一，万石以上ならびに御役人・交替寄合等は，銘々より差し出すべく候。

一，頭支配これある面々は，地頭にて取り集め置き，頭支配をもって差し出
　すべく候。

　　　但，与力，伊賀の者，同心等の給知，其外小給に候とも，<u>知行所</u>の人
　　　別帳は，頭支配にて洩れざるよう相改め，取り集め置き，追って差し
　　　　　　　　　　　　　　　　　　(n)
　　　出し申すべく候。

　　　（中略）

右の通り相心得，帳面集まり次第，一箇年ごとの年号ならびに冊数箇条書に
致し，出来次第，牧野越中守方へ差し出し，追って差図次第，帳面も差し出
し申さるべく候。

右の通り安永五申年相触れ候処，今もって差し出さざる向きもこれあり候間，
此節相調え，<u>堀田相模守</u>方へ早々差し出すべく候。
　　　(o)
　　　（中略）

右の趣江戸表より到来候条，洛中洛外へ相触るべきもの也。

　　午（天明6年）七月

問

⒀　この触書が伝達された都市はどこか。

⒁　下線部(k)の「寛文の頃」に，宗門改めは全国化した。その頃の将軍の名を
　記せ。

⒂　　　ウ　　　には，農村支配を担当する役人の職名が入る。それは何か。

⒃　下線部(l)の「勘定奉行」は，大名・旗本・御家人のいずれから選任された
　か。

⒄　下線部(m)の「遠国奉行」に関して，九州に置かれた遠国奉行の名称を記
　せ。

⒅　下線部(n)の「知行所」を持たない武士に，米を支給する制度を何という
　か。

⒆　この触書にもとづけば，下線部(o)の「堀田相模守」の職名は何か。

16

次の史料（A〜C）を読み，下記の問(1)〜(19)に答えよ。解答はすべて所定の解答欄に記入せよ。なお，史料の表記は便宜上，改めたところがある。

A 王子は，淡海帝の孫，大友太子の長子なり。母は浄御原帝の長女十市内親王。器範宏邈，風鑒秀遠。材は棟幹に称ひ，地は帝戚を兼ぬ。少くして学を好み，博く経史に渉らす。頗る文を属ることを愛み，兼ねて書画を能くす。浄御原帝の嫡孫にして，浄太肆を授けらえ，治部卿に拝さる。

高市皇子 薨りて後に，皇太后王公卿士を禁中に引きて，日嗣を立てむことを謀らす。時に群臣各私好を挟みて，衆議紛紜なり。王子進みて奏して曰はく，「我が国家の法と為る，神代より以来，子孫相承けて，天位を襲げり。若し兄弟相及ぼさば，則ち乱此より興らむ。仰ぎて天心を論らふに，誰か能く敢へて測らむ。然すがに人事を以ちて推さば，聖嗣自然に定まれり。此の外に誰か敢へて間然せむや」といふ。弓削皇子座に在り，言ふこと有らまく欲りす。王子叱び，乃ち止みぬ。皇太后其の一言の国を定めしことを嘉みしたまふ。特閲して正四位を授け，式部卿に拝したまふ。

問

(1) 下線部(a)の「大友太子」は，下線部(b)の「浄御原帝」によって滅ぼされた。それは何年のことか。西暦で答えよ。

(2) 下線部(b)の「浄御原帝」は，一人の舎人に命じ，帝紀・旧辞を誦み習わしめた。その舎人の名を記せ。

(3) 下線部(c)の「高市皇子」の子で，国家を傾けんとした罪に問われ，自害に追い込まれた左大臣は誰か。

(4) 下線部(d)の「皇太后」はこの時天皇であった。それは誰か。

(5) 下線部(e)の「聖嗣」となった人物がその後天皇であった時に，編纂・施行された法典の名称を記せ。

(6) 下線部(f)の「式部卿」の管轄下にあった官吏養成機関の名称を記せ。

B　人代のはじめ，大織冠，入鹿を誅して藤氏の大功として，天智天皇をたて奉
　　(g)
りき。これすなはち武をもて君をたすくるなり。今保元よりこのかた，一天下
　　　　　　　　　　　　　　　　　　　　　　　　　(h)
　　ア　　の手にいりて，武威にあらされは世をおさむへからさるかゆへに，

藤門よりいてゝ将軍の仁にさたまるへしといひて，種々の道理をたてられき。
　　　　　　　　　　　　　　　　　　　　　　　　　　　　(i)
そのゝち承久の大乱に，故二品ならひに義時，君に敵したてまつりて，いよい
　　　　(j)　　　　　(k)
よ天下を領してよりこのかた，将軍その主君として二十余年，国土をさまり，

世たえらきて，ほとゝ　　ア　　も弓馬の道をわすれたるかことし。この間
　　　　　　　　　　　　(l)
弟子か子息繁昌，まことに古にこえたり。（後略）
(注)

　　　　　　　　　　　　（寛元4年〔1246〕7月16日九条道家願文）

　（注）　この場合，「弟子」は九条道家のことである。

問

　(7)　　　ア　　にあてはまる，漢字2字からなる語句を記せ。

　(8)　下線部(g)の「大織冠」とは誰か。

　(9)　下線部(h)に関して，保元の乱で後白河天皇側に属し，当時関白であった
　　　人物は誰か。

　(10)　下線部(i)に関して，日本の歴史を「道理」によって解釈した，鎌倉時代の
　　　歴史書は何か。

　(11)　下線部(j)の「承久の大乱」後に新たに置かれた地頭は一般に何と呼ばれる
　　　か。

　(12)　下線部(k)の「故二品」とは誰か。

　(13)　下線部(l)の「将軍」とは誰か。

C　　　　条々
　　　　(m)
　一　日本国御制禁なされ候切支丹宗門の儀，その趣を存じながら，彼の宗を弘
　　　　　　　　　　(n)　　　　　　　　　　　　　　　　　　　(o)
　むるの者，今に密々差し渡す事

　一　宗門の族，徒党を結い，邪儀を企つ，すなわち御誅罰の事
　　　(p)
　一　　　イ　　・同宗旨の者かくれ居る所へ彼国よりつけ届け物送りあたふる
　事

　　　右これにより，自今以後，かれうた渡海の儀これを停止せられおわんぬ。
　　　　　　　　　　　　　　　　(q)

この上，もし差し渡すにおゐては，その船を破却し，ならびに乗り来るも
の，速やかに斬に処さるべきの旨，仰せ出ださるところ也。よって執達くだ
んのごとし。

問

(14)　□　イ　□内に適当な語を記せ。

(15)　下線部(m)の「条々」が出された年を記せ。

(16)　下線部(n)の「切支丹宗門」の教えを日本に最初に伝えたのは誰か(a)。ま
　　　た，その教えが伝来した年を記せ(b)。

(17)　下線部(O)に「彼の宗を弘むる」とあるが，それを防止するために幕府が主
　　　に北九州で実施した方策は何か。その名称を記せ。

(18)　下線部(p)に対応する事件が，この法令が出される前に起きた。その事件
　　　の名称を記せ。

(19)　下線部(q)に「かれうた渡海」とある。どこの国の船か，国名を記せ。

17

次の史料(A～C)を読み，下記の問(1)～(20)に答えよ。解答はすべて所定の解答欄に記入せよ。なお，史料の表記は便宜上，改めたところがある。

A　一　寺社・本所領のこと　　応安元　六　十七(中略)
(注)
　禁裏・仙洞の御料所，寺社一円の仏神領，殿下渡領など，他に異なるの間，
(a)　　　　　　　　　　　　　　　　　　　(b)
かつて半済の儀あるべからず。固く武士の妨げを停止すべし。そのほか諸国の
(c)
本所領は，しばらく半分を相分ち，　ア　を雑掌に沙汰し付け，向後の
知行を全うせしむべし。この上，もし半分の預り人，あるいは雑掌方に違乱
(いらん)
し，あるいは過分の掠領を致さば，一円本所につけられ，濫妨人に至っては，
(d)
罪科に処すべきなり。

　(中略)

　次に先公の御時より，本所一円知行の地のこと，今さら半済の法と称して，
(e)
改動すべからず。もし違犯せしめば，その咎あるべし。

　(注)　「応安元」とは，応安元年，1368 年のことである。

問

　(1)　　ア　には，荘園などの土地そのものを意味する漢字 2 字が入る。
　　　その語を記せ。

　(2)　下線部(a)の「禁裏」とは，本来ある地位についている人物の居所を意味し
　　　たが，転じてその人物自身の意味に用いられる。どのような地位か。

　(3)　下線部(b)の「殿下」は，摂政・関白を意味する。この前年に退任した北朝
　　　の関白で，連歌にもすぐれていたのは誰か。

　(4)　下線部(c)の「半済」が 1352 年に実施されたのは，3 ヵ国であった。その
　　　うち，京に最も近い国名を記せ。

　(5)　下線部(d)の「一円本所につけられ」るとは，守護方の不法に対する処罰で
　　　ある。どのような措置か，簡単に説明せよ。

　(6)　下線部(e)の「先公」の後継者として将軍に就任し，管領細川頼之の補佐を
　　　受けたのは誰か。

(7) 1368年には，夢窓疎石の門下で，のちに五山文学の最高峰として義堂
　　　周信と並び称された禅僧が入明している。この禅僧とは誰か。

B　子年の冬松前志摩守より訴う。蝦夷之地アツケシの辺へヲロシヤの人船にの
　　　り来り，十二年已前漂流せし日本人伊勢国の住幸大夫なるものをわたすべしと
　　　　　　　　(f)　　　　　　　　　　　　　　　　　　　　　　　(g)
　　　てつれ来る。松前志摩守への状もありしとて出す。ひらきみるに，(中略)幸大
　　　夫をおくりこすによて，江戸まで直に出，江戸御役人へわたし申すべしとの事
　　　也。(中略)これにより三奉行へも一々いいきかせ談じけるが，衆評まちまちな
　　　　　　　　　　　　　　(h)
　　　れども大意の処は大がいおなじ。ついに予建議して御目付両人を宣諭使として
　　　　　　　　　　　　　　　　　　　　(i)
　　　松前へ下さる事とは成ける。(中略)宣諭使松前之地へ来り，江戸へ出候事相成
　　　らざる国法にて願度事は長崎へ来り，所の奉行のさたにまかすべし。(中略)
　　　　　　　　　　　ねがいたき
　　　長崎へ来りたらば，長崎へ入来る信牌わたすべしとて，この信牌をももち来
　　　　　　　　　　　　　　　　　しんぱい
　　　れ，並にははるばるおくり来る労をおもい，わが国法をもしらざればとて，こた
　　　　(j)　　　　　　　　　　　　　　　　　　　　(k)
　　　びは只かえさるるとて帰帆を申わたすなり。

　　　　　　　　　　　　　　　　　　　　　　　　　　　　　　　　　　　　（『宇下人言』）

問

　(8)　下線部(f)のロシア人来航の目的は何か。

　(9)　下線部(g)の「幸大夫」(光大夫)からロシア情報を聞き取って作られた書物
　　　　の名称を記せ。

　(10)　下線部(h)の「三奉行」が主要な構成員となり，各自が専決できない重大事
　　　　件や管轄のまたがる訴訟などを合議・裁判した機構は何か。

　(11)　下線部(i)の「予」とは誰か。

　(12)　下線部(j)の「信牌」とは長崎入港許可証を意味する。この時わたされた信
　　　　牌を持って，後に長崎に来航したのは誰か。

　(13)　下線部(k)の「わが国法」の内容を，この史料に即して具体的に記せ。

C　日清戦争によって最も激しく影響を見たるは，工業社会を第一となす。各種の機械工業起こりたるも，此の二三年来の事にして，即ち日清戦役以来の事な<u>(1)</u>り。労働者払底という労働社会の珍事を見たるも，同じく戦争以後の事なり。<u>労働問題</u>の起りたるも，<u>同盟罷工</u>生じたるも，工場条例の発布せられんとする(m)(n)も，皆戦争以後なり。今<u>内地雑居</u>の暁，資本に欠乏せる我が工業界に外国の資(O)本入り込み，外国の資本家が親から工場を建て，我が労働の安きを機会として，工業に従事する暁は果して如何なるべきや。<u>七月となれば</u>，直に此事ある(p)べしとは，判然言うを得ざれども，徐々として外国人の我が工業社会を侵略するという事は，誰しも承知し居ることなるべし。

問

(14)　下線部(1)の「機械工業」とは「機械化された工業」を意味するが，この時期にその製品の輸出高が輸入高を上まわるようになった重要「機械工業」がある。どの業種か，その名称を記せ。

(15)　下線部(m)の「労働問題」について，この時期に高野房太郎や片山潜によって結成された，労働運動の啓蒙・宣伝団体は何か。その名称を記せ。

(16)　下線部(n)の「同盟罷工」について，この時期に当時最大の鉄道会社で労働者の大規模なストライキがおこなわれた。その鉄道会社の名称を記せ。

(17)　上記史料中の「労働問題」の発生や「同盟罷工」の拡大などに対して，当時の政府は，労働運動を規制する法律を新たに制定した。その法律の名称を記せ。

(18)　下線部(O)の「内地雑居」とはいかなることを意味するのか。簡単に説明せよ。

(19)　下線部(O)の「内地雑居」を認められた外国人は，そのかわりにそれまで享受していたある特権を失うことになった。その特権とは何か。名称を記せ。

(20)　下線部(p)の「七月となれば」は，「七月に内地雑居を認める新しい条約が発効すれば」という意味であるが，このことから，上記史料の文章が書かれた年が判明する。それは何年か。西暦で記せ。

18

次の史料（A〜C）を読み，下記の問(1)〜(17)に答えよ。解答はすべて所定の解答
欄に記入せよ。なお，史料の表記は便宜上，改めたところがある。

A　〔天平神護元(765)年 3 月〕丙申。勅す。今聞く，墾田は天平十五年の格によ
るに，「今より以後，任に　　ア　　となし，三世一身を論ずることなく，み
なことごとくに永年取ることなかれ」といえり。これにより，天下の諸人，競
いて墾田をつくりて，勢力の家は百姓を駈役し，貧窮の百姓は自存するに暇な
し。今より以後，一切に禁断して加墾せしむることなかれ。ただし，寺の先来
定むる地，開墾の次は禁ずる限りにあらず。また，当土の百姓，一，二町はま
たよろしくこれを許すべし。

問

　(1)　　　ア　　にあてはまる語句を記せ。

　(2)　下線部(a)の年には，ほかにも重要な詔勅が出されている。それは何か。

　(3)　下線部(b)の「三世」と「一身」の区別は何によったか。簡潔に記せ。

　(4)　下線部(c)の結果，大土地所有が発達した。天皇家もまた広大な田を所有
　　　することになったが，それは何と呼ばれたか。

　(5)　下線部(d)の施策には，当時登用されていたある人物との関係がうかがわ
　　　れる。(あ)その人物は誰か。また，(い)その人物がついた最も高い地位は何
　　　か。

　(6)　この史料は，『日本書紀』のあとをうけて編纂された歴史書から引いたも
　　　のである。その歴史書の名を記せ。

B　①〜③は，平安末期に発生した 3 つの事件に関係する史料である。

　①　五月十五日。法皇第三宮を(中略)，土佐国に配流す。謀叛の聞こえ有るに
　　　よるなり。(中略)宮，密々のがれ出で，園城寺に向かわしめたまう。

二十六日。三条宮，頼政以下の武士を率いて南都に赴く。官軍，追いて平
(e)　　　　　　　　　　　　　　　　　　　　　　　(f)
等院に至り合戦す。宮ならびに頼政法師以下の党類，誅に伏す。

　　　注：「党類」は仲間，「誅に伏す」は討伐されることを意味する。

② 十一月十五日。(中略)武士，洛中に満つ。入道大相国，公家を恨み奉り，
一族を率いて鎮西に下向すべきの由，風聞す。

　　十一月二十日。法皇，| イ |殿に渡御す。尋常の儀にあらず。入道大
相国，おしてこれを申し行う。(中略)門戸を閉じて人を通さず。武士，これ
(g)
を守護し奉る。

　　　注：「公家」は当時の法皇を指し，「守護」は監視することを意味する。

③ 十二月九日。夜，右衛門督信頼卿，前下野守| ウ |など謀叛す。上皇
の三条烏丸御所に放火し，上皇・上西門院を一本御書所に移し奉る。

　　十二月二十六日。官軍を大内に遣わし，信頼卿以下のともがらを追討す。
官軍分散し，信頼の兵，勝に乗じて襲い来る。六条河原にて合戦す。信頼・
| ウ |など敗北す。

問

　(7) 下線部(e)の「法皇第三宮」と「三条宮」は同一人物である。彼は叔母でもあ
　　る莫大な荘園を有する皇女の保護を受けていた。この皇女とは誰か。

　(8) 下線部(f)の南都で当時最も多くの僧兵をもち，三条宮に協力した寺院は
　　どこか。

　(9) | イ |には，平安京の南郊にあった歴代の院の離宮所在地が入る。
　　その地名を記せ。

　(10) 下線部(g)の入道大相国とは平清盛のことである。彼はのちに，この時幽
　　閉した法皇に代えて，彼の娘むこである上皇に院政を行わせることにな
　　る。この上皇とは誰か。

　(11) | ウ |に当てはまる人名を記せ。

　(12) ①～③の事件を年代順に並べ直せ。

C　第 1 条　今より後，両国末永く真実　懇^{ねんごろ}にして，おのおのその所領におい
て，互に保護し，人命は勿論，什 物^{じゅうもつ}においても損害なかるべし。

　　第 2 条　今より後，日本国と魯西亜国との境，　エ　島とウルップ島と
の間にあるべし。　エ　全島は日本に属し，ウルップ全島，それより北の
方クリル諸島は魯西亜に属す。　オ　島に至りては，日本国と魯西亜国の
間において，界を分たず，是迄仕来の通たるべし。

　　第 3 条　日本政府，魯西亜船のために箱館，下田，　カ　の三港を開
く。

　　（以下，略）

問

　(13)　空欄　エ　，　オ　，　カ　に適切な語を入れよ。
　　　エ　，　オ　は片仮名でもよい。

　(14)　この条約を，一般に何というか。

　(15)　この条約締結時の幕府の老中首座は誰か。

　(16)　この時の魯西亜国の使節は誰か。

　(17)　この条約で定められた国境が，次に変更された条約は何か。

19

次の史料（A〜C）を読み，下記の問(1)〜(20)に答えよ。解答はすべて所定の解答欄に記入せよ。なお，史料の表記は便宜上，改めたところがある。

A 其の一に曰く，昔在の天皇等の立てたまへる子代の民・処々の屯倉，及び，別には臣・連・ ア ・国造・村首の所有る部曲の民・処々の田庄を罷めよ。仍りて食封を大夫以上に賜ふこと，各差有らむ。降りて布帛を以て官人・百姓に賜ふこと，差有らむ。（下略）
(a)

其の二に曰く，初めて京師を修め，畿内国司・郡司・関塞・斥候・防人・駅馬・伝馬を置き，及び鈴契を造り，山河を定めよ。

（中略）

凡そ畿内は，東は名墾の横河より以来，南は紀伊の兄山より以来（中略），西は赤石の櫛淵より以来，北は近江の狭狭波の合坂山より以来を，畿内国とす。
(b)

（下略）

其の三に曰く，初めて戸籍・ イ ・班田収授の法を造れ。
(c)

（下略）

其の四に曰く，旧の賦役を罷めて，田の ウ を行へ。

（下略）

（『日本書紀』）

問

(1) この史料は，一般に何と呼ばれているか。

(2) ア にあてはまる語句を記せ。

(3) イ にあてはまる語句を記せ。

(4) ウ にあてはまる語句を記せ。

(5) 下線部(a)の食封は，のちの令制では何位以上の官人に与えられる規定であったか。

(6) 下線部(b)の畿内国について，のちの律令制下の畿内（五畿）を構成した国名をすべてあげよ。

(7) 下線部(c)の戸籍について，飛鳥浄御原令に基づいて作成された最初の戸
籍を何というか。

B　前の右大将家政所下す　　　美濃国の家人等
　　　　　　　　　　　　　(d)
　　早く相模守惟義の催促に従うべき事
　　　　(e)
右，当国の内，庄の地頭の中，家人の儀を存ずる輩においては，惟義の催に従
いて，勤節を致すべきなり。就中，近日洛中強賊の犯，その聞あり。彼の党
類を禁遏せんがため，おのおの上洛を企て，　エ　を勤仕すべし。しかる
にその中，家人たるべからざるの由を存ずる者は，早く子細を申すべし。但
　　　　(g)
し，公領においては催を加うべからず。兼ねてまた，重隆・佐渡前司の郎従ら
を催し召し，その役を勤めしむべし。隠居の輩においては，交名を注進すべき
の状，仰するところくだんの如し。

　　建久三年六月廿日　　　　　　　　　　　　　　　　案主藤井

　　　令民部少丞藤原　　　　　　　　　　　　　　　　知家事中原

　　別当　　オ

　　　　前下総守源朝臣

　　　　散位中原朝臣

　　　　　　　　　　　　　　　　　　　　　　　　　　（『吾妻鏡』）

問

　(8)　　エ　にあてはまる歴史用語を記せ。

　(9)　　オ　に記されている人物は誰か。姓名を記せ。

　(10)　下線部(d)の国には律令制下，三関の1つが置かれた。その関の名を記
　　　せ。

　(11)　下線部(e)の人物が，当時ついていた幕府の役職は何か。この史料の内容
　　　から判断して記せ。

　(12)　当時，下線部(f)の治安維持や民政を担当していた朝廷の機関は何か。

　(13)　下線部(g)のような武士は何と呼ばれたか。

　(14)　ここにあげた文書が，「前の右大将家政所」の名で出され，その職員が連
　　　署しているが，同じ形式の文書は，摂関家をはじめとする公卿の政所も出

している。こうした形式をもつ，政所が出す文書は一般にどう呼ばれているか。

C 人類闘争の永き歴史は一朝一夕にして各国民の脳裏より消え去るものではない。今や文明諸国は正義に基く平和を確保せんが為，　カ　其他の国際紛争解決機関を設け，他方　キ　条約に依って戦争の絶滅を期し，此　キ　の決意を基礎として軍縮を促進せしむるに最善を尽しつつあると共に，国際政局に於ける現実の状態を無視して一足飛びに武備全廃の理想に到達するの事実不可能であることも認めて居る。此際は国際関係改善の程度に伴い，漸を軼（うれ）えて進むの外ないのである。幸にして世界の大勢は満足すべき方向に向いつつある。即ち今世紀の初頭海牙（ハーグ）平和会議に於て達成し得ざりしことも巴里（バリ）平和会議及び華府会議に依って成就せられ，数年前華府会議及び寿府会議にて成らざりしことも今日倫敦（ロンドン）会議に於て実現し得るに至ったのである。（注）　　　　　　　　　（注）

　本日倫敦に於て調印せらるる条約が少くとも其有効期間内日英米三国間には一切の艦種に付て建造競争を全く抑止し，而も各自の安全感を著しく昂め（たか），国民の負担を軽減するに成功したることは，世界各国民共通の崇高なる目的に向って大なる一歩を進め得たるものである。殊に若し会議決裂の場合必然生ずべき国際関係の悪化，各国民負担の加重，国際平和協力の精神に加えらるる重大なる打撃等諸般の好ましからざる結果に想到せば，特に此感を深くするのである。

　注：華府はワシントン，寿府はジュネーヴの略称。

問

(15) この文章は，ある年の4月22日に調印された条約に関する外務大臣の談話の一部である。その外務大臣の姓名を記せ。

(16) 　カ　にあてはまる国際機関の名を記せ。

(17) 　キ　にあてはまる語句を記せ。

(18) 下線部(h)「国民の負担を軽減する」との考えは，この年に深刻化した日本の経済状況と関係している。その状況は何とよばれたか。

(19) この条約が成立せず，下線部(i)「国際関係の悪化」が起きると，条約の締

結を推進していた内閣がこの年の 1 月に始めた重要政策にも大きな影響を
与えると考えられた。その政策とは何か。

⑳　この条約は，内閣が海軍軍令部の反対を押切って結んだとして，軍令
部・立憲政友会・右翼等が内閣を攻撃した。その攻撃に使われた用語（5
字）を記せ。

20

次の史料(A〜C)を読み,下記の問(1)〜(17)に答えよ。解答はすべて所定の解答欄に記入せよ。なお,史料の表記は便宜上,改めたところがある。

A　時に新皇,勅して云わく,「(中略)　ア　，いやしくも兵の名を坂東に揚げ,合戦を花夷に振るう。今の世の人,必ず撃ち勝てるをもって君となす。たとい我が朝にあらずとも,みな人の国にあり。去る延長年中の大赦契王のごときは,正月一日をもって　イ　国を討ち取りて,東丹国に改めて領掌せるなり。いかんぞ力をもって虜領せざらんや。(中略)およそ八国を領せん程に,一朝の軍攻め来らば,足柄・碓氷二関を固めて,まさに坂東をふせがん。(後略)」。

注:「大赦契王」は「大契挈王」の誤りで,契丹国王の耶律阿保機のこと。

問

(1)　ア　には「新皇」その人の名が入る。それは誰か。

(2)　イ　にあてはまる国名を記せ。

(3) 下線(a)は東山道に置かれた関である。この関を通って東に向かおうとした場合,最初に足を踏み入れることになる坂東の国はどこか。

(4) 「新皇」は坂東で政権を樹立した。この史料によれば,彼の政権は何によって正当化されていたか。最も適当な漢字一字で答えよ。

(5) 「新皇」は当時の摂政太政大臣と主従関係を結んでいたとされる。藤原基経の子にあたるその人物の名を記せ。

(6) 「新皇」の政権は短期間で滅びた。制圧にむかった武将の一人で,「新皇」の父方のいとこにあたる人物は誰か。その名を記せ。

B　　　　覚

一　町中所々において,大八車ならびに牛車にて度々犬など引損じ候,粗末なるいたしかた不届によって,車引き候者,段々御仕置仰せ付けられ候,自今

以後，左様にこれなき様に宰領にても付け，車引懸け申さざる様いたすべ
し，もちろん其所之者ならびに辻番人随分念を入れ心付け，あやまち仕らざ
る様にいたすべき事

一　最前も委細申し渡し候えども，今もって無主の犬参り候ても食事も給させ
ず，又は犬其外　　ウ　　取やりいたす儀も，今程は仕らざる様に相聞え
候，　　ウ　　あわれみ候様仰せ出され候儀を心得違いこれありと相見え
候，何事に付いても，　　ウ　　あわれみの志を肝要に仕り，諸事かたつま
らざる様に心得申すべく候，以上

　　　　　七月日

右之通，今日御番所にて仰せ渡され候間，町中家持は申すにおよばず，借
家・店かり・地かり・召仕等ならびに所々辻番に申し聞かせ，堅く相守り申
　　　　　(b)
すべく候，もし相背く者これあるにおいては急度仰せ付けらるべく候間，此
旨相心得らるべく候，以上

右之通相触れ候は，　　エ　　・月行事，印判持ち，明日中に樽屋所へ参ら
るべく候，以上

　　　　　七月十九日　　　　　　　　　　　町年寄三人

問

⑺　この史料は，貞享4年(1687)に江戸の町に出された法令である。この法
　令が出された時の将軍は誰か。

⑻　　ウ　　に最も適当な語句を入れよ。

⑼　　エ　　には町年寄の下にあって，町の行政と自治の中心となった町
　役人の名称が入る。それは何か。

⑽　下線部(b)の内から，町政に参加できる町人を選べ(あ)。また，その資格を
　満たすために必要とされた条件とは，何を持っていることであったか(い)。

⑾　この法令が出される以前，江戸はしばしば大火に見まわれた。そのなか
　で代表的な火事の名称を記せ(あ)。その後，町が復興していくなかで，江戸
　独自の文化が生まれた。その一つで木版画の手法により普及した絵画は何
　か(い)。

C　わが国の講和条約が，いよいよ発効し，これが記念の日として，本年(1952)
五月三日，首都東京をはじめ，全国各処に，その祝賀の行事が催されたので
あった。(中略)それは単なる喜びの日ではなかったはずである。何故ならば，
おそらく国民の何人も，自らの良心に忠実である限り，この日をもって，わが
国が完全に独立国となり，また平和が日本と東洋に甦った，と考えるものは
なかったであろうから。

　　それは，今回，わが国の独立の基礎となった講和条約そのものに問題がある
からである。(中略)その一つはいうまでもなく領土の問題である。(中略)
　オ　列島や琉球並びに小笠原諸島が，あるいは収奪され，あるいはその
　　　　　　　　(c)
帰属について今後に決定が保留されている。

　　その二は賠償問題である。最初は，(中略)無賠償の原則が伝えられたこの問
題は，大きな変化を来たした。(中略)　カ　の要求額は八十億ドルであ
り，(中略)その他，ビルマ，インドネシア等に対しても同様の義務があるが，
将来の最も重大な問題は，中国に対する賠償であるであろう。(中略)

　　しかし，今回の講和条約において，残された最も重要な根本の問題は，なん
といっても，それが連合国の全部とでなくして，わが国に最も隣接の関係にあ
る新中国・ソ連などが加盟していないことである。(中略)これによってさらに
新たな問題と危険を作るものといわなければならない。現に，今回の講和条約
には，それと不可分に「　キ　」が伴い，これによって，軍事同盟と軍事基
地設定が協定されてある。

　　このことは，実に新たな重大な結果を内外にもたらさずには措かない。すな
わち，わずか五年前，新憲法において，あれほど非武装中立の立場を内外に
誓ったわが国に，突如，再軍備の問題を惹き起すに至ったのである。
　　　　　　　　　　　　　(d)

問

　(12)　この文章の著者が理想とした，日本の講和方式は当時何と呼ばれたか。
　　　　その名称を記せ㈠。またこの著者は，東京大学の卒業式などで講和方式に
　　　　ついてその持論を述べたが，当時の内閣総理大臣から「曲学阿世の徒」と非
　　　　難された。その総理大臣は誰か㈡。

　(13)　オ　にあてはまる地名を記せ。

　(14)　カ　にあてはまる国名を記せ。

⒂ 　キ　にあてはまる語句を記せ。

⒃ 文中に示す「講和条約」の結果，下線部(c)の「琉球並びに小笠原諸島」の地位はどのようになったか。

⒄ 史料Cが書かれた同じ年に，下線部(d)の「再軍備」のため，新たな組織がつくられた。その名称を記せ。

第2章　小問集合

21

　　次の文章(①～⑩)の　ア　～　ト　に入る最も適当な語句を記せ。解
答はすべて所定の解答欄に記入せよ。

① 　ア　天皇暗殺後，推古天皇が即位した。推古天皇の時代には，『天皇
記』『　イ　』といった歴史書が編纂された。

② 　国家体制の整備にともない，律令国家の支配領域は拡大していった。斉明天
皇の時代に　ウ　が派遣された東北地方の日本海側には，712 年に
　エ　国が設置された。

③ 　708 年，　オ　国から銅が献上されたことで，新たな銭貨が鋳造され
た。この銭貨は，　カ　天皇によって建設された宮都の，造営費用の支払
いに用いられた。

④ 　称徳天皇の時代には，仏教的な事業が多くおこなわれた。平城京の右京一条
三・四坊に　キ　が建立され，また，印刷物である　ク　を内部にお
さめた多数の木造小塔がつくられた。

⑤ 　江戸幕府は，江戸と各地を結ぶ五街道を整備した。そのひとつで，近江国の
草津で東海道と合流する　ケ　と呼ばれた街道には，60 以上の宿駅が設
けられた。各宿駅は，幕府が定めた人馬を常備しなければならず，幕府役人・
大名等の通行時に徴発された。これを　コ　役という。

⑥ 　陽明学者の熊沢蕃山を登用し，領内統治に意をそそいで後に「名君」とよばれ
た　サ　は，郷学の先駆として知られるようになる　シ　を設置し，
武士だけでなく広く領民を教育することを目指した。

⑦ 　明治政府は 1870 年に　ス　の詔を発して，神道による国民教化を進め
ようとしたが失敗した。他方で，19 世紀半ばごろに創始された民衆宗教のな
かには，中山みきが開いた天理教や川手文治郎が開いた　セ　など，政府

に公認され教派神道と呼ばれたものがある。

⑧ 江華島事件の翌年，日本は事件を理由として朝鮮に迫り， ソ を結んだ。これによって，日本の領事裁判権が認められ，また釜山に加えて首府漢城にほど近い タ など2港が開港されるに至った。

⑨ 韓国併合以後，朝鮮人は チ の国籍を付与され，朝鮮人の中には，東京に留学する人々も現れた。1919年には，こうした留学生が チ からの独立を宣言する文書を発表したのがきっかけとなり，朝鮮半島全体で ツ と呼ばれる大規模な民族主義運動がおきた。

⑩ 日本は1951年の日米安全保障条約で，独立後におけるアメリカ軍（米軍）の駐留を受け入れ，翌年に結んだ テ に基づいて，米軍が使用する基地（施設・区域）を提供することとなった。これにより，日本国内で米軍基地の設置や拡張が進められると，石川県の ト や東京都の砂川で激しい基地反対闘争がおこった。

22

次の文章(①〜⑩)の ア 〜 ト に入る最も適当な語句・数字を記せ。解答はすべて所定の解答欄に記入せよ。

① 旧石器時代には，石器をもちいた狩猟がおこなわれた。長野県の ア 湖では， イ 象の化石骨と打製石器が同じ土層から発見されている。

② 完新世になると，東日本に落葉広葉樹林が，西日本に ウ が広がった。新たな自然環境に対応しつつはぐくまれた縄文文化の姿は，食物残滓や土器などが捨てられた エ からうかがうことができる。

③ 弥生時代は集団抗争が激化した時代であり，何重もの濠をめぐらせた佐賀県吉野ヶ里遺跡は オ 集落の代表である。107年に後漢に朝貢した倭国王 カ は，集団抗争をつうじて形成された「クニ」をたばねる王とも考えられる。

④ 527年に九州で キ の乱が勃発し，これを鎮圧したヤマト政権は大王権力をさらに拡大した。石人や石馬が置かれた福岡県 ク 古墳は， キ の墳墓だと推定されている。

⑤ 平安時代には，平将門の乱を描いた『将門記』や，前九年合戦の経過を記した『 ケ 』などの軍記物語が書かれた。また，インド・中国・日本の1,000以上の説話を集め，武士や民衆の生活・風習も描いた『 コ 』が編まれた。

⑥ 蒙古襲来で奮戦した肥後国御家人 サ は，鎌倉幕府の御恩奉行である シ に直訴して恩賞にあずかり，蒙古襲来絵詞にみずからの奮戦ぶりを描かせ，同国の甲佐大明神に奉納した。北条貞時の母の兄でもある シ は，のちに霜月騒動で敗死する。

⑦ 鎌倉時代以降，農民らが ス 請や ス 検断などを自治的におこなう村が各地に成立した。農民らは，領主への要求が受け入れられない場合，大挙して押しかけて訴える強訴や，農耕を放棄して山林などに退去する セ をおこなって抵抗した。

⑧　室町時代には，将軍の側近として仕え，能や茶道などの技芸に優れた

　　　　ソ　　　と呼ばれる人々がいた。その一人である能阿弥らに学んだ

　　　　タ　　　は，茶禅一味の境地を貫き，侘茶の開祖となった。

⑨　自由民権運動において，演説会が果たした役割は非常に大きかった。政府は

　　　　チ　　　を定めて，政社の結成とともに演説会の開催も届け出制にして規制

しようとした。明治20年代には演劇で政府批判を展開する者も現れ，そのな

かからオッペケペー節で知られる　　　ツ　　　のような人物も出た。

⑩　沖縄の「慰霊の日」は，沖縄戦において日本軍の組織的戦闘が終わったとされ

る　　　テ　　　月23日と定められている。その沖縄戦では，中学校・高等女学

校や，教員養成を目的とする　　　ト　　　学校の生徒なども多数動員され，多く

の命が失われた。

23

　次の文章(①〜⑩)の ア 〜 ト に入る最も適当な語句を記せ。解答はすべて所定の解答欄に記入せよ。

① 縄文時代の食料獲得は，狩猟・漁労・採取を基本としていた。漁網のおもりである ア や，矢に使われた イ など，多様な石器が使用された。

② 縄文時代の晩期ころには，九州北部で水稲栽培が開始されていたことが，佐賀県 ウ 遺跡の水田遺構などから推定されている。水稲栽培は日本列島の各地に波及したが，北海道では エ 文化と呼ばれる食料採取文化が継続した。

③ 巨大な古墳に注目が集まりがちだが， オ 県三ツ寺Ⅰ遺跡などの居館も，古墳時代に豪族が成長をとげた物証として重要である。他方で古墳時代後期ころから，小型墳の密集する カ が，各地で爆発的に造営された。この現象は，いわゆるヤマト政権が有力農民層まで掌握したことを示すと考えられる。

④ キ 天皇の時代，隋と正式な国交が結ばれた。これに伴い，大陸の文化が続々と流入し，法隆寺金堂釈迦三尊像などを代表とする ク 文化が花開いた。

⑤ 鎌倉時代には農業技術が発達し，牛馬や鉄製農具の使用が広まり，収穫量の多い ケ 米が輸入されるなど，生産力が高まった。また，交通の要地には定期市が開かれるようになり，『 コ 』には備前国福岡における市のにぎわいの風景が描かれている。

⑥ 後鳥羽上皇は，朝廷において政治面だけでなく文化面でも主導性を発揮し，八番目の勅撰和歌集である『 サ 』を編纂させた。またその子の天皇が著した有職故実の書である『 シ 』は，後世の規範にもなった。

⑦ 鎌倉時代には，荘園領主と武士の紛争が多発し，朝廷・幕府ともに裁判制度の充実が求められるようになったこともあり，後嵯峨上皇は幕府の影響のもと

で ┌─ ス ─┐ を設置した。またその子 ┌─ セ ─┐ は幕府の将軍として迎えられた。

⑧ 室町時代，日本と朝鮮の間では正式な通交が行われていたが，倭寇の影響は大きく，15 世紀前半には対馬がその根拠地とみなされて，朝鮮軍によって襲撃される ┌─ ソ ─┐ と呼ばれる事件が起きた。その後，貿易は再開されたが，16 世紀初頭に，日本人居留民らによる ┌─ タ ─┐ と呼ばれる暴動が起きると，通交は縮小された。

⑨ 幕末維新期の来日西洋人医師は，多彩な事績をもって知られる。1859 年に来航したアメリカ人 ┌─ チ ─┐ は本来宣教師で，ローマ字の和英辞典もつくった。1876 年に招かれたドイツ人ベルツは，30 年近くに及ぶ教師・侍医としての日常や政治・社会の動向を日記に書き残した。条約改正問題により襲撃されて重傷を負った外務大臣 ┌─ ツ ─┐ のもとに駆けつけたこともつづられている。

⑩ 地方公共団体において文化財保護を担当してきたのは ┌─ テ ─┐ であり，そもそもは教育行政に国民の民意を反映させ，地方分権化をはかるため，1948 年に設置された組織である。1956 年に公選制から任命制へと変わり，現在にいたる。また 1968 年には，伝統ある文化財を保護し文化を振興することを掲げ，中央官庁としての ┌─ ト ─┐ が設置された。

24

次の文章（①～⑩）の　ア　～　ト　に入る最も適当な語句を記せ。解
答はすべて所定の解答欄に記入せよ。

① 　ア　世後期の打製石器が，列島の各地で発掘されている。1949 年に
群馬県の　イ　遺跡の発掘調査により，この種の石器の存在が確認され
た。

② 縄文時代の豊かな文化や盛んな活動が明らかにされつつある。1992 年に本
格的な調査が開始され，集合住居と推定される大型の竪穴住居などが出土した
青森県　ウ　遺跡は，その明白な物証である。多様な物資が行き交い，た
とえば姫川流域を原産とする　エ　が，装飾品の素材として広く流通し
た。

③ 紀元前後頃から，倭人は中国王朝に遣使をくり返し行った。『漢書』地理志に
「　オ　海中に倭人有り」とあるように，　オ　郡が遣使の窓口であっ
た。『後漢書』　カ　伝に記された紀元 57 年の遣使は有名である。

④ 文字を記した遺物は，古墳時代の社会を解き明かす鍵を握る資料である。
　キ　県の岡田山1号墳から出土した鉄刀には「額田部臣」の銘が認められ
る。この「臣」は，有力豪族に与えられた　ク　と呼ばれる称号の1つと考
えられる。

⑤ 近世中後期の私塾は，多くの門人を集め，多彩な人材が輩出した。懐徳堂は
その1つで，富永仲基や，『夢の代』を著した　ケ　などが育った。また，
周防の医師の家に生まれた　コ　は，豊後日田の咸宜園や大坂の適塾で学
んだ後，長州藩で軍事指導を行い，維新後は近代的軍隊の創始に関わった。

⑥ 近世後期になると，村では貧富の格差が拡大し，貧農・小作人層が村政参
加，村役人の交代，帳簿の公開などを要求する運動である　サ　が増え
た。また，都市部へ流出するものも増えて村が荒廃したため，老中松平定信は
帰村を勧める　シ　を発令した。

⑦ 開国直後から，　ス　は日本の最大の輸出品となった。いっぽう輸入で

は開国当初，毛織物や綿織物，綿糸などが大きな割合を占めたが，1880年代
以降の セ 業の勃興によって，その原料である綿花の輸入が増大し，19
世紀末から20世紀初頭には最大の輸入品となった。

⑧ 1911年に青鞜社を結成し，女性の生きる道は結婚して母となることだけで
はないと訴えた ソ は，女性の政治的権利を求めて1920年に市川房枝
らと新婦人協会を創立した。1945年には女性の選挙権・被選挙権が初めて認
められ，さらに1947年には タ の改正によって，男性の家長に強い権
限を与えた戸主制度が廃止された。

⑨ 韓国併合後，日本政府が朝鮮統治のため設置した チ は，朝鮮人の政
治活動を厳しく弾圧した。「平民宰相」と呼ばれた ツ が首相のとき，
三・一独立運動が起こると， チ は憲兵警察の廃止など統治に手直しを
加えたが，民族主義運動は根強く続いた。

⑩ 1941年7月に日本軍が南部仏印に進駐すると，アメリカは テ の対
日輸出を禁止した。日本はアメリカに禁輸解除を求めたが，これに対してアメ
リカは，日本軍の ト および仏印からの全面撤退を日本に要求した。日
本はこの要求を受け入れることができず，対米英開戦に踏み切った。

25

次の文章(①~⑩)の ア ~ ト に入る最も適当な語句を記せ。解答はすべて所定の解答欄に記入せよ。

① 鎌倉時代には，康勝の作とされる六波羅蜜寺蔵の ア 上人像など写実的な彫刻が作られた。また肖像画においても，人物を写実的に描く似絵が多く制作されたが， イ の作とされる「伝源頼朝像」など，似絵に描かれた人物が誰であるかについては，今日ではさまざまな議論がある。

② 北朝・南朝の分裂は，足利尊氏が後醍醐天皇に対抗して ウ 天皇を擁立したことに始まった。内乱が全国化・長期化する中，幕府は エ の権限を強め，これに荘園年貢の半分を兵糧米として与えるなどした。

③ 鎌倉公方 オ が将軍足利義教に滅ぼされた後，その末子が新たな鎌倉公方に任ぜられた。しかし，その新公方が1454年に関東管領を殺害したことを契機に カ が勃発したため，京都の応仁の乱より一足先に関東は混乱に陥った。

④ 鎌倉・室町時代には商業・流通が高度に発達し，遠隔地間の決済には，商人が発行した キ がしばしば用いられた。また京都やその周辺では，朝廷や寺社と結びついて特権を得る商人集団があり，大山崎離宮八幡宮に属する商人らが ク の製造・販売の独占を主張したのはその一例である。

⑤ 安土桃山時代になると，城主の権威を象徴する高層の ケ を備えた城郭が建設されるようになった。江戸城の ケ は明暦の大火で焼失したが，民政の安定に力を尽くして名君といわれ，将軍徳川家綱を補佐した会津藩主 コ の反対により，再建が見送られた。

⑥ 徳川家康は，肥前国の サ にオランダとイギリスの商館を置くことを許した。家康の外交顧問であったイギリス人 シ は，このイギリス商館の経営に協力し，後に朱印船主となって安南・東京（トンキン）に渡航した。

⑦ 関ヶ原の戦い以降，江戸幕府は街道を整備し，街道沿いでの取引を安定させるため，良銭の基準や銭貨の交換比率を定めるなど， ス をめぐる法令

をくり返し出した。しかし，1636年には，［　セ　］という新しい銭を発行
し，銭の統合がはかられたため，［　ス　］を必要とする経済は終息した。

⑧　江戸時代に入ると，この世のさまざまな事象を描いた絵画が普及した。
［　ソ　］が『好色一代男』で「浮世絵」と称したこの絵画は，当初肉筆（手描き）
が盛んであったが，17世紀中頃から，大量制作の可能な版画が広まった。版
画は，墨一色で始まり，やがて色を重ね刷りする技術が生まれ，18世紀後半
になると，［　タ　］と呼ばれる多色刷版画の技法が確立した。

⑨　明治中期には，松原岩五郎の『最暗黒之東京』や横山源之助の『［　チ　］』な
ど，貧困層の生活を描くルポルタージュが多く世に出た。前者の発行元である
民友社を創設した［　ツ　］は，いわゆる平民主義を主唱して，三宅雪嶺らと
論争をくり広げた。

⑩　第一次世界大戦がもたらした大戦景気のもと，1915年から18年まで日本の
貿易は［　テ　］超過となった。他方で，工業労働者の増加や人口の都市集中
などによる米の消費量増大に加え，［　ト　］出兵を見込んだ米の買い占めに
よって米価は急騰し，ついに全国的な米騒動へと発展した。

26

次の文章(①〜⑨)の　ア　〜　ト　に入る最も適当な語句を記せ。解答はすべて所定の解答欄に記入せよ。

①　旧石器時代・縄文時代の人々は，石器の原材料の獲得に努力した。近畿地方の二上山の　ア　や中部地方の和田峠の黒曜石はその代表格である。縄文時代には，石材獲得のために，木をくり抜いて作った　イ　舟を漕いで島まで赴くこともあった。

②　古墳時代には銅鏡が愛好され，とくに　ウ　鏡は 1 基の古墳に 30 面以上も副葬されることがあった。奈良県天理市に所在する　エ　古墳は，その代表例として名高い。

③　古墳時代の刀剣に施された銘文は，史料的価値が高い。埼玉県稲荷山古墳出土の鉄剣銘と，　オ　県江田船山古墳出土の鉄刀銘はその双璧である。前者の　カ　人，後者の典曹人は 5 世紀後半の政治組織を知る重要な手掛かりになる。

④　6 世紀末に，日本最古の本格的伽藍をそなえる　キ　寺が建立された。塔を中心に 3 つの　ク　を配する伽藍配置を特色とする。

⑤　後白河法皇は，1164 年に平清盛に命じて　ケ　を建立させた。現存の本堂は鎌倉時代の再建だが，その構造から三十三間堂と呼ばれる。法皇は，この寺院に宝蔵を設け，種々の宝物を集めた。その中には，11 世紀後半に陸奥守　コ　が清原氏の内紛を鎮めた後三年合戦に関する絵巻物もあった。

⑥　沖縄では 12 世紀から　サ　と呼ばれる豪族が各地に成立し，14 世紀には北山・中山・南山の 3 王国が分立した。1429 年，中山王尚巴志が 3 王国を統一して琉球王国を形成し，　シ　を都とした。琉球王国は，日本・明・東南アジアを結ぶ中継貿易の舞台として繁栄した。

⑦　1871 年から 73 年にかけ，　ス　を正使とする使節団が欧米諸国を歴訪していた間，政府は徴兵令や学制の公布，　セ　暦の採用などの改革を進めた。使節団の見聞の様子を『米欧回覧実記』にまとめた　ソ　は，のちに

「神道は祭天の古俗」と論じたために批判を浴び，帝国大学教授の座を追われた。

⑧　自由民権運動の高まりのなか，『民権自由論』や「東洋大日本国国憲按（日本国国憲按）」で知られる理論的指導者の 夕 は，廃娼論など女性に関する主張も行った。また，景山英子のような，女性の民権運動家も現れた。彼女は，1885 年に大井憲太郎らが朝鮮の内政改革を企てて逮捕された チ 事件に際し，女性としてただ一人投獄された。

⑨　大日本帝国憲法とともに公布された衆議院議員選挙法は，選挙人を満 ツ 歳以上の男性，かつ所得税と テ という当時2種類あった直接国税を 15 円以上納める者に限定した。同法は何度か改正され，選挙権や施行範囲も拡大されていき，明治末期には沖縄県でも施行された。一方，植民地での施行は ト 内閣が倒れる 1945 年4月のことで，実際の選挙はついに行われなかった。

27

次の文章(①〜⑩)の ア ～ ト に入る最も適当な語句を記せ。解答はすべて所定の解答欄に記入せよ。

① 律令国家は和同開珎を発行し， ア 令(法)を出して流通を促進した。和同開珎は，京・畿内やその周辺ではよく使用されたが，これら以外の地域では稲や イ などの物品を用いて交易するのが一般的であった。

② 聖武天皇は大仏建立の詔を発し，仏教を興隆することによって国家・社会をまもろうとした。そのために登用された ウ は，社会事業を行い民衆布教を進めていた僧である。 エ を主な原材料として製作された大仏は，752年に開眼供養された。

③ 平安時代には，和歌や物語を書き記すのに オ が用いられるようになり，国風文化の発達に大きな役割を果たした。 カ が左大臣として権力をふるった時代に，紫式部によって著された『源氏物語』はその到達点の一つと言ってもよい。

④ 班田収授が行われなくなると，公田は名という単位に編成され， キ や臨時雑役が徴収された。有力農民のなかには，田地を貴族などに寄進し，課税を免れようとする者が現われた。受領がこれを認めることによって成立した荘園を ク 荘と呼ぶ。

⑤ 朝鮮出兵の際，日本につれて来られた陶工が， ケ 国の有田で，磁器の生産をはじめた。この地で コ が完成したとされる赤絵は，ヨーロッパ人に好まれ，17世紀後半以降盛んに輸出された。

⑥ 1654年に来日した サ は，宇治に黄檗山万福寺をひらいた。黄檗宗と共に伝わった明や清の画法は日本の シ 画に影響を与え，池大雅や田能村竹田などの画家が生まれた。

⑦ 主に薬効という観点から自然物を分析・研究する中国伝来の ス 学は，江戸時代中期以降，日本独自の発展を見せた。金沢藩主前田綱紀に命じられ， セ が着手した『庶物類纂』はその成果の一つで，二人の死後は幕府が引き継ぎ，編纂の開始から約50年をかけて完成させた。

⑧ 江戸時代中期，　ソ　は庶民に心の修養を説く心学を始めた。弟子の手
島堵庵は，師が心学を創始した　タ　の地に，明倫舎などの心学講舎を設
け，その後，心学は全国に普及した。

⑨ 大正期には都市化の趨勢を背景としながら中等・高等教育機関の拡張が進行
し，1918 年には　チ　が制定されて，それまでの専門学校を官・公・私
立大学として昇格させる道筋が開かれた。河上肇の著作などを通してマルクス
主義が広がり，また，吉野作造の思想的影響を受けた東京帝国大学の学生を中
心として同じ 1918 年に　ツ　が結成された。

⑩ ポツダム宣言を受諾した日本政府は，カイロ宣言の方針にしたがって，朝鮮
の独立を認め，満州，　テ　，澎湖諸島を中華民国に返還することになっ
た。凄惨な地上戦の舞台となった沖縄諸島は米軍による軍政下に置かれ，朝鮮
戦争前後の時期から米軍の基地が集中的に建設された。同様に米軍の軍政が布
かれた　ト　諸島は，1951 年のサンフランシスコ平和条約ではアメリカ
の施政権下にあるとされたが，1953 年に日本に返還された。

28

次の文章(①~⑩)の ア ~ ト に入る最も適当な語句を記せ。解答はすべて所定の解答欄に記入せよ。

① 近年， ア を用いて測定された年代を，年輪年代法などで補正することによって，日本列島における最古の土器は，1万6千年前頃に出現することが明らかになった。この年代は，地質年代で言うところの第四紀のうち イ 世に属しており，ヴュルム氷期の寒冷な気候下で土器の製作が開始されたことを示している。

② 660年に唐・新羅連合軍により滅ぼされた ウ を復興するために，中大兄皇子は大軍を送ったが，白村江で大敗した。その後，唐や新羅の攻撃に備えて，大宰府の北側に位置する エ 城をはじめとして，西日本各地に朝鮮式山城が築かれた。

③ 『古事記』は，政治をおこなった宮殿名で各天皇を紹介しており，代替りごとに宮殿が遷されたらしい。持統天皇は，藤原宮の大極殿・朝堂院や門・大垣の屋根をはじめて オ で葺き，永続性を意図した。しかし，20年もたたずに カ 天皇は，平城宮に遷った。

④ 平安時代になると，中国から学んだ漢文学の教養が貴族の間で深まり，勅撰漢詩文集が編纂され，菅原道真の『 キ 』など，個人の漢詩文集もつくられた。道真の建議で遣唐使の派遣は中止されたが，中国商人の来航が続き，香料や薬品・茶碗・書籍などがもたらされた。これらの舶載品は ク と呼ばれて，貴族にもてはやされた。

⑤ 1428年，将軍足利義教の代始めに，近江国坂本の ケ が蜂起したことをきっかけとして，正長の土一揆が発生した。ついで1441年には，将軍義勝の代始めに，大規模な嘉吉の土一揆が勃発した。このため，幕府は コ を発布した。

⑥ 室町時代，兵庫は日明貿易・瀬戸内海交易の拠点として繁栄した。兵庫に設置された東大寺の関所の帳簿『 サ 』によると，15世紀半ばにおける国

内船の入港数は年間 2000 艘をこえていた。しかし，応仁の乱による荒廃で，日明貿易の拠点が和泉国の シ に移ったこともあり，兵庫は衰退した。

⑦ 明治維新後，政府は西洋の国際秩序にのっとる形で国境の画定を進めた。幕末のロシアとの条約によって両国雑居の地と定められた ス は，1875 年に結ばれた条約により千島と交換でロシア領となった。また，江戸時代に薩摩藩の支配を受けるとともに清国にも朝貢していた琉球に対しては，1872 年に琉球藩を置き，琉球王朝最後の国王であった セ を藩王として華族に列した。次いで 1879 年には琉球藩を廃止して沖縄県を設置した。

⑧ 明治維新後，日本は積極的に西洋文化を受け入れた。例えば西洋音楽については，軍が最初に取り入れて軍楽隊を作った。1887 年には，専門的な音楽教育を行うため ソ が設立され，伊沢修二が初代校長となった。一方，そうした政府主導の欧化政策への反発も生じ，1888 年に三宅雪嶺・志賀重昂らは雑誌『 タ 』を創刊して国粋主義をとなえ，日本独自の近代化を模索する議論を展開した。

⑨ アジア太平洋戦争中の 1943 年 11 月，日本政府は東アジア・東南アジア諸地域の親日政権の首脳を集めて チ を開き，結束を誇示した。しかし，戦局は悪化の一途をたどり，翌年 7 月にマリアナ諸島の ツ 島が米軍に占領されると，米軍はここを根拠地として本土空襲を本格化させていった。

⑩ 高度成長期，日本の産業構造は変容し，人口の都市集中が進んだ。1964 年に東京・新大阪間に開通した テ に代表されるように，交通網の整備も推進された。その一方で，公害問題をはじめとした高度成長のひずみが深刻化し，政府は 1971 年に公害防止・自然保護などに関する行政を担当する官庁として ト を設置した。

29

次の文章（①～⑩）の ア ～ ト に最も適当な語句を記せ。解答はすべて所定の解答欄に記入せよ。

① 建武新政のもとでは，恩賞や所領をめぐる混乱に対し，裁判を行うための ア が創設された。室町幕府のもとでは，守護が，幕府の下した判決を執行する職務である イ を担うなど，武士の所領に関する権限を強めた。

② 室町時代には有職故実や古典の研究が盛んに行われた。一条兼良は，朝廷の年中行事の起源や変遷について述べた『 ウ 』を著した。また，古典の解釈の伝授は，特定の人のみに対する秘事口伝となったが，東常縁が宗祇に『 エ 』の解釈を伝えたのが，その一例である。

③ 水墨画は，禅の境地に自然を取り入れた『瓢鮎図』を描いた オ などを経て，雪舟によって大成された。雪舟の作品には，現在の京都府にある名所を描いた『 カ 』がある。

④ 狩野派は，水墨画と伝統的な キ の技法を結びつけ，多くの障壁画を生み出した。一方で，それに対抗して雪舟五代を自称し，智積院襖絵の『楓図』などを代表作とする ク があらわれた。

⑤ 岡山藩の大名池田光政は，『大学或問』を著した儒者 ケ を登用し，藩政の安定をはかるとともに，藩士の子弟だけでなく庶民の子弟や他藩の者も入学できる郷学 コ を設立し，教育・学問の興隆をはかった。

⑥ 貿易のために来日した中国人は長崎の町に雑居していたが，1688年，その居住を サ と呼ばれる施設に限定し，貿易統制を徹底した。日本からは，18世紀末以降は銅に代わり， シ と総称される海産物が主要な輸出品となった。

⑦ 江戸時代には， ス という種類の衣服が男女の日常着として一般的になった。また，髪を結いあげたり，頭頂部の月代（さかやき）を剃（そ）る風俗が一般化し，髪結床は庶民でにぎわった。 セ は，ここを舞台にした『浮世床』を書き，江戸の下町の庶民の日常を活写した。

⑧　文政期には，インドに始まった　ソ　の大流行が日本に及んだ。「ころ
り」と呼ばれ恐れられたこの病気は，安政期に再び大流行した。この流行への
関心が高かったことは，江戸時代に街頭で売られた報道紙　タ　版の記事
からもうかがえる。

⑨　1914年に第一次世界大戦が勃発すると，日本は日英同盟を理由としてドイ
ツに宣戦布告し，　チ　半島，赤道以北のドイツ領南洋諸島のそれぞれ一
部を占領した。大戦後，前者は日本から中国に返還されたが，後者は国際連盟
の　ツ　領となり，日本がその受任国となった。

⑩　満州事変後，3つの内閣で大蔵大臣を務めた　テ　は，金輸出再禁止，
政府支出の増大によって，恐慌からの脱出を実現した。しかし，軍事予算の抑
制を図ったために，陸軍の青年将校から敵視され，　ト　事件において暗
殺された。

30

次の文章（①〜⑩）の　ア　〜　ト　に最も適当な語句を記せ。解答は
すべて所定の解答欄に記入せよ。

① 前漢は，朝鮮半島西北部に位置する　ア　郡をはじめとして4つの郡を
朝鮮半島に設置した。紀元前1世紀以降の朝鮮半島南部と九州北部の各地の遺
跡から，中国系文物が出土するのは，こうした変化に対応するものと思われ
る。特に　ア　郡でつくられた土器の出土は，当時の人々の動きを考える
上で興味深い。また，朝鮮半島東南部の墳墓からは，武器を祖形とし，銅戈と
ともに九州北部における代表的な青銅製祭器である　イ　が出土してお
り，玄界灘をはさんだ交流の実態を知るための大きな手がかりとなる。

② 塗料や接着剤・硬化剤として　ウ　を使うのは，縄文時代以来の伝統で
あるが，6世紀末〜7世紀初頭には，布を張り重ねて　ウ　で固める技術
が伝わり，この技術を駆使した棺や仏像が作られた。奈良時代の肖像彫刻とし
て著名な　エ　の像は，この方法で作られている。

③ 乙巳の変によって成立した新政権は，僧旻や　オ　など，留学経験のあ
る知識人を国博士として登用し，翌年正月には　カ　の詔を発して政策の
大綱を示したとされる。

④ 平安時代の高級女官の正装は，唐衣と裳をつける　キ　である。一般に
十二単と呼ばれるように，袿（衣）を何枚も重ね着し，寒暖を調節するとともに
色目の美しさを表した。手に持つ檜扇には優美な絵が描かれた。これに対し，
男性貴族は，正装として束帯を着用し，手には　ク　を持って威儀を整え
た。

⑤ 1185年，平氏一門は壇ノ浦合戦で滅亡し，平氏が奉じた　ケ　天皇も
入水した。平氏が東国の源氏に敗北した一因は，西国が大飢饉に見舞われ，兵
糧米が欠乏したことにあった。この飢饉の惨状は，　コ　が著した随筆

『方丈記』に克明に描かれている。

⑥ 鎌倉新仏教の宗祖のうち，一遍の生涯は『一遍上人絵伝』に描かれている。この絵巻物に見える備前国 | サ | 市での布教の有様は，当時の市の実態を知る上でも貴重な資料である。現在，時宗の総本山は，一遍の孫弟子が相模国に開いた | シ | である。

⑦ 南北朝時代にはうちつづく動乱と社会の転換を目にして，人々のあいだで歴史に対する関心が高まり，異なる立場から叙述されたいくつかの歴史書が生まれた。この時代の歴史書として，源平の争乱以後の歴史を公家側からとらえた『 | ス | 』や，南朝の立場から皇位継承の理想を説いた北畠親房の『神皇正統記』のほか，足利氏の政権獲得過程を武家側から描いた『梅松論』や，| セ | が内乱における今川氏の活躍を記述した『難太平記』がよく知られている。

⑧ 南北朝時代になると，上の句と下の句を一座の人々が交互に詠みついでいく連歌が盛んになった。二条良基が編纂した『菟玖波集』は勅撰に準じられ，規則書の『 | ソ | 』も制定された。その後，連歌は地方の武士や庶民のあいだにひろく流行するが，こうした広まりを背景に，応仁のころ | タ | が出て正風連歌を確立し，その芸術性を高めた。『新撰菟玖波集』は彼が編纂したものである。

⑨ 1872年に新橋―横浜間，1874年には大阪―神戸間に官営鉄道が敷設され，1889年には | チ | 線が全通した。一方，1881年に日本鉄道会社が設立されると，各地に民営の鉄道会社が相次いで誕生し，1889年には民営の営業距離が官営を追いぬくまでになった。しかし日露戦争後の1906年，| ツ | が制定され，翌年までに主要な民営鉄道17社が買収された。

⑩ 近代オリンピックは，1896年のアテネ大会にはじまるが，日本人選手がはじめて参加したのは，1912年に | テ | で開催された第5回大会であった。また，日本の金メダル獲得がはじめて実現したのは，1928年のアムステルダム大会である。1936年に国際オリンピック委員会は，1940年に予定されていた第12回大会の開催地を東京に決定したが，翌年からはじまった | ト | の影響により，日本政府が開催権を返上したために，東京開催は実現しなかった。

31

次の文章(①〜⑩)の　ア　〜　ト　に最も適当な語句を記せ。解答は
すべて所定の解答欄に記入せよ。

① 751 年に成立した　ア　は現存最古の漢詩文集で，詔に応えるための，
あるいは天皇の宴に侍する時の漢詩が多く，さらに 9 世紀初めには 3 つの勅撰
漢詩文集などがつくられた。その後，和歌が盛んになるが，漢詩文も重んじら
れ，11 世紀には，藤原公任が和歌と日中の漢詩文を集めた　イ　を撰し
た。

② 源経基は藤原純友の乱の平定に加わり，その子の源満仲は密告によって安和
の変の発端をつくった。この時に満仲の弟の源満季は，平将門の乱を鎮圧した
　ウ　の子藤原千晴を逮捕した。満仲の子のうち，平忠常の乱を鎮定した
源頼信に対し，長兄の　エ　は藤原兼家・藤原道長に仕え，受領を歴任し
た。　エ　は富裕を誇り，道長の邸宅の再建にあたり，調度品一切を献上
したほどである。

③ 1609 年，薩摩の島津氏によって征服された琉球王国は，江戸時代をつうじ
て，国王の代替わりごとに　オ　を，将軍の代替わりごとに　カ　を
幕府に派遣した。

④ 近世の漁業は，沿岸漁業に加えて沖合漁業が発達し，また網による漁法が全
国に広まった。なかでも，上総の九十九里浜の　キ　による鰯漁や，蝦夷
地の刺し網を用いた　ク　漁などがよく知られている。

⑤ 18 世紀半ば以降，日本の画壇に西洋画の影響を受けた動きが見られるよう
になった。円山応挙は遠近法や陰影法を取り入れ　ケ　を確立させ，
　コ　は日本で初めて腐食液を用いた銅版画の作品を発表した。

⑥ 19 世紀に入ると，江戸歌舞伎はめざましい発展を見せた。「東海道四谷怪
談」で知られる　サ　の脚本を七代目市川団十郎らが演じ，好評を博し
た。　サ　を師とする河竹黙阿弥は，江戸町人を生き生きと描いた写実性
の高い　シ　を得意とし，幕末には四代目市川小団次と組み数々の狂言を

書いた。

⑦ 3月25日は「電気の日」とされているが，それは日本ではじめて電灯が点灯
されたのが1878年のこの日だったからである。点灯されたのはアーク灯で
あった。アメリカのエジソンが　　ス　　電球の改良に成功するのは翌1879
年のことである。1886年には東京電灯会社が開業し，翌年には電気供給を開
始した。これ以降，大都市部では次第に電灯が普及していき，以前から利用さ
れていた　　セ　　灯や石油ランプと肩を並べるようになった。

⑧ 電気の普及は，民衆に新しい娯楽をもたらした。　　ソ　　は日清戦争後に
登場し，またたくまに大衆の人気を博した。1903年には東京浅草に日本初の
常設館である電気館が開業し，1907年には大阪千日前にも電気館がつくられ
た。電気館という名称に　　ソ　　と電気の関係が示されている。1925年か
ら　　タ　　放送がはじまり，新たな情報・娯楽メディアとなった。
　　タ　　受信機は，1930年代末から40年代初め頃には，電灯，扇風機，ア
イロンなどとならぶ，普及率の高い家庭用電気機器の1つとなった。

⑨ 第2次世界大戦後の　　チ　　期には，低価格で豊富に供給される中東産原
油を燃料にすることで，火力発電が水力発電をうわまわるようになった。しか
し，　　ツ　　年の第1次石油危機後には，石油にかわるエネルギー源が求め
られ，原子力発電事業が本格的に推進されるようになる。

⑩ いわゆる「原子力の　　テ　　利用」は1953年にアメリカ大統領アイゼンハ
ワーが国際連合総会で行った演説を機に，国際的に推進されるようになり，日
本もこれに参加した。1955年には，研究用原子炉の燃料の供与に関する日米
原子力協定が調印され，さらに原子力三法が成立した。1957年には茨城県
　　ト　　村に日本原子力研究所の研究炉が設置され，さらに1963年10月
26日に動力試験炉ではじめて原子力発電に成功した。それを記念して10月26
日は「原子力の日」とされている。

32

次の文章（①〜⑩）の　ア　〜　ト　に最も適当な語句を記せ。解答は
すべて所定の解答欄に記入せよ。

① 弥生時代の開始にあっては，水田稲作を生業とする集団が，機織の技術や木
材加工に用いた新式の磨製石器をたずさえて渡来してきたとされる。しかし，
狩猟や戦闘に用いられる弓矢には，おもに縄文時代の石器製作技術で作られた
　ア　石鏃が使われている。また，朝鮮半島からの影響により北部九州で
造られるようになったと考えられる，数個の石の上に大きな平石をのせて墓標
とした　イ　墓から，縄文人と共通した形質の人骨が出土していること
も，無視はできないであろう。

② 土器をその形でみると，縄文時代では，堅果類や魚介類等の調理・加工に適
した　ウ　形土器が主であった。弥生時代になると，煮炊き用の甕形土
器，貯蔵用の壺形土器，食物を盛るための高杯形土器と機能により形態が分か
れたが，本格的な食器といえる杯・椀形の土器は，古墳時代に朝鮮半島から伝
わった新しい技術により製作された　エ　に由来する。

③ 平氏に焼き打ちされた東大寺の再建において，その中心となったのが重源で
ある。彼は，宋の工人である　オ　に，焼け落ちた大仏を修復させた。ま
た，大規模な建物の再建には，中国から導入した大仏様と称される建築様式を
採用した。東大寺に現存する　カ　は，大仏様の代表的な建築物である。

④ 後醍醐天皇は，建武新政府に様々な機関を設置した。中央で裁判を担当した
のは，後醍醐天皇が最高機関と位置づけた記録所と，新たに設けた　キ
であった。一方，諸国には国司と守護を併置したほか，鎌倉と　ク　国に
は将軍府を置き，それぞれ親王を将軍として下向させている。

⑤ 室町時代，地方でも学問が発展した。15世紀前半，下野国の足利学校が，
関東管領もつとめた　ケ　によって再興された。以後代々の権力者の保護
を受けて繁栄し，高度な教育が行われた。また禅僧桂庵玄樹は，応仁の乱を避

けて肥後国に下り，同国の豪族　コ　氏の保護を受けて儒学を教えた。

⑥　戦国大名も検地を行うことがあったが，ほとんどの場合は，家臣や村落に耕
　地の面積や収入額を自己申告させる　サ　検地が行われていた。また，家
　臣の収入額を銭に換算した　シ　という基準で把握し，それに応じて軍役
　を賦課する戦国大名もあった。

⑦　明治初期，民間から政府へ提出された建白書は，しばしば新聞などに掲載さ
　れて世論にも影響を与えた。1874 年に政府の立法諮問機関である　ス
　へ出された民撰議院設立建白書はその著名な例だが，　セ　戦争の最中に
　片岡健吉が総代として提出したものなど，この後も政府に対して国会開設を要
　望する建白書は相次いだ。

⑧　条約改正は明治政府の最も重要な外交課題であった。征韓論政変後に外務卿
　となった　ソ　はアメリカとのあいだで税権回復交渉を成功させたが，そ
　の条約はイギリスなどの反対で発効しなかった。ついで井上馨は領事裁判権の
　撤廃をめざしたが，農商務相谷干城や民法の起草などで知られるフランス人法
　学者　タ　ら，政府内外からの非難をあびて挫折した。

⑨　大正から昭和初期にかけて，河上肇らによって経済学や歴史学などで導入さ
　れた　チ　主義は，太平洋戦争後には再び思想的影響力を強めた。同じく
　戦後，政治学者の　ツ　や経済史学者の大塚久雄らは，西欧近代との比較
　から日本の後進性や近代化について論じ，学生・知識人層に影響を与えた。

⑩　みずからの戦争体験を書き記した文学作品は数多い。著名な例をあげれ
　ば，1938 年に発表された火野葦平の『　テ　』は日中戦争での従軍体験を
　記録したもので，　ト　が戦後に発表した『俘虜記』には，フィリピンでの
　従軍体験とアメリカ軍の捕虜として過ごした収容所生活とがつづられている。

33

(2010年度 第2問)

次の文章（①〜⑨）の ア 〜 ト に最も適当な語句を記せ。解答は
すべて所定の解答欄に記入せよ。

① 鎌倉時代初期，新仏教の興隆に対して，旧仏教でも革新の動きがおこった。
興福寺を出て笠置山に居住した ア 宗の貞慶や，華厳宗の僧で
『 イ 』を著して法然を批判した明恵らが名高い。

② 戦国時代には各守護大名家で下剋上が相次いだ。管領細川氏では，将軍足利
義澄を擁立し権勢をふるった ウ の没後，内紛を経て家臣の三好長慶が
実権を奪った。しかし，長慶の死後，今度は三好氏の家臣 エ が主家に
とってかわった。

③ 江戸時代の貨幣制度は，金・銀・銭の三貨を並行的に通用させるものであっ
た。幕府は，まず金座・銀座を設け金銀貨を発行したあと，それまで通用して
いた永楽銭など中国銭の流通を停止し，かわって オ を大量発行した。
三貨のうち銀は，取り引きにさいし重さを量って通用する カ であっ
た。

④ 江戸幕府10代将軍家治の時代，権勢をふるった キ は，幕府財政を
積極的な経済政策によって救おうとし，商工業者から運上金や冥加金を徴収す
るかわりに，その特権を保証するため ク の結成を公認した。また，失
敗に終わるが，下総の印旛沼や手賀沼の干拓事業をも推進した。

⑤ 領内の特産物を独占的に集荷・販売する ケ は，江戸時代のはじめか
らみられるが，それが本格化するのは藩財政の窮乏化が進む後期になってのこ
とである。著名な例としては，姫路藩の木綿， コ 藩の藍玉，薩摩藩の
黒砂糖などがあげられる。

⑥ 尊王攘夷論が強まるなか，幕府は，やむなく文久3(1863)年5月10日を
もって攘夷を決行するように諸藩に命じた。この命を実行すべく公武合体派か
ら尊王攘夷派に転じた長州藩は， サ 海峡を通過する外国船を砲撃し
た。これに対し，薩摩・会津の両藩は，朝廷内の急進派の公家三条実美らを京
都から追放し，長州藩の勢力を京都から一掃した。この事件を シ と呼

ぶ。

⑦ 1877年，東京大学の動物学担当教授として赴任した ス は，大森貝塚の発見により日本の考古学の発達にも貢献した。1878年に来日して東京大学で哲学や政治学・経済学を担当した セ は，日本の伝統美術の価値を評価し，のちに「悲母観音」などの作品を残した ソ の創作活動を援助するなど，日本美術の発展にも尽力した。

⑧ 国税収入を租税の種類ごとに見ると，明治20年代までは地租が中心であったが，明治30年代以後は間接税の比重が高まって地租の比重は低下した。一方，直接税のうちでは1887年に創設された タ 税が，大正年間には地租を上回り，以後，20世紀後半から現在に至るまでほぼ国税収入中の首位を占めている。比重の低下した地租は地方財源へ委譲され，第2次大戦後は チ 使節団の勧告に基づく税制改革で，市町村が課す ツ 税の一部へと転換した。

⑨ 戦後日本の経済改革を行ったGHQは，財閥解体の措置を恒久化するため，1947年制定の テ 法によって ト 会社の設立を禁止したが，これは1997年の同法改正により解禁された。

34

次の文章（①〜⑩）の　ア　〜　ト　に最も適当な語句を記せ。解答は
すべて所定の解答欄に記入せよ。

① 平安時代には貴族の住宅として，中央に寝殿，東西に　ア　をおく寝殿
造が成立した。敷地はおおむね一辺約120ｍ四方（方一町）で，建物の内部は
屏風や障子を間仕切りとして使ったが，それには日本の風景などを題材とした
　イ　が描かれることが多かった。

② 鎌倉時代には，京・鎌倉間を旅行した人物によって紀行文が作成された。源
親行の作とされ，1242年の旅行の様子を記した『　ウ　』，また1279年に
裁判のために鎌倉にくだった　エ　が著した『十六夜日記』などが，その代
表的なものである。

③ 室町時代，日本と朝鮮との貿易は　オ　の禁圧を契機として開始され，
対馬の領主宗氏の仲介によって行われた。日本からの輸出品には，香料や胡
椒といった，　カ　による中継貿易を通してもたらされた南海の産物も
あった。

④ 室町時代中期の関白一条兼良は，有職故実書『公事根源』や『源氏物語』の注釈
書『　キ　』を著した。彼の息子で興福寺別当をつとめた僧尋尊も博識で知
られ，平安後期から16世紀初めにいたる興福寺諸門跡の経歴や事件などを記
した『　ク　』を編纂した。

⑤ 古代以来使われてきた暦は，江戸時代には実際の天体の動きとの誤差が目
立ってきた。そこで安井算哲は中国元代の授時暦に自らの観測を加えて暦を修
正し，幕府はそれを正式に採用した。この新しい暦を　ケ　という。この
改暦を機に，幕府は，おもに編暦にあたる　コ　を新設した。

⑥ 江戸時代の文人たちの間には地域やジャンルを越えた交友があった。たとえ
ば冬の雪国の生活や習俗を描いた『　サ　』の作者の鈴木牧之は，『仕懸文
庫』の作者の　シ　や読本作家の曲亭馬琴，文人画家の谷文晁らと親しく

交わっていた。

⑦　19 世 紀 末 以 降, 高 等 教 育 機 関 の 拡 充 が 進 み, 1918 年 に 公 布 さ れ た　ス　によって, 帝国大学だけでなく単科大学や公立・私立大学の設置も認められた。他方, 植民地においては 1920 年代に　セ　帝国大学・台北帝国大学が設置された。

⑧　1920 年, 平塚らいてう・市川房枝らは　ソ　を設立した。この団体は女性の政治運動参加を禁じた 1900 年公布の　タ　第五条の改正を訴えた。その結果, 1922 年にその改正が実現した。

⑨　大正から昭和初期にかけて, 新聞や大衆雑誌などに掲載された大衆小説が多くの読者を得た。とくに,　チ　の『大菩薩峠』をはじめ, 吉川英治や大佛次郎らの時代小説が知られている。他方で, 社会主義運動・労働運動の高揚を背景に, 小林多喜二の『蟹工船』などの　ツ　文学も生まれた。

⑩　1982 年より三次にわたり組閣された中曽根康弘内閣は行財政改革を推進し,　テ　や国鉄の民営化(それぞれ現在の NTT, JR)を行った。ついで大型間接税の導入を目指したが果たせず, 次の竹下登内閣のもとで　ト　税として導入され, 1989 年度より実施された。

35

次の文章(①〜⑩)の　ア　〜　ト　に最も適当な語句を記せ。解答は
すべて所定の解答欄に記入せよ。

① 蘇我馬子が飛鳥寺を建立する際に，　ア　からは，寺工・鑪盤(ろばん)博士・瓦
博士・画工などの技術者が派遣された。金堂の丈六仏(飛鳥大仏)をつくったと
される止利仏師は，品部の1つである　イ　部の出身であった。

② 糸をつむぐ道具である石製・土製・鉄製の　ウ　や，織機の部材および
模型を通して，古代の人々がどのように布を生産したのかを知ることができ
る。律令制において，麻布は，労働力の代償である　エ　という税としても，納めることになっていた。

③ 蘇我蝦夷・入鹿を滅ぼして成立した改新政府は，都を　オ　に移し，中
央集権的な施策を次々に打ち出した。全国には　カ　という地方行政組織
を置いて，国造などをその長官に任じた。

④ 8世紀には唐の影響を強く受けた国家仏教が栄えた。唐僧鑑真が渡来して
　キ　を伝え，仏教制度の整備に寄与した。政府は民間での布教を制限し
たが，行基は多くの社会事業を行い，また光明皇后は　ク　や施薬院を設
けて貧民を救済した。

⑤ 山城国の大山崎には，油の販売やその材料である　ケ　の仕入れに関す
る特権を有した油座の拠点があった。また，この地に隠栖していた　コ
は，『犬筑波集』の編者として名高い。

⑥ 山口を本拠とする大内氏は，　サ　の商人と組んで日明貿易の実権を握
り，富強を誇った。しかし，1551年に当主大内義隆が家臣の　シ　に
よって滅ぼされたため，日明貿易も断絶することになる。

⑦ 国内統一をなしとげた豊臣秀吉は，明を征服しようと，対馬の　ス　を
通じて，朝鮮に日本への服従と明への道案内を要求したが，拒否された。そこ
で，大軍を朝鮮に送り，その首都漢城を，ついで平壌を攻略した。しかし，明

の援軍と　　セ　　率いる水軍等の反撃にあい，休戦に追い込まれた。

⑧　15 世紀ごろに始まった浄瑠璃は，江戸時代に入ると人形芝居と結びつき，
人形浄瑠璃へと発展した。元禄時代には，武家出身の近松門左衛門が，『国性
爺合戦』などの時代物の他，『　　ソ　　』などの世話物の脚本を書き，義理と
人情のはざまで悩む町人や武士の姿を描いた。それらの作品は，　　タ　　ら
によって語られ，多くの人々の共感をよんだ。

⑨　元禄時代，　　チ　　は，『万葉集』など古典研究の立場から古代人と近世人
の心の懸隔を説いた。ついで荷田春満に学んだ賀茂真淵は，中国文化に傾倒す
る　　ツ　　を排することを主張した。本居宣長はそれを継承し，大成した。

⑩　江戸時代，貨幣経済の発達は，農民の間で貧富の差を拡大させた。そのうえ
江戸後期には，自然災害やそれに伴う　　テ　　がしばしば起こった。こうし
たなか困窮した農民たちは，年貢の減免や専売制の撤廃などを要求して
　　ト　　を起こしたが，財政難にあえいでいた領主の多くは要求には応じ
ず，厳罰をもってのぞんだ。

36

次の文章(①〜⑩)の ［ ア ］〜［ ト ］に最も適当な語句を記せ。解答はすべて所定の解答欄に記入せよ。

① 古代の仏教彫刻は，さまざまな素材・技法で製作された。初期の仏像は金銅像や木像が一般的だったが，奈良時代になると，東大寺法華堂の ［ ア ］像のような乾漆像，あるいは戒壇院四天王像のような塑像も数多く作られた。平安初期には，一木造の木像が主流となり，衣文の表現には ［ イ ］式と呼ばれる技法が用いられた。

② 藤原道長とその子頼通は天皇家の外戚として権勢を誇り，その繁栄の姿は『栄花物語』や『［ ウ ］』などの歴史物語に描かれている。道長や頼通は浄土教を深く信仰し，地上に浄土を再現するため，法成寺や平等院鳳凰堂を建てた。法成寺や平等院鳳凰堂の仏像は，仏師 ［ エ ］が制作にあたった。

③ 平清盛の祖父正盛の時に院近臣として台頭した伊勢平氏は，その子 ［ オ ］が鳥羽院から昇殿を許されて政治的地位を高めた。当時，春日社の ［ カ ］を擁した興福寺，日吉社の神輿をかついだ延暦寺などの悪僧による強訴が再三発生したが，［ オ ］はこうした強訴の防御にも活躍した。

④ 14世紀の末，大和四座の一つである ［ キ ］座(のちの観世座)出身の観阿弥・世阿弥父子が京に進出し，将軍足利義満の保護を受けて猿楽能を大成した。世阿弥には，著書『風姿花伝』，彼の談話を息子元能が筆録した『［ ク ］』がある。

⑤ 室町時代には商業が大きく発展し，貨幣流通がさかんとなったため，明銭などの良質な貨幣が不足して粗悪な銭が横行した。これを嫌って ［ ケ ］が行われたため，幕府や大名はたびたびこれを制限した。大量の銭の運搬が困難なため，遠隔地取引には為替が用いられたが，その手形を ［ コ ］という。

⑥ 安土城・大坂城・聚楽第などの城郭建築は，桃山文化の象徴である。その内部の襖や壁を飾った絵画は，［ サ ］と呼ばれ，その制作の中心となったのは，［ シ ］派の絵師たちであった。

⑦　江戸時代の村は，庄屋・組頭・百姓代といった村役人によって運営されたが，村政に参加できるのは基本的には ┌ ス ┐ に限られた。また，その負担は，田畑や屋敷の石高を基準にかけられる年貢のほか，山野河海の利用に対してかけられる附加税の ┌ セ ┐ や，公用の交通のために課される伝馬役などがあった。

⑧　天保の飢饉により，農村からの流入者が増えて都市問題が深刻化し，周辺の村々では荒廃が進んだ。そこで，水野忠邦は農村から都市に来住した者に帰農を命じる ┌ ソ ┐ を出したが，効果はあがらなかった。また，諸物価が高騰し，貧しい人々は飢えに苦しみ，各地で騒擾が起こったが，町費の節約分を積み立てる ┌ タ ┐ 制度が寛政期に始まった江戸では，貧民救済が行われ，天明の頃のような混乱は回避された。

⑨　開港後の社会の混乱は，人々の不安を増大させた。中山みきを教祖とする ┌ チ ┐ などの民衆宗教は，貧しい人々の救済を説き，行き詰まった社会から救われたいという願いを持つ人々に受け入れられていった。また，1867 年から翌年にかけて，世直しを求めて集団で乱舞する ┌ ツ ┐ が，東海から中国・四国地方にかけて発生した。

⑩　明治 10 年代，20 年代は，伝染病が流行し，猛威をふるった時代であった。とくにおそろしいのは ┌ テ ┐ で，1879 年と 1886 年の両年には，日本全国で死者 10 万人をこえる被害をもたらした。ほかにも，天然痘，腸チフス，赤痢が流行し，これら 4 種の伝染病によって，明治中期の 20 数年間に 80 万人をこえる死者がでたと言われている。衛生行政を管掌する ┌ ト ┐ は，中央衛生会・地方衛生会・町村衛生委員などの制度をつくって，伝染病の予防につとめたが，必ずしも十分な成果をあげることができなかった。

37

次の文章(①〜⑩)の　ア　〜　ト　に最も適当な語句を記せ。解答はすべて所定の解答欄に記入せよ。

① 律令国家は都と地方を結ぶ七道を整備して　ア　を設け，公用で往来する官人に利用させた。公民は調や庸を自ら運脚夫となって都まで運び，軍団の兵士の一部は都で　イ　として勤務した。これらの労役や兵役は有力な働き手をとられるので，大きな負担であった。

② 鎌倉武士たちは，騎射三物と呼ばれた笠懸・犬追物・　ウ　を行って武芸を磨いた。また大規模な巻狩も行ったが，軍記物語である　エ　の題材となった兄弟の仇討ちは，頼朝が富士山麓で巻狩を行った際に発生した。

③ 1428年の正長の土一揆では，京やその周辺で私徳政が行われた。奈良市　オ　の地には，この地で私徳政が行われたことを示す碑文が残されている。幕府が天下一同の徳政を認めたのは　カ　の土一揆の時である。

④ 多くの戦国大名は，領国統治のために分国法を制定している。16世紀前半には，駿河・遠江などを領国とする戦国大名が　キ　を制定したほか，奥羽に勢力を広げた　ク　氏も171条にも及ぶ「塵芥集」を制定している。

⑤ 戦国時代に国内栽培が始まった　ケ　は急速に普及し，江戸時代前期には庶民の代表的な衣服原料となった。一方，絹織物は，西陣の　コ　の技術が地方に伝えられ，その結果，江戸時代後期以降に各地で生産がさかんになった。

⑥ 江戸時代に入ると，国内の商品流通量が増えるにつれて，商品を集めて卸売りをする問屋や，小売商の注文に応じて問屋から商品を調達する　サ　など商人の分業化が進んだ。これらの商人は，三都や城下町の卸売市場で取引を行った。大坂天満の　シ　市場は，その代表的なものである。

⑦ 革命後のロシアに対する干渉目的の出兵は，はじめ英・仏からの提案を受けて　ス　を首相とする当時の日本政府が検討を開始していた。1918年7月に　セ　から，チェコスロヴァキア軍団救済目的の共同出兵の提案を受

けると，これを名目としてシベリアへの大量出兵が実行された。

⑧　1927年，民間銀行の経営悪化が表面化し，金融恐慌と呼ばれる事態に発展するなか，経営破綻に陥った鈴木商店に巨額の融資を行っていた　ソ　も経営危機に陥った。若槻礼次郎内閣は，　ソ　救済のための緊急勅令を出そうとしたが，　タ　で否決され，内閣は総辞職した。

⑨　第2次世界大戦後，日本映画も国際的に高い評価を受けるようになった。とくに戦前以来の伝統を誇るヴェネチア国際映画祭で黒澤明監督の　チ　がグランプリを獲得したことは，日本映画の価値を世界に知らしめる結果となった。続いて同映画祭において，江戸文学の古典作品に題材を求めた　ツ　監督の『西鶴一代女』や『雨月物語』が賞を受けた。

⑩　1971年，アメリカのニクソン大統領は，ドル防衛のために，金とドルの交換停止を宣言して世界に大きな衝撃を与えた。ドルの切り下げが始まり，1973年には日本円も　テ　に移行した。さらに，第4次中東戦争を機に，アラブ産油国は原油価格を引き上げ，世界経済は深刻な不況に直面した。この二つの危機により，日本の実質的経済成長率は大幅に低下し，　ト　の時代は終焉した。

38

次の文章(①～⑩)の　ア　～　ト　に最も適当な語句を記せ。解答はすべて所定の解答欄に記入せよ。

① 弥生文化の指標となる水田稲作は，早い段階から鍬や鋤などの　ア　製農具，稲穂をつみ取る石庖丁など，体系的な農具をともなっていた。近年，改良された　イ　年代測定法によって，弥生時代の開始年代が紀元前10世紀までさかのぼるとする説が提起されている。

② 大伴金村が擁立した　ウ　天皇の墓と考えられている大阪府の今城塚古墳では，二重周濠の内堤に，家形・器財・人物・動物などの　エ　埴輪が立て並べられていた。それは，6世紀前半における王位継承あるいは葬送にかかわる儀礼の様子を再現したものとみられている。

③ 律令制度では中央に大学をおいて，貴族の子弟に儒教の経典などを教えた。平安時代には，漢詩文や史学を教える　オ　が盛んとなり，有力な貴族は，藤原氏の　カ　や橘氏の学館院のような大学別曹を設け，一族の子弟の便宜をはかった。

④ 平安初期には真言宗がいちはやく密教を広めたが，天台宗でも円仁や　キ　によって密教化が進められた。密教の流行とともに仏教美術にもその影響が強まり，教王護国寺や神護寺の　ク　や園城寺の不動明王像がつくられた。

⑤ 鎌倉時代，旧仏教の僧も活発に活動した。西大寺の僧　ケ　や，その弟子忍性は，戒律の復興に努め，慈善事業を行って信仰を集めた。忍性は，北条重時の帰依を受けて鎌倉で　コ　の開基となった。

⑥ 室町時代における農業生産力の向上には，中国からもたらされた作物の品種や農業技術が大きく貢献している。たとえば，東南アジア原産で災害に強く，多収穫の　サ　米が普及し，中世後期には，灌漑用の揚水機として　シ　が使用されるようになった。

⑦ 18世紀半ばを過ぎると，政治や社会に対する批判的な言説や活動が尊王論

の形でみられるようになった。　ス　を著した山県大弐は，江戸で講義を行っていたが，幕政の腐敗を攻撃したので，とらえられて処刑された。また，京都や諸国で尊王思想を説いた　セ　は，各地の天皇陵を踏査した蒲生君平と並ぶ，寛政期の尊王論者として知られている。

⑧　18世紀後半には蘭学が盛んになった。蘭学者稲村三伯らは日本初の蘭和辞書　ソ　をつくった。19世紀前期には，江戸幕府も翻訳のための機関を設けた。ここで訳出された　タ　は，フランス人ショメルの百科事典を蘭訳本から重訳したものである。

⑨　1890年に帝国議会の第1回総選挙が実施された。しかし，当時の衆議院議員選挙法は，　チ　と　ツ　には施行されておらず，両地域の住民は参政権を行使できなかった。いっぽう，1898年からは両者の全域に徴兵令が施行され，兵役の義務については他府県と同様の負担となった。それをふまえて，　チ　の全域に衆議院議員選挙法を施行することを定めた勅令が出されるのは1903年のことであり，より人口の少ない　ツ　への施行（ただし，一部の地域を除く）は，さらに遅れて1912年までまたねばならなかった。

⑩　第2次世界大戦後の日本社会が産んだ大衆文化で，のちに世界中に広まったものに，マンガとアニメーションがある。戦前からの伝統をもつ4コマ漫画では，長谷川町子の描いた「　テ　」が『朝日新聞』に長期連載され，国民的人気を博した。しかし，真に戦後的な新しい表現手法を確立し，戦後マンガ文化の基礎を築いたのは，大阪大学の医学生時代から作品を発表し続けた　ト　である。

39

(2004年度　第2問)

次の文章(①〜⑩)の　ア　〜　ト　に最も適当な語句を記せ。解答は
すべて所定の解答欄に記入せよ。

① 　縄文時代の人々は，自然環境を有効に利用し，狩猟・漁撈や，一部に栽培を
含む植物質食料の採集活動を組み合わせることで，比較的安定した生活を送る
ことができたと考えられている。狩猟の道具として弓矢が主に使われたこと
は，遺跡から　ア　が多く見つかることから推定できる。漁撈活動の内容
を推定するためには，貝塚から見つかる漁撈具である釣針・銛・ヤスなどの
イ　や網の錘以外に，貝殻や魚骨も重要な研究材料である。

② 　福岡県板付遺跡や佐賀県　ウ　遺跡の発掘調査で見つかった日本列島で
最も古い時期の水田は，灌漑施設をもち，畦畔で区画された本格的なもので
あった。また，木製農具やそれを製作するための多様な磨製石斧，収穫具であ
る石庖丁なども見つかっている。これらの道具の形や，同時期に九州北部に出
現した　エ　墓の構造の類似性からみて，こうした新たな文化は，朝鮮半
島南部の文化と深い関わりがあると考えられる。

③ 　620年，聖徳太子と　オ　が協力して編纂したとされる　カ
は，645年の政変の際にはからくも焼失を免れ，中大兄皇子に献上されたと伝
えられるが，その後の消息は知られず，『古事記』や『日本書紀』との関係は明ら
かではない。

④ 　717年，留学生として海を渡った　キ　は，753年藤原清河とともに僧
ク　の渡日を要請し，ともに帰国を志したが失敗，その後は官吏として
皇帝に仕え，そのまま彼の地に没した。

⑤ 　院政期には天皇や上皇等の発願によって，多くの造寺・造仏の事業が行われ
た。平安京東郊の白河の地に，天皇・女院の御願寺としてあいついで建立され
た，一般に　ケ　と総称される寺々は，その代表的なものである。これら
の多くは受領の請負によって造営されたが，その際に売官の一種である

　　　　コ　　制が大きな役割を果たした。

⑥　鎌倉時代，絵画では絵巻物が最盛期をむかえ，寺社の縁起・高僧の伝記や合
　戦を主題とした多くの傑作が生みだされた。また肖像画の制作も増え，俗人を
　描く似絵では　　サ　　・信実父子のような名手がでる一方，禅僧の肖像画で
　ある　　シ　　を描く風習も広まった。

⑦　南北朝時代以降，茶寄合がさかんに行われるようになり，茶を飲み分けて産
　地などを当てる　　ス　　が流行したが，足利義政の時代には禅の影響を受け
　た閑寂な侘茶が創始された。侘茶は 16 世紀前半に堺の茶人　　セ　　に継承
　され，16 世紀後半，千利休によって大成された。

⑧　室町時代には多くの港町が繁栄した。とくに，日明貿易の舞台となった堺や
　博多のほか，伊勢国南部の　　ソ　　などでは自治も行われた。このほか，北
　方貿易の拠点として津軽の　　タ　　も栄えた。

⑨　明治維新直後の日本語は，近代社会に十分に対応できる言語にまだなってお
　らず，後に初代文部大臣となる　　チ　　は英語を国語とせよとさえ主張して
　いた。しかしその後，日本語は大きく改革された。なかでも　　ツ　　が『浮
　雲』などで言文一致体の文章を著したことは，画期的な意義をもっていた。

⑩　安保闘争での混乱の責任を取り退陣した岸信介内閣にかわった　　テ　　内
　閣は，革新勢力との正面からの対決を避け，高度経済成長を促進する政策を
　とった。また，外交は日米関係を基軸としながらも，政経分離の方針で中国と
　の　　ト　　と称される覚書貿易の取り決めを行い，貿易を拡大した。

40

次の文章(①～⑩)の　ア　～　ト　に最も適当な語句を記せ。解答は
すべて所定の解答欄に記入せよ。

① 日本文化の基礎は水田稲作にあると言われる。しかし，弥生時代に水田稲作
が九州から青森県まで広がっても，その圏外の北海道では　ア　文化，琉
球諸島では　イ　文化と呼ばれる，おもに食料採取に依存する文化が継続
した。

② 日本に仏教が伝わってから半世紀ほどを経て，最初の本格的寺院である飛鳥
寺が建てられた。発掘調査の結果，飛鳥寺は仏舎利を奉安した　ウ　を中
央に，その北と東西に，仏像を安置した　エ　を配した一　ウ　三
　エ　の伽藍配置をとることがわかった。

③ 江戸時代中期以降，さまざまなジャンルの書籍が刊行され，安価な見料で本
を提供する　オ　も増加した。こうしたなか，幕府は出版物への取り締ま
りを強化し，1791年には『仕懸文庫』の作者　カ　が手鎖の刑を受けた。

④ 天保期以降，各地で藩政改革が実施され，佐賀藩では藩主　キ　みずか
らが，薩摩藩では下級武士から登用された調所広郷が財政再建にあたった。こ
れらの藩は，金属を溶解・精錬する　ク　を導入して大砲を鋳造するなど
洋式軍備の充実につとめ，幕末の中央政局に影響力を持つ素地を作った。

⑤ 長崎のオランダ商館に駐在した医師　ケ　が帰国後『日本』を著すなど，
商館は日本に関する情報をヨーロッパに伝える窓口の役割を果たした。日本に
とっても海外情勢の情報源としてオランダ商館の重要性は高く，たとえば，ペ
リーの来航は，商館長が将軍に提出する　コ　によって事前に幕府に知ら
されていた。

⑥ 19世紀に入ると，織物業の分野で，同じ作業場内でさまざまな生産工程を
分業して商品を生産する　サ　が成立した。この生産形態は開港後最大の
輸出産業となった　シ　でも普及した。

⑦ 1898年に公布された民法の家族法は，いわゆる「家」制度によって特徴づけ

られるものであった。その主たる内容は，家長としての ┃ ス ┃ に大きな権
限を与え，その地位と財産を，┃ セ ┃ 相続の規定により，基本的には長男
に，単独で相続させるものであった。

⑧ 明治期に成長した財閥には，江戸期以来の経営を発展させたものと，明治維
新後に新しく事業を始めたものとがある。呉服商・両替商として富を蓄積して
きた三井家や，別子鉱山を中心に銅山・銅精錬業を営んできた ┃ ソ ┃ 家は
前者の例であり，土佐藩出身の ┃ タ ┃ が海運業から発達させた三菱財閥は
後者の例である。

⑨ 鉄道建設は植民地支配の重要な手段であった。朝鮮半島では，韓国を保護国
とする前から，日本は京仁鉄道と ┃ チ ┃ 鉄道の敷設権を獲得しており，前
者は 1900 年，後者は 1905 年に全線開通した。日露戦争中に軍用鉄道として起
工された京義鉄道も 1906 年には全線開通し，ここに朝鮮半島を縦貫する鉄道
網ができあがった。いっぽう ┃ ツ ┃ では，領有以前の既存鉄道を延長・整
備する計画が立てられ，1908 年に基隆〜高雄間に縦貫鉄道が完成した。

⑩ 明治末の神社合祀政策に反対した在野の生物学者 ┃ テ ┃ は，その該博な
知識と豊かな語学力を活かして，ヨーロッパ民俗学の日本導入に大きく貢献し
た。1930 年代に日本民俗学の方法的基礎を確立し，その組織化と体系化を進
めることになる ┃ ト ┃ も，┃ テ ┃ との交流を通じて海外の神話学・民
族学・民俗学の成果を吸収した 1 人であった。

第3章　総合問題

41

次の文章（A～C）の　ア　～　セ　に入る最も適当な語句を記し，問
(1)～(15)に答えよ。解答はすべて所定の解答欄に記入せよ。

A

　　古墳時代には，日本列島の広範囲にわたってきわめて多数の古墳が造営され
た。独特な平面形を呈する巨大前方後円墳が存在したこの時代にも，活発な対
　　　　　　　　　　　　　　(a)
外交流がおこなわれた。

　　邪馬台国の卑弥呼が三国の　ア　に遣使した時期は，一般に古墳時代の
直前と考えられているが，この頃に製作された中国鏡が数多く日本列島にもた
らされ，古墳に副葬された。古墳には多様な鉄製品が副葬され，古墳時代中期
　　　　　　　　　　　　　　(b)
にはその量がますます増大した。朝鮮半島最南部の　イ　諸国との関係を
通じて入手した鉄資源が，これを可能にしたのである。

　　古墳時代中期以降，先進的な文化や技術が日本列島に数多くもたらされた。
その担い手は　ウ　人と呼ばれる人々であった。朝鮮半島での政治的立場
を有利にするため，倭の五王が宋にたびたび遣使したのもこの時期である。
　　　　　　　　　　(c)
　　倭の五王の遣使ののち，6世紀代には朝鮮半島諸国との関係がいっそう複雑
になった。高句麗の侵攻を受けて南遷していた百済は，日本列島に学者や技術
　　　　　　　　　　　　　　　　　　　　　　　　　　(d)
者などを派遣した。この頃に日本列島に伝えられた仏教は，徐々に社会に浸透
してゆき，6世紀末に建立された飛鳥寺を皮切りに，仏教寺院が続々と建立さ
　　　　(e)
れていった。

　　仏教文化が花開きはじめた7世紀初頭に，　エ　が遣隋使として派遣さ
れた。この際に隋に提出されたのが，「日出づる処の天子」の語句で知られる国
書である。この頃以降，前方後円墳は築かれなくなり，豪族や王族はさほど規

模の大きくない古墳に葬られるようになった。四神や男女群像の壁画で有名な
奈良県明日香村の オ 古墳は，そうした古墳の代表例である。

問

(1) 下線部(a)に関して，5世紀代に複数の巨大古墳が築かれた大阪府堺市の古
墳群名は何か。

(2) 下線部(b)に関して，胴部と頭部を防御する武具を何というか。漢字2字で
答えよ。

(3) 下線部(c)の「五王」のうち，「ワカタケル」にあたると考えられている最後の
王を漢字1字で答えよ。

(4) 下線部(d)の「学者」に関して，儒教経典を講じることを職務とした百済の学
者を何と呼ぶか。

(5) 下線部(e)の「飛鳥寺」を建立させた人物は誰か。

B

1160年，伊豆国に配流された源頼朝は，1180年に挙兵するものの，同年，
   (f)
相模国の石橋山の戦いで平氏方の軍勢に大敗し，海路を経て房総半島へ逃れ
た。そこから，当地の千葉常胤や上総介広常らの支援を得て盛り返し，鎌倉へ
                                                    (g)
入った。そして，富士川の戦いを経て，相模国府における論功行賞で，御家人
らの先祖伝来所領の領有を認める カ をおこない，彼らに新たな所領を
与えた。

とはいえ，なお平氏方は勢い盛んで，諸国には源頼朝に従わない源氏の勢力
も多く，1181年前後には キ の大飢饉が起こり，戦況は停滞する。し
                        (ききん)
かし，1183年，信濃国から北陸道を経て， ク が越中・加賀国境の
 ケ の戦いで平氏方に大勝して入洛し，安徳天皇を擁する平氏一門を
西国へ追いやった。
(h)
 ク の入洛後，朝廷が源頼朝に東海・東山道に関する一定の支配権を
認める コ 宣旨を発令したため，朝廷と ク の関係は悪化した。
1184年，源頼朝は弟である源範頼と源義経の軍勢を上洛させて ク を
                              (i)
倒し，1185年，西国の平氏一門を滅ぼした。
              (j)

問

(6)　下線部(f)について，その原因となった出来事の名称を答えよ。

(7)　下線部(g)について，これを取り囲む山々を越えて，外部に至る出入り口と
　　して開かれた通路を一般に何というか。

(8)　下線部(h)について，この直後に後白河法皇のもとで即位した天皇は誰か。

(9)　下線部(i)について，彼をかくまったことなどから，1189年に滅ぼされる
　　一族の名称を答えよ。

(10)　下線部(j)について，この過程で没収された平家没官領などからなる鎌倉幕
　　府の直轄領の総称を答えよ。

C

　1872年に全国的な学校制度が導入された当初，小学校における女子の就学
率は男子のそれよりも低かったが，その後，徐々に上昇した。1899年には
　　　サ　　　令が公布され，道府県に対し，男子の中学校相当の教育を授ける
　　　サ　　　の設置が求められた。翌年には津田梅子が女子英学塾を開き，1918
年には新渡戸稲造を学長とする東京女子大学が創設されるなど，女性のための
(k)
専門教育も構想されるようになった。

　学校教育の普及は，女性の識字率の向上と人生や生活への自覚をもたらし，
1910年代に入ると，一般向けの女性雑誌が続々と刊行されるようになった。
1916年に創刊された『婦人公論』は，産む者としての女性の自立をめぐって繰
り広げられた　　　シ　　　論争の舞台となり，平塚らいてう・与謝野晶子・山川
(l)　　　　　　　　　(m)
菊栄らが激しく議論を戦わせた。一方で，吉屋信子や林芙美子など，女性の小
説家の作品も広く読まれた。

　ルポルタージュ『　　　ス　　　』は，細井和喜蔵の名により1925年に刊行され
たが，陰には内縁の妻である堀としの協力があった。ここには，小学校を修
了することもできず，紡績工場で働かなくてはならなかった女性たちの姿が描
かれている。としも自身，小学校にはほとんど通うことができなかったのであ
り，生徒の入学率と卒業率とには開きがあった現実を物語っている。

　戦時期になると，女性の勤労動員が1943年以降次第に本格化し，主に未婚
女性を対象とした　　　セ　　　隊が編成され，工場などでの就労を強いられた。

就学中の女子生徒も動員され，授業をまともに受けられない状況となった。

　戦後改革により男女平等がとなえられ，教育基本法の下，男女ともに小学
(n)
校・中学校にて義務教育を授けられることとなった。高度経済成長下の家事の
合理化もあいまって女性の学歴は上昇し，1969年には女子の高等学校進学率
(o)
が男子のそれを超えるにいたった。女子の大学進学率(短期大学を含む)が男子
のそれをはじめて上回るのは，1989年のことになる。

問

　⑾　下線部(k)中に記される2人の人物は同一国への留学経験をもつ。その国名
　　を記せ。

　⑿　下線部(l)の人物が，日露戦争に出征した弟を案じて詠んだ詩が収載された
　　雑誌名を記せ。

　⒀　下線部(m)の人物は，1947年に創設された省庁の初代婦人青年局長とし
　　て，女性・年少者の就業問題などをつかさどった。その省庁の名を答えよ。

　⒁　下線部(n)に関して，

　　㋐　1947年の刑法改正まで，夫のある女性が不貞行為を働いた場合は犯罪
　　　とされた。この犯罪を何というか。

　　㋑　1946年4月におこなわれた戦後初の衆議院議員総選挙において，何歳
　　　以上の女性が選挙権を有したか。

　⒂　下線部(o)に関して，電気冷蔵庫・白黒テレビとともに「三種の神器」と呼ば
　　れ，家事にかかる時間の短縮をもたらした家庭電化製品は何か。

42

　次の文章（A～C）の　ア　～　シ　に最も適当な語句を記し，問(1)～
(18)に答えよ。解答はすべて所定の解答欄に記入せよ。

A

　菅原道真は，845年に生まれた。祖父の清公も，父の是善も，学問を修めて
文章博士となった人物である。清公は嵯峨天皇の　ア　風を重んじる政策
に関与し，また勅撰漢詩文集を編纂したことで知られる。
(a)
　道真は父祖の学問をよく受けついだ。11歳で最初の漢詩を詠み，大学寮で
文章道を修めたのち，少内記として官人の道を歩み始めた。そのころ起草した
文章に，　イ　王宛の勅書がある。　イ　は当時，日本が定期的な外
交関係をもつ唯一の国家であった。さらに道真は，公民支配や租税管理にあた
る　ウ　省の次官になり，職務に精励した。
　877年，彼は文章博士となり，いよいよ活躍したが，886年春の人事会議で
(b)
讃岐守に任命された。人々は左遷と噂したが，道真は国司の職務を怠らなかっ
た。讃岐国は，空海・円珍などの高僧や惟宗直本・讃岐永直などの法律家を輩
(c)
出してきた，文化の香りの高い地であった。道真は地域社会の実態にふれ，
人々の苦労を詩に詠んだ。国府の西方にそびえる城山の神に雨を祈って，「八
十九郷，二十万口」の公民の安寧を願うこともあった。後年，国司の裁量権を
(d)　　　　　　　　　　　　　　　　　　　　　　　　　　　　　　　　(e)
重んじるべきだと論じたのも，こうした経験によるものであろう。この間，平
安京では　エ　が起きた。道真はかつて同僚だった橘広相の身を案じ，藤
原基経に翻意をうながす意見書を送った。
　やがて道真は4年の任期を終え，都に戻った。　オ　天皇からあつい信
任を得て，公卿に抜擢された。　オ　天皇が譲位した後も栄達は続いた
が，901年，突如として失脚し，2年後，憂悶のうちにその生涯を閉じた。

問

(1)　下線部(a)について，最初に編まれた「勅撰漢詩文集」の名を記せ。

(2) 下線部(b)のような，国司などの官吏を任命する政務を，何と呼ぶか。漢字
　　2字で記せ。

(3) 下線部(c)の人物が編んだ書物の名を記せ。

(4) 下線部(d)の「二十万口」は「20万人」の意味である。8世紀末ころ国家が把
　　握していた人口は，1郷あたり平均1,500人前後とみられるが，道真が国司
　　として把握していた人口はこれとかなり異なっている。その理由は，郷数・
　　実人口の増減や地域の特性によるものでないとすれば，どう考えればよい
　　か。次の①～④のなかからひとつ選び，数字で答えよ。

　　① 浮浪・逃亡により，戸籍・計帳に登録される人数が増加した。

　　② 浮浪・逃亡により，戸籍・計帳に登録される人数が減少した。

　　③ 戸籍・計帳が実態からかけはなれ，偽って登録される人数が増加した。

　　④ 戸籍・計帳が実態からかけはなれ，偽って登録される人数が減少した。

(5) 下線部(e)のような傾向が強まり，10～11世紀には新たな徴税制度が生ま
　　れていった。このうち，雑徭の系譜を引く税を何と呼ぶか。

B

　　1338年，足利尊氏は北朝から征夷大将軍に任じられ，京都に幕府を開い
　　　　　　　(f)
た。その後も，南朝との対立や幕府内部の争いが長く続いたが，将軍
　　　　　　　(g)
　　カ　　は，南北朝の合一や有力守護の勢力削減を経て，全国支配を確立さ
　　　　　　(h)
せた。この間，　　カ　　は花の御所で政務をとり，将軍職を息子に譲ったの
ちは　　キ　　に移って実権を握った。幕政にたずさわる守護らも在京し，京
都は政治の中心となった。

　　京都の金融業者に課した土倉役・酒屋役，日明貿易で幕府船の運営を請け
負った商人に課した　　ク　　などが幕府の有力な財源のひとつとなり，多く
の商人が幕府と結びついて利潤をあげた。一方，高利貸に苦しむ人々によっ
て，大規模な徳政一揆がたびたび京都周辺で起きた。
　　　　　　　　　(i)
　　そして，将軍家と有力守護家の家督争いが重なって応仁の乱が起きると，軍
　　　　　　　　　(j)
事力として足軽が登場し，戦乱によって京都の大部分が焼かれた。また，在京
　　　　(k)
していた守護の多くも，乱の終結とともに領国に下った。京都の公家や文化人
　　　　　　　　　　　　　　　　　　　　　　　　　(l)
も，荒廃を逃れて地方に下り，文化を広める者も多かった。

問

⑹　下線部(f)が，自らと対立した後醍醐天皇の冥福を祈るために京都に建立した寺院の名称を記せ。

⑺　下線部(g)に関して，南朝方の貴族が南朝の皇統継承の正しさを主張した歴史書の名称を記せ。

⑻　下線部(h)に関して，これによってただ一人の天皇となった人物は誰か。

⑼　下線部(i)に関して，七代将軍の代始めに起きた徳政一揆の名称を答えよ。

⑽　下線部(j)に関して，応仁の乱後も家督争いが続き，山城国一揆が形成されるきっかけをつくった一族の名称を記せ。

⑾　下線部(k)に関して，足軽による応仁の乱での略奪の風景を描いた絵巻物の名称を答えよ。

⑿　下線部(l)に関して，日明貿易で富を築いた守護の城下町で，雪舟をはじめとする文化人が集まった都市名を記せ。

C

　江戸時代の百姓は，幕府・藩の政策が原因で苦しい生活を強いられたとき，その撤回や救済などを求めることがあった。大勢の百姓が村を単位に結集し，集団で領主に強訴する　ケ　がよく知られているが，合法的な手続きを踏んだ訴願も多かった。18世紀以降，畿内農村が連合して，幕府に対して木綿・菜種の自由な取引を求めた　コ　と呼ばれる訴願は，その代表である。

　17世紀後半以降，各地の農村では商品作物の生産が盛んとなり，努力を重ねて一代で富を築く百姓もいた。畿内農村では，衣料の原料となる木綿や，灯油の原料となる菜種の栽培が盛んとなり，織物業・絞油業も展開した。これら生産品を商人と自由に取引して高価格で販売できれば，百姓は大きな富を得ることができたが，日用品価格の高騰は人々の生活に影響を与えた。
(m)
(n)
(o)

　そこで，18世紀に入ると幕府は，都市の問屋の集団を　サ　として公認し，営業の独占を許し，価格の高騰を防ごうとした。また，江戸の人々の日用品は，菜種など大坂からの供給に頼るものも多かったため，幕府は江戸に十分な量の商品が供給されるよう努めた。畿内農村の百姓は，こうした幕府の流
(p)

通政策に反対する ┃　コ　┃ を繰り返し，参加する村数が 1,000 をこえること
もあった。

畿内農村における商品作物の栽培では，油粕や魚肥など金肥の使用が広まっ
た。魚肥では，九州や房総半島で生産された干鰯の使用が広まり，18世紀に
　　　　　　　　　　　　　　　　　(q)
なると鰊も用いられるようになった。蝦夷地で生産された鰊魚肥は，買積が主
　 にしん　　　　　　　　　　　　　　(r)
流であった ┃　シ　┃ と呼ばれる廻船で，蝦夷地方面から下関を廻って大坂周
辺地域に運ばれた。百姓は肥料商から魚肥を購入したが，肥料代は農業生産費
のなかで大きな比率を占めたため， ┃　コ　┃ では，肥料価格の抑制が要求さ
れることもあった。

問

(13) 下線部(m)に関連して，浮世草子には木綿栽培をはじめ農業に勤しみ，一代
　　で貧農から富を築いた百姓の物語も描かれている。『世間胸算用』とならぶ町
　　人物の代表で，富裕になる努力を重ねた人々の喜怒哀楽などを描写した作品
　　名を記せ。

(14) 下線部(n)に関連して，主に阿波で生産され，木綿衣料の染料となった商品
　　作物は何か。

(15) 下線部(o)に関連して，17世紀末以降，農村内に居住し，百姓が生産した
　　商品作物を集荷し，都市の問屋を介さない流通ルートで販売する商人が現れ
　　るようになった。このような商人のことを総称して何というか。

(16) 下線部(p)に関連して，大坂・江戸間の荷物を扱う問屋の連合体で，海損負
　　担の協定を結んだ江戸の荷受問屋組合を何というか。

(17) 下線部(q)に関連して，船に積んだ網で魚群を囲い込み，海岸部に引き寄
　　せ，浜から網を引き上げて鰯を漁獲する漁法を何というか。
　　　　　　　　　　　いわし

(18) 下線部(r)に関連して，18世紀になると，松前藩では藩主や家臣などがも
　　つアイヌ交易権を商人が請け負い，運上金を上納するようになった。この制
　　度を何というか。

43

次の文章（A～C）の　ア　～　セ　に最も適当な語句を記し，問(1)～
(16)に答えよ。解答はすべて所定の解答欄に記入せよ。

A

　　隋・唐の勢力拡大は東アジアに国際的な緊張をもたらした。倭国もまたそれ
(a)
に対処する必要に迫られ，大化改新に始まる中央集権国家の構築は，こうした
(b)
国際情勢に関連するとされる。大化改新では，豪族による領有を前提にして人
民を支配する部民制から，国家が直接的に人民を支配する公民制への転換が図
られ，豪族から切り離された人民を領域的に編成するために　ア　が全国
的に設置された。　ア　は地方の有力豪族が任じられていた　イ　の
支配領域を分割・統合することによって設置されたもので，　イ　の一族
は律令制下の郡司へつながっていくこととなる。

　　それをうけて天智天皇の時代には，公民の把握を目的とした全国にわたる戸
(c)
籍が作成された。　ウ　と呼ばれるこの戸籍は，律令制下においても氏姓
の根本台帳として利用された。天武天皇の時代になると，豪族の私的な人民支
配がいっそう強く否定され，朝廷に奉仕する豪族へは，一定数の戸からの税収
を与える　エ　などが支給されるようになった。位階や官職の制度も整え
(d)
られていき，豪族は律令官人へと再編成されていった。

　　東アジアとの接点に置かれ，外交・軍事上の要となったのが大宰府である。
律令制において，1戸（正丁3～4人）に1人の割合で徴発された兵士は，諸国
の　オ　に配属され，訓練をうけたが，その一部は防人として大宰府に送
られて，九州沿岸の防衛にあたった。また，大宰府は西海道諸国を統括する役
(e)
割も帯びており，西海道諸国で徴収された調・庸は大宰府に集められ，中央へ
送られるものを除き，大宰府の運営に用いられた。

問

(1) 下線部(a)に関して，唐の中国統一後に，第1回の遣唐使が送られた。この時，薬師恵日とともに唐へ派遣された人物は誰か。

(2) 下線部(b)に関して，大化改新の際に中臣鎌足がついた地位は何か。

(3) 下線部(c)に関して，人民が口分田を捨てて，戸籍に登録された地を離れる行為・状態を何と呼ぶか。

(4) 下線部(d)に関して，律令制においては蔭位の制と呼ばれるものが存在した。この制度を簡潔に説明せよ。

(5) 下線部(e)に関して，8世紀半ばに，大宰府の官人という地位を利用して，西海道諸国からの兵を集めて反乱を起こした人物は誰か。

B

　平安末期から鎌倉初期には，法然や親鸞など新仏教の開祖となる宗教家が現
　　　　　　　　　　　　　　(f)
れる。彼らが庶民のみならず，貴族からも一定の支持を得たことは確かである。ただ，興福寺・東大寺などの大寺院は全国に荘園をもち，荘園の現地では
　　　　　　　　　　　　　　　　　　　　　　　　(g)
大寺院の下級僧侶が五穀豊穣や荘民の安穏を祈願しており，天台・真言・南都の仏教こそが広く社会に浸透していた。大寺院に属する聖たちは，天皇・貴族
　　　　　　　　　　　　　　　　　　　　　　　　　　　　ひじり
から庶民まで幅広く資金を集める勧進活動を行っており，平氏により焼き討ち
　　　　　　　　　　　かんじん
された東大寺の再建では，　　カ　　が勧進上人となって復興を主導し，大仏
　　　　(h)
殿や南大門を造立した。

　鎌倉中期以降，中国の僧侶が多く日本に渡来するようになり，鎌倉では新たに禅宗寺院が建立された。北条氏は，禅宗に加え　　キ　　宗の僧侶も保護し，叡尊・忍性らは貧民救済や道・橋の修造などの社会事業を展開した。
　　　　　　(i)
　　キ　　宗は南都・真言などの大寺院とも深い関係をもち，　　ク　　が建立した金沢文庫に隣接する称名寺には諸宗の経典・書籍が集積され，関東における仏教修学の拠点寺院となった。また鎌倉後期には，天台・真言などの大寺院の有力僧侶も鎌倉に下向して，北条氏の保護のもと宗教活動を展開していた。

　浄土宗・浄土真宗・日蓮宗・禅宗など，鎌倉時代に現れた新仏教は徐々に社会へと広まっていき，室町中後期になると信仰の基盤を固めていく。日蓮宗は京都の町衆に信者を増やし，　　ケ　　が形成された。しかし1536年には

　　　ケ　　と対立した勢力により，京都の日蓮宗寺院が焼き払われた。また，浄土真宗では蓮如が平易な文章で書かれた　　コ　　により専修念仏の教えを説き，北陸・東海・近畿の武士や農民たちの信仰を得た。その門徒は急速に勢力を拡大して，一向一揆などに発展することもあった。
　　　　　　　　　　　　　(j)

問

(6)　下線部(f)に関して，法然の専修念仏を批判した「興福寺奏状」を起草した人物とされ，南都仏教の復興に尽力した法相宗の僧侶の名前を記せ。

(7)　下線部(g)に関して，大寺院とともに，上皇のもとにも荘園が集積されるようになる。後白河上皇が自身の持仏堂に寄進した荘園群の名称を記せ。

(8)　下線部(h)に関して，東大寺惣大工といわれ，大仏の鋳造などで活躍した，宋から来日した工人の名前を記せ。

(9)　下線部(i)に関して，忍性が病人の救済・療養を目的に奈良に設けた施設の名称を記せ。

(10)　下線部(j)に関して，1488年，一向一揆により滅ぼされた加賀国の守護の名前を記せ。

C

　　江戸幕府は全国に約400万石の直轄領（幕領）を有していた。直轄領には，政治・経済・軍事の中心地で三都と呼ばれた江戸・京都・大坂という大都市をはじめ，全国の重要都市が含まれていた。また，幕府は全国の主要鉱山を直轄地とし，大きな収入を確保するとともに貨幣鋳造権をにぎっていた。
　　　　　　　　　　　　　　　　　　　　(k)

　　こうした幕府直轄領の支配について，年貢徴収・治安維持などは，全国に配置された代官と，特に関東・飛騨などに置かれた　　サ　　が担い，勘定奉行
　　　　　　　　(l)
が統轄した。

　　一方，江戸から離れた全国の重要都市などの要地には　　シ　　奉行と総称される役人が任命されて派遣され，さまざまな役割を担った。例えば，貿易都市である長崎に置かれた長崎奉行は，長崎の都市行政を担いつつ，貿易を管轄
　　　　　　(m)
するという重要な役割を与えられていた。さらに，徳川家康を祀る日光東照宮
　　　　　　　　　　　　　　　　　　　　　　　　　　(n)
を守衛する役割を担っていた日光奉行など，固有の役割を担う　　シ　　奉行

もいた。また，近世後期になると，蝦夷地の直轄化に伴い　ス　に奉行が
置かれるなど，時代状況の変化に応じて新たな地方組織が設置されることも
あった。

　さて，江戸幕府の全国統治の上で，最も重要な役割を担った地方組織が置か
れたのが京都・大坂という大都市を中心とする上方地域であった。京都に置か
(O)
れた　セ　は，朝廷の統制・監視を行うとともに，西国大名を監視するな
(p)
ど，幕府の全国統治，中でも西日本の統治において大きな役割を担った。大坂
には大坂城代が置かれ，城を守衛しつつ，大坂町奉行や堺奉行を統率し，西国
大名の監視も行っていた。

問

　(11)　下線部(k)のうち，幕府が奉行を置いて支配した東日本有数の金山は何か。

　(12)　下線部(l)について，百姓が領主から課された負担のうち，山林・原野・河
　　　海などからの収益に対して課された税の総称は何か。

　(13)　下線部(m)について，19世紀初頭にイギリス軍艦が長崎港に侵入した事件
　　　の責任をとって切腹した長崎奉行は誰か。

　(14)　下線部(n)に用いられた建築様式を何というか。

　(15)　下線部(O)を中心に，17世紀後半から18世紀初頭にかけて花開いたのが元
　　　禄文化である。この時期，大坂道頓堀で人形浄瑠璃を興行し，大成させたの
　　　は誰か。

　(16)　下線部(p)について，公家から選ばれて朝幕間の連絡を担当した役職は何
　　　か。

44

次の文章（A〜C）の　ア　〜　シ　に最も適当な語句を記し，問(1)〜
(15)に答えよ。解答はすべて所定の解答欄に記入せよ。

A

　桓武天皇は平安京の建設にあたり，平城京の寺院が移ってくることを許さな
かった。これは　ア　京から平城京に遷都したときの方針と大きく異な
る。かわりに平安京の正門である　イ　をはさんで，左京と右京に寺院が
新造された。このうち左京の寺は空海に与えられ，真言宗の拠点となって，数
　　　　　　(a)
多くの密教美術を今に伝えている。その後も，京内に寺院が建立されることは
ほとんどなく，天皇や貴族は平安京の周辺や郊外に寺院を建てた。
　　　　　　(b)
　平城京に残された大寺院では，仏教の研究や布教，僧尼の育成などが盛んに
行われた。最澄が大乗戒壇の設立をめざすと，平城京の仏教勢力は強く反対し
たが，最澄は『　ウ　』を著してこれに反論した。空海はそうした対決姿勢
をとらず，東大寺に真言院という拠点をもった。この真言院は，政争に敗れて
　　　　　　　　　　　　　　　　　　　　　　　　　　　　　　　(c)
隠棲していた平城太上天皇に対し，かつて空海が灌頂という密教儀礼を行った
場であった。
　平城京の寺院が勢力を保った主な要因は，封戸・荘園といった経済基盤であ
る。しかし，　エ　とも呼ばれた国司が強い権限を握ると，封戸や荘園か
らの収入は減少した。それは　エ　が朝廷や摂関家への奉仕を重んじ，平
　　　　　　　　　　　　　　　　　　　　　　　　　　(d)
城京の寺院を軽視したためであろう。北陸地方の東大寺領荘園も，　エ
　　　　　　　　　　　　　　(e)
が協力しないため，経営に行きづまったとも考えられる。
　こうして平城京の寺院は衰えていったが，　オ　は藤原氏の庇護によっ
て強い勢力を保った。平安京の大部分が田畑となるなか，　オ　と東大寺
の周辺地域は南都（奈良）と呼ばれ，都市のにぎわいを維持していた。

問

(1)　下線部(a)に関して，この寺に伝えられた，二図で一対をなす9世紀頃の密

教絵画は何か。

⑵　下線部(b)に関して，11世紀前半に平安京東京極と鴨川の間に建てられた，阿弥陀堂を中心とする寺院は何か。

⑶　下線部(c)の「政争」に勝利した天皇は誰か。

⑷　下線部(d)の「奉仕」に関して，建物を造営するなどの奉仕により，官職に任じてもらうことを何と呼ぶか。

⑸　下線部(e)の「北陸地方の東大寺領荘園」の大部分は，開墾を奨励し，耕地の拡大をめざす政策のもとで成立した。これは何世紀のことか。

B

　中世において地方支配を担った守護は，鎌倉時代に有力御家人が任ぜられたことに始まるが，その任務は大犯三カ条と呼ばれる内容に限定されていた。鎌
(f)
倉幕府を滅ぼした後醍醐天皇は，専制的・復古的な政策を行い，鎌倉と
　　カ　　にそれぞれ皇子を派遣し，各国には守護とともに国司を置いた。しかし，1335年に起こった　　キ　　の鎮圧のために鎌倉に下った足利尊氏が反旗をひるがえしたので，政権を失って吉野に逃れた。このような内乱の中，
(g)
室町幕府は守護にさまざまな新たな権限を与えて地方支配を確立させた。ま
(h)
た，二代将軍義詮の弟を　　ク　　に任じ，伊豆・甲斐・関東八か国を統治させた。

　しかし，内乱が収束に向かうと，今度は守護の力を削ぐことが幕府の課題となった。三代将軍義満は，複数の国を支配し強大化していた一部の守護らを討
(i)　　　　　　　　　　　　　　　　　　　　　　　　　　　　(j)
伐する一方で，譜代の足利家家臣や守護の一族を，将軍直轄軍である
　　ケ　　に編成し重用していった。こののち，京都に集まった有力守護が将軍を支えるかたちで，室町幕府はしばらくの安定期をむかえる。

問

⑹　下線部(f)の内容は，謀反人の逮捕・殺害人の逮捕と，もう1つは何か。

⑺　下線部(g)の「内乱」を描いた軍記物の誤りを指摘しつつ，足利家の一門であるみずからの家の歴史を記した，九州探題を務めた人物は誰か。

⑻　下線部(h)の「権限」のうち，守護が幕府の裁判の判決を執行することを何と

いうか。

⑼　下線部(i)は，朝廷においても高い官位につき，内乱で中止されていたさまざまな年中行事や造営を積極的に再開した。この一環として，全国の田の面積に応じて課す税の徴収を幕府が担うようになった。この税の名称を記せ。

⑽　下線部(j)に関して，

　㊀　南北朝合一の前年に討たれた，山陰を中心とする国々の守護を務めた人物は誰か。

　㊁　堺で挙兵し鎮圧された守護の子孫は，その後，勢力を削減されながらも，室町時代を通して日明貿易にたずさわるなど，有力守護であり続けた。この子孫が15世紀末に定めた分国法の名称を記せ。

C

　1952年に発効したサンフランシスコ講和条約によって，日本は独立を回復した。しかし，同条約に調印しなかった，または講和会議に招聘されなかった国々との国交正常化が，日本にとって大きな外交課題として残された。また，沖縄と　コ　諸島がアメリカ合衆国（アメリカ）の施政権下に置かれたため，その本土復帰も課題であった。

　ソヴィエト連邦（ソ連）との国交正常化は，1956年，鳩山一郎が首相のとき(k)に実現した。しかし，日ソ共同宣言が出されたものの，北方領土問題での立場(l)の隔たりが大きかったため，平和条約の締結には至らなかった。大韓民国（韓国）とは1965年に日韓基本条約を締結し，国交を樹立した。当時の日本の首相は佐藤栄作，韓国の大統領は朴正熙であった。佐藤内閣の下では，1968年に(m)　コ　諸島返還，1972年に沖縄返還も実現している。

　日本は1952年に中華民国との間で　サ　条約を締結した。しかし，1971年のニクソン・ショック以降，アメリカが同国と断交して中華人民共和国を承認する方向に動き出すと，日本もそれに追随し，1972年に田中角栄首相が訪中して，日中共同声明が出された。また，1978年には，　シ　条約が締結された。

　このように日本は，1950年代から70年代にかけて，周辺諸国との国交正常化を実現したが，戦争や植民地支配に起因する問題がすべて解決されたわけで

はない。ソ連（ロシア）との平和条約締結，朝鮮民主主義人民共和国（北朝鮮）と
の国交正常化は，現在に至るまで実現していない。また，北方領土，竹島や尖
閣諸島の領有権をめぐる争いが存在するほか，1980年代以降，戦争被害者へ
の補償，首相の靖国神社参拝，歴史教科書の記述などをめぐって，新たな外交
問題が浮上している。

（n）
（o）

問

(11)　下線部(k)の「鳩山一郎」が文部大臣を務めていた1933年，京都帝国大学法
　　学部のある教授が休職処分を受けたのをきっかけとして，同学部の教官の半
　　数以上が大学を去る事件が起こった。この事件を，その教授の苗字から何と
　　呼ぶか。

(12)　下線部(l)の「北方領土」のうち，日ソ共同宣言の中で，平和条約締結後にソ
　　連から日本に引き渡すとされているのは，歯舞群島とどの島か。

(13)　下線部(m)の「1968年」に，佐藤内閣は明治百年記念式典を開催した。この
　　年が「明治百年」とされたのは，元号が明治に改元された1868年から百年が
　　経過したためであるが，これに関連して以下の問に答えよ。

　　(あ)　明治の1つ前の元号は何か。

　　(い)　明治元年の干支は何か。

　　(う)　この年のNHK大河ドラマになった『竜馬がゆく』のほか，『翔ぶが如く』
　　　『坂の上の雲』など，幕末・明治期に関する長編歴史小説を多数発表した作
　　　家は誰か。

(14)　下線部(n)に関して，国交正常化に向け，戦後日本の首相として初めて北朝
　　鮮を訪問したのは誰か。

(15)　下線部(o)の「1980年代」に，財政再建のために検討が進められ，1989年に
　　税率3パーセントで導入された間接税の一種を何というか。

45

次の文章(A〜C)の　ア　〜　ス　に最も適当な語句を記し，問(1)〜
(15)に答えよ。解答はすべて所定の解答欄に記入せよ。

A

律令国家において，畿内と七道に編成された各国を結ぶ官道は，できる限り
(a)
直線的に築造された。官道沿いには，一定の距離をおいて駅家が設けられ，規
定に従って一定数の馬が配置された。また，各国の政務・儀礼を行う施設が集
(b)
まった国府や，　ア　天皇の詔によって建立された国分寺・国分尼寺など
も，官道近くに位置する場合が多い。官道は，税として各地の産物を都に運ぶ
(c)
ための運搬路であり，宮城の警備を行う　イ　や，九州沿岸を警備する防
人の任につく人々の移動路でもあった。官道の要所には関が設けられた。特
に，近江国を取り囲むように作られた伊勢国の鈴鹿関，美濃国の　ウ
関，越前国の愛発関の三関は重要である。

一方，日本列島の海岸沿いや，朝鮮半島・中国大陸との間の交通には，船が
用いられた。古墳の墳丘上に配置された船形　エ　や出土した船材の検討
により，弥生時代以降には，丸木舟に竪板や舷側板などを組み合わせた大型船
（げんそくばん）
(準構造船)が用いられるようになったことがわかる。しかし，船の構造が改良
されても，海を横断しての航行にはさまざまな危険が伴った。例えば遣唐使の
場合，新羅と日本との関係が悪化して，朝鮮半島沿いの航路から，東シナ海を
横断する航路へと変わったために，船がしばしば遭難したことが記録されてい
(d)
る。そのために，古代の人々はさまざまな方法で航行の無事を願った。古くは
『三国志』魏書東夷伝倭人条にそのような記事がみえる。また，玄界灘に浮かぶ
(e)
小島であり，ユネスコの世界文化遺産に登録された　オ　で行われた祭祀
の目的の1つは，航行の無事を祈ることにあったと考えられる。

問

(1) 下線部⒜に関して，畿内に属する5つの国のうち，現在の大阪府と兵庫県
にまたがって存在した国の名称を記せ。

(2) 下線部⒝に関して，927年に完成した，駅家に関する規定を含む，律令の
施行細則集の名称を記せ。

(3) 下線部⒞に関して，さまざまな貢納物を都に運ぶ人を何というか。

(4) 下線部⒟に関して，乗っていた船が遭難し，失明しながらも，日本に渡っ
て戒律を伝えた中国僧が，平城京内に建立した寺院の名前を記せ。

(5) 下線部⒠に関して，本記事において239年に魏の皇帝に使いを送ったこと
が記録されている王の名前を記せ。

B

　平安後期・鎌倉前期には，日本の僧侶が中国に渡り，新たな仏教に触れる機
会はあったが，帰国後，日本における既存の仏教との間でさまざまな妥協が必
要であった。中国に2度渡り，最新の禅宗を伝えた栄西もその1人で，彼は著
書『　　カ　　』で，自らの没後50年がたつと，中国風の禅宗が興隆すると記
した。そして，1246年に中国僧　　キ　　が来日し，1253年には執権
　　ク　　の援助を得て建長寺の落慶供養が行われ，栄西の予言が現実のもの
となっていった。　　キ　　がもたらした禅宗は，南都仏教などそれまで日本
で勢力を持っていた仏教とは，経典の読み方や儀礼のあり方が全く異なってお
り，当時の中国で行われていた仏教がそのままの形で伝えられた。そのため，
禅宗寺院を統率するための新たな制度も創始された。

　日中間の文化的交流とともに，鎌倉後期には，大量の中国銭が日本に流入す
ることにより，日本社会は大きな影響を受けた。貨幣経済の進展に伴い，経済
的な苦境に陥った御家人が増加するなど，さまざまな社会的問題が発生したの
である。

　平安後期から南北朝時代にかけて，中国の王朝である宋・元とは，正式の外
交関係はなく，人や物は私的な商船により往来していた。しかし，中国で明が
建国され，新たな国際秩序の構築が進むなか，1401年，足利義満は明に博多
の商人　　ケ　　らを使者として派遣し，正式の国交が開かれることになっ

た。<u>日明貿易</u>においては，明から交付された　　コ　　と呼ばれる証票を持つ
(i)
ことを求められており，宋・元の時代に比べると人や物の行き来はかえって制
限を受けることになった。

問

(6)　下線部(f)に関連して，当時，大和国の守護権を実質的に担い，南都で最も
勢力のあった寺院の名称を記せ。

(7)　下線部(g)について，鎌倉後期から幕府は禅宗寺院の寺格を定め，その住持
(長たる僧侶)を補任することになった。その制度の名称を記せ。

(8)　下線部(h)に関連して，窮乏した御家人は所領の減少をくい止めるための対
策をとらねばならなかった。女子への所領分割を本人限りとし，死後は惣領
に返却する相続のあり方を何と呼ぶか。漢字3字で記せ。

(9)　下線部(i)について，

(あ)　15世紀後半には，日明貿易の実権は細川氏と大内氏の手に移るが，両
者が1523年に中国で衝突した事件の名称を記せ。

(い)　(あ)の事件以降，大内氏が日明貿易の実権を握り，大内氏の滅亡とともに
事実上，貿易も断絶する。謀反を起こし，大内義隆を自害に追い込んだ家
臣の名前を記せ。

C

江戸幕府は諸大名を圧倒する軍事力を保持していた。その軍事力の中核と
なったのが旗本・御家人であり，旗本は知行高に応じて人馬・武器を保持し，
従軍する　　サ　　という負担を課された。武芸の鍛錬を求められたが，行財
政官僚としての力量が重視される泰平の世となると，これになじめず，<u>異様な
風体で江戸市中を練り歩いたり，乱暴を働いたりする旗本・御家人</u>もいた。
(j)
幕府は軍事力を維持するため強い経済基盤を確立したが，17世紀後半以
降，財政は悪化していった。そこで徳川吉宗は　　シ　　を設けて優秀な旗本
の登用を容易にし，<u>財政再建</u>をはじめ諸改革を行った。大岡忠相も登用された
(k)
1人であり，<u>町奉行として江戸市制の整備</u>に尽力した後，寺社奉行を務め，大
(l)
名になった。

18 世紀後半になると，経済的に困窮したり，風紀を乱したりする旗本・御家人への対策が必要になった。そこで老中松平定信は，旗本・御家人に対する ス の債権を破棄・軽減する法令を発して救済した。また，学問を奨励し，学力試験を実施した。この学力試験は人材登用の参考ともなり，文人として知られる大田南畝は優秀な成績を上げ，勘定所の役人に登用された。天文方の役人として活躍し，シーボルト事件で獄死した高橋景保も成績優秀者であった。

問

(10) 下線部(j)に「異様な風体で江戸市中を練り歩いたり，乱暴を働いたりする」とあるが，このような旗本・御家人・町人などを総称して何というか。

(11) 下線部(k)の「財政再建」に関して，

　(あ) 財政難のため，大名に対して領知高 1 万石につき米 100 石の献上を命じた幕府の政策を何というか。

　(い) 幕府は，年貢高を安定・増加させるための諸施策を実施した。その 1 つであり，一定期間，年貢率を固定する年貢徴収法を何というか。

(12) 下線部(l)の「江戸市制の整備」として，町人による消防組織である町火消の結成がある。この町火消とともに，江戸の消防を担った旗本を長とする消防組織を何というか。

(13) 下線部(m)について，正学として奨励され，「学力試験」において試された学問は何か。

(14) 下線部(n)に関して，「大田南畝」は狂歌をはじめ文芸界で活躍し，町人たちとも親交があった。その 1 人で，『仕懸文庫』などを著したことによって，幕府により処罰された洒落本作者は誰か。

(15) 下線部(o)の「高橋景保」は，通商関係の樹立を求めて長崎に来航したある外国使節が持参した国書の写しを，後に翻訳した。この外国使節は誰か。

46

次の文章（A～C）の　ア　～　ス　に入る最も適当な語句を記し，問
⑴～⑰に答えよ。解答はすべて所定の解答欄に記入せよ。

A

　　735 年と 737 年の 2 度にわたる疫病の流行は，古代日本の政治・社会に大き
な影響を与えた。朝廷政治の中心にいた藤原 4 兄弟があいついで死去し，代
　　　　　　　　　　　　　　　　　　　　(a)
わって　ア　が権力を握り，渡唐経験をもつ吉備真備と玄昉が登用され
　　　　　　　　　　　　　　　　　　　　　　　(b)
た。阿倍内親王が史上初の女性皇太子になったのも，この時期のことである。

　　朝廷は社会の疲弊に対処するため，公民の負担を軽減し，地方支配の簡素化
をはかった。たとえば，九州の防衛にあたる東国出身の　イ　や，諸国の
軍団兵士が一時的に徴発されなくなった。私出挙の禁止も命じられ，その際に
　　　　　　　　　　　　　　　　　　　(c)
は公民を保護するという目的が掲げられた。また，「国―郡―郷―里」からなる
地方行政組織が改められ，戸（郷戸）のなかに複数の　ウ　を設けることも
終わった。

　　しかし，九州で藤原広嗣の乱が起こり，聖武天皇が遷都を繰り返すなど，政
　　　　　　(d)　　　　　　　　　　　　　　　　　　(e)
治はなかなか安定しなかった。天皇は仏教への信仰を深め，全国に国分寺・国
分尼寺の建設を命じ，さらに 743 年には大仏建立の詔を発した。

　　同じ年に出された墾田永年私財法にも，耕地を増やして社会を立て直そうと
　　　　　　　　　　(f)
する意図があったのかもしれない。寺院の墾田所有も 749 年に許された。墾田
からは，口分田と同じように　エ　が徴収されたから，開発が進むのは財
政面でも望ましいことだった。しかし，有力な貴族・寺院が経営する荘園は，
やがて古代国家の支配をゆるがす原因にもなっていった。

問

⑴　下線部(a)の「藤原 4 兄弟」の父は誰か。

⑵　下線部(b)の「吉備真備」がその儒教的知識を活かして儀礼整備を行った，中
　　央の官人養成機関は何か。

(3) 下線部(c)の「私出挙の禁止」については，財政面での目的があった可能性が
指摘されている。その場合，何による収入を確保しようとしたと考えられる
か。漢字3文字で記せ。

(4) 下線部(d)の「藤原広嗣の乱」の際には，かつて古代国家の支配に抵抗した，
大隅・薩摩地方の人々も従軍させられていた。彼らは当時，何と呼ばれる
人々であったか。

(5) 下線部(e)の「遷都」について，山背国に建設され，聖武天皇が平城京から最
初に移った都城の名を記せ。

(6) 下線部(f)の「墾田永年私財法」では，三世一身法にあった開墾の区分が撤廃
された。三世一身法は，何の利用方法によって開墾を区分していたか。

B

　1573年，お市は，夫浅井長政を兄織田信長に滅ぼされた。彼女は娘3人と
ともに兄の陣営に戻るが，1582年，本能寺の変で信長はたおれ，織田家はお
市を柴田勝家に嫁がせた。その翌年，勝家は近江国で豊臣(羽柴)秀吉に敗れ，
(g)
お市は夫とともに自害した。彼女の3人の娘は，秀吉に引き取られ，長じて，
長女は秀吉の側室となり，次女は京極高次に，三女は オ に嫁いだ。
(h)
　秀吉の死後，長女と三女の運命は大きく分かれた。三女の夫 オ を正
統な継承者とするため，徳川家康は1603年に得た カ の職をそのわず
か2年後に オ に譲り，徳川氏の権力を固めようとした。一方，長女の
子豊臣秀頼は，大坂城を居城とし，秀吉の後継者としてなお権威を保持し続け
ていた。家康は，大坂冬の陣で豊臣方を追いつめ，ついに1615年，大坂城は
(i)
落城，長女は子秀頼とともに自害して果てた。
(j)
　 オ との間に三女がもうけた娘和子は，後水尾天皇に入内した。これ
(k)
を機に，徳川家は，天皇の領地である キ を増やすなど，折々に財政援
助をしたことから，朝廷の財政は好転した。いわゆる寛永文化の代表的建築と
して知られる，後水尾院の山荘 ク 離宮の造営も，幕府の援助によるも
のであった。

　こうした結びつきを背景に，以降，将軍の正室は宮家や摂関家から入り，皇
女との婚姻が計画されたこともあった。それが実現したのは，幕末，仁孝天皇
(l)

の皇女和宮を将軍家茂の妻に迎えた時であった。

問

(7) 下線部(g)に関して，この戦いを何というか。

(8) 下線部(h)の「長女」の名を何というか。

(9) 下線部(i)の「大坂冬の陣」は，豊臣秀頼がある寺に奉納した梵鐘の銘文を口実にしかけられた戦いである。その寺の名は何か。

(10) 下線部(j)の後まもなく，武家諸法度が制定された。武家の婚姻に政治的な意味があったことから，徳川幕府は，その第8条において，「縁を以て党を成すは，これ姦謀の本なり」として，大名の婚姻を統制した。どのような婚姻が禁じられたか，簡潔に記せ。

(11) 下線部(k)の「和子」の娘は，後水尾天皇から譲位され，奈良時代以来の女性天皇となった。それは誰か。

(12) 下線部(l)に象徴される公武合体政策を推進した老中は誰か。

C

　1920年代から30年代はじめにかけての日本は軍縮の時代であった。1921年開始のワシントン会議で，海軍の主力艦に関する軍縮条約がアメリカ・イギリスなどと結ばれた。一方，陸軍も護憲三派内閣の時に4個師団削減という大幅な軍縮を行った。もっとも，このとき陸軍は，戦車や飛行機の充実といった装備の近代化を図るとともに，現役の将校を中学校以上の男子の学校に配属して教育を行う　ケ　を実施するなど，総力戦を見据えた体制を整えたともいえる。また，1930年のロンドン海軍軍縮条約では海軍の補助艦保有量が規定され，日本政府は国内の反対をおしきって批准を実現し，協調外交路線を維持した。

　しかし，1931年の満州事変以後，軍は政治的発言力を増すにつれて軍備の拡大を求め，二・二六事件後に成立した　コ　内閣の時に帝国国防方針が改定され，陸海軍とも大幅な軍拡に進むことになる。日中戦争が始まってからは軍隊への国民の本格的な動員が行われ，中国との戦争のためだけでなく，1941年7月には対ソ戦の準備として　サ　といわれる兵力の大動員も実

施された。

　対米英開戦後は，ますます大量の兵力が必要になり，1943 年には飛行機搭乗員の不足を補うことなどを目的に，徴兵適齢以上の学徒の徴集猶予を停止する　シ　という措置がとられた。さらに，戦争末期には国民学校初等科卒業相当で男性 65 歳，女性 45 歳以下の者が　ス　に組織され，本土決戦に備える体制が準備された。

問

(13)　下線部(m)の「ワシントン会議」の際，中国の主権尊重，門戸開放などの原則を定めた条約が調印された。この条約の名称を何というか。

(14)　下線部(n)の「護憲三派内閣」の陸軍大臣で，後に内閣を組織しようとした際，陸軍の反対で組閣できなかった人物は誰か。

(15)　下線部(o)の「国内の反対」は，主に野党・右翼・海軍内部の条約反対派によるものだったが，彼らが条約批准に反対した理由を簡潔に記せ。

(16)　下線部(p)の「満州事変」の際，日本が発足させた満州国において執政に就任した人物は誰か。

(17)　下線部(q)の「日中戦争」開始後の 1937 年 10 月に設置された，物資動員計画の作成などを行う内閣直属の機関の名称を何というか。

47

次の文章（A〜C）の ┃ ア ┃ 〜 ┃ ケ ┃ に入る最も適当な語句を記し，問
(1)〜(19)に答えよ。解答はすべて所定の解答欄に記入せよ。

A　奈良時代の後半には，孝謙天皇についで淳仁天皇が即位した。しかし，孝謙
　(a)
　太上天皇は，道鏡を引き立てるなどして，淳仁天皇や藤原仲麻呂と対立し，淳
　仁天皇を廃して再び即位し，称徳天皇となった。やがて，称徳天皇が死去する
　と，つぎの天皇には天智天皇の孫である62歳の光仁天皇がむかえられた。

　　光仁天皇やその息子の桓武天皇は律令政治を改革し，天皇権力の強化をめざ
　　　　　　　　　　　　(b)
　した。桓武天皇の死後，3人の息子があいついで即位した。嵯峨天皇は兄の太
　上天皇と対立したが，側近の藤原冬嗣と巨勢野足を ┃ ア ┃ に任命し，機先
　　　　　　　　　　　　　(c)
　を制し兄に勝利した。また，嵯峨天皇は密教を学んで帰国した空海に京内の東
　　　　　　　　　　　　　　　　　　　　　　　　　　(d)
　寺をあたえた。

　　嵯峨天皇とその弟の淳和天皇のあとは，嵯峨天皇の息子の仁明天皇が即位
　し，皇太子には淳和天皇の息子の恒貞親王がたった。しかし，恒貞親王は承和
　　　　　　　　　　　　　　　　　　　　　　　　　　　　　　　　　(e)
　の変で廃され，仁明天皇の息子の道康親王（のちの文徳天皇）が皇太子になっ
　た。こうして，桓武天皇の息子のうち，嵯峨天皇の子孫が天皇位を継承するこ
　とになった。

　　文徳天皇についで，息子の ┃ イ ┃ 天皇が9歳で即位した。幼少の天皇
　を幼帝というが， ┃ イ ┃ 天皇の時代には平安宮朝堂院の正門である
　┃ ウ ┃ が放火される事件がおき，この事件を契機に， ┃ イ ┃ 天皇の外
　祖父である藤原良房が正式の ┃ エ ┃ となった。

問

(1)　下線部(a)の「孝謙天皇」の母である光明皇后がもうけた，貧窮民や病人の救
　　済施設の名称を2つ記せ。

(2)　下線部(b)の「桓武天皇」の時代に坂上田村麻呂が造営し，多賀城から鎮守府
　　が移された城柵の名称を記せ。

(3) 下線部(c)の「藤原冬嗣」が藤原氏の子弟の教育のためにもうけた大学別曹の名称を記せ。

(4) 下線部(d)の「空海」が高野山にひらいた寺院の名称を記せ。

(5) 下線部(e)の「承和の変」の発端となったのは，桓武天皇の孫にあたる阿保親王の密告である。阿保親王の息子で，六歌仙に数えられ，『伊勢物語』の主人公とされるのは誰か。

B　鎌倉幕府の執権北条泰時は，政務の充実のため，執権を補佐する役職として
(f)
　　オ　　を設置した。また，御家人と荘園領主との紛争などの増加を背景に，御成敗式目の制定をはじめ，公正な裁判制度の整備につとめた。朝廷もこ
(g)
うした動きと歩調を合わせ，後嵯峨上皇が幕府の制度にならって　　カ　　を設置した。実際には現地での紛争解決も行われ，下地中分などの解決策が採ら
(h)
れることもあった。また，蒙古襲来以後は，御家人の訴訟が増加するなど幕府
(i)
政治が混乱し，霜月騒動などの内紛が起きた。
(j)
　　鎌倉幕府を倒した後醍醐天皇は，建武の新政を行い，所領に関するあらゆる
(k)
権利を，天皇の命によって発給された　　キ　　で安堵しようとした。しかし，激増した訴訟に対して裁判制度は不十分であり，恩賞などをめぐって武士の不満は高まり，政治はいっそう混乱した。その後，再び武家政権である室町
(l)
幕府が成立し，御成敗式目は基本法典として引き継がれた。

問

(6) 下線部(f)の「北条泰時」の孫も，彼と同様，迅速で公平な訴訟処理をめざし，新しい機関を置いた。この機関の名称を答えよ。

(7) 下線部(g)の「裁判制度」について，被告側が自らの主張を書き記して提出した文書を何と呼ぶか。

(8) 下線部(h)の「下地中分」の内容を簡潔に説明せよ。

(9) 下線部(i)の「蒙古襲来」について，文永の役において元に従って軍を派遣した王朝の名を答えよ。

(10) 下線部(j)の「霜月騒動」について，この事件により幕府の実権を握った御内人は誰か。

⑾　下線部(k)の「建武の新政」の諸法令や，「二条河原落書」などの記録を集めた書物は何か。

⑿　下線部(l)の「室町幕府」において，土倉・酒屋役を徴収した機関の名称を答えよ。

C　豊臣秀吉が全国を軍事的に統一し，朝鮮半島にまで軍団を派遣しえた背景に
　(m)
は，各大名の家臣を城下町に集住させ，いつでもどこへでも派遣できる専業軍
事集団＝常備軍としたことがある。そのため，家臣たちが直接に領地経営をお
こなわなくてもよいように，検地や人別改めなどを統一的に実施する一方で，
　　　　　　　　　　　　　　(n)
毎年の年貢収納や村落行政については，自治能力を高めてきた村共同体に責任
をもたせる　　ク　　という方式がとられた。このような村落運営には，村役
　　　　　　　　　　　　　　　　　　　　　　　　　　　　　　　　(o)
人をはじめとする村民の読み書き能力や計算技術を必要としたため，17世紀
後半になると，書物文化は広く村落社会にまで浸透していくことになった。
　　　　　　　(p)
　また，大名が妻子とともに江戸屋敷に居住し，参勤交代をおこなうようにな
ると，領国経済は領国だけでは完結せず，全国流通と結びつくことになる。江
戸でのさまざまな儀礼や，家格に相応した生活維持のために，京都の高級呉服
や工芸品だけでなく，大坂周辺地域で生産された酒や油，木綿など，上質の日
　　　　　　　　　　　　　　　　　　　　　(q)　　　(r)
用生活品が上方から江戸へ運ばれた。これら上方で生産され江戸屋敷で消費さ
　　　　　　　　　　　　　　　　　　　(s)
れた物資の支払代金の江戸から上方への送金は，両替商たちによって，それと
逆の上方から江戸への送金と組み合わせて相殺され，現金そのものの輸送を最
　　(t)
小限に抑えるための金融方式である　　ケ　　が高度に発展した。

問

⒀　下線部(m)の海外派兵の出撃拠点となった，九州の城郭の名前を記せ。

⒁　下線部(n)の「検地」に関して，

　(あ)　秀吉は土地丈量の長さや面積の単位，米の容量の単位などを定めたが，
　　　米の容量の基準となった計量器を何というか。

　(い)　ある村の検地帳の記載例を次に示す。下記の　　　　　　内にはどのよう
　　　な数値が入ると考えられるか。

一，上田　六畝二十歩　　　　　分米　一石

一，中田　七畝　　　　　　　　同　　九斗一升

一，上田　一反四畝　　　　　　同　　□□□

⒂　下線部(O)のような「村民の読み書き能力」が向上していった背景には，「御家流」といわれる書体が公的文書を中心として全国的に広まったことがある。14世紀に尊円法親王によって創始された平明で流麗なこの書体は，尊円とその後継者がいた寺院名から何と呼ばれたか。

⒃　下線部(P)のような「書物文化」の広がりのなかで，一般読者にむけて，日常生活での健康法を説いた『養生訓』や子供の保育・教育方法を説いた『和俗童子訓』などを著した儒学者は誰か。

⒄　下線部(Q)の「酒」が腐敗しないよう，上方から江戸への輸送期間を短縮するために，積荷方式を工夫した早船を何というか。

⒅　下線部(r)の「木綿」に関して，17世紀後半頃から，上方の綿花栽培に大きな影響を与えることになる房総半島の特産物は何か。

⒆　下線部(t)の「上方から江戸への送金」の内容はどのようなものか。「江戸から上方への送金」についての波線部(S)の記述に対応させて説明せよ。

48

次の文章(A～C)の　ア　～　ス　に入る最も適当な語句を記し，問
(1)～(16)に答えよ。解答はすべて所定の解答欄に記入せよ。

A　近江は，古代においても政治・経済上の要地であった。大和政権の時代に
は，近江を勢力基盤とするオオド王が即位して継体天皇となった。渡来人も多
(a)
く，彼らがのこした群集墳には独特の　ア　式石室を見ることができる。

667年，中大兄皇子は都を近江に移した。彼は即位して天智天皇となり，日
本最初の全国的人民台帳である　イ　を作った。また，近江令と呼ばれる
体系的法典を制定したとされる。しかし，天智天皇が死ぬと皇位継承をめぐっ
て内乱が起き，近江の都は棄てられることになった。
(b)
律令制の下では，近江は　ウ　道の国とされた。都に近いにもかかわら
ず，畿内に入らなかったため，租税負担が軽減されることはなかった。また，
(c)
近江国を取り囲むように鈴鹿関・不破関・愛発関が置かれ，愛発関は恵美押勝
あ ら ち
の乱を鎮圧する際によく機能した。
(d)

743年，近江国紫香楽宮で　エ　の詔が出された。その事業が最終的に
完成したのは東大寺においてである。東大寺の荘園は近江国にも置かれ，格子
状の区画で表現した絵図が正倉院に伝わっている。
(e)

784年，桓武天皇は長岡に遷都した。天智天皇の子孫であることを意識した
彼は，近江にほど近い地を選んだのかもしれない。そののち，最澄は近江国と
　オ　国の国境付近に延暦寺を創建し，天台宗の拠点とした。

問

(1)　下線部(a)の「継体天皇」の時代に，北部九州の勢力が新羅と結び，大規模な
反乱を起こした。この反乱の中心人物は誰か。

(2)　下線部(b)の「内乱」を，一般に何と呼ぶか。

(3)　下線部(c)の「租税負担が軽減されること」について，京・畿内で全額免除さ
れた租税は何か。

(4)　下線部(d)の「恵美押勝」の後ろ盾となった人物は誰か。

(5) 下線部(e)のように「格子状の区画で表現した絵図」となったのは，現地の土
地区画と対応させるためである。この土地区画の制度を何と呼ぶか。

B 江戸時代には，歴史は為政者を戒める手本であるとする儒教的な考え方に基
づき，いくつかの大きな歴史書が編まれた。

　江戸初期，将軍徳川家光の命で編纂されたのが，全310巻から成る
『　カ　』である。林羅山の後を息子の鵞峰が引き継ぎ編集を担当した史書
で，神代から後陽成天皇までの時代を対象とする。

　一方，水戸藩では　キ　の指示により，1657年に『大日本史』の編纂が
始まった。最終的には1906年に完成した全402巻の大著であり，全国で大が
かりな史料収集を展開したことに特色がある。長い編纂過程の中で生まれた水
戸学では尊王論が唱えられ，幕末には攘夷思想と結びついて大きな影響を与え
た。

　　ク　が著し，1836, 7年頃に出版された『日本外史』は，武家政権の歴
史を平氏政権から説き起こし，将軍徳川家斉までを対象とする通史である。人
物描写に優れ，尊王論に基づく歴史書として，幕末から明治期にいたるまでよ
く読まれた。

問

(6) 下線部(f)の「徳川家光」は，敬慕する祖父を祀る神社への参詣を何度も繰り
返した。その神社の名称を記せ。

(7) 下線部(g)の「林羅山」が専門としたのは朱子学であるが，(あ)朱子学が，幕府
や藩に受け入れられた理由を，思想的特徴から述べよ。また，(い)1724年に
大坂町人が出資して設立し，朱子学を基本に庶民教育を行った学問所を何と
いうか。

(8) 下線部(h)の「後陽成天皇」は，学問を好み，和漢の書を刊行させた。木製の
活字を用いて刊行されたそれらの書物を総称して何というか。

(9) 下線部(i)の「『大日本史』」編纂のため，当初江戸に，次いで水戸にも設けら
れた役所を何というか。

(10) 下線部(j)の「『日本外史』」の中で，「諸侯の質の城中に在る者を各第に還
し，殉死を禁ず」と記されている将軍は誰か。

(11) 下線部(k)の「徳川家斉」の治世に，オランダと対立するイギリスの軍艦が長

崎港に侵入する事件が起こった。その船の名を何というか。

C　1918年11月に第一次世界大戦が終結すると，翌年1月からパリで講和会議
(1)
が開催され，大戦後の国際秩序作りが始まった。日本の原敬内閣は，元首相の
(m)
　　ケ　　ら5人の全権を中心とする代表団を派遣した。

　　会議は6月に終結し，ヴェルサイユ条約が締結された。この条約は，アメリ
カの大統領　　コ　　が提唱していた理想主義的な原則に基づき，国際連盟の
(n)
設立などについて規定する一方で，戦勝国側の利害を反映して，ドイツに過酷
な講和条件を課していた。また，　　コ　　が提唱した民族自決の原則はアジ
アなどの植民地には適用されず，このことへの不満などから，中国では
(o)
　　サ　　運動が発生し，中国全権はヴェルサイユ条約に調印しなかった。

　　一方，東アジアの国際秩序作りに関しては，1921年11月から翌年2月にか
けて，アメリカの提唱により，　　シ　　会議が開催された。この会議では，
主力艦の保有量を制限する海軍軍縮条約や，太平洋の領土保全と安全保障を約
(p)
した　　ス　　条約などが締結された。

問

⑿　下線部(1)の「第一次世界大戦」の間，日本は空前の好景気を迎え，多くの企
　業が急成長した。その1つで，1927年の金融恐慌の際，台湾銀行からの巨
　額の債務を抱えて倒産した商事会社の名称を答えよ。

⒀　下線部(m)の「原敬」は，爵位を持たない初めての首相であったことから，何
　と呼ばれていたか。

⒁　下線部(n)の「国際連盟」において，日本は常任理事国となったが，1933年
　に脱退を通告するに至った。脱退のきっかけとなったのは，国際連盟から派
　遣された満州事変の調査団の報告書であった。この調査団の名称を何という
　か。

⒂　下線部(o)に関して，湖北省の製鉄所・鉄山・炭坑を経営していた中国の民
　間会社で，第一次世界大戦中に日本が日中共同経営を要求したのはどこか。
　会社名を答えよ。

⒃　下線部(p)の「海軍軍縮条約」に調印した日本の首席全権で，後に首相となっ
　た海軍軍人は誰か。その氏名を記せ。

49

次の文章(A〜C)の ［　ア　］〜［　ケ　］ に最も適当な語句を記入し，問
⑴〜⑳に答えよ。解答はすべて所定の解答欄に記入せよ。

A　仏教は仏・法・僧を重視する。仏は，具体的な礼拝対象としては仏像や釈迦
の遺骨(仏舎利)などをさす。日本最初の本格的仏教寺院である飛鳥寺の本尊
は，［　ア　］を主な材料として作られた釈迦如来像で，金堂に安置され，現
在なお本来の位置に座っている。

　法は釈迦の教えである経，教理を解説した論，注釈を加えた疏などをさす。
経のうち中国で訳された漢訳経典は，奈良時代の日本では，東大寺などの写経
所で盛んに筆写された。一方，厩戸皇子(聖徳太子)は，［　イ　］・勝鬘経・
維摩経の三経の注釈書『三経義疏』を書いたと言われる。

　僧および尼は法を学び，心身を清めて仏を礼拝供養し，さまざまな祈願をし
た。僧尼が守るべき体系的な戒律は，唐僧鑑真が新たにもたらした。これを契
機に，正式の官僧になるための受戒の場，すなわち戒壇が，大和国東大寺，下
野国薬師寺，筑前国［　ウ　］に置かれ，本朝三戒壇と呼ばれた。

問

⑴　下線部(a)の「仏・法・僧」を合わせて何と呼ぶか。

⑵　下線部(b)に関して，古代寺院における仏舎利を安置する建物の一般名称を
記せ。

⑶　下線部(c)の「飛鳥寺」は，平城遷都とともに外京に移転した。移転先の平城
京におけるこの寺の名前を記せ。

⑷　下線部(d)の「釈迦如来像」を作った仏師の名前を記せ。

⑸　下線部(e)に関して，聖武天皇の遺品などを納めた正倉院宝庫は，木材を井
桁状に積み重ねる様式で建てられた。この建築様式を何と呼ぶか。

⑹　下線部(f)に関して，国家公認の官僧以外に，許可なく自ら僧となる者もい
た。彼らは何と呼ばれたか。

(7)　下線部(g)に関して，称徳天皇の信任を得て権力をふるったが，天皇の死後，この寺に流された僧侶は誰か。

B　承久の乱の結果，鎌倉幕府は後鳥羽上皇以下，3人の上皇を配流するとともに，後鳥羽の孫仲恭天皇を退位に追い込んだ。かわって幕府は，後鳥羽の兄に院政を行わせ，その子　エ　　天皇を即位させた。幕府は，武力によって院を交代させ朝廷を改変したことになる。
(h)
(i)

　　しかし，　エ　　天皇の子四条天皇は子供がないまま死去したため，後継者は後鳥羽の孫の中から選ばれることになった。当初，朝廷は後鳥羽が嫡流と定めた順徳上皇の子を即位させようとしたが，幕府が反対したため，土御門上
(j)
皇の子である　オ　　天皇が即位した。もはや朝廷は，幕府の意向を無視して独自に天皇を決定することができなくなったのである。

　　　オ　　天皇は退位後に院政を行い，その子宗尊親王を将軍として幕府に
(k)
送り込んだほか，幕府の制度を模倣した　カ　　を設置し合議を行うなど，幕府との関係を深めた。さらに，長男の後深草天皇にかえて，その弟である亀山天皇を即位させた。そして彼の系統に皇位を継承させようとしたが，明確な意志を示さないまま死去した。

　　その後まず，亀山上皇が院政を行ったが，1287年に幕府の圧力もあって，
(l)
院政を後深草上皇に譲ることになる。こののち，後深草・亀山両天皇の系統が
(m)
皇位をめぐって対立を深め，ついに1317年の文保の和談によって，両系統が交代で皇位につくこととなった。

問

(8)　下線部(h)に関して，平安時代にも，兵乱の結果，上皇が地方に配流され，その地で没した例がある。この兵乱とは何か。

(9)　下線部(i)に関して，1179年にも武力で院政が停止され，朝廷が強引に改変されるという政変があった。この政変を引き起こした武将の名前を記せ。

(10)　下線部(j)の「順徳上皇」は，父の後鳥羽上皇と同様に，文化事業に熱心であった。彼が著した有職故実の書の名称を記せ。

(11)　下線部(k)の「宗尊親王」が下向した時の幕府執権は，大規模な禅宗寺院を建

立した。のちに鎌倉五山にも加えられた，この寺院の名称を記せ。

⑿　下線部(l)の「1287年」より2年前に，幕府では大きな政変が起こり，有力
御家人で，得宗の外戚として権勢をふるった武将が滅亡している。この政変
とは何か。

⒀　下線部(m)に関して，㋐後深草天皇の系統を何と呼ぶか。㋑亀山天皇の系統
が主な基盤とした天皇家の荘園群は何か。

C　江戸時代には，城下町や門前町，鉱山町，宿場町など，各地に様々な都市が
　　　　　　　　　　　　　　　　　　　　　　(n)
発展した。その中でも，江戸・京都・大坂の繁栄はめざましく，三都と呼ばれ
た。

　江戸は，将軍の圧倒的な権力によって整備された城下町である。しかし
(o)
初期には，経済面・文化面において上方の優位は否めなかった。1657年の

　　┌─────┐
　　│　キ　│で江戸の大半が灰燼に帰したが，その後都市域は拡大して，世界有
　　└─────┘
数の巨大都市へと成長し，都市の成熟度も高まった。

　政治の中心が江戸に移った後の京都は，┌─────┐の織物業に支えられ発展
　　　　　　　　　　　　　　　　　　　│　ク　│
　　　　　　　　　　　　　　　　　　　└─────┘
し，寛永期には，町衆を担い手とする文化が生まれた。享保頃になると各地で
　　　　　　　　　　　　　　　(p)
　　　　　　┌─────┐
織物業がおこり，│　ク　│の地位の相対的低下がはじまる。他方，江戸時代
　　　　　　└─────┘
後期には，古代以来の伝統を持つ名所や旧跡，寺院や神社を訪れるために，各
　　　　　　　　　　　　　　　　　　　　　　(q)
地から多くの人々が集まる観光都市としての性格を強めた。

　大坂は，全国の商品流通の中心として栄えた商業都市であり，淀川で京都
(r)　　　　　　　　　　　　　　　　　　　　　　　　　　　　　　　(s)
へ，大和川で大和へとつながる，畿内における河川交通の要所でもあった。諸
　　　　　　　　　┌─────┐
大名はここに　　　│　ケ　│　を置き，年貢米や諸国の物産を販売した。元禄期に
　　　　　　　　　└─────┘
は，上方を中心に商人の台頭を背景にした文化が栄え，江戸参府のためにここ
を通過したオランダ商館員に強い印象を残した。
　　　　　(t)

問

⒁　下線部(n)に関して，浮世絵師歌川広重が，街道筋の宿場などの情景を描
き，その名を高めた作品は何か。

⒂　下線部(o)に関して，江戸城の整備は，1590年の徳川家康の入城に始まっ
た。この工事は1603年に本格化するが，それはなぜか。理由を簡潔に答え

よ。

⒃ 下線部(p)に関して，大胆な構図で色彩鮮やかな『風神雷神図屏風』を代表作とする，この時期に活躍した町衆出身の画家は誰か。

⒄ 下線部(q)に関して，寺社が参詣客を集めるために，所蔵する秘仏や宝物を公開することを何というか。

⒅ 下線部(r)の「大坂」を拠点として銅山を経営した，京都出身の豪商の家名を答えよ。

⒆ 下線部(s)に関して，幕府に登用され，その河口部に安治川を開いたのは誰か。

⒇ 下線部(t)に関して，医師としてオランダ商館に滞在し，帰国後，『日本誌』を書いたのは誰か。

50

(2013年度 第3問)

次の文章(A～C)の ア ～ ソ に最も適当な語句を記入し, 問
⑴～⒂に答えよ。解答はすべて所定の解答欄に記入せよ。

A　7世紀末から8世紀初頭に, 律令国家が成立する。689年には持統天皇が飛
　鳥浄御原令を施行し, これに基づいて, 690年に ア がつくられた。こ
　れ以降, 定期的に戸籍を作成し, 民衆を直接支配できるようになった。701年
　には大宝律令がつくられ, 律令を支配の基本とする律令制度が整えられた。天
　皇を頂点として, 中央政府には二官・八省などが, 地方には国・郡・里がおか
　　　　　　　　　　　　　　　(a)
　れ, 民衆を統治した。
　　民衆は, 戸ごとに戸籍や毎年作成される イ に登録され, 6歳以上の
　男女には口分田が与えられた。民衆は ウ や掘立柱建物に住み, 正丁
　　　　　　　(b)
　3～4人に1人が兵士に徴発された。
　　　　　　　　　(c)
　　奈良時代の天皇は, 天武天皇の子孫による継承がめざされたが, 770年, 称
　徳天皇が死去すると, 天智天皇の孫が即位して エ 天皇となった。つい
　で781年に即位した桓武天皇は, 律令体制の立て直しや天皇の権力の強化をは
　かり, 都を大和国から山背国(のちの山城国)へ移した。しかし, 律令支配から
　逃れようとする浮浪や逃亡が増え, 戸籍に記載される性別や年齢が実情からか
　　　　　　　　　　　　　　　　　(d)
　けはなれることも多くなった。そこで, 桓武天皇は, 6年ごとの実施が困難と
　なった班田を オ ごとに変更し, 一部の地域を除いて兵士を廃止して,
　郡司の子弟らからなる カ を設けた。

問

⑴　下線部(a)の「八省」のうち, 律令国家の軍事や武官の人事などを担当した役
　所の名称を記せ。

⑵　下線部(b)の「口分田」に課せられた租は, 収穫の約何%か。数字で答えよ。

⑶　下線部(c)の「兵士」が配属され, 訓練をうけた組織の名称を記せ。

⑷　下線部(d)の「戸籍に記載される性別や年齢が実情からかけはなれる」ことを

表す語句を記せ。

B　室町幕府は，8代将軍足利義政の後継者問題をめぐって起きた応仁の乱により，中央政権としてもっていた求心力をさまざまな面で失った。たとえば政治面では，幕府は守護に対する統制力を失い，これまで京都に集住していた多くの守護が地方に下った。手薄になった京都では，強盗や放火，徳政一揆が頻発し，戦時に雑兵として集まってきた　キ　もこれに参加したため，治安が悪化した。また，対外関係の面では，幕府による日明貿易への統制が弱まり，細川氏や大内氏が貿易を動かすようになった。最終的には，この両者の間での主導権争いの末に，　ク　の乱が起きた。

一方で，中央で培われた文化・儀礼・宗教などが，社会のさまざまな階層へと広まってゆく。また，幕府による保護を受けるのではなく，独自に都市や農村を基盤として広まっていた仏教の諸宗派の活動も盛んになった。京都の復興過程において富裕層の信仰を集めた　ケ　，畿内から北陸にかけて広まった一向宗などが，その代表例である。

このような中で，各地の大名は自立性を強め，荘園がもっていた諸特権を否定して役を課したり，領国統治のための分国法を制定したりした。

問

⑸　下線部(e)に関して，これ以前にも，ある将軍は後継者を定めずに死去し，その弟たち4人からくじ引きで次期将軍が選ばれた。ある将軍とは誰か。

⑹　下線部(f)の「応仁の乱」の一因は，有力な守護家の内紛にもあった。乱後も対立を続け，山城の国一揆を誘発したのは何氏か。

⑺　下線部(g)の「京都」の行政・警察権を担当した幕府の役所を答えよ。

⑻　下線部(h)に関して，金融業者は徳政令の適用を免れるため，債権額の一部を幕府に納入して債権の保護を受けた。この納入した銭を何と呼ぶか。

⑼　下線部(i)に関して，将軍の側近として芸能に従事し，しばしば身分の低い者からも取り立てられ，文化の担い手となった人々の名称を答えよ。

⑽　下線部(j)の「一向宗」は，各地で寺内町と呼ばれる都市を形成した。河内国で形成された寺内町を1つ答えよ。

(11) 下線部(k)の「分国法」には，裁判権を大名に集中させるため，領国内の紛争を当事者が実力によって解決することを禁じる規定をもつものもあった。その規定を何と呼ぶか。

C 織田信長は1568年，　コ　の将軍擁立と，禁裏御所の修理や御料所の回復などを求めた正親町天皇の要請とを名目として上洛した。また，関白に任じられた豊臣秀吉は，京都での拠点として築いた　サ　に後陽成天皇を招き，その場で諸大名に天皇と関白への忠誠を誓わせた。彼らは当初，その全国支配を正当化し，諸大名を統制する手段として天皇を利用したのである。
(l)
　大坂の役を経て天下統一が達成されると，天皇の権限はむしろ抑制すべきものとなり，徳川幕府は　シ　を制定した。また，天皇や朝廷が独自に権力を行使したり，諸大名に利用されることのないよう，摂関家に朝廷運営や公家
(m)
統制の主導権を持たせ，幕府との取次を行う　ス　を通じてこれを統制しようとした。

　江戸中期になると，長く途絶えていた朝廷儀式の復興や禁裏御料の増加，閑院宮家の新設などが行われた。その背景には，大名統制が安定して，儀礼や家格制度などに重きをおく政治秩序へ転換しつつあったことや，徳川綱吉以後，
(n)
在職期間が短い将軍や，幼少の将軍が続くなかで，将軍個人の権威よりも将軍
(o)
職そのものの権威を高めるために天皇家との結びつきを強めようとしたことがある。

　しかし，閑院宮家出身である光格天皇が，天皇位につかなかった自分の実父に　セ　という尊号を与えようとした時には，幕府はこれを名分を乱すものとして認めず，　ス　の職にあった公家らが処分された。

　幕末・維新期には　ソ　が発せられ，幕府とともに，これまで天皇の意志や行動を規制していた摂関の職が廃止され，同時期に　ス　も廃止されている。

問

(12) 下線部(l)に関して，豊臣秀吉による諸大名の軍事動員は戦国期とは異なる賦課基準にもとづいている。秀吉が軍役賦課量の基準としたものは何か。

(13)　下線部(m)に関して，1627年に，天皇のある権限の行使が幕府の許可なく行われていたとして幕府の介入を招き，後水尾天皇退位の一因となった事件がおこる。その権限とは何か。

(14)　下線部(n)に関して，将軍綱吉の時，武家諸法度の第一条が改定された。どのように改定されたか。その内容を簡潔に述べよ。

(15)　下線部(o)の時期に幕政を担当した人物は，天下の形勢は公家政治が「九変」，武家政治が「五変」して徳川の世になったという歴史書を著している。この歴史書の書名を記せ。

51

次の文章（A〜C）の　ア　〜　タ　に最も適当な語句を記入し，問
(1)〜(14)に答えよ。解答はすべて所定の解答欄に記入せよ。

A　鎌倉時代末期から室町時代にかけて，うち続く戦乱をよそに，諸産業の発展
はめざましく，ものの生産が増え，人々の往来も活発になった。

　まず農業では，生産の集約化・多角化がいっそう進んだ。水田の二毛作が関
東地方にも広まる一方，稲の品種も改良され，早稲や晩稲だけでなく，中稲も
　　　　　　　　　　　　(a)
栽培され，気候に応じた作付けがなされた。各地で用水路や溜池などの灌漑施
設が整備されるとともに，鋤・鍬・鎌などの鉄製農具や牛馬の使用がさらに普
及し，肥料も刈敷や草木灰のほかに，　ア　が広く使われるようになっ
た。

　苧・麻・楮・漆・藍・荏胡麻・茶などの商品作物が栽培される地域も広が
り，加工品などを生産する手工業の発展とあいまって，各地で特産品が商品と
　　　　　　　　　　　　　　　　　　　　　　　　　　　　　(b)
して生産されるようになった。また酒造業や製陶業も発達し，特定の産地が形
成された。

　農業や手工業で生産が増大すると，商業活動も活気をおび，市の日数も増え
て，月 6 回市を開く　イ　もみられるようになった。手工業者や商人の同
業組合である座もめざましい発展をとげ，独立性を強めた。遠隔地取引が盛ん
　　　　　　(c)　　　　　　　　　　　　　　　　　　　　　　(d)
になると，交通・運輸も新たな展開をみせた。瀬戸内海と琵琶湖では水上交通
が活発になり，港には廻船が出入りした。また陸上交通では，馬借・
　ウ　とよばれる専門の運送業者が活躍した。

　商品流通の発展にともない，貨幣の流通もいっそう拡大し，京都や奈良では
　　　　　　　　　　　　　　　　　　　　　　　　　　　(e)
酒屋・土倉など金融業者が活発に活動した。銭貨としては宋銭や明銭が用いら
　　　　　　　　　　　　　　　　　　　　　　　　　　　　　(f)
れたが，渡来数が限られていたため，粗悪な私鋳銭も出まわり，円滑な取引が
阻害された。そこで，幕府や戦国大名などは　エ　を発し，悪貨を指定し
て流通を禁止したり，悪貨と良貨の混入比率を定めたりして，商取引の円滑化
を図った。

問

(1)　下線部(a)に関して，中世に中国からもたらされた，虫害や旱害に強く，収穫量の多い稲の品種は何とよばれるか。

(2)　下線部(b)に関して，美濃・播磨・越前・讃岐に共通する特産品をあげよ。

(3)　下線部(c)に関して，山城大山崎の油座はどこを本所としたか。

(4)　下線部(d)に関連して，遠隔地間の送金・送米を証文で代用させる制度は何とよばれるか。

(5)　下線部(e)の「京都」では戦国時代，富裕な商工業者を中心にして，同じ地域に住むもの同士がつながりを深め，自治的な団体を形成した。彼らは何とよばれるか。

(6)　下線部(f)に関して，日本で流通した明銭のうち，代表的なものを1つあげよ。

B　1559年，尾張を平定した織田信長は，翌年，西上してきた駿河の　オ　を桶狭間で討ち取り，その後，三河の徳川家康と同盟を結び東方を固め，1567年には美濃の斎藤竜興を滅ぼし，その本拠地を　カ　と改称して自らの本拠とした。そして翌年，足利義昭を擁して上洛し，義昭を将軍職に就け，畿内の掌握をはかった。
_(g)

　信長のこうした動きに，近江の浅井氏，越前の朝倉氏，比叡山延暦寺，石山本願寺，甲斐の武田信玄らは，信長包囲網を形成し対抗した。これに対し信長は，1570年，　キ　で浅井・朝倉の連合軍を破り，翌年，強大な宗教勢力であった比叡山を焼き討ちにした。さらに1573年には反信長の動きを背後で画策していた足利義昭を追放し，事実上，室町幕府を倒すとともに，なお勢力を保持していた浅井・朝倉氏を最終的に滅亡させ，ほぼ畿内近国を平定した。ついで，三河の長篠の戦いで甲斐の武田勝頼軍を撃破した。

　いっぽう一向一揆との対決は熾烈なものであり，一向一揆の本拠，石山本願寺との戦いは10年にも及んだ。その後，信長は，甲斐の武田氏を滅ぼし，信濃・甲斐を版図に加え，関東にも勢力を及ぼした。

　この間，信長は，琵琶湖東岸の水陸交通の要衝地に　ク　城を建設し，城下に　ケ　を出し，城下町の保護・振興をはかった。また，南蛮貿易に

も積極的で，その担い手である<u>キリシタン</u>にも好意的態度をもって臨んだ。し
(j)
かし，1582年，毛利攻めに向かう途中，京都の　　コ　　で家臣の明智光秀
の謀叛にあい自刃して果てた。

問

(7) 下線部(g)に関して，信長の上洛前から江戸時代初期にかけて，京都とその
郊外を描いた絵画作品があらわれるが，一般に何とよばれているか。

(8) 下線部(h)の「越前の朝倉氏」の居館跡は，城等を含め1971年に国の特別史
跡に指定された。その地名を記せ。

(9) 下線部(i)の「石山本願寺」のこのときの主は誰か。

(10) 下線部(j)に関して，1582年にキリシタン大名の大友義鎮らがローマ教皇
のもとに派遣した使節は何とよばれているか。

C　天皇の存在とその権威を，人々にいかにして意識させ，浸透させるか。明治
政府はその課題に対して，<u>天皇自らが全国を巡り（巡幸）</u>，人々の前に姿を見せ
(k)
て視察を行うという方策をとった。1872年から1885年までの間に6回の大規
模な巡幸が行われたが，それぞれに特徴があった。

第1回（1872年）の巡幸では，政府の政策に不満を抱く島津久光を上京させ
るべく，参議である　　サ　　が郷里鹿児島まで同行した。第2回はその翌年
に予定されていたが，征韓論問題や佐賀の乱，また新政府初の対外戦争である
　　シ　　出兵もあり，1876年にようやく実現した。右大臣の　　ス　　や
木戸孝允らが同行して，東京から郡山，仙台，青森などを進み，<u>北方の守備・</u>
<u>開拓の要地である北海道</u>へと向かった。第3回（1878年）の北陸・東海道巡幸
(l)
では，同年の<u>参議の暗殺事件</u>や近衛兵の反乱事件もあり，警察官約400名をと
(m)
もなう異例の体制をとった。また第5回（1881年）では山形・秋田を北上して
北海道へと至ったが，山形からはこれに先立ち県令　　セ　　が巡幸の来県を
政府へ依頼し，土木事業などを急激に進め準備に取り組んだ。なお　　セ
は翌年隣県の県令になるが，道路建設による過重な負担を強いられた県民が抵
抗運動を起こし，自由党員が大量に検挙された。以後も不況下で民権運動は激
化し，1884年には埼玉県の　　ソ　　地方で，農民たちが困民党を結成して

負債減額を求め，数万人規模の騒動へと発展した。

　そうした政治・社会情勢のなか，巡幸先で天皇は県庁・学校・軍事施設に多く訪れた。殖産興業や地域開発に貢献する人々を褒賞し，上級の地方官吏などとの直接対面も行った。江戸時代の天皇とは対照的に，明治天皇は巡幸で外に姿をあらわし，文明開化を担う存在として全国的に周知されていった。

　この後，天皇の権威を人々に浸透させるために，巡幸に代わって登場したのが，1888 年にお雇い外国人キヨッソーネが天皇の肖像画を描き，それを写真におさめた「　　タ　　」である。以前から別の　　タ　　は作られていたが，このときのものは 1890 年発布の教育勅語とともに各学校に順次下付され，拝礼の儀式の整備とともに，理想の君主の姿として人々の前にあらわれるようになるのである。

問

(11)　下線部(k)に関して，昭和天皇も 1946 年 2 月の神奈川県を皮切りに巡幸を行っているが，この年の元日に天皇の神格化を否定する詔書が出されている。これは一般に何とよばれているか。

(12)　下線部(l)に関して，この前年にロシアとの間で国境確定を取り決めた条約を締結した。その条約名を記せ。

(13)　下線部(m)に関して，暗殺された人物が当時参議以外に務めていた官職は何か。

(14)　下線部(n)に関して，1891 年，教育勅語に拝礼しなかったことを理由に，第一高等中学校の教員が職を追われた。キリスト教徒であったその教員とは誰か。

52

次の文章(A～C)の ア ～ ス に最も適当な語句を記入し，問
(1)～(15)に答えよ。解答はすべて所定の解答欄に記入せよ。

A 1107 年，鳥羽天皇が即位した際，天皇の外戚ではない藤原忠実が，当時政
治の実権を握っていた ア によって摂政の地位を与えられた。それ以
来，摂政・関白の地位は外戚とは無関係に忠実の子孫が継承することになる。
忠実の息子たちは関白の地位をめぐって対立し，保元の乱の一因ともなった。
長男忠通は父と対立したため，次男 イ が莫大な荘園や摂関家に従属す
る武士団を与えられた。乱で勝利した忠通は荘園の多くを奪回したものの，乱
後に イ 側に立った武士が処刑されたため，摂関家は独自の武力を失っ
　　　　　　　　　　(a)
た。

このため忠通の息子たちは，権力を維持するために，有力者や武士と提携し
なければならなかった。長男の基実は平清盛と，次男の基房は ウ と，
そして三男の兼実は源頼朝と，それぞれ提携した。基実の息子基通は平氏の都
　　　　　(b)　　　　　　　　　　　　　　　　　　　　　(c)
落ちに同道せず，後白河法皇と結んだため，子孫は摂関家嫡流 エ 家
として繁栄した。基房の系統は提携した武将の滅亡とともに没落し，兼実の系統
九条家が エ 家と対抗する地位を得た。

九条兼実の孫道家は，息子頼経が幕府の将軍となったこともあって，承久の
　　　　　　　　(d)
乱後の朝廷で大きな権力をふるうことになる。しかし，皇位継承問題が起こっ
た際，道家は承久の乱で後鳥羽上皇に協力して佐渡に流された オ 上皇
の皇子を擁立しようとしたため，幕府との関係が悪化した。さらに頼経の失脚
　　　　　　　　　　　　　　　　　　　　　　　　　　　　　　　(e)
もあって，失意のうちに没した。

問

(1) 下線部(a)に関して，保元の乱で処刑された武士のうち，長年名門武士団の
当主として検非違使などをつとめ，対立した長男に処刑された武将は誰か。

(2) 下線部(b)の「兼実」は源平争乱期の基本史料となる日記を残した。その名称

を漢字二字で記せ。

(3)　下線部(c)に関して，この時の有様が，藤原氏の氏神の霊験談を主題とした鎌倉後期の絵巻物に描かれている。この絵巻物とは何か。

(4)　下線部(d)の「道家」は，無双の権勢を背景に壮大な寺院を京に建立した。のちに京都五山の第4位となるこの寺院の名を記せ。

(5)　下線部(e)に関して，頼経を失脚させ，京に送還した幕府の執権は誰か。

B　16世紀の半ばに伝来して以来，鉄砲は，兵器としての有用性が明らかになるにつれて，九州から東国へと広がった。1575年の ［　カ　］ は，鉄砲が勝敗を決した最初の合戦といわれるが，鉄砲が合戦時に欠かすことのできない武器となるのに，時間はかからなかった。豊臣秀吉は朝鮮半島への出兵に備え大量の鉄砲を調達し，徳川氏の覇権を決定づけた関ヶ原の戦いでは，東西両軍ともに鉄砲隊を組織していた。また，鉄砲が伝わって間もない頃から，大砲の使用もみられた。これら新兵器の急速な普及を支えたのは，海外からの輸入，そして，国内における製鉄・鍛冶技術の進歩であった。

　製鉄技術の革新が与えた影響は，軍事面にとどまらない。17世紀には，砂鉄を原料とする ［　キ　］ 製鉄に天秤鞴（てんびんふいご）と呼ばれる大型の足踏み式鞴が導入された。効率のよい鞴の出現によって，加工しやすい良質の鉄が大量に生産され，用途に応じてさまざまな鉄製の道具が作られるようになった。鉱山を掘るために必要な鑿（のみ）や槌（つち）などの調達が容易になり，鉱業生産は増大した。こうした掘削道具は治水や灌漑用水路の工事にも使われ，大規模な新田開発を可能にした。また，刃先が複数に分かれた ［　ク　］ をはじめ各種の農具が生み出され，農業の生産性は高まった。このように，鉄生産の発展は，江戸時代の各種産業の発達を支えたのである。

問

(6)　下線部(f)に関して，ポルトガル人から鉄砲を入手し，日本で初めて国産の鉄砲を作らせたと伝えられる戦国武将は誰か。

(7)　下線部(g)の「関ヶ原の戦い」の後，徳川家康が支配下においた鉄砲鍛冶の集住する近江国の村はどこか。

(8) 下線部(h)に関連して，幕末には，大砲の鋳造に適した鉄を生産するために新たな製鉄技術が採用された。佐賀藩が最初に導入したその製鉄設備とは何か。

(9) 下線部(i)に関連して，江戸時代において，東北地方と並んで鉄の主要な生産地として知られる地域はどこか。

(10) 下線部(j)に関して，(あ)朝鮮から伝来し，石見銀山で初めて用いられた精錬技術は何か。また，(い)銀に代わる主要な輸出品を産した鉱山を 1 つあげよ。

(11) 下線部(k)に関して，江戸時代には，農業に関する技術の改善や知識の普及を目的とする農書が出版された。広く読まれ，農政にも影響を与えた『農業全書』の著者は誰か。

C　近代日本における主要な貿易品目には以下のような推移が見られる。

　　幕末の開港期以来，1870 年代，80 年代においても代表的な輸出品目は，　ケ　と　コ　であった。　ケ　はこの後も，1930 年代まで日本の輸出品の代表の地位を占め続けた。　コ　はもっぱらアメリカに輸出されていたが，同地での消費動向の変化により 20 世紀初頭には輸出全体の中での比重は低下した。一方，1870 年代から 80 年代にかけての輸入品目としては，砂糖，鉄鋼，各種の繊維製品などが挙げられるが，1890 年代以後，繊維原料である　サ　の輸入が増え，20 世紀前半を通じ最大の輸入品となった。これと連動して　サ　を原料とする製品の輸入は減少し，1900 年代以後は，逆にそれが代表的な輸出品目となっていく事実に，この間の<u>国内工業の発展</u>を確認することができる。しかし原料の輸入額は，その製品の輸出額を恒常的に上回っており，日本の貿易収支は<u>第一次世界大戦期</u>を除き，<u>1930 年代前半</u>まで慢性的に赤字を示していた。

　　1930 年代から本格的に輸入されるようになった　シ　は，1960 年代以後は最大の輸入品目となり，1970 年代にはその安定供給への不安が経済危機の原因ともなった。<u>輸出では，1960 年代以後は機械類，鉄鋼</u>などが代表品目となって日本の産業の特徴はすっかり様変わりする。機械類輸出のうちでは，1960 年代までは　ス　の比重が大きく，世界第 1 位の輸出量を誇って，その製造業は日本を代表する産業ともいわれたが，1970 年代初頭をピー

クに比重は低下し，以後は自動車や電気機械が代表的輸出品の地位を占めるよ
うになった。

問

⑿　下線部(l)に関して，渋沢栄一らの構想をもとに，イギリス製機械を導入し
　　て 1883 年に開業した企業の名称を記せ。

⒀　下線部(m)の「第一次世界大戦期」には，重化学工業の発展が見られ，新興の
　　企業集団の形成を促した。技術者であった野口遵によって創業され，後年に
　　企業集団の中核企業となった会社は何か。

⒁　下線部(n)に関して，第一次世界大戦中に行われた金輸出停止措置が継続す
　　るなかで，大戦後に再び貿易収支が悪化し経済状況が不調に陥ると，金輸出
　　解禁の是非が政策上の争点となった。(あ)1930 年に金輸出解禁を断行したと
　　きの大蔵大臣と，(い)1931 年に金輸出を再禁止したときの大蔵大臣は，それ
　　ぞれ誰か。

⒂　下線部(o)に関して，1960 年代の好調な輸出拡大の背景には，1949 年に設
　　定された固定為替レートにより為替相場の安定が確保されていたという条件
　　もあった。このレートでは，1 ドルが何円と設定されていたか。

53

次の文章(A〜C)の ┃ ア ┃ 〜 ┃ チ ┃ に最も適当な語句を記入し，問
⑴〜⒀に答えよ。解答はすべて所定の解答欄に記入せよ。

A　元明天皇の時代，710 年に都が藤原京から平城京に遷された。平城京は藤原
　京の短所を唐の ┃ ア ┃ を手本に手直ししたもので，北辺の中央に宮城を設
　け，その中に天皇の居所である ┃ イ ┃ や，政務や儀式をおこなう大極殿・
　朝堂院を置いた。平城京には藤原京から寺院が移され，仏教文化を中心とする
　　　　　　　　　　　　　(a)
　天平文化が栄えた。

　　平城京の時代には，元明天皇の後，天武天皇の子孫が 5 代にわたり天皇の位
　を継いだが，桓武天皇は天智天皇の子孫であることを強く意識し，山背国(の
　ちの山城国)に都を遷した。784 年には長岡京に都が遷されたが，造営工事を
　推進した藤原種継が暗殺されるなどしたため，長岡京は短命に終わった。種継
　暗殺への関与を疑われ，桓武天皇の弟に当たる皇太子が捕えられ死去した。そ
　　　　　　　　　　　　(b)
　の後，桓武天皇はこの皇太子の怨霊を恐れ続けた。

　　794 年には平安京に遷都した。桓武天皇は仏教の政治介入を避けるため，平
　城京から寺院を移転させなかったが，平安京には新しく東寺と西寺を造った。
　桓武天皇の生涯にわたる大事業は軍事(蝦夷の征討)と造作(新京の造営)である
　が，死の直前に行われた ┃ ウ ┃ の裁定によってともに停止された。平安京
　の人々は，疫病の流行を政争に敗れた人々の怨霊のしわざと考え，それを鎮め
　る ┃ エ ┃ を行うようになった。

　　平城京や平安京には東西・南北に大路や小路が碁盤目状に通り，京内は方格
　　　　　　　　　　　　　　　　　　　　　　　　　　　　　　　(c)
　に区画されていた。居住地域は身分によって規制され，貴族は宮城に近い北部
　に住み，民衆は南部に住んだ。10 世紀になると平安京の西半分の右京は廃
　　　　　　　　　　　　　　　(d)
　れ，左京の北部に貴族や民衆の家が混在するようになった。藤原道長の本邸は
　　　　　　　　　　　　　　　　　　　　　　　　　　　　　　　　(e)
　土御門殿と呼ばれ，左京一条の東京極大路の西側にあった。平安京内に私的に
　寺院を造ることは憚られ，道長は土御門殿の東，東京極大路の東側に浄土を再
　現する ┃ オ ┃ を造った。

問

(1) 下線部(a)の藤原京から移された寺院のうち，天武天皇が皇后の病気平癒のため造った寺院の名を記せ。

(2) 下線部(b)の皇太子は誰か。

(3) 下線部(c)の京内に対して，方格に区画された京外の農地などの地割を何と呼ぶか。

(4) 下線部(d)のあり様を記した『池亭記』の著者は，別に『日本往生極楽記』を著している。それは誰か。

(5) 下線部(e)の藤原道長が国政を主導した時期の前後には，郡司や百姓が受領の暴政を訴えた。988年に告発された尾張守は誰か。

B 江戸幕府は，中国の科挙のような，試験による官吏登用制度をもたなかった。しかし儒者や知識人を全く用いなかったわけではない。たとえば徳川家康は朱子学者林羅山を登用した。羅山は僧職の形で，名も　カ　と僧名をなのって，4代の将軍に仕え，その子孫が代々儒者として幕府に仕える基礎を築いた。

　将軍家綱の政治を補佐した保科正之は，師事した山崎闇斎から朱子学と　キ　を学び，文治政治の推進に努めた。牢人の増加を防ぐために　ク　を緩和したのも，この時期の文治政治の姿勢をよく示している。

　将軍綱吉は文治政治の方針のもと，みずから儒書の講釈を行うほど儒学を重視し，林信篤(鳳岡)を　ケ　に任じ，上野忍ヶ岡にあった林家塾と孔子廟を湯島に移し，学問所として整備した。

　綱吉の後を嗣いだ将軍家宣は，儒者の新井白石を重用した。白石は将軍職の権威を高めることに意を用いた。　コ　の創設や将軍家継と皇女との婚約など，皇室との関係の密接化をはかったのもその政策とみられる。

　将軍吉宗は，侍講　サ　に『六諭衍義大意』を書かせて民衆教化に意を用いるとともに，荻生徂徠の学識を高く評価して，幕府政治に関する意見を求めた。

問

　(6)　下線部(f)の林羅山の幕府公務のひとつに，寛永期の武家諸法度の起草があ
　　　るが，幕府が最初に出した元和の武家諸法度を起草した人物は誰か。

　(7)　下線部(g)の将軍綱吉治世において，時の勘定吟味役(後に勘定奉行)が採用
　　　した幕府の収入増加策は何か。

　(8)　下線部(h)の新井白石が著した自伝は何か。

　(9)　下線部(i)の荻生徂徠が，将軍吉宗の諮問に応じて著した幕政改革に関する
　　　意見書は何か。

C　│　シ　│は，1896 年に佐藤秀助・茂世夫妻の次男として山口県に生ま
れ，のちに父の実家の養子となった。<u>1920 年に東京帝国大学法学部を卒業</u>
<u>し</u>，農商務省に入省した。順調に出世を続け，1935 年には商工省工務局長に
　(j)
就任したが，翌年には日系官吏として満州国に赴任し，実業部総務司長，産業
部次長，総務庁次長の要職を歴任しつつ，満州国の経済開発政策の実質的責任
者として腕をふるった。

　その実績を評価され，1939 年には商工次官となり，さらに│　ス　│内閣
に<u>商工大臣として入閣し</u>，戦時統制経済の推進者となった。しかし，1944 年
　(k)
には倒閣工作に加担し，閣僚辞任を拒否して内閣を総辞職においこんだ。

　1945 年 A 級戦犯容疑者として逮捕されたが，不起訴となり，1948 年に釈放
された。1952 年に公職追放解除となり，その後自由党に入党して，衆議院議
員に当選した。

　しかし，憲法改正と再軍備，さらには自主外交をとなえる│　シ　│は，
│　セ　│首相の政治路線とはあわず，自由党を除名された。1954 年には<u>鳩</u>
<u>山一郎等とともに日本民主党を結成し</u>，続いて自由党との│　ソ　│を主導し
　(l)
て，新たに結成された自由民主党の初代幹事長に就任した。

　│　シ　│が待望の内閣総理大臣となったのは，1957 年であった。翌年 4
月には衆議院を解散し，総選挙で自由民主党の絶対安定多数を獲得した。その
あと，│　タ　│の改正をめざしたが，社会党や総評をはじめとする反対運動
がたかまり，撤回においこまれた。

　1960 年に訪米した│　シ　│は，新しい│　チ　│条約に調印して，宿願

をはたすとともに，アイゼンハワー大統領訪日の約束をとりつけた。しかし，新条約の批准をめぐる国会審議は大いに紛糾し，自由民主党は衆議院で単独強行採決にふみきった。国会外の反対運動はさらに激化し，6月15日には，デモに参加していた東京大学生が死亡する事件が発生した。はげしい反対運動のため，大統領の訪日は中止され，<u>批准書交換直後に内閣も総辞職した。</u>
（m）

問

(10)　下線部(j)に関して，同じ1920年に東京帝国大学経済学部の助教授2人が新聞紙法違反で起訴され，処分を受けたが，この事件は何と呼ばれているか。

(11)　下線部(k)に関して，商工省は1943年に廃止され，商工大臣の　　シ　　は，新しく設置された省の次官となった。新しい省の省名を答えよ。

(12)　下線部(l)に関して，鳩山日本民主党内閣が代表を派遣して参加した，第1回アジア・アフリカ会議は，別名何と呼ばれているか。

(13)　下線部(m)に関して，後継新内閣は，新しい経済政策を打ち出すことによって，自民党政権の安定化に成功した。この経済政策は何と呼ばれているか。

54

次の文章(A～C)の ア ～ タ に最も適当な語句を記入し，問(1)～(13)に答えよ。解答はすべて所定の解答欄に記入せよ。

A　近世以前の日本の建物は，原則として，柱で屋根を支える柱構造であった。植物質の建築材は腐ってなくなり，建物の痕跡は地表下で残るのが普通である。そのため，発掘調査で検出した建物跡は，柱位置からその平面形はわかっても，その立体構造を復元するのは容易ではない。

縄文～古墳時代を通じて一般的な住居は，地面を掘り込んで床面を造成する ア なので，壁の位置がわかるが，屋根構造などはわからない。しかし，弥生時代には土器や イ に描かれた絵画から，切妻造の高床式建物があったことがわかる。その多くは， ウ と考えられているが，なかには集会所や神殿のような高床式建物があったと説く研究者もいる。

古墳時代には，鏡背面の文様や刀剣柄頭の彫刻，墳丘に並べた家形 エ から，豪族居館の建物が千木・堅魚木で屋根を飾り，一般の ア と構造や外観において大きな格差を持っていたことがわかる。しかし，古墳時代までの建物は，掘った穴の中に柱を立てる オ 建物で，耐久性が圧倒的にまさる礎石の上に柱を立てる構造の建物は，仏教建築にともなって倭国で初めて出現した。

問

(1)　下線部(a)に関して，5～6世紀の倭国で製作されたと考えられる，年号を含む銘文が入った(あ)鏡・(い)刀剣の呼称を，それぞれ記せ。

(2)　下線部(b)に関して，千木・堅魚木などの屋根飾りを現代に伝え，建築様式名の基準となっている島根県の著名な神社は何か。

(3)　下線部(c)に関して，創建後1300年以上を経た，現存の礎石建物は何か。

(4)　下線部(d)に関して，倭国最初の本格的仏教寺院を建てた有力者は誰か。

B　鎌倉時代の荘園や国衙領には様々な人々が居住していた。土地によって違いはあるものの，ほぼ次のような人々がみられた。

　まず，武士(侍)が地頭や荘官に任じられ，現地支配を行っていた。彼らは開発領主の系譜をひくことが多く，要地を選んで，周囲に堀・溝や塀をめぐらした館をかまえていた。館の周辺には<u>年貢・公事を免除された直営地</u>が設けられ，名田などとともに，隷属民や所領内の農民によって耕作された。
(e)

　武士たちは強い血縁的統制のもとにあり，一族の長である　カ　を中心に結集していた。一族の他のものは庶子と呼ばれたが，<u>庶子にも所領は分けあたえられた。</u>彼らは　カ　に従って奉公にはげみ，非常時には団結して
(f)
戦った。戦闘集団であったため，<u>武士の生活</u>では武芸が重視され，つねに流鏑
(g)
馬などを通じてその訓練を行った。ただ有力な武士のいない所領もあった。

　武士のほかには，　キ　とも呼ばれた百姓，さらに　ク　・所従が住んでいた。百姓は農民だけでなく，商人や手工業者をも含んだ庶民をさすが，荘園や国衙領ではそのなかの有力なものが名主にとりたてられ，名田の管理と年貢・公事を納める責任を負わされた。

　名主は村落の運営にあたり，しばしば開催された　ケ　で農作業や祭礼
(h)
などの事がらを決めた。また災害や荘官などの非法にさいして，<u>領主に年貢の</u>
(i)
<u>減免や非法の停止を求める訴えをおこし，</u>それが受けいれられないときには，村落を退去し，山野などに隠れることも行われた。名主と同様，　コ　も百姓身分に属していたが，自分の名田をもたず，作人として名主や荘官などの田地を耕作した。彼らは一般に村落の運営から排除されていた。

　一方，　ク　・所従は地頭・荘官・名主等に人格的に隷属する非自由民で，主人に労働を提供し，ときには売買の対象とされた。もちろん，村落の構成員とはみなされなかった。

問

　(5)　下線部(e)の直営地は何と呼ばれるか。

　(6)　下線部(f)のような形態をとる所領相続は何と呼ばれるか。

　(7)　下線部(g)に関して，武士の日常生活から生まれた道徳は何と呼ばれるか。

(8) 下線部(h)に関して，名主等が結集する村落の神社の祭祀組織は何と呼ばれるか。

(9) 下線部(i)に関して，訴えにさいし，名主等はその要求をしたためた文書を出し，領主と交渉した。その文書は何と呼ばれるか。

C　1870年代後半には自由民権運動が盛り上がり，1880年3月に，愛国社が中心となって大阪で　　サ　　を結成し，国会開設を藩閥政府に求めた。1881年になると，藩閥政府の中の実力者の一人大隈重信は，国会の即時開設を主張
したので，同年10月に大隈とその一派は政府を追放された。他方，政府も民
権派をなだめるため，1890年に国会を開設することを公約した。

　そこで　　シ　　は，1882年から1883年にかけ約1年半，渡欧して憲法調
査を行った。彼はウィーン大学教授の　　ス　　から多大な影響を受け，当時
ヨーロッパで最先端の憲法理論であった君主機関説を身につけて帰国した。こ
れは，君主権は国家により拘束されるという考え方であった。その後，憲法制
定作業が　　シ　　を中心に進み，1889年2月に大日本帝国憲法が発布され
た。

　この憲法では，「大日本帝国ハ万世一系ノ天皇之ヲ統治ス」(第一条)，「天皇
ハ陸海軍ヲ統帥ス」(第十一条)などの強い天皇大権が規定されている。しかし
他方で，「国務各大臣ハ天皇ヲ輔弼シ其ノ責ニ任ス(後略)」(第五十五条)のよう
に，国務大臣が天皇を拘束する要素もあった。また，「帝国議会ハ毎年之ヲ召
集ス」(第四十一条)，「国家ノ歳出歳入ハ毎年　　セ　　ヲ以テ帝国議会ノ協賛
ヲ経ヘシ(後略)」(第六十四条)のように，天皇や政府は国家の歳出歳入に関し
て帝国議会から拘束を受けるようになっていた。

　帝国議会は，対等の権限を持つ衆議院と貴族院とからなり，衆議院は有権者
が選挙で選んだ議員で構成された。帝国議会が始まった1890年代を通して政
党勢力が伸張していくのは，政党側が衆議院において　　セ　　への批判を加
えることにより，藩閥勢力の譲歩を引き出していったからであった。1900年
9月，　　シ　　は帝国議会での紛糾を避けるため，旧自由党系政党や官僚を
中心に　　ソ　　を創立した。こうして，政策立案や政権担当能力を十分に備
えた政党が日本に誕生する。

　ところで大日本帝国憲法上，首相を含め閣僚は天皇が任命した。しかし，首相の実質的な人選は　タ　があたり，首相が他の閣僚の人選を行うのが通例であった。なお，この　タ　は法令に定められた機関ではなく，慣例的な機関であった。

問

(10)　下線部(j)の大隈重信は，太政官制の下での内閣の一員であった。当時，閣議に参加できたのは，通例出席しない天皇を除いて，太政大臣・左大臣・右大臣と大隈の就いていた役職の者であった。その役職は何か。

(11)　下線部(k)に関して，国会開設問題以外にも大隈らの追放を促進する結果となる事件が，この年の夏から問題になった。それは何と呼ばれているか。

(12)　下線部(l)に関して，後にこの考えは，ある人物によって憲法学説として体系化され，通説となった。しかしその説は，軍部や右翼に攻撃され，1935年に政府によって否定される。ある人物とは誰か。

(13)　下線部(m)に関して，当初は制限選挙であったが，1925年に男子を対象に普通選挙法が成立する。そのときの首相が属した政党は何か。

55

次の文章(A〜C)の ┃ ア ┃ 〜 ┃ シ ┃ に最も適当な語句を記入し，
問(1)〜(17)に答えよ。解答はすべて所定の解答欄に記入せよ。

A　律令体制が解体していった時期には，歴史を考えるための材料(史料)にも大
きな変化が見られる。

　　まず，中国風の官撰史書が作られなくなった。村上天皇の時代に『新国史』の
　　　　　　　　　　　　　　　　　　　　　(a)
編纂が始まったが，ついに完成することはなく，『日本三代実録』が ┃ ア ┃
と総称される古代官撰史書の最後のものとなった。天武天皇の時代に始まった
国家的事業が10世紀半ばに終わったさまは，貨幣鋳造の歴史とよく似てい
　　　　　　　　　　　　　　　　　　　　　(b)
る。

　　官撰史書と入れかわるように，新しい史料が登場する。その一つが天皇・貴
族の日記である。政治が形式化して先例故実を重んじるようになったため，日
記が大切に伝えられた。なかでも『御堂関白記』は自筆部分が現存し，筆者であ
る ┃ イ ┃ の大らかな書きぶりが印象的である。また主に女性の手で，仮名
　　　　　　　　　　　　　　　　　　　　　　　　　　　　　　　　　(c)
の日記文学も生み出された。

　　法制では，律令が現実に合わないものとなり，その注釈も9世紀後半に
『 ┃ ウ ┃ 』に集成されてから後のものは，ほとんど残っていない。朝廷の単
行法令や運用細則を格式にまとめることも，弘仁・貞観・延喜の三代で終わっ
た。10世紀半ばすぎの『延喜式』施行にも実質的意味は少なく，むしろ律令体
制の終焉を象徴するかのようであった。一方，このころから私撰儀式書がさか
んに作られるようになり，源高明の『西宮記』や藤原公任の『北山抄』などは，朝
　　　　　　　　　　(d)
廷政治のマニュアルとして重視された。

　　┃ エ ┃ は古代史研究をよみがえらせた出土文字史料であるが，9世紀以
降のものは数が少ない。これは単に，平安宮が大規模に発掘調査されてこな
　　　　　　　　　　　　　　　　　　(e)
かったため，まだ発見されていないだけのことかもしれない。しかし，あえて
古代史に理由を求めるならば，8世紀よりも紙の利用が広まったこと，律令租
　　　　　　　　　　　　　　　　　　　　(f)
税制度が衰退して貢納物の荷札が減少したこと，などを仮説として立てること

ができよう。

問

(1)　下線部(a)の天皇の政治は，父にあたる醍醐天皇の政治とともに，後世，理想的な天皇親政として賛美された。二人の政治はあわせて何と呼ばれたか。

(2)　下線部(b)に関して，日本最初の貨幣を鋳造したことで知られる遺跡の名を記せ。

(3)　下線部(c)の実例として，次の3作品をあげることができるが，これらを古い順に並べよ。解答はⅠ～Ⅲの記号で記せ。

　　　　Ⅰ　蜻蛉日記　　　　　Ⅱ　更級日記　　　　　Ⅲ　土佐日記

(4)　下線部(d)の人物は，村上天皇の死後，大宰府に左遷された。この事件を何と呼ぶか。

(5)　下線部(e)について，その主な理由を述べよ。

(6)　下線部(f)に関連して，日本に紙・墨の技術を伝えたとされる人物は誰か。

B　江戸時代は交通路の整備が進んだ。陸上では，江戸を中心にいわゆる<u>五街道</u>
(g)
が，幕府の直轄街道として成立した。海運では，江戸・<u>大坂</u>間の定期航路の他
(h)
に，17世紀後半に，商人　オ　によって東廻り航路と<u>西廻り航路</u>が整備
(i)
されて，日本列島をとりまく<u>海上交通網</u>が完成した。
(j)
　交通網は，商品や人の往来のルートであっただけではなく，貨幣や情報が流れるルートでもあった。貨幣は，金・銀・銭のいわゆる三貨が流通し，しかも経済圏によって<u>取引の基準となる貨幣</u>が異なり，相互の交換比率も変動してい
(k)
たため，三都などの商業の要地には金融業の一種といえる　カ　が営業していた。

　鎖国体制下，幕府は海外情報の統制に留意した。その中で，幕府自身は，ほぼ定期的にもたらされる　キ　によって，海外事情に関する比較的新しい情報を得ていた。江戸時代には，情報は出版物を通じて流通することが多くなったことを反映し，幕府は，情報統制のために，<u>出版物の規制</u>を行うことが
(l)

少なくなかった。

問

　(7)　下線部(g)の「五街道」を管轄する幕府の職名は何か。

　(8)　下線部(h)の「大坂」は「天下の台所」と言われることがあった。なぜそう呼ばれたのか。

　(9)　下線部(i)に関して，開発時に西廻り航路の起点とされた，日本海に注ぐ大河川の河口に位置する都市は，どこか。

　(10)　下線部(j)に関して，(あ)江戸時代に全国的な海上交通網の整備が必要とされた主な理由は何か。また，(い)江戸時代後期，蝦夷地と大坂の間の日本海沿岸を往来して，蝦夷地や北陸方面の海産物などを大坂，瀬戸内地方にもたらした船のことを何というか。

　(11)　下線部(k)に関して，上方を中心とする経済圏の取引の基準となった貨幣は，三貨のうち何か。

　(12)　下線部(l)に関して，寛政改革時，ロシアの南下を説き海防を論じた著書の版木が没収となり，処罰されたのは誰か。

C　国共内戦に勝利した中国共産党の主席　　ク　　は，1949年10月1日北京の天安門広場で，中華人民共和国の成立を宣言した。敗れた国民党の蔣介石は
　　　　　　　　　　　　　　　　　　　　　　　　　　　　　　　　(m)
軍を率いて　　ケ　　に逃れた。これをみた朝鮮民主主義人民共和国（北朝鮮）の金日成は朝鮮半島の武力統一を決断し，翌年6月に朝鮮戦争がはじまった。国際連合は北朝鮮を弾劾し，大韓民国への支援を加盟国に求めた。アメリカ軍
　　　　　　　　　　　　　　　　　　　　　　　　　　　　　　　　　(n)
を主力とする国連軍が北緯38度線を越えて進撃すると，彭徳懐の率いる中国軍が介入し，米中両軍は直接砲火を交えることになった。

　　一方で，朝鮮戦争は対日講和を促進させた。アメリカ政府は対日講和の基本原則をまとめて，関係各国と協議をはじめ，1950年11月には「対日講和7原則」を公表した。翌年9月8日に　　コ　　平和条約が結ばれ，これにより
　　サ　　宣言にもとづく日本占領に終止符が打たれることになった。この講
　　　　　　　　　　　　　　　　　　　　　　　　　　　　　　　(o)
和はいわゆる「片面講和」であり，またアメリカ軍の駐留と基地利用を認める日
米安全保障条約と一体のものであった。
(p)

　　　コ　　　平和条約の調印後，アメリカ国務省のダレス顧問の強い要請にし
たがって，当時の首相　　　シ　　　は，中華民国政府との間で講和条約を結ぶこ
とを確約した。このように，中華人民共和国の成立，朝鮮戦争および対日講和
により，東アジアにおける冷戦体制の枠組みが形成された。

問

　⒀　下線部(m)に関連して，かつて蔣介石が率いた国民革命軍の北伐に対し
　　　て，日本は3度にわたって軍事干渉を行ったが，それは何と呼ばれている
　　　か。

　⒁　下線部(n)の「国連軍」は，当初その司令部を東京に置いていた。国連軍司
　　　令官に就任した人物が当時ある役職を兼任していたからである。その役職
　　　とは何か。アルファベットの略語で記せ。

　⒂　下線部(o)の「片面講和」の意味を簡単に説明せよ。

　⒃　下線部(p)の「日米安全保障条約」は1960年に改定され，さらに冷戦体制
　　　崩壊後の1996年に「再定義」された。この「再定義」を行った外交文書は何
　　　と呼ばれているか。

　⒄　下線部(q)に関連して，中華人民共和国との国交を樹立し，戦争状態の終
　　　結を確認した外交文書は何と呼ばれているか。

56

(2007 年度　第 3 問)

次の文章(A～C)の　ア　～　ス　に最も適当な語句を記入し，問(1)～(16)に答えよ。解答はすべて所定の解答欄に記入せよ。

A　浄土真宗(一向宗)は，15 世紀後半に現れた蓮如の活躍で大きく発展した。
(a)
彼は当初近江国で布教したが，延暦寺の弾圧により越前国　ア　御坊に逃れて北陸で布教し，爆発的に教線を広げた。ついで京の近郊　イ　に，さらに現在の大阪である石山にも本願寺を建立した。

蓮如は教えをやさしい言葉で説いた　ウ　を配布し，惣村を基盤として
(b)
門徒を増やしていった。来世における極楽往生を目指す教えは，農民の強い支持を受け，世俗権力に抵抗する一揆を結成することになる。しだいに一向一揆は激化し，15 世紀末には加賀国で守護　エ　を滅ぼし，1 世紀近くにわたり一揆が国内を支配するに至った。これに対し，日蓮宗は京の富裕な商工業
(c)
者の支持を受けた。彼らは法華一揆を結成し，1532 年には一向一揆と衝突，
(d)
　イ　本願寺を焼失させている。

その後，一向宗は石山に拠点を移したが大きな勢力を維持した。その背景には，単に武力が強大であったことだけではなく，各地の寺内町を通して商人を
(e)
保護し，商業流通を掌握したこともあった。多くの寺内町が現存するが，そのうち，大和国称念寺の寺内町　オ　には，近世の古い町並みが保存されている。

問

(1)　下線部(a)の「浄土真宗」の開祖が著した根本教典は何か。

(2)　下線部(b)の「惣村を基盤」として結成された一向宗の門徒の団体は何か。

(3)　下線部(c)の「日蓮宗」は，他宗派を攻撃したり，為政者に諫言したりしたために，弾圧を受けることもあった。京で布教した日親を弾圧した将軍は誰か。

(4)　下線部(d)の「法華一揆」は，1536 年に延暦寺と近江の戦国大名の攻撃を受けて壊滅する。この戦国大名が 1567 年に制定した分国法の名称を記せ。

(5) 下線部(e)の商人に対する保護の内容を具体的に記せ。

B　1716年に将軍となった徳川吉宗は，海外との貿易や通貨の問題については
　(f)
新井白石の政策を受け継ぐ一方，時代を画する様々な施策を行った。まず，公
　　　　　　　　　　　　　　　　　　　　　　　　　　　　　　　　　(g)
事方御定書を編纂させ，裁判や行政の基準を定め，幕府支配の基礎となる法の
整備を進めた。また，幕府財政を再建するため，新田開発を推進するととも
に，豊凶に関わりなく一定の率の年貢を徴収する　カ　を採用し，年貢の
増徴をはかった。こうした農業政策に加え，大名に対しても1万石あたり100
石の上げ米を命じた。この他，人口100万人とされる江戸では，　キ　を
　(h)　　　　　　　　　　　　　　　　　　　　　　　(i)
町奉行に登用し，多発する火事に対応するため町火消の組織を整備し，貧民を
　　　　　　　　(j)
対象として病人を収容・治療する　ク　を作るなど，都市政策を進めた。
さらに，実学奨励の一環で漢訳洋書の輸入制限を緩和し，江戸時代後期の蘭学
　　　　(k)
興隆のきっかけを作った。

問

(6) 下線部(f)に関して，幕府は，新井白石の発案により，金銀の海外流出を
　　抑えるために，長崎での貿易を制限した。その規定を総称して何という
　　か。

(7) 下線部(g)は，評定所の構成員である三奉行の他，畿内・西国支配を担当
　　する2つの役職に限り閲覧が許されていた。その2つの役職の名称を記
　　せ。

(8) 下線部(h)に関して，参勤交代の半減を条件とするこの制度を，吉宗は
　　「恥辱」と感じていた。それはなぜか。参勤交代制度が作られた趣旨に即し
　　て，その理由を記せ。

(9) 下線部(i)では，江戸時代後期，為政者を諷刺したり，世相を皮肉る川柳
　　が流行した。柄井川柳が撰者となって1765年に刊行が始まった句集の名
　　称を記せ。

(10) 下線部(j)に関して，延焼を防ぐために，明暦の大火の後に設置され，享
　　保期に増設された空き地の名称を記せ。

(11) 下線部(k)に関して，吉宗に命じられ野呂元丈とともにオランダ語を学ん

だ人物は誰か。

C　第一次世界大戦の主戦場はヨーロッパであったが，日本は 　ケ　 にもと
づいて参戦し，ドイツの海軍基地と租借地のある 　コ　 半島に出兵した。
さらに中国における権益の拡張をめざし，袁世凱政権に対する二十一か条要求
や段祺瑞政権に対する大規模な借款など積極的な政策を展開した。
(1)
　過酷な世界戦争は帝政ロシアの崩壊をもたらし，ソビエト政権の樹立を招い
た。日本はアメリカ，イギリス，フランスとともにシベリアに出兵し，中国と
軍事協定を締結して，ロシアの勢力範囲であった満州(現在の中国東北部)北部
(m)
を制圧し，ロシアの権益を掌握しようとした。

　世界戦争の再発防止のため，新しい国際秩序の創出と平和・安全保障体制の
樹立が戦後の課題となったが，その答えの一つがアメリカ大統領ウィルソンの
提唱した平和14か条であり，それを具体化した 　サ　 であった。いっぽ
う，戦後のアジア各地では民族運動が昂揚した。朝鮮の三・一独立運動，中国
(n)
の 　シ　 運動が植民地支配，帝国主義に対する抵抗として起った。

　そのような戦後の状況をうけて，東アジアの国際体制が再編された。
　ス　 体制と呼ばれるこの体制は，戦勝国の植民地支配を正当なものとし
て継承し，太平洋上の旧ドイツ植民地は戦勝国間で分割されたが，中国につい
ては領土保全・主権尊重・門戸開放・機会均等をうたう九か国条約が結ばれ
(o)
た。また，中国が原加盟国として 　サ　 に加入したことにより，これ以
降，中国の独立と統一を脅かし，その領土と主権を侵害する行為は，国際平和
に反する侵略と見なされることになった。

　日本は，イギリスやアメリカとの協調維持のために，新しい体制をうけいれ
た。原敬内閣によってレールが敷かれたこの路線は，その後満州事変で幣原外
交が崩壊するまで日本の対外政策の基本となった。
(p)

問

　⑿　下線部(1)の借款は，通常何と呼ばれているか。

　⒀　下線部(m)に関して，満州において日本とロシアが勢力範囲を設定するこ
　　とを相互に認めた条約名を記せ。

⑷　下線部(n)の運動の結果，朝鮮総督府の組織が改められ，朝鮮総督の任用
　　資格が変更された。どのように変更されたか，簡単に説明せよ。

⒂　下線部(O)の条約が締結された国際会議で，この条約以外に結ばれた2つ
　　の重要な条約の名称を記せ。

⒃　下線部(P)の満州事変のきっかけとなった関東軍による謀略事件の名を記
　　せ。

57

次の文章(A〜C)の │ ア │ 〜 │ セ │ に最も適当な語句を記入し，問
(1)〜(16)に答えよ。解答はすべて所定の解答欄に記入せよ。

A　気候が温暖になって生活環境が変化した縄文時代には，さまざまな生業に用
　(a)
いるために，多様な石器がつくられた。石鏃を用いた弓矢で捕らえた動物の皮
をはぐためには │ ア │ が用いられた。石皿とすり石は，採集された木の実
を加工するために，打製石斧は，主に土を掘るために用いられた。また男性を
象徴したと考えられる │ イ │ のように，当時の祭祀に用いられた道具に
　　　　　　　　　　　　　　　　　　　　　　　　(b)
も，石でつくられたものが少なくない。

　弥生時代に本格的な水稲耕作が伝わると，それに必要な新たな石器がつくら
れるようになった。木を伐採するためにつくられた │ ウ │ 石斧，木器を加
工するために用いられた扁平片刃石斧，稲穂を収穫するために用いられた
│ エ │ などがその代表例である。弥生時代には，金属製の道具も用いられ
るようになった。青銅器のうち，銅剣・銅矛・銅戈などの武器類は，のちに
祭祀専用の道具へと変化した。音を打ち鳴らす道具であった │ オ │ も当時
(c)
の祭祀と関係が深かったと考えられる。鉄器は，斧や刀子のような加工用の道
具が最初に広まった。弥生時代後期に石の使用が次第に少なくなるのは，鉄
器の普及によるものと考えられる。

　5 世紀になると，朝鮮半島から渡来した鉄器製作集団により，新たな技術で
　　　　　　　　　　(d)　　　　　　　　　　　　　　　　　(e)
武器・武具・農具などの鉄器がつくられるようになった。こうした集団が活動
した様子は，鉄器を製作した遺跡の発掘や，古墳に納められた鉄器製作用の工
具類の発見によってうかがうことができる。

問

(1)　下線部(a)の気候の温暖化によって海面は上昇し，縄文時代前期には海岸
　　線が現在より陸地側に入り込んでいた。このような現象を何というか。

(2)　下線部(b)の祭祀に用いられた道具のうち，女性を表現した例が多い人形

の土製品を何というか。

(3)　下線部(c)に関して，山の斜面に掘られた2つの穴に，358本の銅剣と16本の銅矛，6個の　オ　が埋まっていた島根県の遺跡名を答えよ。

(4)　下線部(d)の集団は，品部の中でどのように呼ばれていたか。

(5)　下線部(e)に関して，この時期には，金や銀の細線を埋め込んで文様や文字を表現する技術も本格的に用いられるようになった。この技法を用いて，「辛亥年」からはじまる115文字を刻んだ鉄剣が出土したことで有名な，埼玉県にある古墳の名称を答えよ。

B　平安時代後期には，土地制度のうえで大きな変化が生じた。11世紀になると，有力な　カ　や地方豪族のなかに，荒田や原野の開発などをもとに大規模な私領を形成するものがあらわれた。彼らは開発領主と呼ばれた。国衙は
(f)
これらの私領を中心に，新たに保という行政単位を設けたり，旧来の郡・郷を再編したりするとともに，彼らを郡司・郷司・保司に任命して，その徴税を請け負わせた。これらの職は世襲されたので，郡・郷・保などの行政区画がそのまま彼らの所領となった。一方，荘園でも11世紀半ば，新しい形態をとるものが登場した。それは，耕地や集落のほかに，周辺の山野河海をふくむ地域的
(g)
なまとまりをもった荘園で，その後，荘園が増加するにつれ，このタイプが荘園の主流となった。

　11世紀半ば以降，荘園の拡大に直面した朝廷は，しばしば荘園整理令を発
(h)
し，その抑止につとめた。こうした荘園の拡大をもたらした要因の一つは，寄進地系荘園の増加であった。これは，おもに開発領主が国衙の圧迫やほかの領主の侵害からまもるために，その所領を貴族や寺社に寄進して荘園としたもので，彼らは下司や　キ　などの荘官となり，ひきつづき現地を支配した。他方，寄進をうけた貴族や寺社は荘園の領有者となったが，なかには得分を取得するだけでなく，　ク　や雑掌を現地に派遣して，経営にあたらせるものもあった。寄進地系荘園は12世紀前半に著しく増え，やがて一国のなかで
(i)
荘園と国衙領があいなかばするような事態も生じる。こうして形成された荘園と国衙領からなる土地制度を荘園公領制と呼んでいる。

　支配が整備されると，多くの荘園では主要な耕地が名に編成され，名田をわ
(j)

りあてられた名主が，耕作と納税の責任を負った。名主はおもに家族や隷属民
である　　ケ　　を使って耕作し，荘園領主である貴族や寺社に対して<u>年貢と</u>
<u>公事</u>を負担した。年貢は名田などにかかり，米が一般的であったが，荘園に
(k)
よっては絹・布などの繊維製品や，鉄・塩などの特産物を納めるところもあっ
た。雑物と夫役からなる公事は，田地のほか，山林・畠地・屋敷などにも課さ
れた。

問

(6)　下線部(f)の開発領主のなかには，国衙に進出して，その役人になるもの
　　もいた。この国衙の役人は何と呼ばれるか。

(7)　下線部(g)のような荘園では，国衙の使者などの立ち入りを拒否できる権
　　限を獲得するところもあった。この権限は何と呼ばれるか。

(8)　下線部(h)に関連して，延久の荘園整理に際し，荘園の文書を調査するた
　　めに設けられた機関は何か。

(9)　下線部(i)に関連して，国ごとに作られた土地台帳は何と呼ばれるか。

(10)　下線部(j)の名は何と呼ばれるか。

(11)　下線部(k)に関連して，荘官らに与えられた，年貢・公事を免除された田
　　地は何と呼ばれるか。

C　1863 年，朝鮮では　　コ　　が即位したが，実権はその生父として大院君
の称号を受けた興宣君昰応が掌握した。大院君は景福宮再建など王室の権威を
(l)
高める政策を進める一方，<u>キリスト教を弾圧</u>し，欧米列強艦隊の再三の接近も
(m)
武力によって撃退し鎖国を維持する姿勢を示した。しかし大院君は 1873 年に
は失脚し，実権は　　コ　　の王妃を出した　　サ　　氏一族の手に握られ
た。

　　　サ　　氏の政権が，1876 年に日本との間で結んだ　　シ　　により開
国を余儀なくされ，開化政策に転換すると，これに反対する声が強まった。反
対勢力は 1882 年，<u>兵士の反乱事件を契機として大院君を政権に復帰させる政</u>
<u>変</u>を実行したが，清が介入し，大院君は天津に連れ去られ抑留された。1884
(n)
年，今度は清との宗属関係からの離脱と近代化改革を求める開化派が，日本の

支持を頼りにクーデターを起こしたが，清軍の出動によって失敗し，朴泳孝・
_(O)
　ス　らの首謀者は日本に亡命，のち　ス　は上海で殺害された。

　1894年，甲午農民戦争に介入した清と日本とが開戦し，勝利した日本が朝
_(P)
鮮内政への干渉を強めると，政府内部では王妃を中心に，ロシアに接近して日
本を牽制しようとする動きが生じた。これを敵視した日本公使の　セ　ら
は，1895年，王妃殺害を計画し，実行した。

問

(12)　下線部(1)の景福宮の焼失は，1592年，日本でいう「文禄の役」によるも
　　のである。この戦乱は朝鮮では一般に何と呼ばれたか。

(13)　下線部(m)のようなキリスト教弾圧は，明治維新後の日本でも発生してい
　　た。弾圧を受けたキリスト教徒らが暮らしていた長崎近郊の村はどこか。

(14)　下線部(n)の事件は何と呼ばれるか。

(15)　下線部(O)の事件は何と呼ばれるか。

(16)　下線部(P)の農民蜂起を指導した朝鮮の宗教結社は何か。

58

　次の文章(A～C)の　　ア　　～　　ソ　　に最も適当な語句を記入し，問
(1)～(15)に答えよ。解答はすべて所定の解答欄に記入せよ。

A　奈良時代の農民は，口分田を耕作するほか，公田や貴族・大寺院の田地を
　　　(a)
　　　ア　　するなどして生計を立てていたが，課役をはじめとする国家的諸負
　　　　　　　　　　　　　　　　　　　　　(b)
　担に加え，公私の出挙による負担も重く，たびたびの水害や旱魃，疫病の流行
　　　　　　　　　　　　　　　　　　　　　　かんばつ
　も重なって，その生活は苦しかった。このため，土地を捨てて　　イ　　する
　　　　　　　　(c)
　者が多く，また戸籍の性別・年齢をいつわったり，勝手に僧侶の姿をしたりし
　　　　　　　　　　　　　　　　　　　　　　　　　　(d)
　て，課役を逃れようとする者も増大した。いっぽう，地方豪族や有力農民は，
　私出挙等によって私富を蓄積するとともに，没落農民や他所から　　イ　　し
　た者を吸収して大規模な田地経営を行うようになり，9 世紀も後半になると，
　院宮王臣家と結んで，それらの私営田を　　ウ　　とする動きが広がった。こ
　(e)
　れに対し，政府はたびたび禁令を発し，律令制の原則を維持しようと試みたが
　効果はなく，現実をふまえた新たな支配方式への転換を余儀なくされることと
　なった。その結果，かつての口分田など，公領の田地は新たに　　エ　　と呼
　ばれる課税単位に再編され，その広さに応じて官物や　　オ　　を徴収する体
　制が成立した。

問

　(1)　下線部(a)の「公田」とはどのような田地か。簡単に説明せよ。

　(2)　下線部(b)の「課役」のうち，令制では正丁・老丁のみに課され，少丁は免除
　　　されていた税目は何か。

　(3)　下線部(c)について，そのような当時の農民の生活状態を歌ったことで著名
　　　な万葉歌人は誰か。

　(4)　下線部(d)のような者を，正式に得度した僧侶に対して何というか。

　(5)　下線部(e)の「院宮王臣家」とはどのようなものか。簡単に説明せよ。

B　江戸時代の社会は農業を基本にしていたので，自然災害による凶作は大きな社会変動要因となり，ひいては政治改革につながることが多かった。

　江戸時代の最初の大飢饉は寛永期におこり，農村に大きな被害をもたらした。農民の過重な負担がこの飢饉の背景にあったので，幕府や藩はこれを機に<u>農政改革</u>を進めた。
(f)

　1732年，西日本一帯でのイナゴやウンカの大発生がきっかけで，大凶作に陥った。その翌年に<u>江戸で初めての打ちこわし</u>がおこったのも，この凶作と密
(g)
接な関係があった。天明期に東北地方の冷害からはじまった飢饉は，火山の噴火による影響も加わって，空前の餓死者を出す大飢饉になり，百姓一揆や打ちこわしが続発した。幕府の実権を握っていた老中の田沼意次は，江戸の激しい打ちこわしの中で勢力を失い，それに代わって老中に就任したのは，この飢饉に一人も餓死者を出さなかったとされる　カ　藩の藩主であった松平定信である。天明の飢饉以後，幕府や諸藩の政治改革の大きな課題は，<u>大飢饉で荒廃した農村の立て直し</u>にあった。
(h)

　農民たちは，飢饉で苦しむ中，生活をそこなう領主の圧政に対して，種々の要求を掲げて一揆をおこすようになった。17世紀には村の代表者が領主に直訴する　キ　が一般的であったが，やがて村を越えて広域の百姓が団結して蜂起するタイプの一揆も見られるようになった。

　年貢の　ク　制をとっていた農村では，村役人の不正を貧しい小前百姓らが追及する　ケ　とよばれる紛争がおこるなど，村落内での階層的な対立もしばしば表面化してきた。

　天保期にもきびしい飢饉に見舞われたが，幕府や諸藩が適切な対策をとることができない中，<u>大規模な百姓一揆</u>が各地でおこった。大坂では，<u>大塩平八郎</u>
(i)　　　　　　　　　　　　　　　　　　　　　　　　　　　　　　(j)
が飢民救済を掲げて武装蜂起し，公然と武力で幕府に反抗して，各方面に衝撃を与えた。同年，越後柏崎で代官所を襲撃した　コ　は，大塩平八郎の門弟を名乗ったが，これも大塩の乱の余波といえる。

問

(6)　下線部(f)に関連して，寛永の飢饉を契機に，小農民の没落防止のために，幕府が出した土地法令は何か。

(7)　下線部(g)の打ちこわしの対象となった商人の業種は何か。

(8)　下線部(h)に関連して，天明の大飢饉の中で襲封して，飢饉後の藩政改革に成果を上げた秋田藩の藩主は誰か。

(9)　下線部(i)に関連して，三河国で 1836 年に，およそ 240 ヵ村，1 万数千人の農民らが参加した一揆がおこり，領主に衝撃をあたえた。この一揆を何というか。

(10)　下線部(j)の大塩平八郎は，この当時，公職から退いていたが，彼が隠居する前に勤めていた幕府の機関は何か。

C　明治維新以後，職業選択の自由が認められ，身分制社会が崩れると，多くの若者が社会的上昇を目指すようになる。その大きな手段となったのが教育であった。明治政府が官吏の採用制度を，藩閥などの人脈による縁故採用から，試験採用に転換していったことも教育への期待を高めることになった。政府も
(k)
近代化のために人材育成に力をいれ，様々な教育機関をつくった。　　サ　　
(l)
年制定の帝国大学令で規定された大学は，官吏養成機関という性格を強くもっていた。

　近代化の進展は，大学卒業生への需要を生むとともに進学希望者も増大させた。1918 年制定の大学令で公立や私立の大学，　　シ　　の設置が認められるようになり，大学生の数は急増した。いっぽう，陸軍や海軍は，将校養成のための独自な教育機関である　　ス　　などをもっており，彼らと一般社会との交流の乏しさはそのセクショナリズムを助長し，1930 年代の軍部の暴走の
(m)
一因となった。

　設立直後の大学は，研究面で弱体であったが，次第にその側面も充実するようになった。また，その学問は当初は欧米からの輸入学問という性格が強かっ
(n)
たが，『善の研究』を著した　　セ　　の哲学のように，直輸入ではない独自な研究もやがて登場するようになった。

　研究の発展とともに，1910 年代以後，大学の自治，学問の自由も次第に社会的に承認されていくようになった。しかし，研究の価値を今までより高く認めた大学令の公布のすぐ後に　　ソ　　がおこされたように，その承認は完全なものではなく，微妙なバランスの上にからくも成り立っていたものだった。
(o)

問

⑾　下線部(k)に関連して，奏任官の任用を文官高等試験合格者に限定した 1893 年制定の法令は何か。

⑿　下線部(l)に関連して，学生を貴重な人材とみた政府は，中学校以上の在学者を徴兵猶予の対象とした。しかし 1943 年になると文系学生について猶予措置が廃止され，徴兵検査合格者は入営するようになった。これを何というか。

⒀　下線部(m)に関連して，1937 年，宇垣一成に大命が下りながらも，陸軍の反対で組閣できなかった事件がおこった。このとき陸軍が宇垣反対のために利用した制度は何か。

⒁　下線部(n)に関連して，帝国大学には多くの外国人教師がいた。このうち医学を講じ，その日記でも有名なドイツ人は誰か。

⒂　下線部(o)に関連して，1930 年代には，それまで学界において主流をなしていた憲法学説が政府によって否認・排撃される事件がおこった。この学説とは何か。

59

次の文章（A〜C）の　　ア　　〜　　サ　　に最も適当な語句を記入し，問
(1)〜(18)に答えよ。解答はすべて所定の解答欄に記入せよ。

A　10 世紀後半には，摂関家の内部で主導権をめぐる争いが起きた。藤原道長
　はその争いに打ち勝ち，4 人の娘をつぎつぎに天皇の后妃とし，道長の子
　　　ア　　は後一条・　　イ　　・後冷泉の 3 代の天皇の　　ウ　　として，
　約 50 年にわたり摂政・関白をつとめた。藤原実資のように批判的な立場をと
　　　　　　　　　　　　　　　　　　　　　(a)
　るものもいたが，道長は天皇の権威を背景に，公卿たちを味方に引き入れ，国
　　　　　　　　　　　　　　　　　　　　　　　(b)
　司などの官職の任命権をにぎり，栄華をきわめた。中流の貴族は摂関家や天皇
　に取り入って国司となり，巨富をたくわえた。
　　　　　　　(c)
　　この時代には，国風文化が最盛期を迎え，天皇の后妃に仕える女房たちが互
　いに才能を競いあった。道長の娘で一条天皇の中宮となった藤原彰子には紫式
　部が仕え，　　エ　　を主人公とする長編物語を著わした。一方，都では盗賊
　や火災が続発し，諸国では国司が収入をふやすため，過酷な徴税をおこなっ
　た。そのため，道長の時代の前後には，諸国の　　オ　　や百姓が国司の圧政
　　　　　　　　　　　　　　　　　　　　　　　　　　　　　　　　　(d)
　を訴えることが多かった。さらに，北九州に女真族（刀伊）が来寇し，東国では
　平忠常の乱がおこるなど，各地から争乱の知らせももたらされた。このような
　不安な政情から，末法の到来が近いという末法思想や，死後に浄土に生まれか
　われるとする浄土教がひろまった。
　　　　　　　(e)

問
　(1)　下線部(a)の藤原実資は日記に道長の動静を詳しく記した。その日記の名
　　　を記せ。
　(2)　下線部(b)の公卿たちには文化に優れた業績を残したものも多かったが，
　　　そのうち『和漢朗詠集』を編纂したのは誰か。
　(3)　下線部(c)「国司」の手足となって在庁官人を指揮したものの名称を記せ。
　(4)　下線部(d)の圧政で著名な尾張守の名を記せ。
　(5)　下線部(e)「浄土教」の影響で，数多く作られた仏像は何か。

B　室町幕府は，東国支配機関として鎌倉府を設置した。その長官は鎌倉公方，補佐役は関東管領とよばれた。当初の支配地域は，関東8カ国とその周辺の2カ国で，のちに奥羽両国が加わった。初代公方は足利尊氏の子　カ　で，公方は代々その子孫が，また関東管領は南北朝後期以降は上杉氏が，それぞれ世襲した。公方は幕府の将軍に対する独立性が強く，たびたび対立したが，同時に鎌倉公方と関東管領も対立することが多く，政治は不安定であった。

　3代公方の足利満兼は，応永の乱に際して大内義弘と呼応し，将軍義満を挟撃する動きを示した。この時，満兼と義弘を仲介したのは今川了俊(貞世)であった。15世紀はじめには，元関東管領であった　キ　が挙兵し，一時，4代公方持氏を鎌倉から追うに至った。その持氏は，4代将軍だった義持の死去後，義持の弟義教がくじ引きで将軍に就任したことを不満として，義教との対立を深めた。1438年，ついに両者は衝突するが，関東管領上杉憲実が幕府側についたため，持氏は敗死するに至った。

　その後，鎌倉公方は2つに分裂し，上杉家も扇谷・山内両家に分裂するが，いずれも戦国大名である後北条氏の前に屈伏することになる。

問

(6)　下線部(f)の国名を2つとも記せ。

(7)　下線部(g)の人物が著した，今川氏の歴史を叙述した書物の名称を記せ。

(8)　下線部(h)の翌年，ある国で，守護家臣の国外追放を主張する一揆が発生している。この国の守護は何氏か。

(9)　下線部(i)の人物が再興した学校は「坂東の大学」と称された。この学校の所在地は，現在の何県か。

(10)　下線部(j)に関して，分裂した公方のうち，持氏の子が初代となったものを何と称するか。

(11)　下線部(k)の山内上杉家は，関東管領職と苗字をある戦国大名に譲る。この戦国大名が拠点とした城下町はどこか。

(12)　下線部(l)の初代の人物が制定した家訓の名称を記せ。

C　近世は出版がさかんになった時代である。早くにはイエズス会の宣教師が伝えた西洋の印刷機による出版があったが，キリスト教禁教により，ほどなく終

息した。

　商業出版は 17 世紀前期の上方において始まった。近世の文芸の隆盛は，商業的な大量出版と無関係ではない。たとえば，<u>1638 年刊行の『清水物語』という儒教的な教訓書</u>が 2，3 千部売れたとする文献が残っている。この大量出版
(n)
の背景には，少部数の印刷しかできない木活字本から，より大量の印刷に対応できる整版本への印刷方式の転換があった。井原西鶴が，小説作家として名声を得た最初の作品の　　ク　　で新しい文芸ジャンルを開いたのも，この整版印刷によっていた。こうした文芸の興隆は出版の普及に支えられていた。

　　　ケ　　の脚本として書かれた近松門左衛門の作品の多くも，出版されて文字でも読まれていた。

　大量出版の出現は多数の読書人口がいたことを物語る。民衆の識字能力は，多くは　　コ　　において習得されていたが，そこで使われた<u>往来物</u>と総称さ
(O)
れる手本やテキストには印刷教材も少なくなかった。また出版メディアを活用して通俗的教訓書を著した<u>貝原益軒</u>のような儒者も現れた。和算の普及も，
(p)
　　サ　　が著した『塵劫記』が出版されたことを抜きには考えにくい。

　18 世紀後半には，出版の中心地は江戸に移り，<u>洒落本や黄表紙などの出版が流行した</u>が，<u>寛政の改革において弾圧</u>された。しかしそれ以後も，一枚刷り
(q) (r)
の情報から娯楽的な小説類，さらには実用書や教養的な書物にいたるまで，江戸時代の民衆生活の中に，出版文化は確実に定着していった。

問

⒀　下線部(m)の出版を総称して何というか。

⒁　下線部(n)の書物を含むジャンルを何と呼ぶか。

⒂　下線部(O)に関して，江戸時代以前に作られた往来物をとくに古往来といい，その多くは近世にも流通した。近世にも流通した古往来を1つあげよ。

⒃　下線部(p)に関して，貝原益軒の名で出版された女子用教訓書は何か。

⒄　下線部(q)に関して，黄表紙，洒落本，狂歌本，錦絵などの版元として天明期を中心に活躍したが，幕府の洒落本統制によって「身上半減」の処罰を受けたのは誰か。

⒅　下線部(r)に関して，寛政期に出版されたが，幕府の出版統制にあい版木を没収された林子平の兵書は何か。

60

次の文章(A〜C)の　ア　〜　シ　に最も適当な語句を記入し，問
(1)〜(15)に答えよ。解答はすべて所定の解答欄に記入せよ。

A　平安時代の後期から末期にかけて，武士は政治勢力として大きな成長をとげ
た。11世紀になると，地方豪族や大名田堵のなかから，大規模な開発を通じ
て所領を形成するものがあらわれた。開発領主とよばれた彼らは，所領を守り
農民を支配するため，武装化を進めたり，武力の充実を図ったりして，しだい
に地方の武士の主流を占めるようになっていった。武士団を形成した彼らは，
所領を保護してくれる有力な在庁官人や土着した受領と結びつき，国衙の軍事
力を担ったが，やがてより強力な勢力を求め，武士の棟梁のもとに結集するよ
<u>　</u>
(a)
うになった。

　武士の棟梁として地方の武士団を統合したのが，清和源氏と桓武平氏であっ
た。畿内に本拠をかまえた清和源氏は，10世紀以来，摂関家に仕え勢力をの
ばしたが，頼信のとき，房総地方を荒廃させた　ア　の乱を鎮圧して，関
東進出のきっかけをつくった。11世紀半ば，陸奥で安倍氏が反乱をおこす
(b)
と，頼信の子頼義と孫の義家は，東国の武士をひきい，　イ　の豪族清原
氏の助けもかりて，これを平定した。その後，勢力を増した清原氏に内紛がお
こったが，陸奥守であった義家は，一方の藤原(清原)清衡をたすけ，内紛を鎮
(c)
めた。その結果，義家は東国の武士との関係を深め，武士の棟梁としての地位
を確立した。

　一方，桓武平氏は摂関時代，中央では源氏におされてふるわなかったが，や
がて伊勢国に土着した一族のなかから，平正盛があらわれ，より忠実な武力を
求めていた白河上皇の庇護をうけ，武士の棟梁となった。正盛は所領を寄進し
(d)
て上皇に近づき，　ウ　にとりたてられるとともに，反乱をくわだてた
　エ　を討伐して武名をあげる機会をあたえられた。ついでその子忠盛
は，瀬戸内海の海賊を討って西国に勢力をひろげ，日宋貿易にもかかわって平
(e)
氏繁栄の礎を築いた。

問

(1) 下線部(a)を担うものとして，10世紀半ば以降，諸国に常置されるように
なった官職を1つ記せ。

(2) 下線部(b)の反乱を描いた軍記物を記せ。

(3) 下線部(c)の人物がこの後，本拠とした地に建てた寺院を記せ。

(4) 下線部(d)の上皇は「（　あ　），双六の賽，（　い　），これぞ朕が心に随
わぬ者」と嘆いたと伝えられる。（　あ　）と（　い　）にあてはまる語句を
それぞれ記せ。

(5) 下線部(e)は，忠盛の子清盛のとき，より盛んになった。清盛が貿易を発
展させるために修築した港湾を記せ。

B　江戸幕府の職制は，3代将軍徳川家光から4代将軍徳川家綱にかけて整備さ
れた。将軍のもとに置かれた老中は，政務全般を統括し，主に大名支配にあた
り，若年寄は，老中を補佐し，主に旗本・御家人を支配した。さらに主要な行
　　　　　　　　　　　　　　　　　(f)
政は，寺社奉行・町奉行・勘定奉行のいわゆる　　オ　　が担当した。地方に
　　　　　　　　　　　(g)
は，京都に　　カ　　，大坂に城代を置き，京都・大坂・長崎・駿府などにも
　　　　　　　　　　　　　　　　　　　(h)
奉行を配置し，その地域の支配を担わせた。

大半の職には，一人ではなく複数が任じられ，合議を原則としたが，日常の
職務は，　　キ　　により勤められた。また，重要な事柄や管轄が入り組んだ
訴訟などの処理は，　　ク　　においてなされた。

問

(6) 下線部(f)の旗本・御家人の違いを記せ。

(7) 下線部(g)の勘定奉行の職掌の主要なものを2つ記せ。

(8) 下線部(h)の奉行は総称して何と呼ばれたか。

(9) 幕府が，公用通信手段として江戸と上方のあいだに設けたものは何か。

(10) 将軍が代替わりごとに，諸国の政情・民情を知るために派遣した役人は
何と呼ばれたか。

C　　ケ　　天皇の皇子として1852年に生まれた明治天皇は，まさに日本の
近代化の歴史を体現する生涯をおくった。1867年に践祚し，王政復古の大号
令，五箇条の誓文の発表など，維新の重大な諸変革は，まだ10代の少年であ

る彼の名においてなされた。<u>戊辰戦争</u>がほぼ終結した後，1869年に東京に居
住地を移して事実上の遷都となったが，1870・80年代を中心に行われた地方
巡幸をはじめ，全国を活発に移動する明治天皇の姿は，能動的な君主としての
新しいイメージを作り出した。

　しかし現実の政局において，天皇の果たす役割は限られていた。<u>明治六年の
政変</u>，<u>明治十四年の政変</u>では，ともに受動的な立場で関与したにすぎなかっ
た。宮中側近などには一時期，天皇の「親政」を期待する政治的動きもみられた
が，1885年に　　コ　　制度に代わって導入された内閣制度では，「宮中」と
「府中」の区別が立てられ，天皇の直接的な政治関与に制度的な制約が課され
た。これは具体的には，<u>内大臣</u>・宮内大臣などの宮内官を，内閣閣僚と区別し
たことに表れている。ただし陸・海軍は，内閣を介さずに所管事項を天皇に上
奏する権限を有し，このいわゆる　　サ　　独立の慣行は，内閣による国務の
統一を阻害する要因となった。

　明治天皇の有していた政治的影響力は，決して小さなものではなかったが，
その行使のあり方は，全体としてやはり自制的であった。<u>議会に政府への協力
を求めた1893年の詔勅</u>にみられるように，政治的対立において調停者として
の役割を果たすのが典型的なあり方であった。その一方，教育勅語や，日露戦
争後の1908年に出された　　シ　　詔書などによって，国民に道徳的模範を
示すという役割をも担った明治天皇は，日清・日露の両戦争の勝利によって偉
大な君主としての輝かしいイメージに包まれつつ，1912年に没した。

問

⑾　下線部(i)の戦争で，最後まで戦闘が行われていた都市の名を記せ。

⑿　下線部(j)の明治六年の政変で参議を辞職した人々のうち，1874年の民
　撰議院設立建白書に名を連ねていない者は誰か。

⒀　下線部(k)の明治十四年の政変で参議を罷免された人物が，1882年に結
　成した政党の名称を記せ。

⒁　下線部(l)について，初代の内大臣で，公家出身者として明治政府内で重
　きをなしていた人物は誰か(あ)。また，最後の内大臣で，東条英機内閣成立
　に中心的役割を果たした人物は誰か(い)。

⒂　下線部(m)の詔勅が出された際，議会と政府とが対立していた争点は何で
　あったか。

第 4 章　論述問題

61

　次の問(1)，(2)について，それぞれ 200 字以内で解答せよ。解答はいずれも所定の解答欄に記入せよ。句読点も字数に含めよ。

(1)　モンゴル襲来後から足利義満政権期までの日本と中国の関係について，政治・経済・文化などの面に留意しつつ述べよ。

(2)　19 世紀初頭から天保年間における江戸幕府の対外政策の展開について，イギリスの動向との関わりを中心に論じよ。

62

　次の問(1)，(2)について，それぞれ 200 字以内で解答せよ。解答はいずれも所定の解答欄に記入せよ。句読点も字数に含めよ。

(1)　徳川家綱の時代はどのような時代であったか，政治を中心に他分野の動向もふまえて説明せよ。

(2)　第一次世界大戦中から太平洋戦争の開戦までの間，日本の中国における勢力拡大は日米関係にどのような影響を与えたのか述べよ。

63

(2020年度　第4問)

　　次の問(1), (2)について，それぞれ200字以内で解答せよ。解答はいずれも所定の解答欄に記入せよ。句読点も字数に含めよ。

(1)　田沼意次の財政政策について，享保の改革との違いにも着目しながら，基本方針と具体的政策を述べよ。

(2)　明治・大正期の社会主義運動の展開について述べよ。

64

(2019年度　第4問)

　　次の問(1), (2)について，それぞれ200字以内で解答せよ。解答はいずれも所定の解答欄に記入せよ。句読点も字数に含めよ。

(1)　執権政治の確立過程において，北条時政・義時が果たした役割を説明せよ。

(2)　近世の石高制の成立過程，および，石高制に基づく大名統制と百姓支配について述べよ。

65

次の問(1)，(2)について，それぞれ 200 字以内で解答せよ。解答はいずれも所定
の解答欄に記入せよ。句読点も字数に含めよ。

(1) 日本の 9 世紀の文化と 10・11 世紀の文化の特色を，対比的かつ具体的に述
べよ。

(2) 一橋慶喜が，1862（文久 2）年に将軍後見職に就任し政治の中心に登場したの
は，薩摩藩の推挙によるものである。しかし 1866（慶応 2）年に徳川家を相続
し，将軍となった慶喜に薩摩藩は敵対した。これは薩摩藩の政治方針のどのよ
うな変化によるものか。1863（文久 3）年から慶喜将軍就任までの間における薩
摩藩の動きについて説明せよ。

66

次の問(1)，(2)について，それぞれ 200 字以内で解答せよ。解答はいずれも所定
の解答欄に記入せよ。句読点も字数に含めよ。

(1) 鎌倉時代における荘園支配の変遷について，幕府・地頭の動向に留意して述
べよ。

(2) 17 世紀後半頃から，三都の商工業者は仲間を結成していった。田沼時代か
ら幕末までの三都における幕府の仲間政策について，地方市場や物価の問題に
留意して述べよ。

67

　　次の問(1)，(2)について，それぞれ200字以内で解答せよ。解答はいずれも所定の解答欄に記入せよ。句読点も字数に含めよ。

(1)　南北朝・室町時代における禅宗について，幕府との関係，文化への影響に触れながら説明せよ。

(2)　第1次近衛文麿内閣がとった政策について，対中国政策および国内政策の両面から述べよ。

68

　　次の問(1)，(2)について，それぞれ200字以内で解答せよ。解答はいずれも所定の解答欄に記入せよ。句読点も字数に含めよ。

(1)　鎌倉時代から安土桃山時代までの銭貨の流通について，税制や鋳造の面にも留意しながら述べよ。

(2)　1610年代から1640年代にかけての幕府のキリシタン政策は，対外政策と連動していたことに特色がある。その変遷を，段階的かつ具体的に述べよ。

69

次の問(1), (2)について, それぞれ 200 字以内で解答せよ。解答はいずれも所定
の解答欄に記入せよ。句読点も字数に含めよ。

(1) 9 世紀から 10 世紀には税収入の維持がむずかしくなり, 財源確保に様々な
　方法がとられた。10 世紀初めの変化に留意しながら, 9 世紀から 10 世紀の財
　源確保や有力農民に対する課税の方法の変遷を説明せよ。

(2) 1971 年, アメリカのニクソン大統領が, 外交問題に関して行った 7 月の声
　明と, 経済問題に関して行った 8 月の声明は, いずれも, 日本はもとより世界
　全体に大きな衝撃を与え, 2 つの「ニクソン・ショック」と呼ばれた。それぞれ
　の声明の内容と, これらに対する日本の対応について述べよ。

70

次の問(1), (2)について, それぞれ 200 字以内で解答せよ。解答はいずれも所定
の解答欄に記入せよ。句読点も字数に含めよ。

(1) 18 世紀半ば以降, 江戸幕府が直面した財政難の構造的要因と, 財源確保の
　ために採用した政策について述べよ。

(2) 明治期における初等教育制度とその普及について, 教育法令の変遷や男女の
　就学率に留意して述べよ。

71

(2012年度　第4問)

　次の問(1)，(2)について，それぞれ200字以内で解答せよ。解答はいずれも所定の解答欄に記入せよ。句読点も字数に含めよ。

(1)　カッコ内の語句をすべて使って，縄文時代から古墳時代のはじまりまでの墓や墓地の変遷を，貧富の差，身分の区別の発生や，社会の発展と関連づけて述べよ。なお，使用したカッコ内の語句には下線を引くこと。

　　（竪穴式石室，副葬品，屈葬，墳丘墓，前方後円墳，甕棺墓）

(2)　平安時代末期以降，鎌倉時代末に至る日本と中国との関係，日本が中国から受けた影響について述べよ。

72

(2011年度　第4問)

　次の問(1)，(2)について，それぞれ200字以内で解答せよ。解答はいずれも所定の解答欄に記入せよ。句読点も字数に含めよ。

(1)　平安時代における浄土教の発展・広まりについて，段階的かつ具体的に述べよ。

(2)　江戸時代初期，幕府が出した主要な法度をあげ，それぞれ，その対象と内容について述べよ。

73

次の問(1), (2)について, それぞれ 200 字以内で解答せよ。解答はいずれも所定の解答欄に記入せよ。句読点も字数に含めよ。

(1) 推古朝の政策とその特徴を, 具体例を挙げながら述べよ。

(2) 足利義満の時代はどのような時代であったか。いくつかの側面から論ぜよ。

74

次の問(1), (2)について, それぞれ 200 字以内で解答せよ。解答はいずれも所定の解答欄に記入せよ。句読点も字数に含めよ。

(1) 8 世紀から 11 世紀における国司制度の変遷を, 郡司との関連をふまえて述べよ。

(2) 江戸幕府の蘭学政策とその政策が蘭学に与えた影響について, 享保期以降, 開国以前の時期を対象に述べよ。

75

　　次の問(1)，(2)について，それぞれ 200 字以内で解答せよ。解答はいずれも所定
の解答欄に記入せよ。句読点も字数に含めよ。

(1)　鎌倉幕府における将軍のあり方の変化とその意味について，時代順に具体的
　　に述べよ。

(2)　明治維新から日清開戦にいたる日本と清国との政治・外交関係の推移につい
　　て述べよ。

76

　　次の問(1)，(2)について，それぞれ 200 字以内で解答せよ。解答はいずれも所定
の解答欄に記入せよ。句読点も字数に含めよ。

(1)　考古資料(遺構*や遺物)を具体的な証拠として示して，縄文時代と弥生時代
　　の主要な生業の違いを述べよ。(＊遺構とは，大地に刻み込まれた人間の営み
　　の痕跡を指す。たとえば，住居跡，井戸跡，墓穴など。)

(2)　日本国憲法について，その草案起草から公布に至るまでの，制定過程を史実
　　に即して述べよ。

77

　次の問(1), (2)について，それぞれ 200 字以内で解答せよ。解答はいずれも所定の解答欄に記入せよ。句読点も字数に含めよ。

(1)　のちに「三筆」と呼ばれた 3 人の人物を通して， 9 世紀前半の政治と文化について述べよ。

(2)　将軍徳川綱吉のいわゆる元禄時代から，田沼意次が失脚した天明年間にいたるまでの江戸幕府の貨幣政策について述べよ。

78

　次の(1), (2)について，それぞれ 200 字以内で解答せよ。解答はいずれも所定の解答欄に記入せよ。句読点も字数に含めよ。

(1)　室町・戦国時代には，新たに各地で都市が成立するとともに，伝統的な都市でも新しい展開がみられた。この時期における都市の発達を，その要因に触れつつ，具体的に述べよ。

(2)　日清戦争終結時から 1904 年 2 月の日露開戦までの，日本の外交について述べよ。

79

(2004年度　第4問)

　次の問(1), (2)について，それぞれ200字以内で解答せよ。解答はいずれも所定の解答欄に記入せよ。句読点も字数に含めよ。

(1)　18世紀以降，江戸幕府における農村・農民政策の展開について記せ。

(2)　近代日本の貿易の推移を，開港期，産業革命期，第一次世界大戦期，1920年代の4つの時期について貿易収支を中心に述べよ。

80

(2003年度　第4問)

　次の問(1), (2)について，それぞれ200字以内で解答せよ。解答はいずれも所定の解答欄に記入せよ。句読点も字数に含めよ。

(1)　古代律令国家の成立から終焉（しゅうえん）に至る過程を，その法典編纂の歴史に即して述べよ。

(2)　日明貿易について，貿易の開始から断絶までの過程を，貿易の特色にふれながら，具体的に述べよ。